Korean for Professionals Volume 2, 2015

Korean for Professionals

Series Editor
Ho-Min Sohn

The Korean Language Flagship Center (KLFC) aims to produce professionals who can function in Korean in their chosen fields. After two years of intensive Korean language training customized to their fields, graduates of this program are expected to take their place among the next generation of global professionals as Korea specialists, commanding professional-level proficiency in Korean. Successful completion of the program and demonstration of the ability to use Korean at a professional level (ILR 3, ACTFL Superior) lead to the Master of Arts degree in Korean for Professionals. This monograph series is a compilation of the students' research on critical and controversial issues in Korea or Korea-US relations.

This volume is the second in the series and is published by the KLFC at the University of Hawai'i at Mānoa.

ordering information at nflrc.hawaii.edu

Korean for Professionals

Volume 2, 2015

edited by
Dong-Kwan Kong

distributed by
nflrc
National Foreign Language Resource Center
nflrc.hawaii.edu

Manufactured in the United States of America.

The contents of this publication were developed in part under a grant from the U.S. Department of Education (CFDA 84.229, P229A140014). However, the contents do not necessarily represent the policy of the Department of Education, and one should not assume endorsement by the Federal Government.

ISBN: 978–1–943281–18–3
ISSN: 2159–2454
Library of Congress Control Number: 2015946680

distributed by
National Foreign Language Resource Center
University of Hawai‘i
1859 East-West Road #106
Honolulu HI 96822–2322
nflrc.hawaii.edu

Contents

미·중의 동북아 안보 주도권을 둘러싼 분쟁: 북핵 문제 해결을 중심으로

아일린 블락 (EILEEN BLOCK)

MA, Korean for Professionals, University of Hawaii at Manoa, 2010
BA, Economics, UCLA, 2008

US-CHINA POWER CONFLICT IN NORTHEAST ASIAN SECURITY: SOLVING THE NORTH KOREAN NUCLEAR ISSUE

Post-Cold War Era the Northeast Asia security framework had undergone a drastic transformation in which the US took its place as the sole superpower in the region and became a hegemon. As its role of leadership increased, so did its responsibilities and liabilities in Northeast Asian security issues. Amidst these pending problems, the North Korean nuclear issue, the lynchpin of regional insecurity, has long transcended from its early stages of solution starting with the Clinton Administration in which North Korea's nuclear stubbornness and provocative behavior, has been the driving force to finding a new strategy to deal with the issue. In parallel to this pursuit, China's economic rise had induced the isolationist state to become a strong participant in regional and international institutions, thus confronting the US for its leading role in NEA. Modelski's Long Cycle Theory which has analyzed 500 years of long cycles of hegemonic power, acclaimed the US to be the current world hegemon but already heading into a downward curve of losing its influence and strength. In my thesis, I applied this long cycle theory to the power struggle in NEA between the US (current hegemon) and China (current challenger) and have constructed three scenarios that may take place in the near future: 1) China rises as regional hegemon ('China threat' is realized), 2) US enters into its second cycle of hegemony (via China containment strategy), or 3) Partnership is formed between US and China. The current stage of both states is at point of contact of their curves that can signify their relationship approaching conflict or cooperation. Even though the US is at its stage of stuggling to preserve its power in the region while China is demanding to have more influence, the current US Administration while using its strategy of 'smart power', will need to put its focus on its common interests with China which is solving the North Korean nuclear issue thus securing security in NEA. A well-coordinated partnership between the US and China will prevail as being the ultimate solution to solving this pending problem and stabilizing the region.

KLFC MA Scholarly Papers 2.
Edited by Dong-Kwan Kong
Copyright ⓒ 2015

I. 서론

탈냉전기 이후 동북아시아 안보 차원에서 국가들간의 세력 관계가 변화되어 왔고, 이 지역 패권을 둘러싼 갈등도 심화되었다. 특히, 강대국 중국과 미국의 관계에서 북한과의 핵 문제를 중심으로 역할 분쟁이 발생하게 되었다. 현재까지 동북아에서 미·중의 주도적 역할 경쟁이 심화되면서 한반도에서는 북핵을 문제의 해결을 위한 과정이 제대로 진행되지 않고 있다. 미국이나 중국은 6자회담의 중심축이 상대국으로 기울어지면서 동북아 안보협력과 관련된 주도권이 불확실해지는 상황을 우려한다. 이를 통해서 핵카드가 아닌 해결 카드를 살펴보는 것이 동북아의 미래를 전망할 수 있는 하나의 방법임을 알 수 있다.

따라서, 본 연구는 동북아의 안보 전망에 관한 북핵 문제를 풀기 위해서 미·중의 대북 역할의 주동성에 초점을 맞추고자 한다. 북한의 핵 문제 해결 과정에서 미국과 중국의 역할 분쟁을 해석하는 것을 통해 미·중 동북아의 지역적 관계, 미·중 양국의 북핵문제를 해결을 위한 대북 전략 역사, 미-중의 동북아 영향력을 대상으로 논의를 진행하고자 한다. 이미 발생한 미사일 발사 실험, 6자회담 탈퇴, 제 2차 핵 실험 등 불안정한 요인들은 동북아 지역 구조에 영향을 미치고 동시에 주변국가의 안보를 위협하고 있다. 따라서 북핵 해결을 중심으로 안보현안을 푸는 과정에서 어느 강대국이 해결에 주도적 역할을 맡을 것인가에 주목할 필요가 있다.

본 연구에서는 동북아 안보의 구조 내 미·중 주도 관계를 해석하기 위해 모델스키의 '장주기론'(Modelski Long Cycle Theory)을 적용하고자 한다. 장주기론은 초강대국간의 패권 분쟁의 주기를 예측하는 이론으로 역사적으로 세계질서와 안보에 세력을 확산하고 보호하기 위한 자국의 노력을 보여주므로 앞으로 어떤 상황이 나타날지 전망할 수 있다. 미국은 탈냉전 이후 유일한 초강대국으로서 패권주의를 지속해 왔다. 그러나 최근 중국이 급격히 부상하고 있어서 앞으로의 상황을 전망하는 것이 어렵게 되었다. 한편 현재 오바마 대통령은 미국의 세력을 유지하기 위해 지난 행정부와 달리 스마트파워로써 동북아 지역에서 중국과의 협력을 통한 새로운 접근을 시도하고 있다. 이러한 스마트파워가 중국을 견제하여 미국의 패권을 유지하도록 도울 것인지 미국과 중국이 피할 수 없는 패권 다툼을 하도록 이끌 것인지 전망하기 어렵다는 것이다. 이에 본 연구에서는 클린턴 미국 행정부 때부터 현재까지 동북아 안보 현안, 북핵 위기 해결 과정을 중심으로 미국과 중국간의 국력 관계를 살펴보고 패권 분쟁에 대한 앞으로의 시나리오를 전망해 보고자 한다.

2. 논의의 배경

동북아 안보 구조에 관여하는 미국과 중국간의 지도적인 역할을 분석하기 위해 모델스키의 장주기론을 적용하고자 한다. 동북아로 그 범위를 제한함으로써 강대국간의 갈등을 명백하게 살펴볼 수 있을 것이다. 이 논문에서 장주기 구조의 두 행동자는 패권적인 지위를 유지하고 있는 미국과 잠재적인 경쟁자인 중국이다. 먼저 이론적 배경, 행동자의 특성, 그리고 그들의 접점에 대해 살펴보고 이를 토대로 동북아 안보 형태를 설명할 것이다.

2.1. 모델스키 장주기론 모델

탈냉전기 소련이 붕괴됨으로써 국가들간의 관계가 변화하고 세계질서와 세력균형에 영향을 미쳤다. 특히, 동북아 체제를 볼 때 미국과 중국의 변화된 관계는 지도력 분쟁으로 이어져 동북아 안보 구조에 큰 영향력을 발휘하게 되었다. 따라서 동북아 안보를 해석하기 위하여 미·중 관계에 대해 먼저 분석하고자 한다. 이 논문에서는 미국의 패권주의 유지와 중국의 부상 등 세력 분쟁이 나타나기 때문에 이론적인 배경으로 모델스키의 장주기론을 적용하고자 한다. 모델스키의 장주기이론에 따르면 패권국가의 등장과 쇠퇴는 일정한 주기로 반복되면서 세계체제의 장기적 변동에 중요한 역할을 한다고 본다. 더불어 500 년 동안 세계의 지도력과 세계전쟁의 규칙적인 순환이 존재해 왔으며 구체적으로 약 100 년 정도를 주기로 하여 국제체계는 반복을 되풀이한다고 주장한다[1]. 되풀이의 순환에 관해서 상승과 하강의 국면이 존재해 왔으며 총 네 국면으로 구성되어 있다.

첫 번째 국면은 세계질서에 강대국의 상승으로서 패권 쟁탈을 위한 세계전쟁을 일으키는 것이다. 그래서, 패권을 갖게 된 국가가 세계지도국으로써 질서를 확립한다. 두 번째 국면은 패권안정 이론의 주창자인 길핀[2]의 패권안정성이론과 관련이 있다. 길핀은 패권국가의 존재가 국제체제에 질서와 안정을 제공한다고 주장했다[3]. 그 내용은 패권국가가 국제체계에 있어 안보와 질서의 안정성의 공급자로써 경제력과 군사력이 패권국에 고도로 집중되는 것이다. 여기서 패권국들은 국가의 안보, 세계 교섭력, 세계 정세에

---

[1] 박재영, '국제정치 패러다임」(1996), p. 239

[2] 길핀(Gilpin)은 패권안정론은 국가간의 협력, 안정, 그리고 평화는 세계의 지도력 즉 패권국의 존재에 의존한다고 주장한다.

[3] 김재철, "패권, 다극화, 그리고 중-미 관계: 세계질서를 둘러싼 경쟁?" '국제정치논총」제 42 집 5 호 (2002) p. 329

대한 영향력 등의 이익을 확보하게 된다 [4]. 다시 말해서 패권국은 국제사회에서 완전한 독점력을 갖게 된다고 할 수 있다. 첫 번째와 두 번째 국면은 상승 국면으로 유일한 세력국가가 국제적인 문제의 해결과 현상유지를 추구함으로써 세계질서에 안정성이 존재하지만 상승 국면이 점진적으로 세력의 고갈을 겪으면서 독점국과 패권국의 이익이 타국가간의 경쟁을 유발하기도 한다 [5]. 이런 이중 효과 때문에 장주기에 패권국의 하강 국면이 시작하게 된다. 세 번째 국면은 패권국가의 능력이 저하되기 시작하고 오히려 다른 국가의 능력이 신장됨으로써 새로운 국가가 패권국의 심각한 경쟁자로서 등장하는 것이다. 새로운 경쟁국의 성장은 패권국의 독점적 세력에서 과점적 경쟁을 촉발한다. 마지막 국면은 패권국이 지배력을 상실하고 체계 내 능력의 배분이 점차적으로 분산되며 국제체계가 붕괴하여 또 다른 세계적 전쟁 즉 패권전쟁으로 치닫는 것이다. 새로운 패권국가의 세계질서를 위한 수립 과정에서 경쟁국가들간의 분쟁이 발생하면 국제 안보는 궁극적으로 취약한 상태가 될 것이다 (그림 1).

2.1.1. 장주기론의 하강 국면: 미국의 패권주의 약화 과정

탈냉전기 이후 급변화된 세계질서의 흐름과 세력균형의 움직임에 따라 국가들의 관계 또한 재구조화 되었다. 특히, 이 관계를 속에서 나라들의 가장 큰 목표는 경제력, 군사력 등 안보를 유지하기 위한 국력 강화에 있었다. 소련이 붕괴하자 미국은 세계질서에 유일한 초강대국이자 구 소련과 경쟁국에서 패권국으로 변화되었다. 패권주의 이론은 이 시기의 미국의 상태로 정의될 수 있다. 강대국의 경우 국력을 추구하는 궁극적인 목표는 패권을 차지하는 것이다. 패권을 장악하게 되면 타국의 공격을 받을 가능성이 최소화되면서 안보이익을 가장 효과적으로 보호할 수 있기 때문이다 [6]. 따라서, 탈냉전기의 미국은 경제력, 군사력 등 국력을 구성하는 요소들이 타국에 비해 우위를 누리게 되었고 이러한 사실은 세계질서가 미국이 독주하는 패권적 체제로 될 것임을 주장하는 근거로 작용된다 [7].

---

[4] George Modelski, "The Long and the Short of Global Politics in the Twenty-First Century: An Evolutionary ApproachThe Long and the Short of Global Politics in the Twenty-First Century: An Evolutionary Approach," *International Studies Review* 1-2 (1999), p. 228

[5] Modelski (1999), p. 229

[6] 이동선, "21 세기 국제안보와 관련한 현실주의 패러다임의 적실성," 국제정치논총, 제 49 집 5 호 (2009), p. 61

[7] 김재철 (2002), p. 330

　　모델스키의 장주기에 따르면 미국이 20 세기 패권을 장악해 왔다는 것이다 [8]. 모델스키는 미국의 상승 국면에서는 국가 안보를 확보하는 것을 주장한다. 볼 수 있다. 더구나 미국은 NATO 등과 관련된 국제제도를 실행함으로써 국제적으로 세력을 확장했다. 이렇게 미국이 국제 정치에 독점적인 국력을 갖게 되기 때문에 미국을 세계적인 경찰관 (Global Policeman[9])이라고 하기도 한다. 하지만 모델스키의 장주기론의 예측이 맞는다면 국제체제의 현 국면은 상승 국면을 지나서 하강 국면으로 접어들고 있다. 미국 쇠퇴의 가장 큰 이유는 하나의 국가가 세계의 패권을 쟁취하기 위해서는 사실상 전 세계를 대적해야 하므로 지역 패권을 달성하는 것보다 훨씬 어렵다는 점에서 기인한다 [10]. 다른 강대국들의 견제와 방어 때문에 패권을 달성하기는 매우 어렵다. 특히 부시 행정부 때, 일극체제에 근거한 국제질서를 추구해 가면서 강대국의 쇠퇴를 가져오는 근본적인 원인인 경제적 능력을 넘어서는 과도한 군사적 개입으로 인한 군사비의 과잉지출이 있었다. 미국의 제국주의적인 과도한 확장(Imperial Overstretch)으로 인한 역효과로 [11] 미국의 현 위치는 장주기의 세 번째 국면에 있다고 본다. 이 것이 사실이라면 역사상 최강 대국인 미국조차도 세계패권을 유지하지 못하고 있는 실정이다. 만약 중국과 같은 잠재적 패권국가가 새롭게 부상한다면 미국의 유일했던 패권적 지위는 약화될 우려가 있는 동시에 미국이 주도국으로써 세계질서를 위협할 가능성이 생기는 것이다. 모델스키의 장주기론에 따르면 미국이 패권을 장기적으로 유지하기는 어려울 것이다.

2.1.2 장주기론의 상승 국면: 경쟁자로써 중국의 부상

　　중국은 1978 년 개혁개방을 선언한 이후 20 여 년 동안 연평균 9% 이상의 성장률을 기록했다. 이러한 성장에 2000 년 중국의 GDP 는 1978 년에 비해 7.3 배 증가했다 [12]. 이러한 변화의 추세는 중국과 미국간의 격차가 급속하게 축소되고 있으며 궁극적으로 중국경제가 총량 면에서 미국을 추월할 수 있다는 가능성을 제시한다. 세계를 지배하기 위해서는 경제력과 군사력 등 두 요인을

---

[8] 박재영 (1996), p. 240

[9] Charles W. Kegley, *World Politics: Trend and Transformation* (Cengage Learning, Wadswerth, 2009), p. 413

[10] 이동선 (2009), p. 64

[11] 박재영 (1996), p. 243

[12] 김재철 (2002), p. 333

확보해야 한다. 최근 중국의 경제적 힘이 급성장함으로써 중국의 국력과 세계질서에 대한 영향력이 강화되어 왔다. 특히, 동북아 체제를 보면 과거 미국의 일극적인 체제에서 벗어나서 미국과 중국이 패권을 다투는 일보 구조로 변했음을 알 수 있다.

모델스키의 장주기론을 적용한다면 중국의 현 국면은 첫 번째 국면인 패권국으로써 상승작용을 일으키는 단계이다. 이 국면은 치열하게 투쟁하기 시작해 결국 패권전쟁이 일어나는 세계전쟁의 시기이지만 이 논문에서의 범위는 동북아지역으로 제한하기 때문에 미국과 중국간의 역할 분쟁에 관해 세계전쟁에 대한 예측 대신에 양국간의 동북아 '패권전쟁'에 초점을 맞추고자 한다. 한 국가만이 패권국의 지위를 차지할 수 있기 때문에 강대국 간의 국력경쟁은 특히 치열하다 [13]. 따라서, 미국의 지위에 영향을 미칠 수 있는 요인들 가운데 가장 대표적인 것으로 중국의 부상을 들 수 있다. 중국은 미래의 초강대국으로 부상할 조건을 갖췄으며 중국의 부상은 세계체제의 세력분포에 변화, 다시 말해 미국이 영향력에 육박할 수 있다는 근거를 제시한다 [14]. 중국의 급격한 부상으로 미국에게 바람직한 권력 유지란 현상유지 [15]로 바뀌면서 강대국간의 분쟁이 나타나게 되었다. 예를 들어 상승 국면에서 경쟁국들은 세계적 문제에 반응, 국제체제에 참석, 그리고 국제 규범을 준수함으로써 세계질서에 대한 영향력을 강화한다 [16]. 1990 년부터 중국은 개발 수준에 비해 세계문제에 과도하게 관여해오고 있기 때문에 [17] 이러한 특성은 수정주의적 국가의 특성과 관련되며 미국의 독점적 패권주의에 대한 도전이라고 볼 수 있다. 국가들간의 경제력의 격차가 줄어들면서 현 패권국가의 지위를 약화시키고 새로운 강대국의 성장으로 인해 세계체제의 권력분포는 분산되는 것이다. 미국과 중국의 경우, 세계질서와 동북아 안보 구조에서 중국은 점차적으로 큰 영향력을 갖게 되었고, 미국의 동북아 안보 전략에 영향을 끼치게 되었다.

중국의 경제적인 부상은 미국에 패권적 세력에 대한 도전일 뿐만 아니라 국제적 책임국으로써 행동하기 위해 미국과 국제 사회의 긴장을 완화하고 동북아 지역과 자국의 권력 유지를 추구하는데

---

[13] 이동선 (2009), p. 61

[14] 김재철 (2002), p. 334

[15] 박재영 (1996), p. 50

[16] Modelski (1999), p. 130

[17] Alastair Johnston, "Is China a Status Quo Power?", *International Security* 27-4 (Spring 2003), p. 20

기여했다. 중국은 동북아에서 미국과의 권력 경쟁을 위해서 국내 경제 발전만을 추구하는 고립주의자에서 동북아 지역의 세력을 차지하는 지역적 패권국으로서 그 모습을 변화시켰다.

2.1.3 미국과 중국의 장주기의 접점

모델스키의 장주기론의 예측에서 미국은 1973년부터 쇠퇴하기 시작했으며 지도력이 퇴조하고 새로운 경쟁국이 등장함에 따라 세계강대국을 결정하기 위한 또 다른 세계전쟁이 21세기 초에 있을 것이라고 했다[18]. 그리고 국제체제에서 미국은 상승 국면을 완전하게 통과했거나 거의 통과했고 이미 하강 국면에 접어들고 있다는 것이다[19]. 이러한 관점에서 본다면 패권적 권력에 대해 미국의 하강 국면과 중국의 상승 국면은 접점(그림 1)으로 이동하는 것으로 볼 수 있다. 이러한 흐름을 볼 때 중국은 패권국으로 계속 성장하면서 미국의 패권적 지위를 빼앗을 것이다.

<그림 1>

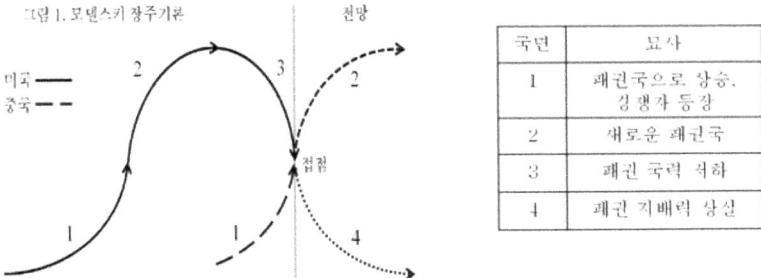

국면	묘사
1	패권국으로 상승, 경쟁자 등장
2	새로운 패권국
3	패권 국력 저하
4	패권 지배력 상실

2.2 탈냉전기 동북아 정세 및 현 상황

2.2.1 탈냉전기 동북아 안보 구조

탈냉전 이후 국제사회와 동북아시아는 개방과 교류의 증대를 통해 지역의 경제적 잠재력을 현실화하고 확대해 왔다[20]. 세계 안보환경은 급속히 변화했으며 특히 9.11 테러 사태는 미국의 안보에 대한 인식을 재확립하도록 만든 결정적인 계기가 되었다. 미국의 아태 지역에 대한 외교정책은 기본적으로 지역안정과 경제협력, 민주주의 확산 등을 축으로 지속되어 왔다. 미국은 당시의

---

[18] 박재영 (1996), p. 240

[19] Modelski(1999), p. 235

[20] 이원봉, "21세기 중국과 한반도 평화," OUGHTOPIA: The Journal of Social Paradigm Studies, (2006), p. 78

QDR 보고서를 통해 미군의 중심을 유럽에서 태평양으로 옮기고 중국의 부상을 견제하겠다는 방침을 밝힌 바 있다[21]. 미국의 이러한 대외정책은 동북아시아에 유착되고 이 지역에 패권주의적 영향력을 확보하기 시작했다. 과거에 미국의 샌프란시스코 체제(SFS)의 안보 우산으로 경제와 정치를 위한 자석적 SFS 와 당시 중국의 고립주의를 통해서 한국과 일본은 미국의 동맹국이 되었고 이른바 "hub and spokes" 시스템[22]을 실행을 한부터 미국의 동북아 안보체제에 대한 영향력과 권력은 양극적 안보로 존재해 왔다[23].

하지만 중국이 적극적인 시장 교류를 추구하고 지역주의와 상호의존의 중요성을 다시 강조함으로써 중국의 경제적, 그리고 정치적 잠재력은 미국의 동북아 양국 안보 체제에 도전하면서 신지역적인 구조로 변화되어 왔다. 더불어 지리적 차원에서도 양국성을 현실화해 왔고 특히 동북아 질서에 대륙국가와 대양국가를 대립하기 때문에 양극구조를 명백하게 볼 수 있다[24]. 그리고 동북아 지역에서 중국은 극성화를 겪으며 안보 구조에서 미국과 양극적으로 바뀌었다. 양극성은 권력이 경쟁적인 두 나라, 양국에 집중되며 동맹관계에 의존한다는 것이다[25]. 동북아 동맹 구조는 미국과 일본 및 한국 그리고 중국과 북한이 동맹관계로 실행되어 왔다. 동북아에서 한국과 일본이 전략적인 동맹으로 중국이 도전국으로 부상하는 것을 견제함에 따라 미국은 패권적인 국력을 유지할 수 있었다. 따라서, 동북아 안보지역에 있어 강대국인 미국과 도전국인 중국은 유일한 주도권을 갖기 위해 분쟁하고 있는 것이다. 현재 미국의 안보전략은 패권에서 동맹체제로 전이해 있는데 이 배경이 되는 동맹전이 이론은 동맹관계를 포함하는 지배국가군과 도전국가군 사이의 세력전이 상황을 이해해야 한다고 주장한다. 이 이론에 따르면 두 나라간의 관계에 대한 예측이 가능한데, 우선 양국은 모두 상호 전략이란 측면에서 자국의 지존 동맹관계를 유지

---

[21] 채규철, "중국의 대미관계와 북핵문제 해결과정에서의 역할," 「사회과교육」제 45 권 1 호 (2006), p. 175

[22] 유라시아 대륙에서의 미국과 대등한 정치경제 블록의 출현을 저지하고 유라시아 대륙 전체를 미국을 중심으로 "부챗살 모양의 모호령 체제" (hub and spokes protectorate system)에 재편입시켜 미국의 정치군사적 해게모니를 유지하기 위한 전략의 일부였다. (정성진, "21 세기 미국 제국주의," (2009))

[23] Kent E. Calder, "Regionalism and Alliance in Northeast Asia," *Asia-Pacific Alliances in the 21st Century* (Oruem: IpisiKor, 2007), p. 111

[24] Robert Ross, "The Geography of the Peace: East Asia in the 21st Century," *International Security* 23-4(Spring 1999), p. 14

[25] 박재영(1996), p. 207

혹은 강화할 것이란 추론이 가능하다. 둘째, 지배국과 도전국 모두 상대방의 동맹관계가 약화되거나 붕괴되기를 희망할 것이란 추론 역시 가능하다. 셋째, 양국은 보다 적극적으로 상대방의 동맹국을 인할 것이란 예측도 가능하다. 마지막으로, 상대방 동맹국에 대한 유인전략 역시 만족도 수준에 따라 구체적으로 그 양태가 결정될 것이다[26].

다시 말해 앞서 설명한 모델스키의 장주기론에 따른 현 국면에서는 미국과 중국이 대립하고 있고 권력 분쟁이 심각한 상태이다. 강대국의 분쟁이란 특성들은 과잉갈등과 상호 협정을 위한 교류 기간이 떨어질 능력에 있는 것이다. 그래서 현 상황에서 미국과 중국간에는 지역적 국제적 안보 현안을 해결할 접근에 대해 갈등이나 상호 협정에 가능성이 있는 것이다.

2.2.2. 동북아 안보 현안: 북핵 문제

제 1 차 북핵 위기로부터 현재까지 북핵 문제는 초국화 (transnationalized)됨으로써 동북아 문제일 뿐만 아니라 국제적인 문제가 되고 있다[27]. 국제적 자리 매김에서 북한은 불량국가라는 이미지와 함께 북핵 문제 등으로 국제적 고립화 상황에 놓여있다. 북핵문제는 초국적 차원에서 구속력을 갖기 때문에 북한의 모든 문제는 한반도 문제이고 한반도 문제는 동아시아로 동아시아 문제는 패권국인 미국의 문제이다. 이러한 북핵문제는 레이어 퓨전(layer fusion)[28]이라서 국내외적 책임과 행동의 혼란은 모든 지도자들에게 갈등으로 나타나게 되고 상호 협력 없는 안보를 이루어낼 수 없는 것이다. 그래서 미국과 중국간의 북핵 문제를 위한 권력 분쟁이 현실화되어 왔다. 미국이나 중국 등 강대국이 동북아 안보 현안인 북핵 문제의 해결권을 가지게 되면 동북아 안보 체제를 재확립하고 동북아 지역에 대한 해당 국가의 영향력은 더욱 얻커질 것이다. 즉 북핵문제 해결을 위한 자국의 역할을 강조하면서 어느 한 국가가 해결에 대한 지도자 역할을 맡아야 하여 구 국가가 자국이 되도록 하기 위해 나서게 된다.

우선 중국은 북한 문제에 대한 주도권을 갖는 것이 대외전략의 핵심적 목표 중 하나라면, 미국은 탈냉전기 이후 동북아 지역이

---

[26] 박홍서, "중국의 부상과 탈냉전기 중미 양국의 대한반도 동맹전략: 동맹전이 이론의 시각에서," 『한국정치학회보』 제 42 집 1 호 (2007), p. 302

[27] 우정, "북한 핵문제의 현실이해와 대응방안," 『기획논문 II: 북한 핵문제의 한반도 정세』 (2003), p. 209

[28] Modelski (1999), p. 139

자국의 패권유지를 위한 핵심지역이기 때문에 중국과 같은 잠재적 적대 국가의 세력팽창을 사전에 차단할 필요가 있으며 이에 따라 일본 및 한국 등 기존 동맹국가에 대한 협력 의지를 명확히 드러내고 있는 것이다 [29]. 특히, 9.11 테러 이후 미국이 국내 안보의 안정을 확보하기 위하여 수립한 국제적 비핵화 계획은 북핵 위기의 해결을 중요하게 여기며 동북아에 있어 주도적 역할을 하고자 시도한 것으로 해석된다.

반면 중국은 탈냉전 시기에 사회주의 정치체제를 고수하고 있는 인접국으로써 북한에 대한 문화적 정치적 영향력을 고수하고 있으며, 지속적으로 경제적 원조를 제공하고 있다는 측면에서 경제적 영향력도 가지고 있다고 할 수 있다 [30]. 더불어 후견국으로서의 중국은 사명감의 관계로 주변국가들과 화합과 안전, 번영을 도모하는 것이야말로 자국에 유리한 안보 환경을 창출하는 동시에 지역문제에서 영향력을 강화할 수 있는 것으로 인식했다 [31]. 그래서 중국의 대북관계의 특성은 두 가지로 나눌 수 있는데 완충지대론과 북한 부담론이다. 먼저 완충지대론에 따르면 북한이 잘못된 의도와 예측하기 어려운 모험을 감행하는 경향을 보이고 있는 것은 사실이다. 하지만, 북한의 전략적 중요성을 고려해 볼 때, 중국은 북한지역에서의 전쟁발발을 미연에 방지하고 북한의 정권연장에 적극 협력해야 한다는 점을 강조하고 있다. 한편 북한 부담론의 기본적인 내용은 북·중 상호관계의 이해득실을 따져볼 때 현재 북한은 중국에게 이익이 되기보다는 손해가 된다는 것이다 [32].

즉 북핵문제 해결에 관해서 미국과 중국간의 지도적인 역할들은 서로의 전략적 목표의 중복뿐만 아니라 동북아 권력 분쟁으로 볼 수 있다. 따라서 이 논문에서는 장래의 북핵 문제 이른바 동북아 안보 현안을 해결하기 위해서 북핵 해결 과정에서 미·중의 주도적 관계를 살펴보고자 한다.

3. 북핵문제를 둘러싼 미·중 갈등의 전개

제 1 차 북핵위기 때부터 현재까지 북핵 해결 과정에서는 해결 전략을 중심으로 미·중의 동북아 주도권 관계가 변화하며 강대국들의 북핵 해결 역할도 바뀌었다. 이러한 북·미·중 삼각 관계(triangular relationship)는 삼각형의 세 각의 합은 180 도이므로 삼각관계에서

---

[29] 박홍서 (2007), p. 305

[30] 한석희 2005), p. 186

[31] 채규철 (2006), p. 187

[32] 한석희 (2005), p. 191

세 구성국의 이익의 합은 일정하고 한 국가의 이익이 변하면 다른 두 국가의 이익이 변하게 된다 [33]. 특히, 헤게모니 국가들간의 삼각관계에서 중요한 가정은 분석의 대상이 되는 세 나라가 모두 현 국제관계 체제의 강대국으로서 세계질서와 이익의 분배에 영향할 수 있다는 점이다. 이 부분에서는 북한의 역할보다 미·중 역할 관계에 초점을 맞추며 모델스키의 장주기론 모델을 적용함으로써 북핵 위기 각각 해결과정의 북·미·중 삼각 관계와 동북아 안보를 관련된 미·중간의 국력질서를 해석하고자 한다.

3.1 클린턴 시기: 제 1 차 북핵위기

제 1 차 북한 핵 위기는 북한 핵 문제가 시작된 1992 년 5 월부터 1994 년 10 월 제네바 합의가 타결될 때까지로 이 시기 북미 관계는 북·중 관계보다 긍정적인 방향으로 개선되었다. 해결 고정에서 중국은 관망자 입장을 고수했고 소극적인 태도를 갖게 되었다. 그 이유는 중국이 1989 년 천안문 사태의 후유증으로 인해 국제적 고립에서 완전히 벗어나지 못했으며 강대국으로서의 이미지를 구축하기 위해 국제문제에 개입할 여력이 없었기 때문이다 [34]. 당시 미국은 주도국으로써 북미간의 회담을 통해 북핵 문제를 적극적으로 해결 하였다. 클린턴 정권의 북핵 해결을 위한 의도는 다음과 같다. 우선, 클린턴 정권 시기 자국의 우위를 확보하려는 미국의 시도는 경제적 힘을 확정하는 데 집중되었다 [35]. 그래서, 자국의 우월한 지위를 활용하여 신 자유주의를 국제적으로 확대하고 심화함으로써 경제력을 증대시키고자 하였다. 미국은 동북아 안보의 안정성 추구를 내세우면서 잠재적인 성장 가능성이 뛰어난 동북아 지역으로 경제 시장을 개방하여 패권주의적 미국이 경제력을 확고할 수 있었다. 또 다른 의도는 중국의 부상을 제어함과 동시에 "중국위협론"을 제기하고 활용하는 것이다 [36]. 그런 의도에서, 클린턴 정권의 대북정책은 포용정책이었다. 포용이란 중국의 성장을 불가피한 것으로 간주하고 중국과의 접촉을 통해 강성해질 중국을 변화시키려는 시도이다 [37]. 구체적으로 클린턴 시기에 중국의 변화

[33] 이상숙, "북-미-중 전략적 삼각관계와 제 2 차 북핵위기: 북한의 위기조성 전략을 중심으로," 「국제정치논총」 제 49 집 5 호 (2009), p. 132
[34] 채규철 (2006), p. 179
[35] 김재철 (2002), p. 335
[36] 김재철 (2002), p. 341
[37] 김재철 (2002), p. 337

강대국으로써 가능성을 중심으로 포용을 중심으로 봉쇄를 결합하는 건설적인 포용정책을 추구하였다.

중국은 주변국가인 북한과 역사적, 지역적으로 가까운 관계를 갖게 됐지만 유일한 초강대국인 미국이 북한과 협상을 시작하면서 북·중 관계가 급격하게 변화되었다. 중국에게 이러한 북·미 관계의 급진전은 북한이 중국을 버리고 오히려 미국에 편승할 가능성을 의미하는 것이기도 했다[38]. 클린턴 정권 당시 미국은 패권주의적인 세력을 이용해 북핵위기를 완전히 국제화된 문제로 삼지 않았고 그 이유로 국제사회와 중국의 역할이 커지는 것을 막을 수 있었다.

3.2 부시 시기: 제 2 차 북핵위기

제 2 차 북한의 핵 위기는 2002 년 제네바 합의 붕괴 때부터 2007 년 6 자회담을 통한 10.3 합의 실행 때까지로 북핵위기 해결 과정에서의 미·중 권력의 긍정적인 변화를 명확하게 볼 수 있다. 특히 9.11 사태 이후 부시 정권 시기에서는 3 자회담 및 6 자회담을 실행함으로써 북·미·중 삼각관계가 성립하며 미국의 세력을 보호 아니라 대신 중국의 주도권을 더욱 확보 하고 있었다. 또한 제 2 차 북핵위기는 북핵 문제를 해결하기 위한 강대국간의 주도권 변화를 일으키며 권력 분쟁이 심각화되었다. 본 논문의 모델스키 장주기론에 따르면 동북아 권력 질서에 관해서 미국은 하강 국면을 지속하며 중국은 국제사회에 긍정적으로 참여해 상승 국면으로 접어들어 두 나라간의 권력 충동을 예상할 수 있다.

부시 정권이 발표한 2001 년의 4 개년 방위검토는 포용정책 대신에 강경정책을 실행함으로써 군사력을 통한 억제를 강조했다. 당시의 미국의 대외정책이 변화한 이유로 두 가지를 들 수 있다. 첫 번째 이유는 북한과 관련된 '악의 축'을 억제하고 동시에 봉쇄정책으로 중국의 부상 자체와 잠재력을 상승을 막으려는 노력이다. 부시정부가 출범한 이후 자국의 우위를 확보하려는 미국의 노력이 군사적 측면으로 이전됨에 따라 미국은 유일한 초강대국으로서의 세력이 없어지게 되었다[39].

2002 년 제 2 차 핵위기 때 중국의 태도는 이전과 비교해 확연히 다름을 관찰할 수 있다. 제 2 차 핵위기가 발생한 후 중국은 중재자 및 후원자로서의 적극적인 태도를 취하기 시작했다[40]. 더불어 2003 년 후진타오가 평화적인 외교정책을 위한 체제를

[38] 박홍서 (2007), p. 304
[39] 김재철 (2002), p. 337
[40] 채규철 (2006), p. 179

실행하면서 한반도의 진정한 평화를 위해서는 주변국의 참여와 지원이 필요하다는 다자간의 협상을 제의하기 시작하였다. 중국의 이러한 변화의 밑바탕에는 기본적으로 중국이 자국의 국력신장에 합당한 지위와 영향력을 확보하고 또한 강대국으로서 합당한 대접을 받기 위해서 국제협력에 좀 더 적극적인 모습을 보여야 하고, 중국이 평화지향적인 태도를 견지하고 있다는 점을 부각시켜야 힘을 강조하고 있다 [41]. 6 자회담에 적극적 참여함으로써 주변지역의 안보문제를 주도적으로 해결하고자 하는 책임대국으로 발전할 것임을 드러내는 태도를 볼 수 있다.

당시 심각했던 북핵위기의 해결과정에서 미·중 권력 분쟁으로 인해 북·미·중간의 삼각관계의 모습을 볼 수 있는데 이 삼각관계의 성립 원인은 미국이 동북아시아 협력안보의 파트너로서 중국의 책임을 인정하기 시작했고 제네바합의의 붕괴와 관련된 북·미 양자회담의 한계이라는 것이다 [42]. 동북아 안보를 고려한 자국의 안보를 관련된 미국의 대중정책은 부정적인 이중전략이다. 국제적 차원에서 미국은 중국위협론에 대한 우려를 갖고 있기 때문에 중국의 부상을 막기 위한 봉쇄정책을 실행하게 됐다. 한편에 동북아 지역적 차원에서 9.11 사태 이후 미국의 패권주의적 세력이 떨어질수록 중국과 세력을 나누어야 하지만 동북아 안보와 자국의 안보를 얻을 수 있는 협력을 추구함으로써 중국을 동북아 안보 파트너로 요청한다는 것이다. 그리고 자국의 부상뿐 아니라 미국의 봉쇄정책의 반응함으로써 중국은 부상을 지속하기 위해 지역적으로 주도권력을 확보하고 동시에 미국의 대중봉쇄정책을 약화하는 것이기 때문이다. 부시정권 시기 발생한 제 2 차 북핵위기가 동북아 안보를 위한 주축으로 되었기 때문에 국제적, 지역적 측면에서 미국과 중국의 대외정책과 권력을 확보하기 위한 전략들이 부각되었다.

3.3 오바마 시기: 현 북핵위기

오바마 정권 시기인 현재 북핵위기에서는 지난 4 월 5 일 북한의 미사일 발사 때부터 현재까지 이 과정을 살펴보면 북한이 6 자회담에서 탈퇴하고 양자회담에 초점을 맞춤으로써 북핵 해결 과정에서 미국보다 중국이 더 필수적인 역할을 하고 있음을 볼 수 있다. 하지만, 세계질서는 변화하고 있으며 미국은 과거와 달리 다른 접근으로 북핵위기, 중국의 부상, 동맹관계 등 대동북아시아 전략을

---

[41] 한석희, "6 자회담과 중국의 딜레마," 「국제정치논총」 제 45 집 1 호 (2005), p. 180

[42] 이상숙 (2009), p. 136

14 / 아일린 블락 / Eileen Block

실행하고 있다. 그 예로 클린턴 행정부 때 중국과 '건설적인 전략적 동반자'관계를 선언했고 부시 행정부 때에는 중국위협론이 다시 여론의 주목을 받으며 전략적 경쟁자로 규정되지만 9.11 테러 사건 이후 긴밀한 협조체제를 구축한 것을 볼 수 있다[43]. 오바마 대통령이 출범한 이후 미국은 군사적이고 강압적인 방법보다는 외교적이고 포용적인 방법으로, 그리고 일방주의보다는 다자주의로, 하드파워보다는 소프트파워 또는 스마트파워[44] 로 중국 등 대외정책의 필요를 강조했다[45].

오바마 대통령은 세계 비핵화의 추구, 이라크 파병 문제, 다른 국가 관계의 정상화 등 여러 정책 목적들을 발표했다. 당시에 북한을 포함한 많은 국가들이 미국의 외교정책 변화에 대해 기대했다. 특히, 북한은 ABB(Anything But Bush) 정책을 추구하고 북미 관계 정상화 재개를 원했지만 미국이 전후 이라크 상황에 몰두했고 북한은 미국의 대외정책의 우선 순위가 아니었다. 하지만 2009 년 4 월 5 일, 북한이 도발적인 행동으로 장거리 미사일 발사를 하면서 국제사회와 오바마 행정부의 대북전략이 명백해지기 시작했다. 오바마 대통령은 4 월 5 일 세계의 기본적인 안보와 평화에 초점을 맞추며 "세계에 핵 없는 평화와 안보를 찾기 위한 미국의 공약에 확신을 갖고 명백하게 약속"한다고 강조했다[46].

그리고 NPT 의 목적을 협력하고 몇 원칙을 포용을 위한 기본으로 강해야 한다고 발표했다. 그렇기 때문에 미국 행정부는 국가들이 규칙을 어기거나 이유 없이 탈퇴하면 사실적이고 직접적인 결과를 야기할 것이라고 강조했다. 또한 오바마 대통령은 "북한을 압박으로 변화시키기 위해서 모든 국가들이 함께 강한 글로벌 제도를 만들어야 하고 우리는 서로 단결해야 한다"고 말했다. 또한 5 월 25 일 북한의 제 2 차 핵 실험으로 인해 현재 북한의 핵 개발과의 세계적 위험에 대해서 오바마 행정부는 유엔 안보리 재개 1718 으로 북핵 포기를 위한 강한 대북 국제 압박정책과 새로운 외교정책을 협상전략으로 번갈아 적용해야 한다고 강조했다[47].

---

[43] 이남주, "미국에서 '중국위협론'의 부상과 변화," '한중수교, 10 년 (2002), p. 346

[44] 스마트파워는 하드 파워(군사력·경제력 등 경성권력)와 소프트 파워(문화·외교 등 연성권력)를 적절히 조화시킨 맞춤형 외교전략이란 것이다.

[45] 김갑식, "동북아 지역안보 패러다임과 북핵문제," '통일문제연구, 통권 제 52 호 (2009), p. 28

[46] Prague Address (April 5, 2010)

[47] 조민, "오바마 행정부와 북한 문제: 대타협이냐, 대파국이냐," '통일연구원 학술회의 총서, (2009), p. 7

　　모델스키 장주기론의 주장처럼 미국의 현 상태는 셋째 국면의 세력 하강이라는 것이다. 따라서 미국이 패권을 가진 국가로서의 지위를 유지하는 것은 장기적으로 지속되지 않을 것이다. 하지만 최근 오바마 행정부는 미국 패권의 하강을 막기 위한 대책은 중국의 부상을 견제하는 것이 아니라 중국을 동반자로 보고 자국의 국력을 위한 협상 전략을 사용할 것을 주장하고 있다. 나이(Joseph Nye)에 따르면 미국이 심어 놓은 연성 권력(soft power)의 영향으로 상당 기간 미국의 패권주의적 권력은 유지될 수 있을 것이다 [48]. 하지만 중국과의 세력 분배를 통해서 미국이 세력과 영향력을 갈수록 잃으면서 장주기에 따른 하강을 지속할 것이다.

　　다자안보협력에 적극적인 중국은 현 오바마 행정부 때 '중국위협론'에 대한 미국과 국제사회의 우려를 제거하기 위해 미중관계 개선, 군 현대화, 국제기구 등 다자안보포럼에 적극 참여하면서 군사적으로는 적극 방어라는 방어전략으로 대응해 왔다 [49]. 하지만 대외관계뿐만 아니라 대북관계도 개선하려는 노력을 보이고 있다. 2009 년 10 월 4 일 중국 총리가 대북 원조 약속을 위해 방북했고, 같은 해 11 월 23 일 량광리(Liange Guanglie) 중국 국방장관은 군사적 관계의 강화와 북핵 대화를 확보를 위해 방북했다. 2010 년 5 월 5 일 김정일의 방중 등을 통해 두 나라가 우호적인 동맹관계를 정상화하고 개선려는 움직임도 보였다. 이로 인해 동북아 안보를 위한 북핵위기 해결과정에서 중국의 주도적 역할이 커짐과 동시에 세계질서에 적극적으로 참여해 영향력을 강화하는 것을 볼 수 있다. 모델스키 장주기론 모델에 따르면 중국의 현 상태는 첫 번째 국면에 있고 세력이 계속 확장될 것이다. 중국은 자국의 경제적 부상과 함께 외교관계에서 경제적 수단 (economic leverage)을 사용할 수 있고 동아시아 주변국간의 외교적 조정과 국제적 이슈에 긍정적으로 참여함으로써 중국이 동북아 지역에서 미국을 견제하기 위한 전략을 진행하는 것을 맹백히 확인할 수 있는 것이다 [50].

3.4 미중간의 주도적 관계의 현 상태: 갈등 대 협력

　　본 연문의 주장처럼 모델스키 장주기의 관점에서 현 상태는 미국과 중국이 접점에 있다. 이러한 접점은 두 가지 의미를 갖게 된다. 첫

---

[48] 박봉규, "동북아 전략 환경과 한·미 동맹," 「한국정치외교사논총」 제 26 집 1 호 (2004), p. 425
[49] 김갑식 (2009), p. 15
[50] Christensen, "Fostering Stability of Creating a Monster? The Rise of China and US Policy Toward East Asia," (2006)

번째로, 현실주의자들은 동북아 안보의 확산을 위한 경쟁 때문에 미·중 관계를 국익과 전략에서의 갈등(conflict)으로 보는 관점이다 [51]. 대만 무기판매 결정 시기, 코펜하겐 회의의 합의 갈등, 티베트의 정신적 지도자인 달라이 라마와 만남 등과 같은 요인들은 미국과 중국간의 관계에 부정적인 영향을 미쳐 왔다. 국가들의 국익이 서로 충돌하게 됨으로써 세력을 위한 분쟁의 상태들이 자주 나타나기 때문이다. 1961 년, 미국과 대만이 상호 방위 조약을 실행한 후부터 대만문제가 지역에서 국제화되고 특히 미국과 중국간의 주도적 역할 갈등을 일으켰다. 대만문제를 둘러싼 주도적 역할이 관련된 갈등은 앞으로 계속히 중미관계에 심각한 균열 요인으로 남아있을 것이다 [52].

두 번째, 자유주의자들은 경제적 상호 의존성, 국제적 기관, 그리고 민주화를 통해서 미·중 관계가 협력(cooperation)을 통해 동북아 안보를 확신할 수 있다고 주장한다 [53]. 중국의 국내경제발전의 원동력이자 평화적 부상을 위한 외부 동력으로 작용해 왔다가 [54] 중국이 외부에 개방을 지속하며 미국과 경쟁관계로 변화할 수 있다. 동시에 미국은 중국의 경제적 부상을 적극적으로 활용하여야 한다는 것이다. 2009 년 11 월 17 일 미·중 공동 성명이 발표됨으로써 미국과 중국간의 협력관계를 강화하기 위한 노력을 밝힌 바 있다. 미국은 세계적 정세에 더 주도적인 역할을 하는 부상하는 강대국인 중국을 환영하고 한편 중국은 지역에 평화와 안정성, 그리고 번영을 추구하는 미국을 아시아 태평양 국가로 환영한다고 반복하여 말한다 [55]. 또한 9.19 공동성명의 기본으로 두 국가는 파트너십을 강화하기 위해 6 자회담의 지속, 한반도 비핵화, 국제 관계의 정상화, 그리고 동북아 평화체제의 수립 등 협력적 노력을 다시 확인했다. 상대적으로 경제 중심적이었던 미·중 외교관계의 특성을 뛰어넘어 다양한 영역에 건친 '포괄적인' 외교관계로 확대하고자 하는 의지를 보이고 있는데 동북아 안보 현안 특히 북핵 위기를 해결하기 위한 전략을 조율함에 접근해야 한다 [56].

---

[51] 박인휘, "미국, 동아시아 지역주의 용인 중국의 역할 기대," 「통일한국」 (2009), p. 21

[52] 이남주 (2002), p. 354

[53] Aaron Friedberg, "The Future of the US-China Relations: Is Conflict Inevitable?" *International Security* 32-2 (Autumn 2005), p.30

[54] 김갑식 (2009), p. 30

[55] U.S.-China Joint Statement, *The White House: Office of the Press Secretary* (November 17, 2009)

[56] 박인휘 (2009), p. 21

4. 동북아 안보 체제에 대한 다양한 시나리오

본 연구에서는 모델스키 장주기론의 기본으로 미·중 파권관계 분쟁과 북핵 해결 중심으로 강대국간의 전략사를 밝혔다. 모델스키 장주기론에 따르면 앞으로도 미·중간의 갈등이 심각화될 뿐만 아니라 동북아 안보를 확실하기 위한 패권 전쟁이 야기될 것이다. 하지만 현 미국 행정부의 새로운 대외전략과 긍정적 접근을 통해서 패권 전쟁에 관한 장주기 이론이 바뀔 가능성을 제기해 볼 수 있다. 4 장에서는 앞으로 동북아 안보 체제에 미·중 주도적 역할 관계에 대한 다양한 시나라오들을 살펴보고자 한다. 시나리오 분석은 북핵 문제를 해결하기 위한 미국, 중국, 등 동북아 주변국가를 둘러싼 국제적 접근이 필요하기 때문에 앞으로의 북핵 해결의 틀은 6 자회담을 중심으로 진행할 것이다. 그리고 전망의 대상이 되는 기간은 현재부터 모델스키의 미국의 패권국력을 완전 잃을 단계까지 단·중기로 제한된다.

4.1. 중국의 도전 (시나리오 1)

<그림 2>

그림 2-1 중국의 도전

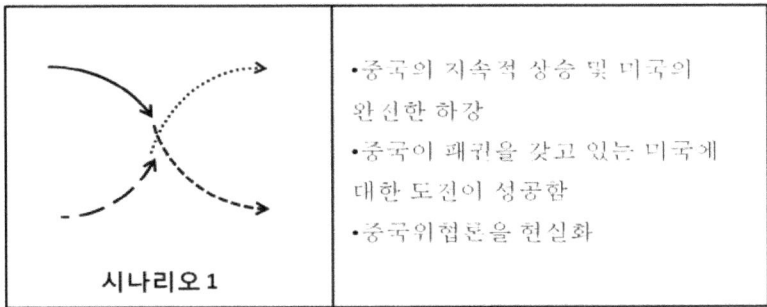

모델스키 장주기론을 적용한 첫 번째 시나리오(그림 2)는 중국이 패권을 갖고 있는 미국에 대한 도전이 성공해서 중국위협론을 현실화하는 것이다. 두 번째 국면에서는 중국이 지속적으로 상승함으로써 동북아의 지역적 패권국이 되며 네 번째로 미국이 완전한 하강국면 이르 이 지역에서 유일 초강대국 이었던 미국이 해게머니 국력을 다 잃게 될 것이다. 1980 년 후반부터 중국의 경제발전으로 축적된 경제자원이 군사력과 정치적 영향력으로 전화되기 시작함에 따라 점차 중국 부상에 대한 위협론이 나오기 시작했다. 중국위협론의 핵심은 중국이 경제발전과 발전주의적 계획을 통해서 군비 증강과 신중화주의 등장과 같은 정치-경제적 위협으로 나오는 것이다 [57]. 중국의 급 부상이란 위협은 중국이 경제적 성장을 지속함으로써 군사비를 증대한다는 사실이다. 중국은 경제적인 안정을 토대로 군사적 부분을 현대화할 수 있기 때문이다. 일본이나 미국의 군사력을 능가하는 것을 가능성이 생기게 된다. 이로 인해 경제, 군사 등의 영향력이 세계사회에 반영되고 결국 중국은 과거와 같은 중화주의를 표발할 것이다. 그리고 동북아에 적극적 수용과 주변국들을 중국의 힘에 복속함으로써 중화주의를 인근 국가에 강제할 수 있는 것이다.

동북아 안보의 구조에서는 중국이란 패권국이 안보 문제에 주도적 역할을 다할 것이다. 특히, 북핵 문제의 해결 과정에서는 중국은 북한과의 전통동맹중심으로 과거의 중국이 6 자회담의 주정자였던 국제회담을 통해 문제를 해결할 수 있는 것이다. 하지만 과거와는 달리 중국은 위협적으로 세력을 얻을 것이며 자국의 이익을 위하여 집중하게 될 것이다. 세계사회에서 중국은 조정자를 넘어서 적극적 행동자의 모습을 보이기 때문에 국제회담와 국제사회의 규칙을 준수하지 않을 가능성이 있다.

모델스키 장주기론에 따라서 논리적으로는 가능하지만 국제사회중심으로 동북아 지역을 살펴볼 때 이 시나리오는 완전히 바람직하지는 않다. 그리고 또한, 세력을 얻기 위해 평화적 방법이 아닌 이 아니라 경쟁적이고 적극적인 노력으로 강대국인 미·중간의 패권전쟁이 일어날 것이다. 이에 대해 자유주의자들은 국가간에 전쟁은 바람직하지 않고 중국이 부상을 지속하기 위해서는 평화적 부상을 추구해야 한다고 주장한다.

---

[57] 김희교, "미국의 중국의협론과 한반도의 평화," 「온속기획」 (2002), p. 439

4.2. 미국의 봉쇄정책 (시나리오 2)

<그림 3>

그림 2-2 미국의 봉쇄정책

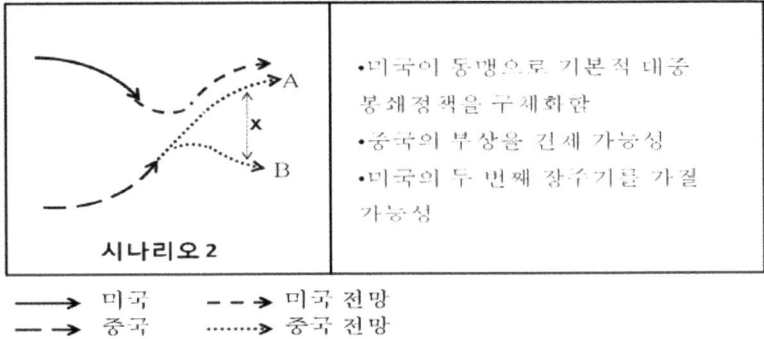

- 미국이 동맹으로 기본적 대중 봉쇄정책을 구체화한
- 중국의 부상을 견제 가능성
- 미국의 두 번째 장주기를 가질 가능성

시나리오 2

→ 미국   --→ 미국 전망
--→ 중국   ……→ 중국 전망

　　미국은 동맹으로 기본적 대중 봉쇄정책을 구체화함으로써 동북아 지역에 유일한 패권국의 지위를 유지하며 중국의 부상을 완전히 견제할 것이다. 과거 영국이 두 개의 패권 주기를 가졌던 것과 같이 [58] 미국도 두 번째 장주기를 가질 가능성이 있다(그림 3). 변수 X 가 중국의 성장률이라서 중국의 부상은 X 에 따라 두 가지 종류의 상승을 꾸준한 속도로 지속하거나(A) 한편 과거의 고립주의적 모양과 같은 하강을 시작하는(B) 가지 방향인 것이다. 이와 같이 관계해 미·중 관계는 완전히 평행곡선을 이루거나 상하로 발살하는 형태를 보이게 될 것이다.

　　중국의 경제적 성장에 따라서 국제적으로 가치관과 규범을 수용하기보다 자신의 영향력을 확대하기 위한 대외전략을 추구하기 때문에 미국은 중국에 대한 봉쇄를 대중전략으로 제안해야 한다 [59]. 과거의 소련에 대한 봉쇄정책과는 달리 이 시나리오에 따른 미국의 봉쇄정책은 역외 균형(offshore balancing)과 관련이 있다. 역외 균형이란 지역적 패권국가가 자국의 안보를 위협 받을 수 있기 때문에 전략적으로 중요한 해외 지역에 헤게모니 지위의 확립을 막기 위한 전략이다 [60]. 미국은 해군국이라서 역외 균형을 사용해야

---

[58] 영국의 첫 번째 장주기: 1688-1713 (프랑스 전쟁), 두 번째 장주기: 1792-1815 (프랑스 전쟁)

[59] 이남주 (2002), p. 345

[60] 이동선, "미국과 중국간의 무력분쟁 가능성에 관한 연구," 『국제관계연구』 제 14 권 2 호 (2009), p. 139

하지만 잠재적 패권국을 패배시키기 위한 대륙 세력을 필요로 한다. 따라서 미국은 지역 강국에게 해군력, 공군력, 경제력, 그리고 외교력을 제공함으로써 잠재적 패권국의 성장을 억제할 수 있다. 즉 다시 말해 미국은 동북아의 국익을 보호하기 위해 스스로의 해군력과 공군력에 의존하며 대륙 세력으로 동북아 지역과의 동맹을 신뢰한다 [61]. 단기적-중기적 측면에서 역외 균형으로 직접 갈등을 피하기 위해 중국은 협조적 정책(accommodative policy)을 실행할 것이다. 하지만 장기적으로 동북아 지역에 동맹국들이 중국의 패권주의를 막을 수 없다면 미·중간의 갈등이 나올 수 있다.

모델스키 모델에 따른 현 국면은 접점을 통과하는데 미국은 역외 균형 전략을 이미 실행했고 유일한 패권국이기 때문에 하나의 지역에 군사비와 관련 지출을 계속 증가시킬 가능성이 거의 없다. 그리고 현 국면을 보면 중국은 이미 협조적 정책과 관련된 전략을 실행하기 때문에 앞으로 자국의 이익을 위한 전략을 추구할 것이다. 대신 중국이 국제사회에서 얻는 이득이 증가할수록 국제규범을 수용할 가능성이 높아지기 때문에 중국에 대해 봉쇄정책을 펴기 보다는 계속적인 접촉(engagement)을 통해 중국의 변화를 유도해야 한다 [62].

4.3. 미·중 협력 (시나리오 3)

<그림 4>

그림 2-3 미·중 협력

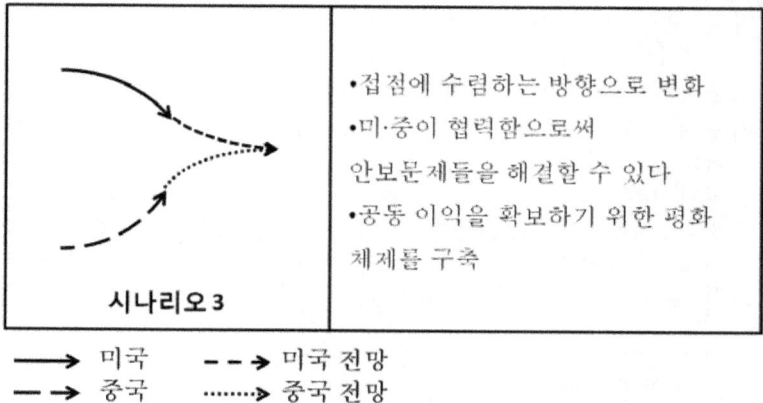

•접점에 수렴하는 방향으로 변화
•미·중이 협력함으로써 안보문제들을 해결할 수 있다
•공동 이익을 확보하기 위한 평화 체제를 구축

시나리오 3

→ 미국   - - → 미국 전망
- - → 중국   ······→ 중국 전망

---

[61] 이동선 (2009), p. 142

[62] 이남주 (2002), p. 346

　　모델스키 장주기론을 적용한 세 번째 시나리오는 동북아 지역에 대해 미·중이 협력함으로써 안보문제들을 해결할 수 있다는 것이다. 장주기에서 패권국이자 하강하고 있는 미국과 패권국으로 상승하고 있는 중국은 접점에 수렴하는 방향으로 변화할 것이다.

　　모델스키 장주기론의 따른 현 국면에서는 동북아에서의 미국패권 약화와 중국의 부상에 관해서 다자간 안보대화에 대한 적극적 참여를 선택할 수 밖에 없었기 때문에 새롭고 항구적인 집단안보체제를 만들어야 한다 [63]. 다자 안보와 관련된 집담안보체제에서는 미국을 포함한 동북아의 주변국가들이 상호의존을 하게 된다. 더불어 다른 관련된 개념이란 동북아 평화협력체제의 구축 원칙들은 상호간의 적대감을 버리고 교류와 협력에 토대한 상호신뢰감을 확보하는 것이 될 것이다 [64]. 이러한 상호의존으로 인해 동북아 국가들은 공동손해를 입을 수도 있다. 다자안보라는 공동 이익을 확보하기 위한 평화 체제를 구축할 가능성이 높다. 최근에 북한의 도발적 행동으로 국제적 불안정이 심각해지고 있다. 북핵문제를 해결하기 위해 중국의 대외전략은 북한과의 전통동맹에서 북·중·미 삼각관계 아니면 다자안보를 위한 미·중 협력으로 변화하고 있기 때문이다. 이로 인해 미국과 중국의 패권주의적 국익 보호에 불구하고 동북아 안보 틀에서 미·중 협력은 안보 유지와 관련된 공동 이익에 집중함으로써 하나의 비전을 이루기 위한 노력을 이어가는 것이다.

　　이 시나리오의 수렴은 미중간의 협력과 상호의존을 의미하지만 균등하게 평형적인 상호간의 의존은 아니다 [65]. 따라서 동북아의 안보 현안을 해결하는 주도권은 미·중간에 평형적으로 분배되지 않을 것이며 동북아 협조체제 구축 구상은 강대국 중심의 협력이라는 점과 강대국-약소국의 비대칭적 협력이라는 문제가 그 한계로 지적될 수 밖에 없다 [66]. 하지만 두 동맹이 협력하는 상황에서는 다자안보가 쉽게 이루어질 수 있으모로 비대칭적 동맹의 문제는 심각하지 않다.

[63] 이유철, "동북아시아 평화체제의 대안적 모델과 '베이징 평화 프로세스'," 「진보평론」 제 40 호 (2009), p. 267

[64] 윤황, "동북아시아의 평화협력체제 구축방안," 「기획논문 II: 동북아평화세계와 대북전략」 (2004), p. 164

[65] 박재영 (1996), p. 350

[66] 이유철, "동북아시아 평화체제의 대안적 모델과 '베이징 평화 프로세스'," 「진보평론」 제 40 호 (2009), p. 278

5. 동북아 안보체제 전망: 미·중 협력

중·단기적으로 동북아 안보 틀에서 미국과 중국간의 세력 관계는 협력(시나리오 3)으로 변화할 것이다. 다시 말해 미국과 중국은 접점에 수렴하는 방향으로 변화함으로써 동북아 안보 틀의 현안을 해결하기 위한 주도적 역할에 있어 세력을 분배하고 협력의 노력을 통해서 두 국가간의 새로운 접근을 실행할 것이다. 그리고 이러한 세력 분배의 문제를 위한 국가의 개방과 상호의존은 자국의 대외전략에 더 큰 영향을 미칠 것이다 [67]. 양국은 경제, 문화, 정치 등과 같은 스마트파워를 통해서 자국의 대외전략에 있어서 공동의 이익을 추구할 수 있다. 한편 공동이익을 추구함에도 불구하고 역사적 경쟁관계에 있는 미국과 중국은 공통의 이익과 자국의 이익 사이에서 갈등하게 된다. 따라서 동북아 안보 체제를 유지하는 동시에 이 체제를 위협하는 북한을 압박하기 위해서 미국과 중국은 동맹관계의 한계 및 자국의 관념과 국익의 갈등을 넘어서야만 한다 [68].

미국이 '세계 평화' (global good)를 추구하고 효율적으로 초국가적 현안들을 해결하기 위해서는 다른 국가들과 신뢰를 구축하고 정치적 영향을 발휘해야 한다. 이럴 때 이익을 현실화할 수 있을 것이다. 또 역사, 문화, 정치적 측면에서 미국과 중국은 차이가 있음에도 불구하고 세계 평화에 중국이 기여하려면, 중국을 새로운 노력은 두 국가의 공동 이익 추구라는 새로운 노력을 해야 한다 [69]. 6 자회담의 핵심은 북한과 다극적 사회간의 더 심각한 갈등의 견제, 북한 핵 실험과 핵무기 확산 저지, 동북아 핵 상승의 방지 등과 같은 것이다 [70]. 따라서 6 자회담을 통한 동북아 협조체제가 필요할 것이다. 이와 같은 동북아 공동 안보 틀에서 미국과 중국의 협력적 노력을 기대할 수 있을 것이다.

한편 중·장기적인 과정에서 본다면, 이 시나리오가 시나리오 2 로 이어질 수 있는 가능성이 있다. 다시 말해 현재 접점 상태에 있는 미국과 중국이 서로에 대한 외교전략을 갈등이나 협력 두 가지로 발전시킬 가능성을 갖고 있다고 볼 수 있다. 앞으로 동북아에 중·장기적으로 미국과 중국의 주도 역할 관계가 협력의 관계가 될 것이라 전망하지만, 미국은 중국보다 우위에 있는 패권주위적

---

[67] Johnston (2003), p. 29

[68] Kenneth N. Waltz, "The Stability of a Bipolar World," *Daedalus* 93-3 (Summer, 1964), p. 900

[69] William S. Cohen, "Smart Power in US-China Relations," *CSIS* (March 2009), p. 2

[70] Gong Keyu, "DPRK, in the box but not solved" *CSIS: Freeman Report* (May 2010), p. 3

세력을 다시 얻기가 어렵지 않다. 지정학 측면에서 보면 대륙의 도전국보다 해상 무역 국가가 항상 주도적 역할을 맡기 때문이다[71]. 그리고 모델스키에 따르면 500 년 동안 장주기에서 유일한 패권국가들은 해군국이다. 따라서 초해군국인 미국은 동북아에서 영향력을 유지하는 것이 쉽고 대륙국인 중국을 억제할 수 있는 것이다. 지정학적 위치와 군사력에 의해 결정되던 패권이 이제는 경제, 정치 등과 같은 스마트 파워를 통해 영향을 받을 수 있다. 그러므로 최근 중국의 보다 더 적극적인 대외정책과 세계적인 영향력을 고려할 때, 미국은 단·중기적으로 중국에 대해 지리적 봉쇄전략을 추구하지 않을 것이다.

6. 결론

탈냉전 이후 동북아 안보 틀은 고립주의적 국가에서 도전국으로 부상한 중국과 패권주의적 힘을 어느 정도로 잃어버린 미국의 권력 관계에 의해 변화하기 시작했다. 특히, 경제적으로 급격히 성장하고 있는 중국으로 인해 미국은 유일한 초강대국의 위치에 위협을 받으며 동북아 내의 세력을 분배해 왔다. 더불어 동북아 안보 현안과 갈등들이 심화됨으로써 지역에 안정성을 부여하고 현안을 해결할 수 있는 강대국의 역할이 중요해졌다. 이 가운데 주도적 역할을 위한 경쟁을 유발되고 전국 미·중간의 안보 주도권을 둘러싼 분쟁으로 나타났다. 모델스키 장주기론을 적용한다면 미·중간의 동북아 세력 전이와 분배가 명백해지고 앞으로에 대한 전망을 할 수 있다. 현재 두 나라는 접점에 있는 상태라서 미국과 중국의 관계가 갈등이나 협력 두 가지로 발전될 가능성이 있다. 동북아의 심각한 안보 현안인 북핵 문제의 해결을 중심으로 미국과 중국은 동북아 안보 구조에서 영향력을 얻기 위해 주도적 역할을 맡아야만 하다. 미국의 클린턴 행정부 때부터 현재까지 북한 핵문제의 해결 과정에서 미·중간의 관계는 경쟁자에서 파트너십으로 변화해 왔다. 대륙국인 중국과 해군국 미국의 지정학적 차이에도 불구하고 자국뿐만 아닌 지역의 안보 유지를 위한 공동 이익을 중심으로한 파트너십은 필수적이며 상호협력을 필요로 하고 있다. 하지만 국가들의 국익 차이 때문에 협력의 관계를 형성하고 유지하기란 쉽지 않으므로 동북아의 국제회담을 통해 강대국간의 견제와 균형을 조율할 수 있다. 따라서 미국과 중국은 주도권 경쟁보다는 상호 협력을 추구하면서 북한의 핵문제를 해결해 나갈 것이다.

---

[71] Franz Kohout, "Cyclical, Hegemonic, and Pluralistic Theories of International Relations: Some Comparative
Reflections on War Causation," *International Political Science Review* 24-1 (Jan. 2003), p. 5

참고문헌

김갑식. "동북아 지역안보 패러다임과 북핵문제." 「통일문제연구」 통권 제 52 호, (2009).

김재철. "패권, 다극화, 그리고 중-미 관계: 세계질서를 둘러싼 경쟁" 「국제정치논총」 제 42 집 5 호, (2002).

김희교. "미국의 중국의협론과 한반도의 평화." 「온속기획」 (2002).

박홍서. "중국의 부상과 탈냉전기 중미 양국의 대한반도 동맹전략: 동맹전이 이론의 시각에서." 「한국정치학회보」 제 42 집 1 호, (2007).

박봉규. "동북아 전략 환경과 한·미 동맹." 「국제정치논총」 제 26 집 1 호, (2004).

박인휘. "미국, 동아시아 지역주의 용인 중국의 역할 기대." 「통일한국」 (2009).

이원봉. "21 세기 중국과 한반도 평화." 「OUGHTOPIA: The Journal of Social Paradigm Studies」 (2006).

이동선. "21 세기 국제안보와 관련한 현실주의 패러다임의 적실성." 「국제정치논총」 제 49 집 5 호, (2009).

우정. "북한 핵문제의 현실이해와 대응방안." 「기획논문 II: 북한 핵문제의 한반도 정세」 (2003).

이유철. "동북아시아 평화체제의 대안적 모델과 '베이징 평화 프로세스'." 「진보평론」 제 40 호, (2009).

이남주. "미국에서 '중국위협론'의 부상과 변화." 「한중수교」 10 년, (2002).

이상숙. "북-미-중 전략적 삼각관계와 제 2 차 북핵위기: 북한의 위기조성 전략을 중심으로." 「국제정치논총」 제 49 집 5 호, (2009).

이동선. "미국과 중국간의 무력분쟁 가능성에 관한 연구." 「국제관계연구」 제 14 권 2 호, (2009).

윤황. "동북아시아의 평화협력체제 구축방안." 「기획논문 II: 동북아평화세계와 대북전략」 (2004).

조민. "오바마 행정부와 북한 문제: 대타협이냐, 대파국이냐." 「국제정치논총」 (2009).

채규철. "중국의 대미관계와 북핵문제 해결과정에서의 역할." 「사회과교육」 제 45 권 1 호, (2006).

한석희. "6 자회담과 중국의 딜레마." 「국제정치논총」 제 45 집 1 호, (2005).

Calder, Kent E. "Regionalism and Alliance in Northeast Asia." *Asia-Pacific Alliances in the 21st Century*. Oruem: IpisiKor, 2007.

Christensen. "Fostering Stability of Creating a Monster? The Rise of China and US Policy Toward East Asia." *International Security* 30-1 (Summer 2006).

Cohen, William S. "Smart Power in US-China Relations." *CSIS* (March 2009).

Friedberg, Aaron. "The Future of the US-China Relations: Is Conflict Inevitable?" *International Security* 32-2 (Autumn 2005).

Johnston, Alastair. "Is China a Status Quo Power?" *International Security* 27-4 (Spring 2003).

Kegley, Charles. *World Politics: Trend and Transformation*. Cengage Learning, Wadswerth, 2009.

Keyu, Gong. "DPRK, in the box but not solved." *CSIS: Freeman Report* (May 2010).

Kohout, Franz. "Cyclical, Hegemonic, and Pluralistic Theories of International Relations: Some Comparative Reflections on War Causation." *International Political Science Review* 24-1 (Jan. 2003).

Modelski, George. "The Long and the Short of Global Politics in the Twenty-First Century: An Evolutionary ApproachThe Long and the Short of Global Politics in the Twenty-First Century: An Evolutionary Approach." International Studies Review 1-2 (1999).

Ross, Robert. "The Geography of the Peace: East Asia in the 21st Century." *International Security* 23-4(Spring 1999).

Waltz, Kenneth N. "The Stability of a Bipolar World," *Daedalus* 93-3 (Summer 1964).

북한 주민들의 대내 인식 변화: 1990 년대부터 현재까지를 중심으로

정쉐리 (SHERRIE CHUNG)

MA, Korean for Professionals, University of Hawaii at Manoa, 2010
BA, Urban Studies, Stanford University, 2008

NORTH KOREAN RESIDENTS' CHANGING ATTITUDES TOWARD THEIR NATION AND LEADERSHIP, 1990S – 2010

This paper examines the changes in North Koreans' attitudes about their nation and leadership since the 1990s. Prior to the 1990s, relative stability in the political and economic spheres ensured that residents accepted with little resistance the ideological instruction of the state extolling the North Korean style of Socialism and leadership of Kim Il Sung and Kim Jong Il. However, North Korea experienced a period of extreme famine and economic hardship after the collapse of the Soviet Union and death of Kim Il Sung. This so-called "Arduous March," and the subsequent failure of the state to address the population's basic survival needs, became a source of popular discontent toward the government. Even after the Arduous March, when North Korea began to see slight economic improvement, North Koreans' opinion of the North Korean system and leadership became increasingly negative and critical. In particular, a period of market expansion followed by government crackdowns on the *jangmadang* raised much dissent among the population. In comparison to the 1990s, people became more discontent and began manifesting their anger in more active and even violent ways. This trend of distrust and criticism of the government from the North Korean people represents a somewhat slow, but powerful enough to bring changes to the North Korean regime.

I. 서론

수 십년 동안 침체된 '은자의 왕국,' '시대착오' 등으로 언급된 북한은 대외적으로 알려져 있는 바와 달리 사회·경제적으로 많은 변화를 겪어 온 나라다. 본고에서 주목하고자 하는 변화는 법률상 시장 활동을 인정하는 '7.1 경제관리 개선조치'(이하 7.1조치)등과 같이 북한 정권이 의도적으로 국내 정치·사회적 상황을 개선시키려고 한 공식적인 정책의 변화가 아니라, 국가의 경제·사회·이데올로기 등 정책의 실패로 인한 주민들의 생활패턴과 사고방식의 변화이다. 그

변화의 예로, 북한의 통제경제가 옳게 작동하지 못했을 때 '장마당'이라는 비공식 시장이 형성됐고, 기본권의 자유와 외부영향을 없애려는 사회탄압이 당국의 부패로 어느 정도 완화됐을 때 주민들이 불법행위를 통해 외부 소식과 소비재에 접근하게 된 것을 들 수 있다. 결국 김일성·김정일을 우상화하는 수령절대주의, 군대를 우선시하는 선군정치 등의 이데올로기가 실제 삶의 질 향상으로 이어지지 않았을 때, 북한 주민들의 지도층과 사회주의 이념에 대한 신뢰도가 떨어지게 되었다는 것이다. 이러한 북한당국의 정책 실행 실패에 따라 북한 사회와 주민들은 인식변화의 길을 걷게 되었다. 인식변화의 과정이 더디기는 하지만, 최근 북한 주민들의 자국에 대한 시각은 30~40년 전과 비교했을 때, 상당히 다르다고 할 수 있다.

주민들의 인식변화를 살펴보는 것은 권위주의 사회의 개방·개혁에 있어 중요한 의미를 가진다. 소련의 개방이 고르바초프가 최고의 자리에 올라 실시한 '위로부터의 체제 전환'인 것으로 알려져 있지만, 국가 구성원들의 역할을 무시할 수 없다. 소련과 북한에서 교육을 받은 북한 전문가 안드레이 란코프(Andrei Lankov)는 공산권 나라의 주민들이 서구의 자본주의에 의한 부와 번영을 보고 자국 정권에 대한 신뢰를 잃게 됐으며, 이에 따른 정부의 정당성 약화를 소련 몰락에 있어 중요한 역할을 했다고 간주하고 있다. 란코프는 2009년 말 뉴욕타임스 사설에서 "[미국과 그의 동맹국 등] 외부로부터의 압박이 효과적이지 않으므로 북한의 변화는 북한주민 스스로에서부터 올 것"이라고 분석했다.[1] 다시 말해 북한 주민들의 인식이 변화되어야만 체제가 전환될 수 있다고 한 것이다. 주민들의 인식을 여러 측면에서 접근할 수 있는데, 본 논문에서는 북한 주민들이 북한 내부 상황을 어떻게 바라보는지에 초점을 두고자 한다. 특히 북한의 사회주의체제, 경제 시스템, 당 및 당원, 간부들, 그리고 김정일에 대한 대내적 인식을 살펴보고자 한다. 북한 주민들의 인식은 천천히 변화되고 있으므로 대수롭지 않은 일에 불과한 것으로 보일 수도 있다. 그러나 이 논문에서 주목하고자하는 것은 북한이 수십년 동안 엄격히 통제되어 왔고 김부자 뜻에서 벗어나면 안 된다는 '수령절대주의'를 근본으로 삼은 나라인 것을 감안했을 때, 주민 인식변화가 북한 사회 내에서 의미 있는 움직임이라는 것이다.

---

[1]   Andrei Lankov, "Changing North Korea," *The New York Times* 13 Oct. 2009, 27 Mar. 2010
<http://www.nytimes.com/2009/10/14/opinion/14ihtedlankov.html?_r=1&scp=3&sq=andrei%20lankov& st=cse>.

    1990년대를 기점으로 북한사회 내의 변화 양상을 여러
연구에서 다루고 있으나, 대부분의 연구는 이 시기에 형성된 시장을
중심으로만 살펴보고 있다. (정영철 2004, 이무철 2006) 또한
기존연구에서는 주민들이 북한정권을 어떻게 바라보는지에 대한
연구를 90년대로 한정함으로써 시기적으로 미흡한 것으로 볼 수
있다. (김명세 2001, 김갑식·오유석 2004, 성창권 2008) 따라서 이
논문은1990년대부터 현재까지의 기간을 두 시기로 나누어, 각
시기의 경제·사회적 변화에서 비롯된 주민들의 북한체제에 대한
충성심 약화와 외부세계에 대한 인식제고, 그에 따른 변화에 대해
고찰하고자 한다. 물론 인식변화의 과정을 시기를 기준으로 나누는
것이 애매하거니와, 일부 학자들에 의하면 북한 주민들의 인식
구조변화가 평양축전을 계기로 1980년대 말부터 시작했다고 한다.[2]
그러나 탈북자들을 대상으로 한 인터뷰와 설문조사 결과에 따르면,
광범위한 주민 인식변화의 시발점은 고난의 행군 시기와 일치한다.[3]
북한 주민의 인식변화는 고난의 행군과 7.1조치 이후 일어난 엄청난
경제·사회 변화에 따른 결과인 것으로 볼 수 있다.

    첫 번째 시기는 1990년대 탈냉전 국제정세와 맞물린 북한
내부의 경제·사회적 변화에서 비롯된다. 소련·동구권의 붕괴와
김일성의 사망, 심각한 기근과 그로 인한 경제위기 등으로 대두되는
이 시기의 사건들은 이전의 북한상황과는 큰 차이를 보였으며 어느
정도 북한의 사회 변화에 전환점이 되었다. 두 번째 시기는 2002년
북한 당국의 7.1 조치 실시 이후에 일어난 다양한 사건·변화를 통해
확인할 수 있다. 1995~2002년이 북한 경제위기의 출발점이었다면,
2002년의 정책변화는 악화된 경제상황을 회복시키려는 노력의
일환으로 볼 수 있다. 2002년부터 현재까지 실행된 경제정책 변동을
통해, 북한 당국이 개방에 의한 실제 성장과 경제에 대한 철권통치
유지 사이에서 갈등을 겪고 있다는 것을 알 수 있다. 고난의 행군 때
형성된 장마당은 단순히 식량공급의 필요에 의해 형성되었지만,
주민들이 식량 외에 필수품을 매매하는 곳으로 성장하였다. 따라서
당시 북한 당국은 주민들의 생존수단이 된 시장 활동에 대해 눈을
감아 줄 수밖에 없었다. 그 후 2002년 7.1 조치를 통해 장마당을
공식적으로 인정했지만, 2005년부터 이에 대한 규제를 강화시켰다.

---

[2] 정상용, "변화되고 있는 북한의 주민의식 구조," 통일한국 82 (1990): 58.

[3] 이 인터뷰와 설문조사들은 통일 연구원, 미 의원 산하 이스트웨스트 센터(East-West Center) 등 연구 기관의 북한 전문가들이 실시한 것이다. 또한, 북한 주민 및 탈북자들과의 일부 인터뷰들은 KBS 방송국, 그리고 북한 내부 소식통을 사용하는 NK 지식인연대(NKIS), 데일리 NK(Daily NK) 등과 같은 단체들이 한 것이다. 그러나 안정상의 이유로 모든 응답자·인터뷰 대상들이 익명을 요구해 신원을 밝히지 않았다.

이와 같이 자본주의적 장마당과 계획경제 사이에서 갈등하는 정책은 경제적 차원에 머물지 않고 주민들의 생활과 발상의 전환으로 이어졌다고 할 수 있다. 본 논문에서는 이러한 인식변화의 과정을 살펴본 다음, 그 인식의 변화가 미래 북한체제의 변화 가능성에 어떤 함의를 가지는지에 대해 논의해 보고자 한다.

II. 1990년대 이전 경제·사회·사상적 안정기

북한 주민들의 1990년대 이후 인식변화를 살펴보려면, 먼저 90년대 이전 주민들의 대내외 인식의 틀을 이해하는 것이 필수적이다. 그 당시 다른 공산주의 국가들과 같이, 북한 정부는 강한 선전 캠페인과 외부 소식에 대한 철저한 차단을 통해 주민들의 의식을 조정해 왔다. 이처럼 북한 당국에 의해 형성된 1990년 이전의 북한주민들의 인식은 김부자, 사회주의 체제 등에 대한 맹목적인 충성심과 외부에 대한 전면적 무지라는 특징을 지니고 있다.

위와 같이 1970~80년대에 북한 당국에 의한 주민 사상·의식 통제가 가능했던 것은 이 시기의 경제적·정치적 안정에 근거한다. 1980년대까지 북한주민들은 국가배급제, 무상치료와 무상교육의 혜택을 누릴 수 있었기 때문에 사회주의 체제의 문제점을 발견할 기회가 없었다.[4] 1960년대까지는 북한이 남한보다 경제적으로 우월한 위치에 있었다. 그리고 1970년대 들어 성장이 침체됨에도 불구하고 당시 북한의 소위 '우리식 사회주의'는 잘 운영되고 있었다고 평가된다.[5] 북한은 냉전 시대에 발생한 중소분쟁의 틈바구니에서 대중, 대소 외교를 교묘하게 이용함으로써 양쪽으로부터 최대한의 지원을 얻어냈다. 1984년 김일성의 소련 방문 시 북소 관계가 향상됨에 따라 소련의 무기류 및 경제지원을 특히 많이 받을 수 있었다.[6] 이와 더불어 엄격한 사상교육은 주민들이 김일성, 김정일의 '현명한 영도'를 높이 평가하도록 만들었다. 탈북자들의 증언에 따르면, 위와 같은 내부 상황으로 인해

---

[4] 김갑식, 오유석, "'고난의 행군'과 북한사회에서 나타난 의식의 단층," 북한연구학회보 8.2 (2004): 101.

[5] "North Korea, Postwar Economic Planning," Federal Research Division of the Library of Congress, Jun. 1993, 12 Apr. 2010 <http://www.country-data.com/cgi-bin/query/r-9553.html>.

[6] "Background Note: North Korea," Department of State, Bureau of East Asian and Pacific Affairs, 9 Mar. 2010, 12 Apr. 2010 <http://www.state.gov/r/pa/ei/bgn/2792.htm>.

"우리식 사회주의 체제, 주체사상, 당 등에 대한 신뢰감과 자긍심이 매우 높았다"고 한다.[7]

1980년대 말 사회주의권이 붕괴되었음에도 불구하고 북한 주민들의 강한 자긍심은 흔들리지 않았다고 한다. 탈북자들은 이 시기를 생각하면서 "사회주의는 우리 것이고 우리는 수령님(김일성)이 계시니까 절대 허물어지지 않을 뿐만 아니라 허물어질 수도 없다"고 믿었던 주민들이 많았다고 한다. 특히 상당수 대학생들이 체제에 대한 강한 신뢰감을 보였다.[8] 또한 체제에 대한 충성심은 정신적 차원에만 그치지 않았다. 한 탈북자의 증언에 따르면 "1970~80년대에는 '사회주의의 종국적 승리'라는 목표를 위해 하나라도 더 생산하려고 밤잠을 설치며 일했고, 중환자가 발생하면 서로 피를 헌혈하겠다고 나섰으며, 심지어는 자기 살도 떼어 바치는 '혁명적 동지애'를 자랑스럽게 여겼다"고 한다.[9] 이러한 발언은 어느 정도 과장된 것일 수도 있지만, 1990년대 이전 북한주민들의 사회주의에 대한 신뢰가 매우 강하고 그러한 인식이 부지런한 노동으로 구현되었다는 것을 잘 보여준다.

1990년대 이전 북한 대중들의 인식 형성의 또다른 배경은 극히 제한된 정보에의 접근성이다. 북한에도 라디오·텔레비전 방송, 신문 매체 등과 같은 다양한 미디어가 존재하기는 하지만 모든 정보의 공개 여부는 조선노동당에 의해 결정된다.[10] 북한 라디오 방송은 '제1중앙방송', '제2 중앙방송,' '유선방송'이라고 불리는 제3중앙방송의 세 가지 종류가 있다. '제 1중앙방송'은 대내 방송, '제2방송'은 대외 및 대남 방송을 담당하며, 유선방송은 대내 선전과 정보 전달의 수단으로 사용되고 있다.[11] 주민들은 라디오 방송 외에 텔레비전 방송과 신문에서도 정보를 얻을 수 있다. 대표적인 텔레비전 방송인 '조선중앙 TV'와 정부 대변인 '로동신문'은 체제유지를 위한 선전적 색채가 매우 강하다. 특히 이 시기의 '로동신문'에 보도된 내용을 살펴보면 남한 및 서방국가에 대한 비방, 공산진영의 지위 향상, 반제투쟁 등에 관한 기사가 빈번했다.[12]

---

[7] 김갑식, 101.

[8] 김갑식, 102.

[9] 김갑식, 102.

[10] 이주철, "북한주민의 외부정보 수용 태도 변화," *한국동북아논총* 46. (2008): 235.

[11] 이주철, 235.

[12] 이주철, 236.

　　따라서 1990년대 전반까지 북한주민들은 다양한 정보를 접촉할 수 있는 기회가 없어서 대내외 인식이 바뀌기가 거의 불가능했다고 볼 수 있다. 이러한 상황에 대해 정상용은 "북한 주민들은 김일성·김정일 부자에 대한 충성심이 맹목적이며 당과 혁명을 위해 목숨을 바쳐 투쟁하는 것이 최상의 선(善)이라고 생각하게 돤다. 또 김일성과 사회주의제도 자체에 대한 부정적인 생각이나 활동을 하는 것은 큰 죄악으로 여기게 되는 것"이라고 지적하고 있다.[13] 이러한 인식구조는 1970~80년대 상대적으로 안정된 북한의 정세를 반영한다. 하지만 1990년대 북한의 정세가 급변화를 겪으면서, 북한 주민들의 생활 패턴이 바뀌게 되고, 주민들의 인식 또한 변하게 되었다.

III. 1995-2002년: 체제 및 당에 대한 충성심 약화

　　첫 번째 시기는 1990년대 탈냉전이라는 국제정세의 변화로 인해 발생한 북한의 경제상황 변화에서 비롯된다. 당시 북한에 일어난 시장확대의 영향은 주민생활의 여러 측면에서 나타났다. 당시 경제 위기는 소련·동구권의 붕괴와 이에 따른 김일성 사망, 기근과 그에 따른 결과이다. 이전 시기 남한보가 우월했던 경제적·사회적 상황과 큰 차이를 보였으며, 이로 인해 북한 사회의 전환점이 되었다. 경제 위기는 주민들에게 북한 정부와 사회주의 체제의 실패를 보여줬는데, 이것이 바로 정권에 대한 불만의 시발점이 되었다고 할 수 있다.

　　소련의 몰락으로 북한은 엄청난 정치·경제 지원을 잃게 되었고, 이는 저가의 에너지와 식량을 얻을 수 없다는 심각한 상황을 야기하게 된 것이다. 1990년 소련·공산주의권 붕괴 이후 모스크바가 대북지원을 중단하자 몇 년 뒤 북한의 산업 생산이 무려 50%나 줄어들었다.[14] 북한은 중요한 무역상대를 잃었고, 이런 가운데 소련의 대북지원에 의해 개발된 중화학 공업이 특히 큰 타격을 받았다. 또한 에너지 지원이 축소되면서 공장의 가동률이 하락해, 국너소비재 공급이 감소되었다. 그리고 이 소비재 부족은 배급시스템의 마비를

---

[13] 정상용, 57.

[14] Andrei Lankov, "Staying Alive: Why North Korea Will Not Change," *Foreign Affairs*" Mar/Apr 2008, 15 Apr. 2010 <http://www.foreignaffairs.com/articles/63216/andrei-lankov/staying-alive>.

야기시키는 요인이 되었고, 당국은 주민들이 생산성을 높이게 만드는 물질적, 정치적 인센티브를 제공하지 못하게 되었다.[15]

이러한 지원의 감소는 내부 문제인 '흉작으로 인한 식량안전의 약화'와 복합되어 식량 배급시스템이 사실상 붕괴하게 되었다.[16] 배급제의 붕괴는 수 십 년간 정부가 보조금을 지급한 곡물 배급에 의존했던 주민들에게 큰 타격을 줬으며, '고난의 행군'이라는 심각한 에너지·식량·경제난의 시대를 가져왔다. 1995~1998년 사이에 60~100만 명이 굶어 죽었다는 설이 나오고,[17] 일부 지원단체의 추산에 따르면 무려 280만 명의 아사자가 발생했다고 한다.[18] 탈북자의 증언에 따르면 "아사자 수가 늘어나 부모를 잃고 식량을 찾느라 배회하는 어린 아이의 모습이 흔히 보이며 길거리에 죽어가는 사람이 누워 있었다"고 한다.[19] 북한 경제 상황은 1998년에 이르러 고난의 행군에서 벗어난 것으로 알려져 있으나, 외부로부터 대규모의 경제지원을 받지 못한다면 여전히 이 문제에서 벗어나지 못할 것으로 전망되고 있다.

이 때 시작된 경제·사회적 변화는 주민들의 생활 패턴과 발상을 바꾼 계기가 되었다. 가장 큰 변화는 주민들의 생존 수단이 국가에서 개인으로 바뀐 것이다. 즉 북한 주민들이 더이상 중앙정부의 배급·지원을 기대하지 않고, 생존을 위해서 스스로 시장에 나가게 되었다. '새터민 증언으로 본 북한의 변화'라는 보고서에서 통일연구원은 이러한 현상에 대해서 다음과 같이 설명했다.

이제 생계를 유지하기 위해 새로운 형태의 경제활동을 모색하기 시작하였다. 계획으로부터 자원을 배분받지 못하자 북한 주민들은 시장에 의존하게 된다. 북한 경제 내 '시장'은 사회주의 건설 초기부터 예외적인 계획외 공간으로

---

[15] Kyo-Duk Lee, Soon-Hee Lim, et al. "Changes in North Korea as revealed in the Testimonies of Saetomins," *Korean Institute for National Unification* (2008): 26.

[16] Kyo-Duk Lee, 26.

[17] Stephan Haggard and Marcus Noland, "Famine in North Korea Redux?" *Peterson Institute for International Economics Working Paper Series* Oct. 2008, 30 May 2010 <http://www.petersoninstitute.org/publications/pubs_year.cfm?ResearchTypeID=1&Researchear=2008>.

[18] "Millions dead from starvation says North Korean defector," *BBC* 18 Feb. 1998, 15 May 2010 <http://news.bbc.co.uk/2/hi/asia-pacific/57740.stm>.

[19] Jane Macartney, "North Koreans fear the country is on the verge of a new famine," *The Times Online* 20 Mar. 2010, 18 Apr. 2010 <http://www.timesonline.co.uk/tol/news/world/asia/article7069225.ece>.

허용되어 왔다. 경제위기가 심화되면서 합법적 농민시장은 거래가 허용되지 않는 물품들을 교환하는'암시장'의 성격을 띠게 된다. 이러한 장사는 원래 단속대상이었지만 배급제가 마비되면서 불법적인 거래도 암묵적으로 허용된다. 계획의 보조적인 공간으로서 허용되었던 '시장'의 성격이 점진적으로 변화하게 되는 것이다.[20]

위와 같이 북한에서 시장의 역할이 확산되어 왔으며 당시 주민들은 생필품의80%를 농민시장이나 암시장에서 구입했다. 다시 말해서 고난의 행군 때에 시장이 없었다면 굶어죽을 가능성이 매우 높았다는 것이다. 이 사실을 알고 있는 당국은 주민들의 시장활동을 눈감아주곤 했다.[21] 주민들의 시장 활동은 구매만으로 한정되지 않았다. 그들은 집에서 판매용 수제품을 만들고 중국을 왕래하면서 상품을 밀수하고, 구호단체로부터 받은 식량지원을 다시 되팔기도 했다.[22] 그러나 시장에서의 활동만으로 기근을 극복할 수 없는 경우도 많았기 때문에, 90년대에는 탈북하는 주민들이 급증했다. 따라서 당시 수 십만의 북한주민이 국경을 넘어 중국을 헤매게 되는 지경에 처하였다.[23]

이처럼 북한주민이 일상생활, 생계에서 직면하게 된 경제·사회적 변화는 북한 주민들에게 사회주의 체제의 비효율성을 잘 보여주었다. 따라서 이 시기에 나타난 북한 주민들의 인식 변화는 자신들이 정치적 탄압을 받고 있다는 것을 갑자기 깨달아 자유와 민주주의를 요구한 것이 아니라, 단순히 생활이 어려워지자 '우리식 사회주의'에 대한 신뢰가 자연스럽게 약화된 것이라고 할 수 있다. 가장 기본적인 생존권마저 보장해 줄 수 없다는 북한체제를 지지할 수 없는 사실이 주민들의 노동당과 공산주의 이념에 대한 태도 변화로 이어진 것이다.

당에 대한 인식변화는 수 년 동안 당원들이 공약했던 것을 지키지 못하는 데에서 비롯되었다. '올해 목표는 얼마이고 배급도, 기름도, 아이들 교복도 곧 주겠다'던 약속이 깨지면서 일반 주민들의 불신이 공고해질 수밖에 없었으며, 이는 "철저한 사상교육도 생존본능에는 무력하다"[24] 는 것을 현실로 보여주었다. 당원을

---

[20] 이교덕, 임순희, et al. "새터민의 증언으로 본 북한의 변화," 통일연구원 (2007): 52.

[22] 이교덕, 53.

[23] Lankov 2008.

[24] 이주철, 237.
 김갑식, 102.

신뢰할 수 없다는 것을 알게된 주민들은 자신의 입당에 대한 희망도 포기해 버리게 되었다. 이에 대한 증거로 1980년대까지 북한사회에서 당원이 되는 것은 출세와 결혼을 보증하는 것이었으나,[25] 고난의 행군이 지속되면서 입당의 중요성이 경제문제에 비해 많이 약화되었다.

> 젊은이들은 입당을 많이 신경 안 쓴다. 대개 보면, 돈이 없고 입당도 못하는 사람은 장사나 해서 자기 돈이나 챙기려 하지, 그것까지 내다보려 하지 않는다…입당을 하려고 돈을 뿌려야 한다면 그 돈으로 자기가 시장에 가서 장사를 해서 자기 새활에 보탬을 하지 입당을 해서 큰 간부가 안 되고 자기의 발전 수준이 안 된다고 판단하는 사람은 입당하려고 하지 않는다. 그 돈으로 시장에서 가서…[26]

이러한 탈북자 증언은 90년대 일어난 북한사회의 변화를 잘 보여준다. 일단 돈에 대한 언급이 거듭된 것은 북한사회에서 사회주의 이데올로기의 중요성이 약화됐다는 증거라고 할 수 있다. 또한, 북한 주민들이 개인의 부를 추구하는 것과 입당 희망 중에 전자를 택했다는 것은 사회주의에 대한 부정적인 혹은 무관심한 태도를 더욱 뚜렷이 드러낸다.

이러한 당과 당원에 대한 불신은 공산주의에 대한 불신으로 이어졌다. 이에 대해 한 탈북자는 북한에서의 공산주의의 실패에 대해 설명하면서 당시 북한 당국이 아사자에 대한 무정한 태도를 보였고 대중 강연회에서 굶어 죽은 사람들을 '고난의 행군의 낙오자'들이라고 질타했다고 한다. 이에 대해 탈북자들은 "사실 굶어 죽은 사람들이야말로 정말로 당에 충실한 사람들이었다. 진짜 공산주의자들은 그때 다 죽었다"라고 밝혔다. 이렇게 굶어죽은 사람들은 정부가 배급을 주지 않은 상황에서 살기 위해 장사나 다른 방법을 모색하지 않고 고지식하게 계속 공장에 나와 일한 사람들이다. 하지만 아무리 일해도 공장에서는 식량을 구할 수 없었기 때문에 고스란히 굶어죽을 수밖에 없었다는 것이다.[27]

국가에 대한 불신과 체제에 대한 자긍심 약화는 이른바 '일생생활형 반항(everyday forms of resistance)'으로 표출되었다. 이 현상은 주민들이 소규모, 개인 차원에서 권력에 저항하는 것을 의미한다. 즉, "1990년대 경제침체에 따른 국가와 권력층에 대한 주민들의 불만이 곧바로 체제저항적 성격을 띤 형태로 발현된 것이

---

[25] 김갑식, 97.
[26] 성창권, '고난의 행군 세대'의 정치의식 연구," 경남대학교 북한대학원 (2008): 61.
[27] 정상용, 56-57.

아니라, 외양적으로는 순종하는 척 하면서 실제로는 반항하는 '민생형 일탈'의 형태로 나타난 것이다."[28] 고난의 행군 때 북한주민들이 행했던 체제에 대한 반항은 주로 일하면서 일부러 꾸물거리기, 고의로 불성실하기, 도주, 무지한 체하기, 시치미떼기, 좀도둑질하기, 비방하기, 사보타주(sabotage)하기 등이었다.[29]

그중에 가장 흔한 '일생생활형 반항'은 작업태도가 불성실해진 것이었다. 이는 앞서 언급된 체제에 대한 자긍심과 너무나 다르며 노동과 생산성을 중요시 하는 사회주의 체제 하에서 의미있는 변화라고 볼 수 있다. 이러한 작업태도의 변화는 당시 에너지난과 식량난에 기인한다. 일단 노동자들이 결근하는 경우가 많아졌는데, 다음 탈북자들의 증언은 이러한 현상을 잘 설명해 준다.

> 고난의 행군 시기를 지나면서 배급도 노임도 안 주는데 …무보수 노동은 안 한다며 직장에 결근하는 비율이 급증하였다. 청진의 한 기업소에서는 2,500명이 출근해야 정상인데 1995년경에는 1,000~1,500명 정도만 출근했고, 혜산의 큰 기업소에서도 1997년경 노동자의 50%도 출근하지 않았으며 특히 가정주부들은 100% 못 나올 대도 있었다.[30]

그리고 직장에 나가더라도 작업의욕을 가지기 어려웠고, 공장 가동률이 떨어져 출근해도 할 일이 없었다고 한다. 탈북자 증언에 따르면 "위에서 출근하라고 다그치면 노동자는 직장에 나가 공장의 마당에서 놀고 퇴근하였다"고 한다.[31] 다시 말해서 고난의 행군 시기에 북한 주민들은 출근을 하든 하지 않든 '사회주의의 종국적 승리'를 위한 희망과 노력이 없어지게 되었다. 또한, 작업태도가 불량해지면서 좀도둑이 늘어났다. 즉 당시 직장 절취가 보편적인 현상이 되었다. 농장, 바다에서 노동하면서 먹을 것을 훔치는 것은 특히 쉽게 볼 수 있는 상황이었다. 더구나 "혜산의 큰 공장 지배인조차도 공장기계를 다 뜯어내어 파는 현상이 벌어졌다"고 탈북자들은 말한다.[32]

---

[28] James C. Scott, *Weapons of the Weak:* Everyday Forms cf Peasant Resistance, Yale University Press (1987) 참고. Scott 는 말레이시아의 한 농부마을을 연구해, 조직되고 집단적인 반항이 아닌 좀도둑질하기, 비방하기, 등으로 드러난 농부의 불만을 밝히고 '일상생활형 반항'이라는 용어를 만들었다.

[29] 김갑식, 100.
[30] 김갑식, 100.
[31] 김갑식, 100.
[32] 김갑식, 101.

이처럼 1995~2002년 고난의 행군과 그 직후의 시기에 걸쳐 북한 주민들이 겪었던 내부 변화는 그들의 생활패턴과 체제에 대한 인식 변화로 이어졌다. 이러한 인식변화는 탈북자들의 증언에서 살펴본 당시 주민들의 일상생활과 작업태도 변화를 통해 볼 수 있으며, 그 전 시기에 비해 상당한 차이를 지니고 있다. 다시 말해 사회주의 혹은 북한의 '우리식 사회주의'에 대한 주민의 충성심이 약화되면서, 대내적 태도변화는 주로 보다 소극적인 '일상생활형 반항'으로 전개되었다. 이 시기에 일어난 인식변화는 북한의 기반을 흔들리게 할 수 있는 현상이라고 보기는 어렵지만 북한의 매우 폐쇄적인 성격을 감안했을 때, 사회변화로 이어질 수 있는 다음 시기 인식변화의 씨앗이 되었다고 할 수 있다.

IV. 2002-2010년: 북한 지도층에 대한 신뢰도 하락과 그 영향

두 번째 시기는 2002년 7.1경제개선 관리 조치 실시 후 2005년에 시작한 국가에 의한 시장 단속에서 비롯된다. 1990년대 주민들의 인식을 변화시킨 계기가 고난의 행군이었다면, 2000년대 대내적 인식 변화의 원인은 경제난에서 벗어나려는 시도에서 찾을 수 있다. 고난의 행군부터 북한 사회에서 시장의 역할이 계속해서 확대됨에 따라, 이를 막기 위해 북한 정부는 2005년 즈음 시장에 대한 단속을 강화시키기 시작했다. 그러나 여전히 국가가 정상적인 배급을 주지 못하면서 그때까지 주민 생활에 깊이 배어 온 자본주의 활동을 막으려는 시도는 주민들의 새로운 불만을 사게 되었다.

북한 당국은 7.1조치를 시행함으로써 북한사회에서 시장의 존재와 기능을 인정했다. 7.1 조치는 시장원리로 배급된 자원, 화폐무역의 규모 확대 등을 허용했는데, 이는 법률상으로 시장의 존재를 정당화하는 셈이었다. 당시 이러한 경제조치는 시장에 대한 공식적인 승인과 시장 확산의 길을 연 것으로 평가되고 있었다.[33] 그리고 조치 발표 직후에는 북한 경제가 실제로도 그러한 방향으로 움직이는 것처럼 보였다. 상업 거래가 공식화되어 더욱 활발해졌고, 개인 영업도 합법화됨에 따라 많이 확대되었다. 그리고 2003년 3월, 과거 열흘에 하루만 열렸던 농민시장이 24시간 영업이 가능한 종합시장으로 개편되었다. 탈북자 증언에 따르면, 김정일이 "시장을 인민들의 생활에 편리하게 이용하도록 적극 장려"하라는

---

[33] Kyo-Duk Lee, 33-34.

지침(2003.5)을 발표했다고 한다.[34] 이러한 변화를 통해 시장이 북한을 개혁·개방으로 이끌어갈 듯했다.

그러나 2005년부터 시장에 대한 규제가 다시 강화되기 시작했다. 먼저 2005년 10월 1일에 북한 당국은 종합시장에서 곡물판매를 중지시켜 주민들을 공공배급소(Public Distribution Center, PDC)에 의존하도록 만들려고 했다.[35] 또 2007년에는 상인에 대한 규제를 강황했다. 같은 해10월에 북한 정부는30세 미만 여성, 지역에 따라 45세 미만 여성의 장사를 금지하다가12월1일 연령 제한을 49세로 조정하여 이전의 조치를 한층 강화했다.[36] 그러나 '조선은 여자들이 벌어먹인다', '달리는 여맹, 앉아 있는 당, 서 있는 사로청'이라는 표현이 있을 정도로 북한 시장경제에서 여자들의 역할은 매우 컸다.[37] 따라서 이들의 장사를 대폭적으로 제한하는 것은 전체 시장에 대한 강력한 단속 조치라고 해도 과언이 아니다. 하지만 북한을 시장경제가 없었던 시기로 되돌리기에는 너무 늦었다. 주민들은 생활하는 데에 시장이 얼마나 많은 도움이 될 수 있는지를 알게 되었고 북한 정부가 추구하는 계획경제 시스템을 믿을 수 없게 되었기 때문이다. 따라서 북한 사회에 있어 시장이 중요해진 만큼 강화된 시장에 대한 단속은 주민에게 큰 타격을 입히게 되고, 이는 민심 변화의 계기를 저공하게 되었다.

시장의 역할을 축소시키려는 조치가 시행된 이후 주민들의 불만이 심화되기 시작했다. 2008년에 북한 지원단체인 '좋은 벗들'은 내부 소식통을 통해 북한 주민들과 인터뷰를 했다. 장사 단속으로 생계가 막연해진 주민은 자신이 겪고 있었던 어려움과 불만에 대해 다음과 같이 토로했다. "주는 배급도 없고, 월급도 없는데 시장에서 장사도 하지 말라, 직장에 출근하라, 법에 어긋나는 장사 거래 일체를 하지 말라 하니 어떻게 살겠느냐." 더욱 노골적으로 말한 사람도 있었다. "이건 앉은 자리에서 굶어죽으라는 말과 무엇이 다른 것이냐", "세상에 어디 이런 법이 있는가", "먹을 것을 주지도

---

[34] 이교덕, 66.

[35] "North Korea Rolls Back Some Economic Reforms, Strengthens State Controls," *Voice of America* 08 Nov. 2005, 22 Apr. 2010 <http://www1.voanews.com/english/news/a-13-2005-11-08-voa26-67515692.html>.

[36] "北, 전국적으로 49 세 미만 장사 금지령," *연합뉴스* 06 Dec. 2007, 22 Apr. 2010 <http://nk.joins.com/news/view. asp?aid=3027468&cont=>

[37] 노옥재, "당은 백성을 말려죽을 심산인가," *시사인 Live* 19 Feb. 2008, 17 May 2010 <http://www.sisainlive.com/ news/articleView.html?idxno=1246>

않으면서 장사는 왜 못하게 하는가? 이것은 백성들을 말려 죽이자는 심보가 아니면 무엇인가"라고 분노를 표출한 주민도 있는 것으로 밝혀졌다.[38] 위와 같은 발언들은 1990년대에 주민들이 '일상생활형 반항'을 통해 간접적으로 표현한 불만과는 매우 다르다. 이전에는 당, 입당, 작업에 대한 태도만 바뀌는데 불과했지만 이제는 경제정책과 그 정책들을 결정하고 강요한 간부들을 부정적으로 평가하기 시작한 것이다. 주민들은 평소에 정부에 대해 대놓고 성토할 수 있는 상황은 못 되지만 이러한 불만이 쌓여 가는 것 자체가 그 이전과 비교해 변화된 민심을 잘 보여준다.

북한 주민들의 인식이 변화하는 현상은 북한경제 전문가 스테판 해거드(Stephan Haggard)와 마커스 놀랜드(Marcus Noland)가 300명의 탈북자를 대상으로 2008년 11월 실시한 설문조사 결과에서 확인할 수 있다. 해거드는 탈북자들과의 인터뷰를 통해 탈북한 시기 별로 북한 정권에 대한 인식이 어떻게 변묘했는지 살펴봤다. 이들은 기근 때 탈북한 사람들이 정권을 원망하는 것은 물론이고, 고난의 행군 이후에 탈북한 사람들조차도 북한의 악화되고 있는 경제 상황에 대한 책임을 북한 정부로 돌리는 경향이 강화되었다고 지적하고 있다. 해거드와 놀랜드의 조사 결과에 따르면, 2006년 이후에 탈북한 사람들 중 95%가 북한 경제의 악순환을 북한 정부의 책임으로 여기고 있다는 것이 밝혀졌다.

< 그래프1 >

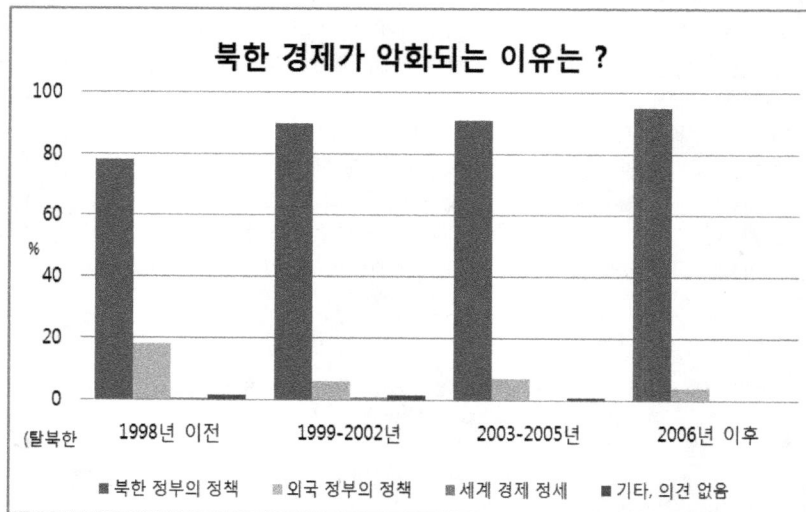

북한 경제가 악화되는 이유는 ?

(탈북한 | 1998년 이전 | 1999-2002년 | 2003-2005년 | 2006년 이후

■ 북한 정부의 정책　■ 외국 정부의 정책　■ 세계 경제 정세　■ 기타, 의견 없음

---

[38] "北, 전국적으로 49세 미만 장사 금지령."

(자료: 해거드와 놀랜드, 39)

　　민심 변화에 영향을 준 또 다른 시장통제의 정책은 2009년 11월 30일 단행된 화폐개혁이었다. 이 화폐개혁은 시장에 대한 차단 뿐만 아니라 주민들의 부를 몰수하는 정책으로 평가 받고 있는데, 주민들의 반발을 일으키는 계기가 되었다. 17년 만에 화폐개혁을 단행한 북한 당국은 신구화폐의 교환 비율을 1:100으로 정했으나, 문제는 화폐 교환액수를 제한한 것이었다. 처음에 북한 정부는 교환 한도를 1가구당 50kg 쌀 한 가마니어치에 불과한 10만원으로 정했다가 주민들의 반발이 있자 15만원 선으로 상향 조정했다.[39] 화폐개혁으로 인해 주민들이 겪는 삶의 어려움, 물가 급증 등이 정권에 대한 불만의 원인이 되었다.

　　이 당시에는 1990년대 주민들과는 달리 불만, 불신의 대상이 당과 당국뿐만 아니라 최고 지도자인 김정일이 된 점이 주목할 만하다. 탈북자들 중에도 김일성을 비판하는 사람은 흔치 않은 반면, 김정일을 부정적으로 인식하는 탈북자들은 상당히 많다.[40] 몇 년 전부터 주민들이 김정일을 '장군님'이라는 존칭이 아니라 비하하는 '갸(그애)'와 '그치(그사람)'라는 호칭을 쓰기 시작했다는 보도가 나왔는데,[41] 화폐개혁 이후 김정일에 대한 보다 심한 불만이 표출되고 있다. 이에 대해 영국 인터넷 일간지 타임스 온라인(Times Online)은 올해 3월 중순 중국에 체류하는 탈북자들을 만나 이야기를 나누었다. 최근에 탈북한 이민희는 "요즘 사람들은 불평하고 있다. 전에는 두려워했는데, 많은 사람이 죽는 것을 봐도 아무 말을 안 했던 90년 대와 많이 달라졌다"고 밝혔다.[42] KBS 방송에서 지난 4월 말부터 약 2주가량 중국 훈춘·단둥·선양 등에서 북한 주민 10여명을 만나 인터뷰한 내용이 '북한에서 무슨 일이 일어나고 있나'라는 특별 프로그램으로 금년 5월에 방송되었다. 방송에 따르면, "빨리 죽어야 한다, 장군님. 죽고 경제 밝은 사람 올려놔서 인민들 배부르게 해야 한다 그거지 뭐. 우린 그렇게 말하면 잡아가니 거기선 말 못 해"라고 한 평양 시민은 말했다고 전했다.[43] 위와 같은 발언은 두 가지 측면에서 중요하다. 그 이유는 김정일에

---

[39] Marcus Noland, "Currency reform may unsettle North Korean leadership, *BBC* Ø5 Feb. 2010, 02 Apr. 2010 <http:// news.bbc.co.uk/2/hi/8500017.stm>.

[40] 이교덕, 102.

[41] 박인호, 데일리 NK. Seoul, South Korea. 11 Feb. 2010. Lecture.

[42] Macartney.

[43] *2010 년 5 월, 북한에 무슨 일이 일어나고 있나*, KBS, Seoul, 16 May 2010.

대한 비판의 정도가 매우 높은 동시에 김정일에 대한 부정적인 인식과 주민들이 직면하는 경제 상황이 밀접하게 연관되어 있다는 점이다. 고난의 행군에서 시장의 단속 조치인 화폐개혁으로 이어져, 북한의 경제 통제가 강화되면 강화될수록 주민들의 북한 정권에 대한 불만이 커지는 것이다.

이 시기 주민들의 인식 변화의 또 다른 특징은 체제에 대한 불만이 적극적이고 폭력적으로 나타나는 양상이다. 북한의 지폐에는 김일성의 사진이 있기 때문에 이를 손상하거나 훼손하는 것은 처형을 받아야 할 불법 행위인데, 화폐개혁 직후 가치를 잃게 된 구 지폐를 불태운 주민이 있다는 소문이 퍼졌다.[44] 더구나 화폐개혁의 후유증 때문에 주민들이 보안원(북한 경찰)과 싸우는 경우도 있었다고 한다. 예를 들어 내부 소식통을 사용하는 데일리NK 보도에 따르면, "평안남도 평성에서는 밀수품 거래, 식량 판매, 풍기문란을 단속하는 보안원에 대해 신원을 알 수 없는 괴한들이 둔기로 머리를 가격하고 도주하는 사고가 연이어 발생해 관계기관이 범인 색출에 혈안이 되고 있다" 고 전해졌다. [45] 또 탈북 지식인 단체인NK지식인연대(NKIS)는 내부 소식통의 말을 인용해, "양강도 혜산시 농민시장에서는 시장단속에 나선 보안원(경찰)들과 주민들 사이에 싸움이 벌어졌다"며 "싸움이 가열되어 한 주민은 보안원의 무기를 빼앗아 난사했고 최모 보안원이 중태에 빠졌다"고 전했다.[46]

이처럼 시장 단속이 강화된 다음부터 북한 지도층에 대한 신뢰 하락과 주민들의 반항이 심화되어 가고 있다. 주민들의 불만은 당에서 북한 정책 결정자, 경찰, 심지어 김정일까지 이르게 되었고, 불만의 표현 방법도 이전보다 더 적극적이고 격렬해졌다. 90년대에는 상상하지도 못했던 반항이 일어나고 주민들 사이에는 비판적인 태도가 나타나기 시작한다. 이러한 추세는 어쩌면 자연스럽고 당연한 결과로 보일 수 있는데, 이 변화는 수 십년 동안 북한 정부에 의해 조정당해 온 주민들의 인식이 자기 반성을 통해 적극적으로 변화되고 있음을 의미한다고 할 수 있다.

V. 1990년대 전후 인식 변화의 비교와 함의

북한 주민들의 1990년대 전후 인식 변화를 비교하기 앞서, 90년대 이전 태도에 영향을 미치는 원인을 먼저 살펴볼 필요가 있다.

---

[44] Macartney.

[45] 박성국, "北 보안원 상대 폭력 증가…'복수하겠다'", *데일리 NK* 02 Feb. 2010, 03 May 2010 <http://www.dailynk. com/korean/read.php?cataId=nk04500&num=80749>.

[46] 박성국.

1990년대 이전 주민들의 인식이 북한 정부에 의해 얼마나 강하게 조작되었는지를 감안할 때, 이로부터의 이탈은 상당히 의미 있는 현상으로 볼 수 있다. 북한 주민들의 인식을 조정하는 데 가장 영향력 있는 것은 바로 북한만이 갖고 있는 '수령절대즈의'다. 북한에서의 수령은 '지도자들 중의 지도자'라는 뜻에 그치지 않고 절대 권력이라는 상징적인 의미도 지니고 있다. 북한의 사회 구조는 수령과 당, 그리고 인민대중의 통일체이며,[47] 수령이 북한 정치·사회 모든 분야의 중심이라고 볼 수 있다. 게다가 북한의 사상교육에 따르면, 혁명과 건설을 성공적으로 수행하기 위해서는 당과 대중이 수령의 지시에 무조건 따라야 하고 수령의 영도를 받아야 한다고 주장한다.[48] 통일 연구원의 '새터민의 증언으로 본 북한의 변화'라는 보고서에서는 북한 주민들에게 있어 김일성·김정일의 존재를 다음과 같이 설명하고 있다.

> 북한의 공식가치지향에 따르면 북한주민들에게 있어 유일한 삶의 목표는 김일성과 김정일 위원장에게 충성과 효성을 다하며 오직 이들을 위해 사는 것이다. 북한의 주장에 따르면 김일성과 김정일 위원장은 "인민을 하늘같이 여기고 인민을 위해 자신의 모든 것을 다 바치는 것을 확고부동한 생활신조로, 인생관"으로 하고 살아왔으며 인민을 위해서라면 불가능한 것이 없는 전지전능한 신과 같은 존재이기 때문이다…주민들에 대한 사상교양을 통해 김일성과 김정일 위원장이 남한을 비롯한 세계의 인민들이 존경하고 흠모하는 대상이라고 주지시킨다.[49]

김정일은 공식적으로 '수령'이라고 불리지는 않지만, 여기에서 볼 수 있듯이 북한의 내부 선전과 사상교육을 통해 김정일의 지위는 수령에 못지않은 자리로 올라 왔다. 북한의 「로동신문」 정론은 "천만군민의 심장·혁명의 수뇌부는 김정일 동지이시다"라고[50] 하면서 원래 수령의 역할인 인민과 혁명을 이끄는 역할을 김정일에게 돌린다. 또, 북한은 기존의 '수령결사옹위' 대신 '혁명의 수뇌부 결사옹위'라는 구호를 사용하고 있다. 그래서 "사회정치적 생명체의 머리를 의미하는 혁명의 수뇌부라는 호칭을 통해 명맥을 유지하고

---

[47] 박인호.
[48] 이교덕, 20.
[49] 이교덕, 102.
[50] 이교덕, 21.

혁명의 수뇌부·당·군대·인민대중의 일심단결을 혁명과 건설의 주체로 삼아 수령제를 유지시키고 있는 것"이라고 볼 수 있다.[51]

다시 말해 김일성 사망 후 북한에서 김정일에게 '수령'이라는 호칭을 쓰지 않아도, 주민들이 김정일을 비판할 수 없게 만드는 장벽이 있었다. 따라서 90년 고난의 행군 때, '진정한 공산주의자들'과 굶어 죽는 농민들은 반항하지 않았고, "죽음을 받아들였다(They just died)"는 것이다.[52] 제3장에 살펴보았듯이 90년대 많은 주민들은 '일상생활형 반항'을 통해 북한 체제에 대한 불만을 표출했지만, 상당수의 주민들은 심각한 경제난에도 불구하고 김정일을 탓하기는커녕 당시 처해 있는 어려움이 누구 때문인가에 대한 의문도 갖지 못했다. 탈북자 증언에서 본 당시 상황은 "그저 못살면 그저 못 사는가 했지, '누구 때문이다', '왜 이렇게 살아야 되냐'는 생각을 안했거든요…북한 사람들 마음이 다 그래요…우리는 (경제난이) 미국 때문인 줄 알았다"는 때였다.[53]

이런 면에서 북한 정부가 선전해온 '수령'과 '혁명의 수뇌부'에 대한 찬양은 주민들이 김부자에 대한 불만을 다른 데로 돌리는 데 매우 효과적인 수단임을 알 수 있다. 경제난이 지속되면서 주민들은 외부 세계에서 북한 당국까지 원망하는 현상이 발생했다. 주민들은 자기가 처해 있는 어려움을 김부자가 아닌 중간간부의 탓으로 돌리기 시작했다. 김갑식과 우유석은 이 현상에 대해 다음과 같이 설명했다.

> 이러한 (1990년 대) 주민들의 체제자긍심의 약화는 지배자에 대한 불만으로 표출되고 있다. 그런데 일반적으로 국가정책 실패의 최종책임이 최고책임자에게 있고 국민 불만의 표적도 이에 집중되는데, 북한사회에서는 최고지도자(수령)가 사회정치적 생명체론에 의해 무오류와 신성불가침의 영역에 위치하고 있으므로 실패에 대한 책임을 이론상 최고지도자가 면할 수 있고 이 체계에서 수 십 년간 살아온 일반주민들도 정책실패에 대한 불만을 최고지도자가 아닌 중간간부에게 전가시킬 수 있다. 즉, 지도부 차원에서는 '책임의 전가(transfer of

---

[51] 이교덕, 21-22.

[52] Lankov 2008.

[53] 이교덕, 103.

responsibility)' 현상이, 일반주민 차원에서는 '불만의 전가(transfer of discontent)' 현상이 발생할 수 있다.[54]

북한주민 상당수는 김일성이 주민들을 위해 심려하고 모든 노력을 바친 것으로 믿고 있었다. 반면 간부들이 뇌물에 '휩싸여' 인민들의 삶의 질에 대한 무관심을 보인 것이 '불만의 전가' 현상의 원인이 되었다고 한다. 따라서 김일성에 대한 북한주민의 신뢰는 유지되는 반면 그 아래 '중간일꾼들'이 자기만 챙기느라 일반 사람들이 굶어 죽고 있고 나라가 엉망이 되었다는 인식이 생긴 것이다.[55]

그러나 최근 들어 '책임의 전가' 및 '불만의 전가' 의식조차 무너지기 시작한다. 북한 주민들이 수령제를 그대로 받아들이지 않고 자기들이 겪고 있는 어려움의 원인을 김정일의 잘못된 국가운영에 돌리고 있다는 것이다. 제4장에 언급된 것처럼 김정일에 대한 직접적인 비판이 늘어나고 있다. "빨리 죽어야 한다, 장군님," '그 놈,' 등이라는 발언은 매우 심한 불만을 나타내며, 이러한 불만들은 시장 확대와 연관되어 있는 것으로 보인다. 1990년대는 북한 정부가 주민들의 생존을 보장해주는 데 크게 실패했고, 2000년대 이르러서는 정부가 시장 단속을 강화하면서 주민들이 먹고 사는 데 방해가 되었기 때문이다. 해거드와 놀랜드도 앞서 제시된 설문조사 결과에서 시장 활동이 체제에 대한 불만을 증폭시킬 가능성과 상호 관련이 있다고 언급했다.[56] 결국 7.1조치와 2005년 강화된 시장 통제 이후 북한의 경제·식량 상황이 크게 개선되지 않아 주민들이 삶의 어려움에 대한 원인을 찾게 되었을 뿐만 아니라 김정일에 대한 원망과 반발로 이어졌다. 루디거 프랑크(Ruediger Frank) 비엔나 대학교 교수 겸 북한 전문가는 특히 박탈된 시장활동 권리를 강조하고 있다. "비록 짧은 시간의 (경제)개혁이 주민들에게 새로운 세상을 경험시켰다"며 "이를 빼앗기면 불만이 생기고, 불만은 장기적으로 혁명을 일으키는 원인 중의 하나이다"라고 말했다.[57]

---

[54] 김갑식, 102.
[55] 김갑식, 102.
[56] Stephan Haggard and Marcus Noland, "Political Attitudes Under Repression," *East-West Center Working Papers* 21 (2010): 22-23.
[57] Bomi Lim, "North Korea Open Radio Prompts Wonder About Riches," *Bloomberg Businessweek* 01 Apr. 2010, 11 Apr. 2010 <http://www.businessweek.com/news/2010-04-01/north-korea-open-radio-prompts-wonder-about-riches-update1-.html>.

　　최근 보이기 시작한 주민들의 불만이 체제 전환으로 이어질 수 있을까라는 한 가지 의문이 남는다. 단기적으로 봤을 때 북한 주민들의 대내적 비판적인 태도가 체제전환까지 일으킬 수 있는 힘은 아니다. 왜냐하면 국가로부터의 정치적 탄압은 주민들의 불만을 공개적으로 표출할 수 없게 만든다. 만약 공개적으로 체제에 대한 불만을 표출할 경우에는 정치범 수용소로 잡혀갈 두려움뿐만 아니라 [58] 북한의 '연좌제' 때문에, 가족과 지인까지 연루되어 수감되는 위험을 갖고 있기 때문이다. 북한의 수용소는 세계에서 가장 끔찍하고 잔인한 감옥 중 하나로 알려져 있으며, [59]대부분의 북한 전문가들은 이러한 시스템이 주민들에 의한 체제 전환의 장벽이 된다고 한다.

　　그러나 중장기적인 관점으로 봤을 때, 북한 주민들의 대내 인식이 더 비판적으로 변화되어가고 있으므로 미래 북한의 체제 변화에 기여할 수 있다고 본다. 일단 북한 정부가 시장에 대한 단속을 크게 완화시킬 조짐은 보이지 않는다. 정책 변경이 있긴 했지만 2005년부터 북한 정부가 계속해서 '서민 대중 자본주의(grassroots capitalism)'를 통제하려고 해왔다. 그래서 갈수록 시장탄압이 강화되는 체제 하에 주민들의 불만이 쌓일 수 있고 비상 상황까지 이를 수 있다는 가능성을 배제할 수 없다. 또한, 김정일에 대한 불만은 후계자 김정은에게로 이어지고 있다. 최근 3대 세습 문제가 대두되었는데 이에 대한 주민의 불만이 관찰되었기 때문이다. 강철환 조선일보 탈북기자에 의하면, "곳곳에서 김정은에 대해 '피도 안 마른 쬐고만 놈' '아비보다 더한 놈이 아니냐'며 대놓고 욕질한다"고 전했다. [60] 이처럼 주민들의 불만이 계속 커진다면 점차 북한의 체제 변화가 가능해질 수 있다. 최근의 예를 들자면, 주민들의 화폐개혁에 대한 반항이 어느 정도 영향력이 있었다. 북한 당국이 원래 화폐 교환 한도를 1가구당 50kg 쌀 한 가마니어치에 불과한 10만원으로 정했다가 주민의 반발이 있자 15만원 선으로 조정했고, 2월에 김영일 북한 내각총리가 화폐개혁 부작용에 대한 공식 사과를 했다. 물론 이런 결과들이 북한 사회에서 큰 변화를

---

[58] Macartney.

[59] David Hawk, *The Hidden Gulag: Exposing North Korea's Prison Camps: Prisoners' Testimonies and Satellite Photographs,* (Washington, DC: U.S. Committee for Human Rights in North Korea, 2003).

[60] 강철환, "'후계자 김정은' 아무리 홍보해도…북(北)주민 "피도 안 마른 쬐고만 놈"", *조선일보* 15 May 2010, 16 May 2010 <http://news.chosun.com/site/data/html_dir/2010/05/14/2010051401751.html?Dep1=news&Dep2=head line1& Dep3=h1_03>.

가져오지는 않았지만, 이러한 사례는 처음이며 수 십년 전에는 상상할 수 없는 상황이었다. 따라서 북한 체제 전환에 있어 주민들의 불만의 정도와 표출이 점차 중요한 역할을 하고 있다고 볼 수 있다.

VI. 결론

지금까지 본 논문은 1990년대부터 현재까지 북한 주민들의 북한 체제와 지도층에 대한 대내적 인식이 어떻게 변해 왔는지를 검토함으로써 북한 사회의 중요한 변화를 살펴봤다. 1990년대 이전에는 상대적으로 안정된 북한의 정세 때문에 주민들이 국가의 선전을 받아들이는 데 큰 문제가 없었다. 따라서 북한 주민들은 '우리식 사회주의,' 당, 김부자 등에 대한 충성심이 매우 높았고, 사회주의의 궁극적 성공을 위해 모든 힘과 노력을 바쳤다고 한다. 이러한 충성스러운 태도는 부분적으로 90년대 하반기까지 이어졌는데, 심각한 식량·경제·에너지난이 지속되면서 북한 체제에 대한 태도가 바뀌고 복종이 무너지기 시작했다. 북한 주민들은 정부가 자신들의 생존을 보장해 줄 수 없다는 것을 깨닫게 되고, '일상생활형 반항'에서 볼 수 있듯이 주민들의 체제에 대한 충성심이 약화되기에 이른다.

장마당이 생긴 1990년대 말부터 시장이 공식적으로 허용된 2000년대 초까지 북한의 시장이 급속도로 확대되었다. 이를 수반하는 시장 활동의 자유도 확대되었는데, 2005년에 들어서 북한 정부가 시장에 대한 단속을 다시 강화하기 시작했다. 특히 2009년 말에 단행한 화폐개혁 이후 북한 주민들의 체제에 대한 반발이 광범위하게 일어났다. 이제는 계획 경제 시스템에 대한 신뢰가 하락한 것뿐만 아니라 주민들의 불만 상대가 김정일이 되었다는 것은 주목할 만하다. 더구나 반발이 심화되어 더 적극적이고 격렬해진 것도 그 이전의 불만과 다르다. 특히 아직까지 북한의 '수령(김일성)'과 '경애하는 지도자(김정일)'의 무오류성을 주장하는 선전이 진행되고 있는 상황에서, 이러한 태도 변화가 앞으로 북한의 체제 변화에 있어 의미있는 현상인 것으로 보인다.

본 연구는 탈북자를 대상으로 실시한 기존의 설문조사와 인터뷰를 통해 북한 주민의 대내적 인식 변화를 탐구했는데, 앞으로 이 주제에 대한 더욱 체계적인 조사가 과제로 남아 있다. 현재까지 2010년 해거드와 놀랜드의 '탄압 하의 정치적 태도'라는 보고서 외에 최근 북한 주민의 대내적 인식을 살펴보려는 시도가 없으며, 이것만으로 북한 주민들의 인식을 파악하는 것은 어렵다. 또한, 북한 주민의 외부 세계에 대한 인식에 대해서도 연구할 필요가 있다. 본 연구는 주민의 태도를 살펴보는 데 북한의 내부 사회·경제 상황에 초점을 두었는데, 대외적 인식도 민심 변화에 중요한 영향을 미치고 있다. 이는 자기들이 처해 있는 실태와 다른 나라의 상황을 비교하면서 인식이 바뀌기 때문이다. 따라서 향후 어떤 방법을 사용해야 북한 주민들이 자국과 외부 세계에 대해 스스로 판단할 수 있도록 대내·외적 시각을 넓힐 수 있는지에 대한 후속 연구를 기대한다. 안드레이 란코프의 말을 다시 빌리자면, 북한 문제를 해결할 수 있는 유일한 방법은 "북한 주민의 세계에 대한 기본적 시각을 바꾸는 것"이다.[61] 이로써 북한에서 아래로부터의 혁명이든 위로부터의 개혁·개방이 이루어지면 북한인들이 주민들의 이익을 위해 국가를 운영할 수 있을 것이다.

참고문헌

"2010년 5월, 북한에 무슨 일이 일어나고 있나." *KBS News*. Seoul, 16 May 2010.

강철환. "'후계자 김정은' 아무리 홍보해도…북(北)주민 "피도 안 마른 쬐고만 놈."" *조선일보* 15 May 2010, 16 May 2010, <http://news.chosun.com/site/data/html_dir/2010/05/14/2010051401751.html>.

김갑식, 오유석. "'고난의 행군'과 북한사회에서 나타난 의식의 단층." *북한연구학회보* 8.2 (2004): 91-115.

노옥재, "당은 백성을 말려죽을 심산인가." *시사인Live* 19 Feb. 2008, 17 May 2010, <http://www.sisa inlive.com/news/articleView.html?idxno=1246>.

박성국. "北 보안원 상대 폭력 증가…'복수하겠다.'" *데일리NK* 02 Feb. 2010, 03 May 2010, <http:// www.dailynk.com/korean/read.php?cataId=nk04500&num=80749>.

박인호. 데일리NK. Seoul, South Korea. 11 Feb. 2010.

"北, 전국적으로 49세 미만 장사 금지령." 연합뉴스, 06 Dec. 2007, 22 Apr. 2010, <http://nk.joins. com/news/view.asp?aid=3027468&cont=>.

성창권. "'고난의 행군 세대'의 정치의식 연구," *경남대학교 북한대학원* (2008).

이교덕, 임순희, et al. "새터민의 증언으로 본 북한의 변화."

---

[61] So Yeol Kim, "Hard-Line Policy Cannot Change North Korea," *The Daily NK* 13 Nov. 2009, 25 Mar. 2010 <http://www.dailynk.com/english/read.php?cataId=nk00100&num=5653>.

통일연구원 (2007).

이무철. "북한 주민들의 경제관과 개혁,개방 의식: 북한이탈주민
　　면접 조사를 통한 추론." *북한연구학회보* 10.2 (2006): 187-
　　213.

이주철. "북한주민의 외부정보 수용 태도 변화." *한국동북아논총* 46
　　(2008): 233-252.

정상용. "변화되고 있는 북한의 주민의식 구조." *통일한국* 82
　　(1990): 57-59.

정영철. "북한의 시장화 개혁: 시장 사회주의의 북한식 실험"
　　북한연구학회보 8.1 (2004): 77-104.

Background Note: North Korea. 09 Mar. 2010. Department of State,
　　Bureau of East Asian and Pacific Affairs. 12 Apr. 2010
　　<http://www.state.gov/r/pa/ei/bgn/2792.htm>.

Haggard, Stephan and Marcus Noland. "Famine in North Korea Redux?"
　　*Peterson Institute for International Economics Working Paper
　　Series* Oct. 2008, 30 May 2010 <http://www.peterson
　　institute.org/publications/pubs_year.cfm?ResearchTypeID=1&Rese
　　archear=2008>.

Haggard, Stephan and Marcus Noland. "Political Attitudes Under
　　Repression." *East-West Center Working Papers* 21 (2010).

Hawk, David. *The Hidden Gulag: Exposing North Korea's Prison Camps:
　　Prisoners' Testimonies and Satellite Photographs.* U.S. Committee
　　for Human Rights in North Korea, Washington, DC: 2003.

Kim, So Yeol. "Hard-Line Policy Cannot Change North Korea." *The Daily
　　NK* 13 Nov. 2009, 25 Mar. 2010
　　<http://www.dailynk.com/english/read.php?cataId=nk00100&num=
　　5653>.

Lankov, Andrei. "Changing North Korea." *The New York Times* 13 Oct.
　　2009, 27 Mar. 2010
　　<http://www.nytimes.com/2009/10/14/opinion/14ihtedlankov.html?
　　_r=1&scp=3&sq=andrei%20lankov& st=cse>.

Lankov, Andrei. "Staying Alive: Why North Korea Will Not Change."
　　Foreign Affairs Mar/Apr 2008, 15 Apr. 2010
　　<http://www.foreignaffairs.com/articles/63216/andrei-
　　lankov/staying-alive>.

Lee, Kyo-Duk and Soon-Hee Lim, et al. "Changes in North Korea as
　　revealed in the Testimonies of Saetomins." *Korean Institute for
　　National Unification* (2008).

Lim, Bomi. "North Korea Open Radio Prompts Wonder About Riches."
　　Bloomberg Businessweek 01 Apr. 2010, 11 Apr. 2010
　　<http://www.businessweek.com/news/2010-04-01/north-korea-
　　open-radio-prompts-wonder-about-riches-update1-.html>.

Macartney, Jane. "North Koreans fear the country is on the verge of a new famine," *The Times Online* 20 Mar. 2010, 18 Apr. 2010, <http://www.timesonline.co.uk/tol/news/world/asia/article7069225.ece>.

"Millions dead from starvation says North Korean defector." *BBC* 18 Feb. 1998, 15 May 2010 <http://news.bbc.co.uk/2/hi/asia-pacific/57740.stm>.

Noland, Marcus. "Currency reform may unsettle North Korean leadership." *BBC* 05 Feb. 2010, 02 Apr. 2010 <http://news.bbc.co.uk/2/hi/8500017.stm>.

"North Korea, Postwar Economic Planning." Jun. 1993. Federal Research Division of the Library of Congress. 12 Apr. 2010 <http://www.country-data.com/cgi-bin/query/r-9553.html>.

"North Korea Rolls Back Some Economic Reforms, Strengthens State Controls," *Voice of America* 08 Nov. 2005, 22 Apr. 2010 <http://www1.voanews.com/english/news/a-13-2005-11-08-voa26-67515692.html>.

북한의 냉전, 탈냉전 시기 국익의 변화: 사상적 측면을 중심으로

스티븐 엘우드 (Steven Elwood)

MA, Korean for Professionals, University of Hawaii at Manoa, 2010
MA, International Studies, Yonsei University, 2007
BA, English, Rutgers University, 2004

CHANGES IN NORTH KOREAN NATIONAL INTEREST DURING THE COLD WAR AND POST-COLD WAR ERAS FROM AN IDEOLOGICAL PERSPECTIVE

This work challenges the dominant underlying assumptions, prevalent in studies on North Korean foreign policy, concerning the relative significance of various fundamental internal and external factors that influence the North Korean decision making process. Contrary to the widely held belief that Pyongyang decision makers are primarily influenced by security concerns stemming from a lack of negative security assurances from the United States and its allies in North East Asia, this research argues that North Korea's actions are primarily driven by a national interest rooted in the preservation of the ruling elite's legitimacy through an emphasis on, and strict adherence to, Juche ideology. First this research will identify a suitable framework for the analysis of a state's national interest. Second this framework is applied to the North Korean case through a cross generational analysis of national interest in both the cold war and post cold war periods. This research then identifies notable consistencies and changes in the core factors of national interest in response to a changing global environment following the conclusion of the cold war. Lessons from this research can be applied to formulate a better understanding of the motives and intentions that drive North Korea's foreign policy.

I. 서론

북한의 외교정책과 행동을 예측하기는 매우 어렵다. 지난 60년 동안 다른 나라에 대한 태도와 북한의 행동이 몇 번 심하게 요동쳤다. 이런 거시적 모순들은 북한이 외국에서 온 지원에 대한 의존성이 독자적 행보를 한다는 이미지를 유지하기 위한 노력 때문이다. 북한 외교정책의 가장 획기적인 변화는 냉전 종식 후 사회주의 동맹국에 치우진 진영외교에 벗어나 남한에 접근하는 정책으로의 변화하였다는 점이다. 소련이 붕괴된 후에 북한의 외교정책은 과감하게 변화했다. 북한이 여러 외교 행보에서 언행불일치를 보여주었지만, 이는 북한의 정책 결정자들이 논리성이 없기 때문은 아니다. 북한에서의 대외정책의 개념은 '한 나라가 다른 나라와의 관계에서 일정한 정치적 목적을 실현하기 위하여 실시하는 정책'으로 설명된다.[1] 그래서 북한의 외교정책은 국가안보와 경제적 번영 그리고 대내외적 정통성 확보 등의 목표를 실현하기 위한 활동이고, 이를 실현하려고 하는 목표는 국익에 기반을 둔다. 본 논문의 목적은 북한의 냉전 시기 국익과 탈냉전 시기 국익 변화에 대한 연구를 통해 북한의 탈냉전 시기 외교정책을 분석하는 것이다. 북한의 대외정책 변화를 분석하는 데서도 이러한 국가 이익 개념과 체제보전의 노력은 설명의 유용성을 제공한다.

1.1. 연구 목적 및 선행 연구 검토

북한 전문가들이 공통적으로 동의하는 점은 북한이 1990년부터 '생존우선인식 (survival mode)'의 틀 속에서 행동하고 있다는 것이다. 다시 말하면 북한 권력 엘리트[2]의 입장에서 북한의 권력체제를 보완하는 것보다 중요한 것은 없다. 그러나 '생존우선인식'이라는 표현 외에 북한의 국익에 대한 더 깊고 구체적인 분석이 많지 않다. 동물계에서 동물 종에 따라 위협에 반응하는 방법이 각각 다르다. 국가가 위협에 반응하는 것 역시 마찬가지다. 북한의 행동을 이해하기 위해 북한의 특수한 상황과 특수한 경우를 파악해야 한다.

네드 레보 (Ned Lebow) 교수에 따르면 위기는 국가의 가장 근본적인 목표가 드러났을 때 국제관계에서 중요한 순간이라고 한다. 그에 따르면 "위기는 지도자들이 어떻게 생각하고 그들의 목적이 무엇인지를 드러내 주기도 한다." 또 "위기는 적과 동맹국에 대한 국가의 외교정책의 방향을 새롭게 정하는데 촉매제가 되"기도 한다. 본 논문은 북한의 위기 상황 반응에 대한 고찰을 통해 북한의 주요 국익을 더 잘 이해하고자 한다. 특히 소련 붕괴와 냉전 종식 후의 반응을 중심으로 연구하고자 한다. 왜냐하면 당시는 북한의 권력 엘리트들에게 매우 어려운 시대였고 당시부터 현재까지 북한의 국익이 많이 변화되지 않았기 때문이다. 그래서 당시에 추구한

---

1 『정치용어사전』 (평양: 사회과학출판사, 1970), p.179.
2 중앙집권화된 북한 정부 체제에는 현실적인 권력을 소유한 인물이 많이 없다. 또한 정책을 수립할 수 있는 인물과 이미 만들었던 정책을 수행할 수 있는 인물을 분류하면 외교정책을 만들 수 있는 인물이 더욱 드물다. 본 논문에 언급하고 있는 '북한 엘리트'는 건국부터 기존의 김일성-김정일정권을 유지하려고 하는 고위직 조선로동당원, 조선인민군 장교, 관료라는 뜻이다. 의사 결정자들은 국방위원회를 중심으로한 정책을 수립하는 과정에 주요한 역할을 하는 인물들을 의미한다.

국익이 오늘날, 추구하고 보완하고 있는 국익과 동일다. 북한 정부는 여전히 같은 문제에 시달리고 있기 때문에, 위협을 피하기 위해 동일한 외교정책을 펼치면서 국익을 얻기 위해 노력하고 있다. 그래서 소련 붕괴와 냉전 종식기에 북한의 정책을 변화시킨 이유가 현재까지도 북한의 의사 결정자에게 영향을 미치고 있다고 할 수 있다. 현재 북한의 외교전략이 탈냉전기의 전략과 비슷해서 탈냉전 시기 북한의 국익을 이해하는 것이 오늘날까지 중요성을 가지고 있다.

먼저 북한의 국익과 관계된 기존의 연구를 살펴보고자 한다. 북한을 연구하는 학자들은 북한의 외교 행동에 합리성이 없어서 북한의 의도를 알 수 없다고 주장한다. 본 논문은 북한의 외교정책에 합리성이 있음에도 불구하고, 체제에 위협으로 인식되는 상황에서 극단적인 행동을 보임으로써 북한의 합리성이 없는 나라로 비쳐질 수도 있다고 파악하고 있다. 즉 북한이 합리성이 있지만 북한의 최우선 국가 이익을 체제생존으로 인식하고 있기 때문에 체제에 위협이 된다는 인식을 할 경우 과격한 행동을 해서 합리성이 없는 나라처럼 보일 수 있다. 북한은 최우선적으로 국익을 중시하고 있었다. 본 논문은 북한의 의도를 더 잘 이해하기 위해 북한의 탈냉전 시기 국익을 살펴보고자 한다.

학자들이 북한에 대해 가장 잘 알고 싶어하는 것은 북한이 원하는 것이다. 어떤 학자들은 북한이 자급을 강조한다는 본질과 돌출적인 행동 때문에 북한의 외교정책에 합리성이 없고 그 일반적인 행동을 이해할 수 없다고 주장한다. TV와 신문에서는 북한을 가리켜 '유례를 찾아볼 수 없을 만큼 폐쇄되고, 예측불가능하고, 비이성적이고, 호전적인 집단', 미친, 불량한, 정신 나간 등 표현을 많이 쓰고 있다. 이처럼 북한은 가장 부정적인 표현이 사용되는 국가다.

미국 학계의 북한에 대한 연구는 두 가지 경향으로 나눌 수 있고, 북한의 국익에 대한 입장들에서도 역시 두 가지로 나누어 살펴볼 수 있다. 포용파의 대표자 데이비드 강(David Kang)은 지난 15년 동안의 세력균형은 북한 측에 불리하게 전개되어 왔으며, 북한은 미국의 위협에 직면한 조그만 나라일뿐이라고 평가한다. 최근 발표된 국가안보전략에서 미국이 선제공격에 적극적으로 나서겠다고 한 것도 북한의 입장에서는 두려움을 갖게 만들었다. 북한의 위협적인 언사와 대규모 병력은 미국의 군사 행동을 억제하고 미국이 자신들을 공격할 경우 큰 대가를 치를 것이라는

경고를 하려는 목적을 띤다고 한다.[3] 다시 말하면 미국이 북한에게
안전보장을 제공하지 않는 것이 위협적 행동으로 판단될 때, 북한의
주요 국익은 안보이익이 된다는 것이다. 반대쪽의 빅터 차는(Victor
Cha) 전술과 의도를 구별하면서 식량과 경제 원조를 얻기 위해
외교전술에 변화는 있었지만, 체제의 본성과 의도가 근본적으로
변했음을 보여주는 행동은 아니라고 지적한다. 그는 북한 정권의
의도와 행동을 개혁시킬 수 없다고 이야기한다. 또한 다른 나라에
대한 전면적 공격을 가능성은 매우 낮지만 소규모 선제공격이나
예방공격을 할 것은 우려할만한 위협이라고 주장하고 있다.

이러한 견해들은 종합하면 북한에게 무엇보다 안보이익이
중요하다. 위에서 살펴본 입장은 북한의 국가 이익이 우선 안보에
바탕을 둔 이익이라고 평가할 수 있다. 그러나 사상의 중요성을
과소평가하는 위의 두 입장들에서는 북한의 행동을 이해하기가
어렵다. 사상적 측면을 통해 북한의 행동을 강구하면, 일부학자들이
언급한 북한의 이상한 논리가 조금 더 명백해진다. 위의 두 견해를
표명한 학자들은 무엇보다 외국에서 오는 군사적 공격이 북한에게
가장 심각한 위협이기 때문에 북한 의사 결정자들은 안보 이익을
우선으로 하는 인식을 갖게 되었다는 것이다. 그런데 본 논문은
북한의 의사 결정자들이 외세의 위협보다 국내 통치의 중요성을
생각해서, 안보이익 보다는 사상이익에 우선적 인식이 있는 입장을
제시하고자 한다.[4]

그런데 탈냉전 시기의 국제 질서 안에서 북한이 특별한 위치에
처해 있다는 것을 염두에 두면, 세계 안보환경에 대해 북한이 특별한
국익에 대한 인식의 특수성을 가지고 있고 보는 것이 합리적이다.
북한의 국익을 자세히 살펴보면, 북한이 사용하는 논리를 더 잘
파악할 수 있고 다른 나라와 비교되는 북한의 이상 행동을 설명할 수
있다.

1.2. 연구 방법

모든 나라의 대외정책은 국가 이익을 만족시키고 최대화시키는 데
최우선의 목표를 둔다. 따라서 한 국가의 대의정책을 분석하는 데서
가장 기본적인 요소가 국가 이익이다. 국제체제에서 국가가 처한
각자의 조건과 환경에 의해 국가 이익은 정의되고, 이에 따라
대외정책이 결정되기도 한다. 국가가 처한 환경과 시기에 따라 국가
이익의 내용이 달라질 뿐만 아니라 그의 우선순위와 강도에서도

---

3 Victor D. Cha and David C. Kang, *Nuclear North Korea: A Debate on Engagement Strategies.* (New York, New York: Columbia University Press, 2003,) p. 42-3
4 Cha and Kang (2003), p.15-17

차이가 있을 수 있다. 그래서 주권국 정책을 수립할 때 다양하고
중요한 요소를 고려해야 하기 때문에, 어떤 나라의 국가 이익을 잘
이해하지 못 하면 간혹 그 외교정책도 모호하게 된다. 따라서 어떤
나라의 국가 이익을 먼저 분석한다면, 그 나라의 이상하거나
예측하지 못했던 태도나 활동을 더 잘 이해할 수 있다. 본 논문은
북한 냉전 시기의 국가 이익과 탈냉전 시기 국가 이익을 비교-
분석하고 탈냉전 시기 북한의 외교 목표를 파악하고자 한다.

　　일반적으로 국가 이익은 국가안보, 경제적 번영, 자국의 가치
증진, 호의적이고 유리한 국제질서의 창출 등을 공통된 기본
내용으로 하고 있다.[5] 안보이익은 한 국가의 정치체제나 국민을
보호하기 위해, 다른 국가의 물리적 폭행 혹은 정치체제를 위협과
같은 외면적 위협을 막는 것이다. 경제이익은 국가의 경제-복지를
개선하는 것이다. 세계질서이익은 국가의 생존, 국민, 통상 등을
두려움 없이 행사할 수 있는 국제정치 질서를 유지하는 것이다.
마지막으로 사상이익은 국민들이 보편적으로 옳다고 인정하는
가치를 보호하고 추진하는 것이다.

　이들 국가 이익의 강도는 우선순위에 따라 '존망의 이슈 (survival
issue)', '핵심적 이슈 (vital issue)', '중요한 이슈 (major issue)',
'지엽적 이슈 (peripheral issue)'로 구분된다[6]. 존망의 이슈들은
자기 영토에 대한 직접적이고 명백한 군사적 공격, 적의 요구를
거절하는 것으로 인해 국가의 생존에 위협이 발생하는 상황이다.
핵심적 이슈는 재래식 군사적 수단을 포함하는 강한 대응책으로
상대방의 활동을 저지하지 않으면 한 국가가 심각한 피해를 입을 수
있는 상황이다. 중요한 이슈는 어떤 사건이나, 흐름 방향들이 한
국가의 정치, 경제, 사상등을 위협해 핵심적 이슈가 되는 것을
방지하기 위해 대응책을 집행해야 하는 상황이다. 지엽적 이슈들은
국가 체제에 대한 위협은 없지만 국가의 국민이나 국내 회사의
이익을 위협하는 상황이다.

　　본격적인 논의를 진행하기 전에 중요한 원칙에 대한 설명이
필요하다. 위의 기준에 따르면 공통적인 국가 이익 중 체제보전 및
국가안보는 한 국가의 영토와 제도의 보전을 내용으로 하는 '국가
생존의' 문제로서 존망의 이익이 되며, 따라서 이는 어느 경우에도
포기할 수 없는 일차적 우선성을 가진다. 이에 비해 경제적 번영과

---

5 구영록, "대위정치의 핵심개념으로서의 국가이익," 『한국과국제정치』제 10 권
(1)호, (1994), pp.10
6 Donald Nuechterlein, *The Concept of 'National Interest': A Time for a New
Approach*, (Maryknoll, New York: Orbis Books, 1979), p.79-80

국위선양 등은 핵심적 이익으로서, 상황변화에 따라 대외정책에서 우선순위를 달리하고 있다.[7]

통상적으로 국가 이익이라는 것은 대내외적 환경변화에 따라 우선순위가 변하기도 하고 그 내용이 조금씩 변하기도 한다. 특히 북한은 주권국가로서, 체제 보전은 포기할 수 없는 최우선의 국가 이익일 수 밖에 없다. 따라서 국가 이익 실현을 목표로 하는 대외정책 역시 역동적인 정세 변화에도 불구하고, 체제보전을 위한 노력의 일환으로서 본질상 변할 수 없는 것이 된다. 특히 북한은 자기 "국가 생존"에 매우 민감해서 최소한의 위협도 허용하지 않는다. 위에서 언급한 '이익'과 '이슈'의 개념적 틀을 사용하면 한 국가의 국가 이익을 통해 그 국가의 외교정책을 효과적으로 이해할 수 있다.

II. 냉전 시기

2.1. 냉전 시기 정치적 환경

냉전의 성립과 강화과정에서 북한이 핵심적으로 추구해야 했던 국가 이익은 체제의 보전과 국가의 안전이었다. 그 당시에 사회주의 국가들의 공조가 본격화되어서 북한의 국가 이익을 확보하기 위해 다른 사회주의국가와 동맹을 체결하는 방법이 가장 유효했다. 북한은 소련을 위시한 사회주의 국가들에게 체제보전과 국가승인을 구해야만 했다. 냉전이 전개되고 한반도가 분단된 상황에서 북한은 사회주의 진영에 집중할 수밖에 없었던 것이다.

국가수립 직후 북한은 1948년에 소련과 외교관계를 수립한 후에 몽고, 폴란드, 체코슬로바키아, 루마니아, 헝가리, 불가리아 등 동유럽 국가들과 외교관계를 체결했다. 그리고 1949년에는 알바니아와 중화인민공화국, 동독과 수교했으며, 1950년에 베트남민주공화국과도 국교를 수립했다."[8] 1950년대 중반 이후 북한의 대외정책은 국가안보와 체제보전을 위해 사회주의 진영 특히 소련, 중국과의, 관계에 치중했다. 게다가 '상이한 사회제도를 가진 나라들과의 평화적 공존'을 천명했다. 즉 이 시기부터 북한은 자신들의 체제안보를 보장하기 위해 기니아, 쿠바, 말리, 우간다, 이집트, 인도네시아 등 제3세계 비동맹국가들인 이른바 '민족해방세력'과 외교관계를 수립했다.[9] 이에 대한 북한의 공식적인

---

7 김근식, "북한의 체제보전과 대외정책 변화: 진영외교에서 전방위 외교로," 『韓國戰爭의 歷史的 再照明』, 제 24 권 (1)호 (2002), pp.153.
8 김근식, (2001), p.156
9 김근식, 『북한연구자료집 2』, (서울: 고려대 아세아문제연구소,1974), p.684.

설명은 "사회주의나라 인민들과의 친선단결을 강화하는 것은 우리나라에서 조국통일위업을 촉진하며 혁명과 건설을 다그치는 데서 중요한 요구로 나섰다,"라는 것이다 [10]. 결국 국가수립 이후부터 한국전쟁을 거쳐 전후 복구 기간 동안 북한의 최대 국가 이익은 안전보장과 체제보전이었고, 따라서 대외정책의 핵심 역시 사회주의 국가들에 의존하는 진영외교였던 것이다.

북한의 외교정책 목표는 북한 정권의 기본목표에서 연유한다. 냉전 시기 북한 정권의 기본목표는 크게 두 가지로 집약되는 티, 이에 대하여는 북한 사회주의 헌법과 조선 로동당 규약에 잘 명시되어 있다.[11] 첫 번째는 남한을 적화시켜 국토를 통합함으로써 한반도 공산화 통일을 달성하는 것이다. 북한의 개정 헌법 제9조는 '조선 민주주의 인민 공화국은 북반부에서 인민 정권을 강화하고 사상, 기술, 문화의 3대 혁명을 힘있게 벌려 사회주의의 완전한 승리를 이룩하여 자주, 평화통일, 민족대단결의 원칙에서 조국통일을 실현하기 위하여 투쟁한다'라고 천명하고 있다. 이에 관해 당 규약 전문에도 "… 조선로동당의 당면 목적은 공화국 북반부에서 사회주의의 완전한 승리를 이룩하여 전국적 범위에서 민족해방과 인민민주주의의 혁명 과업을 완수하는 데 있으며, 최종 목적은 온 사회의 주체사상화와 공산주의 사회를 건설하는 데 있다"라고 규정하고 있다.

북한 정부의 두 번째 기본 목표는 국제공산주의 세력의 혁명 전위대 역할을 수행하고 자본주의 세력을 타도하고 전 세계의 공산화를 달성한다는 것이다. 당 규약에서 "조선로동당은 자주성과 프롤레타리아 국제주의 원칙에 기초하여 사회주의 나라들과의 단결과 국제공산주의 운동과의 련대성을 강화하고 세계의 모든 신흥세력 나라 인민들과의 친선, 협조관계를 발전시켜며 아시아, 아프리카, 라틴아메리카 인민들의 반제민족해방 운동과 자본주의 나라들의 로동계급과 그밖의 인민들의 혁명투쟁을 지지하고 광범한 련합전선을 실현하여 미국을 우두머리로 하는 제국주의와 지배주의를 반대하며 평화와 민주주의, 민족적 독립과 사회주의 공동위업의 승리를 쟁취하기 위하여 투쟁한다"라고 규정하고 있다. 이 두 가지 기본목표를 요약하고 정리하면, 북한은 남한과 직접적으로 경쟁하는 상황에서 남한을 타도하기 위해 사회주의 진영외교에의 집중을 통해 사회주의 세계질서 유지를 추구하고 있었다.

10 『조선전사 28 』(평양: 과학백과서전출판사, 1982), p.462
11 1980 년 10 월 13 일 제 6 차 당대회에서 개정

2.2. 냉전 시기 국가 이익

이 시기 국가 이익을 표로 정리해 보면 다음과 같다.

〈표1〉

국가:북한	냉전 시기: 사회주의 국가 붕괴 전에 위기			
이익	강도			
	전망의 이슈	핵심적 이슈	중요한 이슈	지엽적 이슈
안보		X		
경제			X	
국제질서		X		
사상				X

　우선 냉전시기의 국가 이익을 안보적 측면에서 분석하고자 한다. 냉전 시기 동북아는 안보 환경이 안정적이었지만 매우 긴박했다. 한쪽을 보면, 남한은 이른바 '선발전 후통일'이라는 개념을 기반으로 통일정책을 마련했다. 공공연하게 적대시하는 정책이 아니지만 남한이 장기적으로 북한에 있는 공산주의체제를 붕괴시키려고 하는 의도가 분명했다. 다른 한쪽으로 보면 냉전 시기의 대표적인 양극세계질서 속에서 대규모전쟁이 발발할 가능성이 낮았다. 남한은 미국이 북한을 공격하면 소련이나 중국의 참전을 막을 수 없고, 아울러 전쟁이 확대되는 것을 피하기 위해 북한을 공격하지 않았다. 게다가 남북대화 등에서 북한이 보여준 적극적인 태도에 주목하면서 북한이 남한과 전쟁을 하려 한다는 우려가 완전히 없어 보였다. 그래도 북한은 자위를 강조했고 국민 총생산의 큰 부분을 군사 분야로 배분해 안보가 매우 중요하다고 인정하고 있다는 것을 볼 수 있다. 그래서 안보적 측면에서 보면 이러한 상황을 핵심적 이슈로 분류할 수 있다.

　　경제적 차원에서 살펴보면, 냉전 시기 북한의 경제상황이 좋았고 1990년대 경제상황만큼 나쁘지 않았다. 국민 총생산의 25%를 군사 분야에 배분해서 경제를 운영하기 위해 외채가 발생했다. 경제를 관리하기 위해 대규모 경제 계획들을 집행했다. 그러나 경지, 숙련 노동력, 에너지, 수송 등의 부족으로 인해 1960년대 초반부터 경제성장이 계속 둔화되었다. 제1차 7개년 계획 (1961-67), 6개년 계획 (1971-76), 그리고 제2차 7개년 계획을 달성했는데도 불구하고 가시적 성과를 얻지 못했다. 국가부채가 계속 증가했지만 사회주의 국가 중에서 자금을 빌릴 수 있는 나라를 찾을 수 있어서, 북한의 경제상황이 북한 엘리트들을 위협하지는 않았다. 북한의 경제상황이 좋지 않았지만 단기적으로 극히 위험하지 않았기 때문에 경제적 차원에서 '중요한 이슈'로 분류할 수 있다.

사상적 차원에서 보면, 냉전 시기에 국제공산주의운동이 안정적으로 진행되고 있어 보였다. 북한은 세계적으로 다양하고 많은 진영동맹이 있었고, 사회주의가 자본주의보다 윤리적인 체제라는 사상을 믿는 사람들이 많아서 북한 정부는 정당성이 있었다. 게다가 북한 주민의 입장에서는 김일성 주석의 인기가 매우 많았다. 그 당시에 주체사상의 주요한 역할은 중소분쟁 시대에 중-소 어느 나라에도 치우치지 않은 중립적인 마르크스-레닌주의를 발휘하는 위한 것뿐이었다. 북한 정부에게 사상적 차원에서의 위협이 없었기 때문에 사상이익은 지엽적 이슈로 분류될 수 있다.

세계정치질서적 차원에서 살펴보면, 냉전 시기에는 남북으로 나뉜 양극체제가 북한에게 매우 중요했다. 이런 체제 덕분에 경제적, 군사적 지원을 받을 수 있고 안전 보장을 얻을 수 있었다. 북한보다 소련과 미국이 이런 질서를 변화시킬 수 있는 영향력을 보유했지만, 북한의 입장에서는 이런 세계질서를 유지하는 것이 매우 중요했다. 소련과 미국은 동북아에서 지도적 역할을 했다. 북한은 혼자 세계질서나 동북아 질서를 변화-유지할 수 있는 힘이 없었지만, 북한의 입장에서 동북아에서 남북한 힘의 균형이 가장 중요한 것이었다. 양국은 한반도를 지배하고 싶어해서 서로 직접 경쟁을 하고 있었다. 그래서 북한은 한반도를 공산화하기 위해 남한보다 유리한 위치에 있어야 했다. 그래서 세계정치질서가 변화하고 남한이 북한보다 힘이 더 세지는 것을 절대로 막아야 했다. 질서가 변화하는 것은 북한을 심각하게 위협할 수 있어서 국제정치질서적 차원에서 핵심적 이슈로 분류할 수 있다.

III. 북한 탈냉전 국익 분석

3.1. 북한 탈냉전 시기 정치 환경

북한의 입장에서 냉전의 종식은 위기 상황이기 때문에, 최우선적으로 체제보전에 대한 활동에 집중했다. 무엇보다 북한은 사회주의 국가 동맹을 빼앗기는 것이 북한의 외교정책에 큰 영향을

미쳤다. 최성에 따르면 "소련은 북한의 동맹국가 중에 가장 큰
지원국이었다. 그러나 고르바초프의 개혁-개방정책, 소련과
서방국가들의 관계개선 그리고 한국과 소련의 국교정상화 이후,
러시아가 친한 일변도의 대한반도 정책을 추구하자 양국관계는
극도로 악화되었다" [12] 다고 한다. 이러한 위기에 처한 북한은
근본적인 대외정책의 변화를 모색하고 있었다. 그 결과로 사회주의
진영외교 중심이라는 이전의 특성이 없어졌다. 1972년 헌법에
있었던 '맑스레닌주의와 프롤레타리아 국제주의 원칙'과 '제국주의
반대'의 표현을 삭제했고, 1992년 개정헌법에서 '자주, 평화, 친선의
기본이념'을 강조했다. "자주성에 기초한 국제관계발전의 새 시기를
주동적으로 열어 나가려는 것은 우리 당의 일관한 립장"이라고 한다.
그리고 "자주권을 존중하는 나라들이라면 그 어떤 나라든지
대외관계를 개선해 나갈 것이며, 세계의 자주화와 인류의
평화위업에 적극 기여할것"이라고 강조했다. 이러한 북한의
입장변화는 그 만큼 그 시기가 북한에게는 절박한 상황이었음을
드러내고 있다.

3.2. 탈냉전 시기 국가 이익

이 장에서는 탈냉전 시기 북한의 국가 이익을 살펴보고자 한다.
탈냉전 시기 국가 이익을 표로 정리해 보면 다음과 같다.

〈표2〉

국가 : 북한	탈냉전 시기: 사회주의 국가 붕괴 후에 위기			
이익	강도			
	전망의 이슈	핵심적 이슈	중요한 이슈	지엽적 이슈
안보		X		
경제		X		
국제질서			X	
사상		X		

---

12 최성, 『북한정치사: 김정일과 북한의 권력엘리트』, (서울: 도서출판 풀빛, 1997),
p.268

안보적 측면에 보면 사회주의질서가 붕괴된 직후에 어떤 나라가 북한을 군사적으로 직접 공격할 가능성은 높아지지 않았다. 그래도 북한은 동맹구조가 없었고 심한 경제난을 겪으면서 정부가 붕괴될 가능성이 있어 보였다. 정부가 붕괴되고 국내에서 혼란이 확대될 경우에는 남한이나 미국, 중국이 군사적으로 북한을 점령할 가능성이 높고, 북한의 입장에서는 기존 정부체제가 없어지는 결과 외의 것을 상상하는 것이 거의 불가능했다. 국가의 생존에 대한 직접 위협이 없었지만 효과적인 대책을 마련하지 않으면 북한에게 미래에 이런 문제가 직접적인 위협이 될 수 있었다. 그래서 이것을 핵심적 위협으로 분류할 수 있다.

탈냉전 시기에 경제적 어려움보다 더 심각한 문제는 없었다. 왜냐하면 이 시기에는 북한의 경제이익이 안보이익과 밀접한 관계가 있기 때문이다. 북한의 정치체제를 가장 심각하게 위협하는 것은 남한이 주도하는 흡수통일이었다. 남한은 북한을 직접적 군사적으로 공격할 가능성이 낮았지만, 군사적 공격을 당하지 않아도 북한의 정치체제가 붕괴될 수 있는 우려가 있었다. 심한 경제난으로 인해 북한 엘리트가 대중을 통제하지 못하고 대혼란이 확대되는 상황에서 무장국제세력이 개입한 후 서울에서 주도하는 통일정치체제를 세울 수 있는 가능성이 높았다. 다시 말하면 심각하고 극복할 수 없는 경제난은 기존 북한 권력체제의 생존을 위협할 수 있어서 경제요소들을 안보요소로 파악할 수 있다.

북한이 1987년부터 시작한 제3차 7개년 계획은 성과를 내지 못한 것으로 보인다. 북한의 경제동향과 지표를 꾸준히 추적한 도쿄의 아시아경제연구소 보고서에 따르면, 곡물생산증가율의 감소, 각종 공장과 사회자본의 건설 침체, 대외무역 적자 증가와 채무 누적 등 경제전반에 걸쳐 침체가 두드러지게 나타났다. 경제적 문제를 해결하기 위해 대책을 즉시 강구해야 했다. 그래서 국제이익을 핵심적 이슈로 분류할 수 있다.

냉전 시기에는 사회주의질서의 확산이 북한의 입장에서는 매우 중요했다. 사상적으로 보면, 탈냉전 시기에 보여준 북한의 활동은 옛날 동맹국과 연합해서 자본주의 국가와 대결하고 세력 균형을 맞추고 냉전 시기 질서를 유지하기 위한 활동이 아니었다. 북한이 유지하고 싶어하던 국제사회주의 질서는 이미 붕괴되어 버렸다. 그러나 경제난에서 탈피하지 못 하고 동맹이 없이 고립된 상황을 지속할 수 없는 상태였기 때문에, 국가의 복지에 부정적인 효과를 미치고 상황을 개선할 수 있는 행동이 필요해 국제질서를 중요한 이슈로 분류할 수 있다.

북한 사회에서는 사상이 대단히 큰 역할을 했음에도 불구하고, 냉전 종식이라는 위기 상황에는, 북한 엘리트들이 작성했던 사상을 추진하는 것을 다른 것들에 비해 최우선순위로 밀고 나갔다. 다시 말하면 북한의 엘리트들이 추진했던 사상이 경제, 국제문제의 중요성으로 인해, 이전 시기에 갖던 정당성을 유지하는 것이 주요한 역할을 했다. 북한 정부는 주민이 접할 수 있는 정보와 배울 수 있는 사상을 독점적으로 통제해서 사상적인 위협이 약했다. 사상적 측면에서 '대외무역을 발전시키는 것은 사회주의건설을 다그치기 위한 중요한 과업'이라고 주장했다. 게다가 냉전 시기에 추진했던 붉은기철학은 수동적이고 수세적이라서, 그 당시에 북한이 처한 경제난과 외교적 고립에 작용할 수 있었다. 그래서 사상이익은 핵심적 이슈로 분류할 수 있다.

IV. 북한의 사상적 특징

모든 정치체제에는 사상이 매우 중요한 역할을 한다. 인민들에게 국가을 위해 많은 것을 요구-강제하는 사회주의 정치제체가 특히 그렇다. 김정일은 인간의 사고방식 및 행동양태에 있어서 가장 중요한 것은 사상이라고 주장한다. 즉 김정일은 "사상이 모든 것을 결정한다"는 사상론을 창시했다.[13] 북한의 건설과정에서 물질적인 혜택보다 정신적인 사상교육을 중요하게 생각한다. 인간의 생각과 행동을 지배하는 것은 바로 그 인간이 가지고 있는 사상이란 논리다.[14] 이를 위해 북한은 세계에서 유례없이 엄격하고 주민 생활에 전면적, 다양한 부분에 영향을 미치는 극심한 통치 사상을 창안했다.

북한에서는 사상이 생명과 연결되었고 생활, 사회를 개선하기 위해 사상을 유지시키는 것이 모든 주민의 책임이라고 보고 있다. 김재호의 '김일성 강성대국 건설 전략'은 "물질만능의 월리가 작용하는 자본주의 사회에서는 돈이 생명이라면 인민대중이 주인으로 되고 있는 사회주의 사회에서는 사상이 생명이라고 말할 수 있습니다"라고 인정하고 있다.[15] 또 김정일에 의하면, 자본주의 사회에서의 생명은 돈인 반면, 사회주의 사회에서의 생명은 '사상'이라는 것이다. 따라서 사회주의는 사상에 의해서 지배되므로, 돈에 의해 지배되는 자본주의보다 우월한 체제로 인식 되고 있다.[16]

---

13 김재호.『김정일강성대국 건설전략』(평양: 평양출판사,2000), p.163
14 김재호, (2000) p.123
15 김재호, (2000) p.17
16 김재호, (2000) p.123

앞의 인용한 내용에서 주목할 만한 것은 김일성이 엄격하그 강한 사상을 창안했을 뿐만 아니라, 오히려 그는 모든 사상의 중요성을 강조하는 엄격한 사상을 창안했다는 것이다. 그래서 북한에서는 사상이 일반 생활과 불가피한 것이 되었다. 이 개념을 바탕으로 주체학습단체, 공장에 주체에 대한 구호가 쓰있는 플라카드를 전시하고, 매일 정부가 발행하는 로동신문에 정치적 사설이나 기사를 실었다. 냉전 종식 후 심각한 위기속에서, 오래도록 지속할 수 있고 중요한 사상적 통치개념을 설립한 것은 북한의 권력 엘리트들에게 사상적으로 중요한 의미가 있음을 암시한다. 냉전 종결 후 북한 정부가 주장한 '주체사상'이 주민 생활에 영향을 더 깊은 미치게 하기 위해 주체를 실현할 수 있는 '붉은기 사상'을 천명했다. 이를 통해 주민은 정부가 강제하는 사상에 더 쉽게 접근할 수 있고 이해할 수 있게 되었다.

사상을 통해 정치적 통제를 강화하기 위한 대표적인 개념은 '붉은기 사상'이다. [17] 붉은기사상은 세 가지 요소로 구성되는데, 인민들이 주인으로서 자신의 운명을 개척해 나가는 '자력갱생의 정신', 수령을 위해 목숨을 바치는 '결사옹위의 정신', 혁명을 위해 몸을 바치는 '견결한 투쟁정신' 등이다. 그리고 붉은기 사상은 주체사상을 실현시키기 위한 혁명철학, 인민을 단결시키는 일심단결철학, 사회주의-공산주의에 대한 신념을 강화하는 신념의 찰학을 담고 있다. [18] 붉은기 사상의 중요성은 주민의 사고방식 전체에 영향을 미쳐 주민을 통제하고 북한의 권력을 유지하는 것에 있다.

북한 엘리트 권력의 사상에 대한 일반적인 가장 잘못된 오해는 주민들만이 사상적 교육-교화의 대상이며, 엘리트 권력은 이미 사상적으로 철저하게 동화되어 사상적 교육의 대상이 아니라고 생각하는 것이다. 그런데 북한의 권력 엘리트도 정부가 제시했던 주체사상, 붉은기 사상 등에 투철하다는 것을 입증해야 한다. 특히 사상이 권력 엘리트의 집권을 정당화하는 북한에서, 권력 엘리트들이 사상적 역할을 유지하지 못 할 경우에는 정부의 정당성 부족으로 인해 정부가 붕괴할 수 있는 위험 요소를 초래한다.

---

17 붉은기 사상 또는 붉은기철학은 주체사상의 이념적 요소 중에서 수령론을 강조하고 있다. 따라서 붉은기 사상은독립적인 사상이라기보다 주체사상의 테두리 안에 존재하는 수령에 대한 일심단결사상이다.

18 곽승지, "북한의 붉은기사상과 그 이데올로기적 성격," 『통일경제』제 5 권 (1997), p.50-65

V. 결론

북한의 냉전 시기 국익과 탈냉전 시기 국익의 차이를 살펴보면 북한의 탈냉전 외교정책이 변화한 이유를 살펴볼 수 있다. 북한 정부의 최우선 목표는 체제생존이었고, 체제생종을 위해 안보가 중요시되었다. 북한은 자신의 안보를 약화시킬 수 있는 어떤 결정, 요소도 간과하지 않는다. 그래서 탈냉전 전후에 안보이익이 중요한 이슈였다. 냉전 시기에 있었던 세계적인 사회주의 경제공동체제의 붕괴는 북한을 매우 고통스러운 상황에 처하게 했다. 이후에 북한이 겪었던 심각한 경제난 때문에 정치체제가 붕괴될 수 있다는 우려가 있었다. 그래서 경제이익의 중요성이 중요한 이슈로부터 핵심적 이슈로 그 수위가 높아졌다. 탈냉전 시기에는 북한의 외교정책에서 사상이 더 중요해졌다. 진영동맹 부족과 군사적, 경제적 지원 중단 때문에 북한의 경제가 악화되었고 국민들의 생활이 더 어려워졌다. 혼란이 발생, 가중되는 것을 막기 위해, 그리고 정부의 정당성을 강화하기 위해 북한의 엘리트들은 주체사상에 의존했다. 사상이익의 강도가 지엽적 이슈부터 핵심적 이슈로 중요해졌다. 냉전 종결의 의미는 무엇보다 대규모 세계질서 변화였다. 그래서 사회주의의 붕괴는 북한의 세계정치질서이익에 있어서 다른 이익보다 더 큰 영향을 미쳤다. 냉전시기에는 사회주의 국가들의 강력한 동맹과 확장 노력에 의한 사회주의 세계질서가 존재했고, 북한은 이런 사회주의 질서를 유지하고 싶어했다. 그래서 북한은 당시 사회주의 국가들과의 동맹 관계를 강화했고 남한이 국력을 강화시키는 것을 막으려고 했다. 그렇지만 탈냉전 시기에는 이런 질서가 붕괴되어 북한의 입장에서는 유지할 만한 질서가 없었다. 그래서 세계정치질서이익이 핵심적 이슈로부터 지엽적 이슈로 급작스럽게 하락했다.

북한의 사상에 집중해서 그 행동을 분석하면, 북한의 가장 모순적인 행동을 다른 관점에서 파악할 수 있다. 예를 들어서 북한의 핵무기 개발의 정당성에 대한 논의가 많다. '안보이익을 위한 행동' 측면에 보면 핵개발이 북미관계를 악화시키고 북한을 심하게 훼손할 수 있는 미국의 핵공격을 초래하기 때문에 합리성이 없다고 한다. 안보이익의 측면에서 보면 핵무기 개발과 소유가 모순적인 행동이라고 평가할 수 있다. 사상측면에서 보면 북한의 핵무기 보유가 북한 주민들에게는 국력 강화의 과시라는 점을 통해 '사상적 유지'를 가능하게 하고, 이것이 대외적으로 과시될 수 있다.

이상의 논의를 통하여 북한의 국익에 대해 살펴 보았다. 사상적 틀에서 북한의 돌발적인 모든 행동에 대한 수수께끼가 풀리지 않지만 사상적 틀에서 분석하면 촛점이 조금 더 정확하고 북한이 사용하는 논리가 조금 더 명확해진다. 한 나라의 국익을 잘 이해하는 것은 외교전략적인 가치를 가진다. 북-미관계가 오랫동안 이루어져 왔지만 교섭을 통해 좋은 결과를 많이 얻지 못했다. 미국이 제공할 수 있는 것과 북한이 포기할 수 있는 것이 잘 안 맞지 않았다. 미국이 북한의 국익을 올바르게 이해하면, 더 효과적으로 교섭을 할 수 있고 좋은 결과를 얻을 가능성이 높아질 것이다.

본 연구는 사상을 중심으로 연구함에 있어 다음의 한계를 갖는다. 사상과 행동이 밀접한 관계가 있음에도 불구하고, 그 관계를 실증적 증명하는 것이 매우 어렵다. 게다가 국가 이익 연구의 본질적 한계는 국익이 단순하고 구체적인 것이 아니라는 점이다. 북한의 진짜 국익은 '발견할 수 있는 비밀'이 아니며, 그 국익을 찾은 후에 행동과 태도를 완전히 파악할 수 있는 것도 아니다. 최근의 천안함 사건 북한의 행동과 같은 경우를 이해하기 위해 군사-안보 요소를 무시할 수 있다는 뜻이 아니다. 국익은 다양한 요소를 포함하기 때문이다.

본 연구와 관력하여 앞으로 사상이익에 바탕을 둔 사례 연구가 필요하다. 예를 들어서 2009년 4월 5일에 광명성2호 로켓을 발사한 사건, 2006년 10월 9일에 지하 핵실험 등과 같이 북한의 예측하기 어렵고 적대적인 행동에 대한 북한 의도를 사상적 틀에서 분석하면, 어떻게 북한을 긍정적 방향으로 유도할 수 있을지 추측할 수 있다. 또한 1994년 제네바 합의, 2005년 9월 19일에 이른바 9.19공동성명 등 북한과 교섭에서 좋은 결과를 얻을 경우들을 사상적인 틀에서 분석하면, 북한의 적대적인 행동의 사상적 원인을 확인할 수 있다. 조선민주주의 인민공화국의 건국 전부터, 사상은 북한에서 대중 통치에 있어서 중요한 역할을 했다. 사상이 북한 사회-정치 문화의 중심 요소이기 때문에, 앞으로 있을 정권교체의 경우에도 중요한 역할을 할 것이라고 예측할 수 있고, 북한의 외교정책에 강력하게 영향을 미칠 것으로 예상된다.

참고 문헌

김창회. 『북한 정치사회의 이해』, 서울: 법문사, 2006
김근식. 『북한연구자료집 2』,서울: 고려대 아세아문제연구소,1974
김재호. 『김정일강성대국 건설전략』 평양: 평양출판사,2000.
『정치용어사전』 평양: 사회과학출판사, 1970.
김근식. "북한의 체제보전과 대외정책 변화: 진영외교에서 전방위 외교로." 『韓國戰爭의 歷史的 再照明』, 제24권 1호 (2002). pp.151~166.

구영록. "대위정치의 핵심개념으로서의 국가이익."
『한국과국제정치』 제10권 1호, (1994). pp.1-14.
곽승진. "북한의 붉은기사상과 그 이데올로기적 성격,"
『통일경제』 제5권 (1997). pp.50-65
임재형. "탈냉전기 북한외교정책의 변화요인과 대응전략:
김정일시대를 중심으로."『國際政治論叢』 제41집 4호, (2001).
pp.105~125
이숙자. "탈냉전기 북한의 대미 외교정책 결정요인 분석: Michael
Brecher 모델을 중심으로."『한국정치학회보』 제29집 4호
(1995). pp.543-569.
최성. 『북한정치사: 김정일과 북한의 권력엘리트』 서울: 도서출판
풀빛, 1997

Cha, Victor D, and Kang, David C. *Nuclear North Korea: A Debate on
Engagement Strategies*. New York, New York: Columbia University
Press, 2003.

Johnston, Alastair Iain. *Cultural Realism: Strategic Culture and Grand
Strategy in Chinese History*, Princeton, New Jersey: Princeton University
Press, 1995.

Levin, Norman. "Global Détente and North Korea's Strategic Relations."
Korean Journal of Defense Analysis 2.1 (Summer 1990), p.42

Nuechterlein, Donald. *The Concept of 'National Interest': A Time for a New
Approach*, Maryknoll, New York: Orbis Books, 1979.

Nuechterlein, Donald E. "National Interests and Foreign Policy: A
Conceptual Framework for Analysis and Decision-Making." *British
Journal of International Studies* 2 (October, 1976), p. 246-266

국제사회의 대북제재 현황 및 평가: 유엔 안보리 결의안 1874 호를 중심으로

한승진 (SEUNG JIN HAN)

MA, Korean for Professionals, University of Hawaii at Manoa, 2010
BBA, Marketing, The George Washington University, 2003

THE CURRENT STATE OF SANCTIONS AGAINST NORTH KOREA: AN EVALUATION OF UN SECURITY COUNCIL RESOLUTION 1874 AND THE INTERNATIONAL COMMUNITY'S SANCTIONS TOWARD NORTH KOREA

It has been almost a year since North Korea conducted its second nuclear test. The nuclear test, conducted on May 25 2009, was universally condemned by the international community and was followed by severe repercussions aimed at North Korea. In fact, following the test, on June 12, 2009, sending a forceful message that its nuclear program will not be tolerated, the UN Security Council unanimously adopted resolution 1874 to sanction North Korea for its second nuclear test and its continued efforts to sustain a nuclear program. With the adoption of the Resolution 1874, further economic and commercial sanctions were imposed on North Korea, which was already facing sanctions from the international community for its hostile activities. In keeping the same tone, in January 2010, in his state of the union address, President Obama issued what seemed to be a clear message of threat to North Korea as he warned that it would face even stronger sanctions if they continued to make efforts to develop their nuclear program and export weapons of mass destruction. Already mired in chronic economic crisis, tougher sanctions would place North Korea in further isolation from the international community by restricting foreign investment and trade with other nations. Currently, without a steady inflow of aid from the outside and with the Mt. Geumgang and Kaesong tours at a standstill, North Korea lacks the means to build its foreign currency reserves. In fact, according to several experts, by blocking off the weapons trade, which had been a lucrative moneymaker for the North, the current sanctions on North Korea have had a deep impact on the North Korean Economy.

This paper aims to illustrate the current state of sanctions against North Korea. The UN Security Council Resolution 1874 will be discussed in detail along with the actions the international community has taken against North Korea. The effects of the sanctions will be discussed and evaluated while an outlook for the future of the sanctions will be provided at the end as a conclusion.

현재 국제사회는 이란의 핵 프로그램 개발에 대한 의혹 그리고 북핵문제로 인해 민감한 상태이다. 이런 와중에 북한이 2차 핵실험을 가한 지 어느덧 일년이 다 되어 간다. 2009년 5월 29일 북한은 국제사회의 의견을 무시하면서 제2차 핵실험을 실행했고 그 후 핵실험을 성공적으로 마쳤다고 자랑스럽게 공표했다. 이에 대해 국제사회는 북한을 강력하게 비난했고 북한을 겨냥한 더욱더 엄격한 규정과 제재에 대해 논의하기 시작했다. 이에 따라 2009년 6월 12일 유엔 안보리는 북한의 2차 핵실험 그리고 핵프로그램 유지와 관련해 결의안 1874호를 만장일치로 채택했고 국제사회는 중국과 러시아까지 결의안에 동참하게 함으로써 북한의 핵프로그램에 대해 한층 단합된 반대 입장을 보여주었다. 경제제재를 받고 있던 북한은 유엔 안보리 결의안 1874호를 통해 결과적으로 한층 더 강화된 제재에 직면하게 된 것이다.

2010년에 들어서도 북한의 핵프로그램에 대한 국제사회의 부정적 입장은 지속됐다. 미국의 오바마 대통령은 1월 국정연설에서 북한이 핵프로그램 개발에 대한 유혹을 뿌리치지 않고 대량살상무기의 수출 또한 중단하지 않을 경우 국제사회의 대북제재는 더욱 더 강화 될 것이라고 언급하면서 북한에게 위협적인 메시지를 보내기도 했다. 즉 북한이 핵프로그램을 유지하고 변화를 보이지 않을 경우 국제사회로부터 더욱더 고립되고 경제적으로 현재보다 어려운 상황을 맞게 될 것이라는 발언이었다.

2010년 현재 북한의 경제 상황은 최악이라고밖에 표현할 수 없다. 2010년에 미국 중앙정보부(CIA)가 공개한 통계에 따르면 2009년 북한의 국내총생산(GDP)은 약 282억 달러였지만 화폐개혁의 실패로 인해 실질적인 재화 지표는 이보다 크게 줄었을 것이라고 대부분의 전문가들은 전망하고 있다. 또한 금강산 그리고 개성관광의 중단과 외부로부터 지속적으로 유입되던 원조도 끊기므로 써 북한의 외화벌이 수단은 단절된 상태이다.

그렇다면 유엔 안보리 결의안 1874호 하에 실행된 대북제재는 이러한 상황에 과연 어떠한 영향을 미쳤을까? 지난 10개월 동안 실행된 대북제재의 영향에 대해서는 수많은 의견들이 있었다. 결의안의 영향력에 대해 제한적이거나 무의미할 것이라는 주장과 북한에게 타격을 줄 것이라는 주장은 결의안이 채택된 후로부터 존재했었다. 비록 현재는 약 1년이 경과했지만 결의안에 대한 평가는 여전히 엇갈리는 편이다. 그리하여 현 시점에서 결의안의 내용을 정리하고 대립되는 주장들을 살펴본 후 이를 통해 대북제재에 대한 평가를 내릴 필요가 있다. 따라서 본 연구에서는 유엔 안보리 결의안 1874 호가 실행된 지 약 10 개월이 된 시점에서 결의안 하에 이루어진 대북제재의 영향에 대해 알아보고 이에 대한 견해를 제시하고자 한다.

물론 현 시점에서 이루어진 이 연구는 한계를 가지고 있다. 첫째, 현재 결의안에 대한 선행연구의 수가 다소 적은 편이다. 결국 본 연구에 토대가 되는 학술적 정보가 부족하다는 것이다. 둘째, 북한에 대한 정보는 구체적으로 파악하기가 어렵기 때문에 연구의 깊이에 어느 정도 한계가 있다. 즉 연구기관들의 통계와 예측 그리고 뉴스와 인터뷰 등과 같은 언론의 자료들만을 통해 연구가 이루어졌고 정확히 북한의 내부 상황을 파악하고 있는 자료는 없다고 볼 수 있기 때문이다. 그러나 북한에 대한 정보가 제한되어 있거나 명료하지 않다는 것은 북한과 관련된 모든 연구들이 감수해야 할 점이라고 본다. 그러므로 이러한 한계가 있음에도 불구하고 현재 국제사회에서 핵문제가 가지는 의미, 그리고 국제사회의 다수가 대북제재를 지지하고 있는 분위기 등을 고려하면 제재의 영향 그리고 이에 대한 평가를 제시하는 것은 매우 중요한 과제라고 할 수 있는 것이다.

국제사회의 대북제재와 관련되어 실행된 선행연구들은 대부분 유엔 결의안 1874 호를 앞서 채택된 1718 호와 비교하고 1718 호의 미미한 영향력을 내세우면서 1874 호 또한 무력할 것이라는 예측을 제시했다. 이들의 경우 대부분 2006 년 10 월 9 일 북한이 첫 핵실험을 가한 이후 유엔 안보리 결의안 1718 호가 채택되었지만 이로 인해 시행된 대북제재는 북한의 대외무역에 주목할 만한 영향을 미치지 못했다고 하면서 1874 호 또한 비슷한 운명을 맞게 될 것이라는 결론을 내린다.[1] 그러나 당시 한반도 정세와 국제 정세 그리고 현재의 상황을 비교해 보면 두 결의안의 영향력을 동일하게 볼 수는 없을 것 같다.

2006 년 당시 대한민국의 노무현 정부는 김대중 정부의 정책인 햇볕정책을 유지하면서 남북간 경협을 중요시했고 이로 인해 남북간 무역량은 상승하는 추이를 보이고 있었다. 더불어 중국 또한 북한의 핵실험에 대해 강력한 조치를 취하지 않았고 국제 사회도 미국의 기대와 달리 대북제재의 시행을 위해 별다른 노력을 가하지 않았다. 그러나 현재 한반도와 국제정세는 다르다. 대한민국의 이명박

---

[1] Marcus Noland, "The (Non-) Impact of UN Sanctions on North Korea," Asia Policy, no. 7 (January 2009), p. 63-64.

정부는 북한에 대해 강경한 태도를 보이고 있고 국제사회 또한 미국과 함께 핵확산방지를 위해 노력을 기울이고 있다.

결국 본 연구에서는 이와 같이 지금과는 다른 국제적 환경에서 시행된 제재를 근거로 1874 호의 영향력을 예측하는 것은 부적합하다고 봤기 때문에 연구의 초점을 유엔 안보리 결의안 1874 호의 실질적 영향과 제재 참여 결과에 맞췄다. 양문수(2008), 성채기(2009), Haggard and Noland(2009) 등은 제재의 효과와 영향을 분석하고 있는데 이는 미국의 대북 제재와 미국의 행동에만 초점을 맞추어서 연구를 한 것이다.

본 연구는 유엔 안보리 결의안 1874 호에 초점을 두고 다음과 같이 전개될 것이다. 먼저 본론에 들어가기 전 제재의 개념 및 범위와 제재 채택 과정에 대해 설명한 후 대북제재의 토대라고 볼 수 있는 안보리 결의안 1718 호를 중심에 두고 과거 국제사회의 대북제재를 잠시 살펴보겠다. 둘째, 유엔 안보리 결의안 1874 호에 대해 구체적으로 알아 본 후 채택 이후 제시된 결의안과 제재의 영향력에 대한 예측들을 살펴보겠다. 다음으로, 대북제재 참여 결과의 실태를 확인하고 이의 효과에 대한 주장들을 검토해 본 후 마지막으로 결론에서는 연구자가 평가를 제시하고 국제사회의 대북제재의 향후 전개과정에 대해 전망하고자 한다.

I. 국제사회의 제재과정 및 대북제재 사례

A. 제재의 개념 및 범위

사회적으로 봤을 때 '제재'란 일정한 행동양식에서 벗어나거나 이를 위반한 경우에 가해지는 압력이다. 즉 국제사회의 일원으로 이에 어긋나는 행동을 할 경우 이에 대한 조치가 취해질 것이라는 뜻이다. 대북제재의 경우 경제적 제재가 가장 먼저 떠오르는데 경제제재는 한 국가 또는 여러 국가가 특정 국가와의 무역거래, 자본거래, 직접투자 등 경제적 관계를 단절시켜 정책 목표를 달성하는 외교수단이다.[2]

1990 년대 이후 냉전이 막을 내리면서 국제사회의 경제교류가 확대되었고 국가간 상호의존도는 점차 증가했다. 이런 맥락에서 미국과 같은 강대국들은 군사력보다 경제제재를 통해 자국의 목적을 달성하려는 경향이 강해졌다. 경제제재의 목적은 정치 경제적인 목적이 복합적으로 작용하는 경우가 많은 편인데, 일반적으로 국제사회 또한 개별 국가의 이익과 관계되어있다. 예를 들어

---

[2] 「경제제재의 의의와 효과」, 『국방일보』 2010.2.8.

세계평화, 인권 향상, 자국의 안보, 테러 및 핵무기 확산 방지, 마약 매매 근절, 무역분쟁 등이 목적이라고 볼 수 있다.[3]

경제제재는 주로 무역과 금융에 대한 규제를 통해 이루어지는데 무역제재는 일반적으로 수출규제 그리고 수입규제로 나눌 수 있다. 여기서 수출규제가 제재 대상국 경제에 직접적인 영향을 주는 방법이라면 수입규제는 간접적인 방법이라고 할 수 있다. 현재 북한의 경우 북의 모든 무기 관련물자의 대외수출이 유엔의 수출규제를 통해 금지되고 있고 북한 물품들의 수입은 미국의 경우 수입규제를 통해 단절되고 있다.[4]

금융제재는 제재대상국의 지불 능력을 떨어뜨려 필요한 물자의 획득을 어렵게 하는 것이다. 금융제재의 형태로는 제재대상국에 대한 공적개발원조(Official Development Assistance)의 중단, 제재대상국이 소유한 금융자산에 대한 접근이나 제재대상국 은행과의 거래를 차단하는 자산동결 조치 등이 있다.[5] 이외에도 상대국에 대해서만 가장 좋은 대우를 하는 최혜국 대우(Most Favored Nation status)를 철회하거나 투자 금지, 선박 검색, 입항 금지 등의 조치를 통해 제재 대상국의 경제활동을 위축시키는 방법들이 사용되기도 한다.

B. 국제사회 제재 채택과정

국제사회에서 이루어지는 제재는 유엔과 같은 국제기구의 결의안을 통해 시행되거나 개별국가들의 정부를 통해 시행될 수 있다. 본 연구는 국제사회의 대북 제재를 중심으로 두고 있기 때문에 전자의 채택과정을 잠시 살펴보겠다

유엔 제재는 대부분 채택된 결의안을 통해 앞서 언급했던 바와 같이 국제사회 규정에 어긋나는 국가를 중심으로 시행된다. 유엔 결의안은 유엔 총회가 채택하는 결의안 그리고 유엔 안전 보장 이사회가 채택하는 결의안이 있다. 전자의 경우 유엔의 192 개국 회원국들이 채택과정에서 투표에 참여한다. 총회 결의안은 통상적으로 과반수만 넘으면 채택이 되는데 만약 중요한 문제로 규정된 경우 3분의 2 이상의 다수가 찬성해야 결의안이 통과 된다. 총회 결의안은 대부분 회원국들에게 구속력이 없지만 총회

---

[3] 양문수. "미국의 대북 경제제재 해제과정과 해제의 경제적 효과". 「북한연구학회보」 (북한연구학회, 2008). 제12권 제2호, p. 214-215.

[4] 김진국, 「미, 13개월간 북한산 수입 허가 '0'」, 『자유아시아방송』 2009.8.9.

[5] 조현구. "대테러 · WMD 비확산을 위한 UN 금융제재: 연혁, 효과 및 국제정치적 쟁점". 「평화연구」 (평화연구소, 2009). 제17권 제2호, p. 123.

내부문제와 관련된 결의안 즉 총회의 운용과 관련된 결의안들은 구속력이 있다.[6]

　제재와 연계성이 높은 결의안은 유엔 안전 보장 이사회 (유엔 안보리)가 채택하는 결의안이다. 유엔 안보리는 국제 연합의 한 기관으로, 회원국의 평화와 안보를 담당하고 있다. 안보리는 상임이사국 5 개국 (미국, 영국, 러시아, 프랑스, 중국)과 2 년 임기의 비상임이사국 10 개국을 합하여 총 15 개국으로 구성된다. 안보리에서 15 개 이사국들 중 9 개국의 찬성표가 있을 경우 결의안이 통과될 수 있다. 그러나 상임이사국이 거부권을 행사할 경우 결의안의 통과를 막을 수 있다.[7]

　유엔 헌장 제 7 장을 통해 유엔 안보리는 국제 평화와 안전의 유지 혹은 복구를 위해 제재와 같은 조치를 취할 수 있다. 제 7 장은 비군사적 제재(제 41 조)와 군사적 제재(제 42 조)를 구분하는데, 비군사적 제재는 경제관계 및 철도, 항해, 항공, 우편, 전신 무선통신 및 다른 교통통신 수단의 전부 또는 일부의 중단과 외교단절 등이라고 볼 수 있다. 반면에 군사적 제재는 해상봉쇄나 무력시위 및 군사행동을 포함한 제재조치 등으로 규정된다.[8]

　앞서 제재의 의의를 통해 언급했던 바와 같이 안보리는 무력행사에 의지하지 않고 한 국가나 기구에게 압력을 가하기 위해 제재를 시행하게 된다. 유엔 안보리는 의무적 제재라는 조치를 국제사회의 평화가 위협 받는 상태에 처했을 때 혹은 외교적 노력을 통해 한 문제를 해결하지 못 했을 때 제재를 시행한다. 이런 경우 안보리의 제재와 관련해 많은 국가나 인권 기관들은 제재 대상국의 가장 취약한 계층이 제재로 인해 많은 피해를 보는 경우가 대부분이라고 언급하면서 제재의 악영향에 대한 우려를 표명해왔다.[9] 이로 인해 유엔 안보리는 제재의 선별성을 강화해 대상을 특정 국가나 특정 기관 혹은 한 국가 내에 특정 기관으로 정하고 또한 인도주의적인 면에서 영향을 미치지 않도록 조치를 취한다. 예를 들면 한 국가의 정치적 엘리트 계층 혹은 조직들의 재산을 동결하는 것이다. 결국 유엔 안보리의 제재를 바탕으로 제재와 공통되는 입장을 개별국가들이 표명하고 그 후 유엔

---

[6] UN, http://www.un.org/ga/about/background.shtml. 방문일: 2010.4.11.

[7] UN, http://www.un.org/Docs/unsc_background.html/. 방문일: 2010.4.11.

[8] 최재선, 김민수. "유엔 결의(1718 호)에 따른 북한 선박 및 화물 검색은 가능한가?". 「KMI 해양수산 현안분석」 (한국해양수산개발원, 2006), p. 12.

[9] UN, http://www.un.org/sc/committees/. 방문일: 2010.4.11.

안보리가 지정한 제재대상국에 대한 제재를 취하고 추가 제재조치를 시행하는 경우도 많다.[10]

C. 국제사회의 대북제재 사례

북한에 대한 제재는 북한의 도발로 인해 6.25 전쟁이 발발한 이후로부터 시작되었다. 대부분의 대북제재는 미국에 의해 시행되었으며, 북한의 탄도미사일 발사와 핵실험에 대응하여 1990년대에는 일본 또한 제재를 가하였다. 최근 들어서 유엔에 의한 다자차원의 제재가 취해졌다.[11] 본 연구는 개별국가의 지재보다 국제사회를 대표하는 기구인 유엔을 통해 시행된 다자차원의 제재에 대해 살펴보겠다.

1874호의 채택 이전 기존의 대북재제결의는 유엔 안보리 결의안 1718호였다고 볼 수 있다. 앞서 언급한 바와 같이 이전 대부분의 대북제재는 미국이 일방적으로 부과했다는 점으로 인해 1718호의 채택은 대북제재 역사상 획기적인 사건이었다. 물론 2006년 7월 채택된 안보리 결의안 1695호도 기존의 결의와는 달리 북한의 미사일 및 핵실험에 대한 경제제재로서 핵무기, 탄도미사일, 대량살상무기 및 관련 물자의 대북 수출금지의무를 부과하였다.[12] 그러나 1695호는 사실상 제재내용을 담은 결의안이었지만 이는 명백한 제재 결의가 아닌 권고적 제재결의였으므로 실질적으로 제재를 가할 것이라는 결의안은 아니었다. 즉 이는 유엔헌장 제7장 그리고 41조 혹은 42 하에 이루어진 결의안이 아니었기 때문이다.

반면 유엔 안보리 결의안 1718호는 2006년 10월 9일 북한이 첫 핵실험을 가한 이후 10월 14일 만장일치로 채택되었다. 북한 핵실험 직후 미국과 일본은 북한에 대한 군사적 제재조치를 포함한 강력한 대응을 촉구했으나 유엔은 이 같은 요구를 받아들이지 않았고 경제제재를 중심으로 북한을 처벌하기로 결정했다.[13] 더불어 안보리는 결의안에 따라 대북제재 이행의 여부를 감시하는

---

[10] 조현구. "대테러·WMD 비확산을 위한 UN 금융제재: 연혁, 효과 및 국제정치적 쟁점". 「평화연구」 (평화연구소, 2009). 제17권 제2호, p. 127-128.

[11] 성채기. "국제적 대북제재의 현황과 군사·경제적 영향분석 및 전망". 「국방정책연구」 (한국국방연구원, 2009). 제25권 제4호, p. 13.

[12] 김은영. "UN 안보리 대북 결의안". 「북한경제리뷰」 (한국개발연구원, 2009). 7월호, p. 56-58.

[13] 최재선, 김민수. "유엔 결의(1718호)에 따른 북한 선박 및 화물 검색은 가능한가?". 「KMI 해양수산 현안분석」 (한국해양수산개발원, 2006), p. 5.

상설기구로 대북제재위원회를 설립했다. 대북제재위원회는 대북
수출입 금지 품목 목록을 작성하고 안보리에게 보고하는 역할 또한
맡게 되었다.[14]

유엔 안보리 결의안 1718 호를 구체적으로 살펴보면 평화에
대한 위협, 파괴, 침략행위 및 이에 대한 대응조치를 규정한 유엔헌장
7 장을 명기하고 유엔헌장 7 장에 산하 41 조, 즉 비군사적 제재에
따라 조치들을 취한다고 밝혔다. 유엔은 이 결의를 통해 북한에게
핵무기 개발을 즉각 중단할 것을 촉구했고 17 개 조항에 이르는 대북
요구사항과 제재 방침을 명시했다. 제재 방침은 다음과 같이 요약할
수 있다. 첫째, 전차 등 지정 군용품과 핵, 탄도 미사일,
대량살상무기와 이와 관련된 물자 또는 사치품 등의 수출입을
금지하는 것이다. 둘째, 대량살상무기 등의 개발 및 수송과 저장 등에
유용한 인적 및 물적 지원을 금지하고 북한의 해외 자산을
동결한다는 것이었다. 셋째, 대량살상무기의 밀거래를 막기 위해
북한행 그리고 북한발 화물 검색에 대한 협조조치를 요구했다.
마지막으로 북한의 향후 행동에 대한 지속적인 점검이 필요하고
추가적인 제재조치도 마련할 수 있다고 언급했다.[15]

그러나 전문가들에 의하면 실제로 1718 호 하에 이루어진
대북제재의 영향은 미미했다. 미국의 피터슨국제경제연구소(The
Peterson Institute for International Economics)가 2008 년 12 월
발표한 보고서에 따르면 결의안이 시행된 후 2 년간 북한의 최대
교역국인 중국과의 교역량을 분석한 결과 유엔의 제재는 효과가
없다고 결론을 내렸다. 더불어 2009 년 11 월에 대한민국의
대외경제정책연구원이 발행한 보고서에 따르면 북한의 미사일
발사와 핵실험 이후 취해진 결의안 1718 호의 효과를 분석한 결과,
유엔의 대북제재는 북한의 수출입에 영향을 미치지 못해 별다른
제재효과가 없다고 밝히기도 했다.[16]

이에 대해 전문가들은 유엔회원국들이 유엔결의안을 충실히
이행하지 않았다고 보았고 또한 유엔 결의의 모호성을 지적했다.
더불어 각국의 북한과의 정치 경제적 관계의 양상이 다른 점 또한 그
원인으로 지적되었다. 실제로 제재 결의가 있은 지 한달 뒤 각 유엔

[14] 김은영. "UN 안보리 대북 결의안". 「북한경제리뷰」 (한국개발연구원, 2009).
7 월호, p. 49.
[15] 최재선, 김민수. "유엔 결의(1718 호)에 따른 북한 선박 및 화물 검색은 가능한가?".
「KMI 해양수산 현안분석」 (한국해양수산개발원, 2006), p. 5-6.
[16] 정형곤, 방호경. "국제사회의 대북 경제제재 효과 분석". 「동북아연구시리즈」
(대외경제정책연구원, 2009), p. 3-4.

회원국들은 이행 상황을 보고해야 했는데, 2009 년 4 월 통계로 약 74 개국 뿐만이 보고서를 제출했고 특히 이란과 시리아, 에티오피아와 같이 북한의 주요 무기 거래국으로 꼽혀온 국가들은 보고서를 제출하지 않았다.[17] 결국 유엔 안보리 결의안 1718 호의 하에 이루어진 제재의 효과는 제한적일 수밖에 없었던 것이다.

II. 유엔 안보리 1874호와 대북재제 현황

A. 유엔 안보리 결의안 1874호의 채택 과정

1874 호가 채택되기까지 앞서 많은 사건들이 벌어지고 이 사건들로 인해 국제사회와 북한 간에 긴장은 점차 고조되어 갔다. 2009 년 4 월 5 일 북한은 대포동-2 미사일을 발사했고 이를 정당한 위성발사라고 칭했으나 발사에 대한 국제사회의 관점은 북한과 달랐다. 즉 이를 탄도 미사일 발사라고 보았고 이에 대해 마땅한 처벌이 내려져야 한다는 의견을 대부분 제시했기 때문이다. 북한은 이 상황에서 더 위협적인 태도를 보이며 만약 유엔 안보리가 북한의 "로켓" 발사에 대한 논의를 하면 핵 시설을 재가동시키겠다고 협박했다.

그리고 유엔 안보리가 2009 년 4 월 13 일 의장성명을 통해 북한의 행동을 유엔 안보리 결의안 1718 호에 대한 위반이라고 규탄하고 유엔제재위원회에게 북한과 관련된 물품과 기구들을 제재대상으로 올리라고 요구를 하자 북한 당국은 국제원자력기구 검사관들을 추방 시켰다. 그 후 2009 년 4 월 29 일 북한은 외교부 대변인을 통해 유엔이 북한 로켓 발사에 대한 규탄에 대해 사과하지 않으면 다시 한번 핵실험을 가할 것이라고 선포했고 5 월 25 일 북한은 두 번째 핵실험을 실행했다. 핵실험 후에 나온 1 차 보고들은 북한의 2 차 핵실험이 북한의 2006 년 핵실험보다 파괴력이 강했다고 언급했다.[18]

그러나 결과적으로 북한의 핵실험은 국제사회의 대응으로 이어졌고 이는 유엔 안보리 결의안 1874 호의 채택이었다 미국의 주도하에 2009 년 6 월 12 일 유엔안보리는 북한의 핵실험을 "유엔 안보리 결의안 1718 호에 대한 위반, 핵확산금지조약과 2010 년 NPT 평가회의를 앞두고 범세계적 핵무기 비확산 체제를 강화해 나가기 위한 국제사회에 대한 도전 그리고 국제사회의 평화와

---

[17] 김근삼, 「안보리 대북결의 1718 호 이행실적 미미」, 『미국의 소리』 2009.4.3.

[18] Victor Cha, "U.S.-Korea Relations: All North Korea, All the Time" Comparative Connections (July 2009)

안정에 위험을 야기하는 것"이라고 하며 유엔 헌장 7 장 41 조에 의거하여 안보리 15 개 이사국들은 결의안을 만장일치로 채택했다.[19]

B. 유엔 안보리 결의안 1874호 내용

전문(前文)과 34 개의 조항으로 이루어진 유엔 안보리 결의안 1874 호는 2006 년 북한의 1 차 핵실험에 대해 채택된 1718 호에 비해 내용면에서 매우 강한 수준의 제재 조치를 포함하고 있는데 이는 화물 검색, 무기 금수 및 수출 통제, 금융·경제제재 강화 등이다.

부문별로 조치들을 살펴보면 우선 먼저 화물검색은 북한을 떠나거나 향하고 있는 모든 선박이 회원국 영토 내에 진입했을 때 핵·미사일 등 대량살상무기와 관련된 금지품목, 무기 또는 무기와 관련된 물자를 싣고 있다고 믿을 만한 합리적인 근거가 있는 경우 실시하도록 하고 있다. 이러한 의심선박이 공해상에 있을 때도 선박 소속 국가의 동의를 얻어 검색을 할 수 있고, 동의를 얻지 못한 경우에는 적절한 항구로 유도하여 해당국이 검색하도록 할 수 있다. 또한 검색을 통해 금지 품목이 발견되면, 압류·처분하도록 규정하고 있다.[20] 그리고 1718 호와 달리 결의안 1874 호는 대량살상무기뿐만이 아닌 재래식 무기에 대해서도 유엔회원국 모두가 북한 선박에 대해 검색할 수 있도록 하였다.[21] 전제적으로 봤을 때 이 조치는 미국의 주도하에 이루어진 PSI(Proliferation Security Initiative)[22]를 다국화 그리고 합법화 시켰다고 볼 수도 있다. PSI 는 출범 당시 국제법상 대량살상무기의 수출을 포괄적으로 금지하는 규정이 없어 실효성이 약하다는 주장도 제기되었는데 유엔 안보리 결의안은 국제적 규정이기 때문에 사실상 PSI 는 합법화됐고 또한 유엔 회원국들의 경우 결의안을 이행할 의무가 있으므로 PSI 가 다국화됐다고 볼 수 있다.

무기 금수 및 수출과 관련해서는 모든 무기 및 관련 물자에 대한 수출입 금지와 공급·제조·유지·사용과 관련된 금융거래, 기술훈련, 자문, 서비스, 지원제공 금지 조치가 규정되었다. 1718 호에서는 핵과 미사일, 탱크 등 대형무기와 중화기 등에 대해 거래를

---

[19] UN, "유엔 안전 보장 이사회 결의안 1874 호 본문" 2009.6.12

[20] 홍순직. "UN 안보리의 대북제재 영향과 대응 방향". 「통일경제」(현대경제연구원, 2009), p. 37.

[21] 양운철. "UN 의 대북 경제제재 효과". 「정세와 정책」(세종연구소, 2009), 7 월호 p. 13.

[22] PSI 는 2003 년 5 월 조지 부시 미국 대통령의 주도로 테러 및 대량살상무기의 국제적 확산을 방지하기 위한 활동, 즉 정보의 공유와 가입국 간 합동작전, 불법 무기와 대량살상 무기의 운반 및 수출 금지 등을 모두 포함한 구상이다..

금지했으나 1874 호를 통해 북한의 외화벌이 수단 중 하나인 무기 수출을 전면 차단하였다. 그러나 자위권[23] 차원에서 북한이 소형무기를 수입하는 것은 예외적으로 허용하였으나, 이 과정도 사전 신고하도록 했다.[24]

금융·경제재재는 핵·미사일·여타 대량살상무기 프로그램과 연관 있는 북한의 자산을 동결하고 금융거래를 금지하는 내용이다. 지난 1718 호상에서는 유엔 안보리와 산하 제재위원회에서 지정한 개인·단체에 한해 금지되었으나, 이번에는 북한 전체를 대상국으로 규정하고 있다. 또한 1718 호와 달리 북한에 대한 무상원조와 재정지원, 양허성 차관(유상원조) 신규 제공 등도 금지된다. 북한의 핵·미사일·여타 대량살상무기 프로그램과 활동에 기여할 가능성이 있는 금융서비스 제공이 금지되며, 금융자산과 재원 동결, 수출 신용·보증·보험을 포함한 무역 관련 공적 금융 지원이 금지된다. 다만 북한 주민에게 직접 도움이 되는 인도주의·개발에 대한 지원은 제외됨으로써 개성공단 사업이나 식량원조 등은 계속될 수 있게 조치를 취했다.[25]

이외에도 결의안 1874 호는 제재의 효과적 이행을 위해 1718 호에 존재하지 않았던 부가적 방안들이 포함되어있다. 우선 회원국들로부터 결의 채택 후 45 일 이내에 금융조치뿐 아니라 결의안의 다른 조치들의 이행에 대한 보고서를 제출하도록 촉구한다는 조항이 있다. 더불어 위원회의 요구에 따라 제재 조치 이행 현황에 대한 보고서를 추가적으로 제출할 것을 촉구한다는 항목이 포함되어있기도 하다. 제 25 항에서는 제재위원회가 2009 년 7 월 15 일까지 안보리에 제재 이행을 위한 계획 즉 실무 프로그램을 제출할 것을 명기했고 제 26 항에서는 안보리 산하에 전문가 그룹을 창설해 결의안 이행을 보조하고 불이행의 경우 이에 대한 정보를 수집, 검토 그리고 분석하도록 규정하였다.

---

[23] 자위권은 한 국가가 외국으로부터의 침해에 대하여 자국의 권리와 이익을 방위하기 위하여 필요하다고 인정되는 조치를 취할 수 있는 권리이다.

[24] 홍순직. "UN 안보리의 대북제재 영향과 대응 방향". 「통일경제」 (현대경제연구원, 2009), p. 37

[25] 조현구. "대테러·WMD 비확산을 위한 UN 금융제재: 연혁, 효과 및 국제정치적 쟁점". 「평화연구」 (평화연구소, 2009). 제 17 권 제 2 호, p. 123

<표 1 > UN 안보리 결의안 1718 호와 1874 호 비교

	결의안 1718 호(2006.10.14)	결의안 1874 호(2009.6.12)
분량	전문 + 17 개 조항	전문 + 34 개 조항
비난수위	규탄한다(Condemn)	가장 강력하게 규탄한다 (Condemn in the strong-est terms)
무기 금수 대상 확대	핵, 탄도미사일, 대량살상무기, 대형무기, 중화기, 사치품	모든 무기와 관련 물자 - 북한행 소형 화기 수입품은 제외
선박 검색 강화	필요한 화물 검색 '협력' 요구 - 검색을 요청할 수 있다	대량살상무기운반 의심 선박의 검색 강화 - 공해상에서도 선적 국 가의 허가 하에 검색 촉 구
금융 제재 확대	핵, 대량살상무기, 탄도미사일 관련 자금과 금융자산 즉각 동결	모든 금융 지원 금지 - 새로운 공여나 금융지원, 양허성 차권 제공 중단 촉구 - 단 인도적 목적은 제외

자료: 홍순직. "UN 안보리의 대북제재 영향과 대응
방향".「통일경제」(현대경제연구원, 2009),

C. 유엔 안보리 1874호를 통한 대북제재 참여 결과

전체적으로 결의안 1874 호의 출현 이후 국제사회는 검색과
제재를 실행하면서 북한에 대해 더욱더 강경한 입장을 보여주었다.
1874 호의 채택 과정을 주도한 미국은 결의안의 채택 이후
대북제재의 시행을 위해 국무부 장관 힐러리 클린턴(Hillary Clin-
ton), 국무부 동아시아 차관보 커트 캠벨(Kurt Campbell) 등 고위
당국자들을 전세계 주요 지역들에 파견하면서 제재의 시행을
촉구하는데 노력을 가했다. 또한 미 행정부는 유엔 안보리 결의안

1874 호에 따라 의심되는 북한 선박이 공해상에서 검색을 거부할 경우 계속 추적해 기항하는 항구에서 해당국이 검색을 하도록 하는 단호한 결의안 이행지침을 해군에게 지시하기도 했다. 그 후 미국은 이러한 정책을 신속히 실행했다.[26]

2009 년 6 월 결의안 1874 호가 금지한 대량살상무기 관련 물자를 싣고 미얀마로 향하고 있던 것으로 의심을 받았던 북한 선박 강남 1 호를 미국은 이지스 구축함 존 매케인호를 통해 추적했다. 미 해군의 추적 그리고 입항 시 선박검색을 시행하겠다고 한 미얀마 정부의 강경한 입장으로 인해 강남호는 항로를 돌연 바꾼 것으로 밝혀졌다. 이와 관련해 미 해군총장 게리 러프헤드(Gary Roughead)는 유엔 안보리 결의안이 부여한 영향력과 지원이 강남호를 압박했다고 주장하면서 결의안에 대한 미국의 믿음을 한 번 더 강조하기도 했다.[27]

이 외에도 미 정부는 유엔 안보리 결의안 1874 호에 근거해 북한의 핵과 미사일 활동과 관련된 기업들을 추가 금융제재 대상으로 선정하는 작업 또한 진행했다. 2009 년 7 월 16 일 미 국무부는 남천강무역회사, 조선원자력총국, 조선단군무역회사 등 5 개의 기업들과 5 명의 북한 정부관련 인물들을 제재 대상으로 지명했다.[28] 미국은 독자적인 대북제재도 가하면서 북한을 지속적으로 압박했고 이와 관련해 미 국무부 장관 클린턴은 북한이 핵무기 프로그램을 완전히 폐기 하지 않을 경우 더 큰 국제적 고립과 가혹한 제재를 받게 될 것이라고 주장하기도 했다.[29]

유엔 안보리 결의안 1874 호 하에 이루어진 첫 번째 검색은 그러나 미국이 아닌 인도를 통해 이루어졌다. 2009 년 8 월 인도 정부는 자국 해상에 불법 정박한 북한 선박 무산호를 추격 끝에 위협사격을 가해 나포했지만 이 선박에는 불법 무기나 핵물질은 없었던 것으로 확인됐다. 그 후 인도 정부는 2009 년 10 월 파키스탄으로 향하고 있었던 북한 선박 향로호 또한 억류해 검색했으나 무기나 핵물질은 발견하지 않았다.[30]

---

[26] 이주영. "유엔 안보리 결의안 1874 호 이후 미국의 대북제재". 「북한경제리뷰」 (한국개발연구원, 2009). 7 월호, p. 73.

[27] 이영종, 「강남호 19 일간 떠돌다 북한 남포항으로 귀항」, 『중앙일보』 2009.7.07.

[28] International Crisis Group "North Korea Under Tightening Sanctions" (March 2010) p.3.

[29] 이주영. "유엔 안보리 결의안 1874 호 이후 미국의 대북제재". 「북한경제리뷰」 (한국개발연구원, 2009). 7 월호, p. 76~77.

[30] 「인도 해군, 불법정박 北 선박 억류」, 『연합뉴스』 2009.10.04.

결국 유엔의 대북 제재 결의 후 북한의 무기 수출에 대한 국제사회의 첫 번째 성공적 제재 조치 이행은 2009 년 8 월 아랍에미레이트 정부의 검색으로 인해 처음 탄생했다. 아랍에미레이트 정부는 북한제 무기가 실린 컨테이너 10 대 등을 싣고 이란으로 향하던 호주 선적 정기 컨테이너선 ANL 오스트레일리아(Australia)호(4 만 7 천 t 급)를 아랍에미레이트 코르파칸항에 억류시켜 북한제 무기를 압류했다. 억류됐던 선박은 바하마 국적이었고 컨테이너에는 금수 품목인 로켓 추진 폭탄 뇌관과 탄약 등, 여러 기종의 폭탄들이 선적돼 있었다. 유엔에 정통한 외교 소식통에 의하면 이란으로 향하던 무기들은 석유 생산 관련 품들처럼 꾸며져 대부분 포장에는 `기계 부품'이라는 가짜 라벨이 붙어 있었다.[31]

남한 정부 또한 부산항에서 북한 발 화물에 대한 검색을 실행해 북한 무기 수출에 대한 제재 조치 이행을 취했다. 2009 년 9 월 22 일 대한민국 국가정보원과 해양경찰청은 부산항에 있던 파나마 선적 운반선 MSC 라첼레(Rachele)호에서 북한 관련 컨테이너 4 개를 압수했다.[32] 컨테이너들의 내용물은 러시아산 방호복으로 알려졌고 조사 결과 컨테이너 들의 행선지는 시리아이었던 것으로 밝혀졌다. 한 정부 당국자에 의하면 시리아의 핵 및 생화학무기 같은 대량살상무기(WMD) 개발을 주목하고 있었던 미국이 당시 컨테이너가 시리아행 화물이라는 사실에 우려를 표명 했다고 한다.[33]

북한은 항로가 막히자 제재의 망을 뚫기 위해 항공로를 이용해 무기 수출을 시도 했으나 국제사회의 감시로 인해 결국 실패했다. 2009 년 12 월 12 일 미국 소식통의 정보를 받은 후 태국 정부는 그루지야 '에어웨스트(Air West)'사의 일류신(Il)-76 화물기에서 북한제 무기 35t 을 발견했다. 태국 돈므앙 국제 공항에 착륙한 화물기의 승무원들은 북한에서 이륙했다고 자백을 했고 태국 정부는 이들을 체포했다.[34] 태국정부가 유엔 안보리 대북제재위원회에 제출한 보고서에 따르면 화물기에는 M-1985 240 ㎜ 다연장 로켓포를 비롯해 이동식 지대공(地對空) 미사일 40 기, 유탄발사기(RPG) 수백정이 실려 있었다. 무기 가격은 1800 만

[31] 김현재, 「北 무기 UAE 압류, 유엔결의 첫 이행」, 『연합뉴스』 2009.8.29.

[32] 고기정, 「北 컨테이너 4 개 압수」, 『동아일보』 2009.10.05.

[33] 신석호, 「北컨테이너 행선지는 시리아」, 『동아일보』 2009.10.07.

[34] Charbonneu, Louis. "Thailand: Seized N.Korea arms were bound for Iran." Reuters 30 January 2010.

달러(약 207 억 원)로 추산됐고 비행 계획서에 의해 행선지는
이란이었던 것이 밝혀졌다.[35]

추후 화물기의 승무원들은 석방됐고 행선지가 이란으로
밝혀졌지만 현재 이 거래의 주모자 그리고 무기의 최종목적지와
사용목적은 명백하지 않다. 그러나 이와 관련해 이스라엘과
레바논의 신문사들은 서양의 정보통을 근거로
헤즈볼라(Hezbollah)[36]가 무기를 수입했을 것이라고 주장했고 무기
수출과 관련해 전문가로 알려진 찰스 빅(Charles Vick)은
화물기에서 발견된 로켓포가 헤즈볼라나 하마스(Hamas)[37]가
이스라엘과의 전투에서 자주 사용하는 무기라고 언급하기도 했다.[38]

반면 결의안 1874 호와 관련해 EU 는 북한 인물들과 기업들을
제재대상으로 지정했다. EU 는 12 월 22 일 브뤼셀에서 열린
환경장관회에서 대북제재 규정(Regulation) 개정안을 승인했다.
EU 는 규정안을 통해 김정일의 매제인 장성택 노동당 행정부장과
김영춘 인민무력부장 등을 포함한 13 명을 제재대상 인물로
지정했고 영변원자력연구소 그리고 조선용광무역회사 등 4 개의
기업들 또한 제재대상으로 지정했다. 이에 따라 제재대상들은
입국·통과 금지, 자산 동결, 역내 송금 금지 등의 불이익을 받게
된다.[39]

가장 최근에는 남아프리카공화국이 북한 선박을 검색해 무기를
압류했다는 서한을 유엔 안전보장이사회의 대북제재위원회에
제출해 국제사회의 성공적 제재 조치 이행이 이루어지는 것을 다시
한번 볼 수 있었다. 서한에 의하면 남아공 정부는 2009 년 11 월
더반(Durban)항구에서 콩고공화국으로 향하고 있던 선박을 나포해
이 선박에서 컨테이너 2 개를 압수했고 컨테이너 안에는 쌀자루들로
위장된 구소련제 탱크 T54 과 T55 의 통신장비와 조준경, 좌석,
탱크용 전망경, 승무원용 헤드기어, 서치라이트 등 북한산 무기류와
중국제 표시가 있는 무선장비들을 발견했다. 이어 서한은 북한

---

[35] 이인묵,「태국 압류 북한제 무기 '화물 세탁' 수법 드러나」,『조선일보』 2010.1.27.

[36] 헤즈볼라는 는 레바논에 기반을 둔 무장 시아파 이슬람 조직이자 합법적인
정당이다. 정식 명칭은 레바논 이슬람 저항을 위한 신의 당 시아파이며 시리아와
이란의 지원을 받는 것으로 알려져 있다.

[37] 하마스는 이슬람 저항 운동 단체 겸 정당이고 이스라엘에 대한 무장 투쟁으로 널리
알려져 있다.

[38] Larry Niksch, "North Korea: Terrorism List Removal" (January 2010) p.17-
18.

[39] 양정아,「EU, 장성택 등 제재 조치…"급변사태 염두"」,『데일리 NK』 2010.1.10.

기업이 발송한 화물이 중국에서 선박에 실린 뒤 말레이시아에 있는 프랑스 해운회사 CMA CGM 소유의 선박으로 옮겨졌다고 언급했고 그 뒤 이 프랑스 해운회사가 의심스런 화물을 수송하고 있음을 당국에 알려 이 정보를 접한 남아프리카공화국이 선박을 나포했다는 것을 밝히기도 했다.[40]

III. 국제사회의 대북제재 평가

A. 전문가들의 견해

유엔 안보리 결의안의 시행 이후 대북제재의 실질적 효과와 관련해 대북 전문가들의 평가가 내려지기 시작했다. 물론 결의안 1874 호의 효과에 대해 부정적인 견해는 여전히 존재했다. 이들은 중국이 여전히 북한을 비호하고 있기 때문에 제재의 효과가 미미하다고 주장했다. 우선 중국에 대한 북한 무역액이 2003 년 10 억 2200 만 달러에서 2008 년 27 억 8700 만 달러로 증가했고 이를 국제 사회의 대북 제재가 펼쳐지는 가운데에서도 중국이 북한을 도왔다는 증거로 꼽았다.[41] 더불어 통계에 잡히지 않는 거래를 감안하면 중국에 대한 북한의 의존도는 더 높다고 하며 중국이 북한에 대한 영향력 유지를 위해 제공하는 각종 무상원조에 대해서도 언급했다. 특히 원자바오(溫家寶) 중국 총리가 2009 년 10 월 북한을 방문해 대규모 무상 원조를 약속해 대북 제재의 국제 공조를 깨뜨렸다고 주장했고 이런 이유로 일각에서는 대북 제재의 효과에 대해 부정적인 견해를 제시했다. 반면 미국 정부와 더불어 한국정부 그리고 빅터 차와 데이비드 스트로브(David Straub)와 같은 동아시아 전문가들은 작년 8 월 이후 나타난 북한의 유화적 태도를 안보리 결의안 1874 호 하에 이루어진 대북제재에 귀착시켰다.

2009 년 8 월 평양에 억류된 미 여기자 2 명 석방을 위해 빌 클린턴 전 미 대통령이 방북 하고 난 후 2009 년 후반에 들어 북한은 유화공세를 펼치며 미국과의 대화를 위해 노력했다. 불과 몇 달 전 까지만 해도 북한은 미사일 발사를 하며 국제 사회에 강경한 태도를 보이고 있었다. 그러나 북한이 2009 년 하반기에 들어서면서 적극적으로 대화 공세에 나섰고 북미관계 정상화에 걸림돌이 되는 핵 문제와 관련해 북한이 핵 보유국이 목표가 아니라고 표명하고

---

[40] International Crisis Group "North Korea Under Tightening Sanctions" (March 2010) p.6-7

[41] Congressional Research Services, "North Korea's Second Nuclear Test: Implications of U.N. Security Council Resolution 1874" (March 2010) p.12-13.

비핵화를 조건으로 한 관계정상화, 경제지원, 평화협정 체결 등의
패키지 제공에 긍정적 반응을 보였던 것이다.[42]

이와 관련해 미 국무부 장관 힐러리 클린턴은 6 자회담
관련국이 대북 제재에 공동 보조를 취하고 일치한 대응을 했기
때문에 북한이 대화를 원하기 시작했다고 발언 하기도 했다. 특히
미국 관리들은 과거 미국의 대북 금융 제재가 주효했기 때문에
북한이 핵 협상에 나설 의사를 밝혔다고 보았다.[43] 한국정부 또한
이와 같은 주장을 내세웠다. 즉 북한의 태도 변화가 국제 사회의
제재로 인해 이루어졌다는 것이었다. 국제 사회의 대북 제재가
지속되면서 북한의 식량난과 비료 사정이 심각해지고 외화사정 또한
악화되자 내부에서 이를 견디지 못하면서 문제들이 발생했다 이로
인해 개성관광, 금강산 관광을 재개해서 이 문제를 해결하려는
생각을 가지게 되었고 결국 강경책을 포기하고 남한에 유화적으로
나올 수밖에 없었다는 주장이었다.[44]

한국 학계에서도 일각의 북한 전문가들은 결의안 1874 호의
효과에 대해 한·미 정부와 비슷한 주장을 밝혔다. 문순보(2009)는
북한의 유화공세에 대해 핵문제라는 본질을 흐리고 시급한
당면과제들을 해결하기 위한 낡은 레파토리에 불과하다고 언급하며
북한의 2 차 핵실험 이후 유엔 차원에서 시행된 결의안 1874 호가
국제사회의 적극적인 호응과 동참 속에 효과적으로 잘 실행되고
있다고 밝혔다. 또한 결의안으로 인해 북한의 국제적 고립이 더욱
가중됐고 북한 정권의 자금줄이 차단되었다면서 외부 세계와의
어두운 거래도 거의 불가능하게 됐다고 언급했다.[45] 고려대학교
북한학과의 유호열(2009) 또한 유엔 안보리 결의안 1874 호와
관련해 북한의 비타협적 자세를 완화시켰다고 밝혔고 추후 북한의
태도변화 또한 국제사회의 대북제재가 이끌어낼 것 같다고 더했다.[46]

유엔 안보리 결의안 1874 호에 대해 미국 그리고 일본 일각의
동아시아 전문가들 또한 한·미 정부들의 입장과 일맥상통하는
의견들을 제시했다. 2009 년 9 월 초 클린턴 전 대통령과 함께

---

[42] 「美, 대북압박 막판 드라이브 '관측'」, 『연합뉴스』 2009.11.05.

[43] 허형석, 「안보리 대북 제재의 영향 Q/A」, 『자유아시아방송』 2009.11.18.

[44] 이정철, "북한의 정책 변화와 남북관계를 보는 5 가지 논점", 「코리아연구원 현안진단」, 제 153 호 (서울: 코리아연구원, 2009) p. 1.

[45] 문순보. "유엔안보리 결의안 1874 호 현황과 한국의 딜레마". 「정세와 정책」 (세종연구소, 2009), 9 월호 p. 2-4.

[46] 유호열. "대북제제 효과는?". 「통일연구」 (평화문제연구소, 2009), 11 월호 p. 25.

평양을 방문했던 데이비드 스트로브 미국 스탠포드대학교
아태연구소(APARC) 부소장은 북한이 국제적인 대북제재를
완화하기 위해 평화공세를 펼치고 있다고 언급했고 1874 호의
효력에 대해 높이 평가했다.[47] 빅터 차 전 미
국가안전보장회의(National Security Council)의 아시아 담당국장
또한 같은 맥락의 발언을 통해 1874 호를 평가했다. 차(2009)는 미
기자 석방, 금강산관광 재개 등 최근 북한이 보인 유화책의 배경에
유엔의 제재가 자리잡고 있고 북한의 평화공세와 관련해서는
역사적으로 유사한 사례를 분석하고 협상에 대한 연구들을 고려해본
결과 국제사회의 제재는 제재대상 국가를 협상테이블로 이끌어낸
경우가 많았다고 언급했다.[48]

2009 년 9 월 '북한인권국제대회' 참석 차 서울을 방문한
다케사다 히데시(Takesada Hideshi) 일본 방위성 방위연구소
주임연구원은 한 언론사와의 인터뷰에서 북한 경제가 국제사회의
대북제재로 인해 매우 큰 타격을 받고 있다며 경제제재에 대한
불만이 폭발해 군대 내에서 쿠데타가 발생하는 시나리오가
현재로써는 가장 실현 가능하다고 전망하면서 북한과 관련해
부정적인 전망을 내리기도 했다.[49]

한편 안보 그리고 경제 분야에 활동하고 있는 몇몇 전문가들은
북한의 외화벌이 수단이었던 무기수출 그리고 외부투자가 결의안
1874 호로 인해 실제로 급격히 줄어들었고 이는 북한 경제의 악화에
큰 영향을 미쳤다고 밝혔다. 스웨덴 스톡홀름 국제평화연구소의
시몬 웨제만 선임 연구원(2009)은 결의안 1874 호의 출범 7 개월
이후 북한의 무기 수출이 90% 이상 감소됐다고 밝혔다. 웨제만 선임
연구원은 우선 제재에 대해 상당히 강력하고 효과를 내고 있다고
표현했고 특히 2009 년 12 월 태국에서 적발된 수송기를 예로 들며
미국을 비롯한 국제사회가 대북제재를 실행하고 있다는 증거라고
언급했다. 북한의 무기수출이 90% 감소되었다는 발언과 관련해서는
베트남을 예로 들며 과거 베트남 그리고 아프리카 국가들이
북한으로부터 소형 무기를 합법적으로 수입했는데 유엔의 대북 제재
이후 이 국가들이 무기 수입을 중단했고 이로 인해 북한의 무기

---

[47] 홍덕화, 「스트로브 "보즈워스 방북 성과 난망"」, 『연합뉴스』 2009.11.16.

[48] Peter Crail, "UN Adds to North Korea Sanctions List" Arms Control Today
(September 2009)

[49] 양정아, 「"대북제재 고통에 北군대 불만 폭발로 쿠데타
가능성"」, 『데일리 NK』 2009.9.24.

수출량이 감소되었을 것이라고 주장했다.[50] 결국 베트남 입장에서 봤을 때 유엔의 제재까지 어겨 가면서 굳이 북한에서 무기를 구입할 필요가 없다는 것이었다.

외부투자와 관련해 유럽기업들의 대북투자가 감소됐다는 발언도 있었다. 조선국제무역법률사무소[51] 마이클 헤이 대표에 의하면 2009 년 봄 이후로 영국, 프랑스, 스위스 독일 등의 유럽기업의 대북투자가 크게 축소됐고 북한이 작년 말 실시한 화폐개혁보다 유엔의 대북제재가 북한에 진출한 외국기업의 대북투자에 더 큰 영향을 미치고 있다고 밝혔다. 헤이 대표는 북한의 미사일 발사와 2 차 핵실험 강행을 이유로 채택한 대북제재결의 1874 호의 시행 후 대북투자를 포기한 외국기업이 많았다고 전했으며 유엔 대북제재 1874 호가 외국기업의 대북투자를 직접적으로 규제하지는 않았지만 북한에 진출했거나 투자를 고려하던 유럽기업에 불안감을 주기는 충분했다며 제재의 영향력을 인정했다.[52]

B. 연구자의 평가

전체적으로 봤을 때 2009 년 6 월 유엔 안보리 결의안 1874 호가 채결된 이후 지난 약 1 년간 국제사회는 대북제재를 성공적으로 단행했고 북한은 이러한 1874 호의 영향력을 무시할 수 없었다. 과거 미국이 추진한 일방적 대북제재 그리고 국제사회의 참여도와 제재의 강도 면에서 다소 약했던 결의안 1718 호와 비교했을 때 1874 호는 과거 대북제재 결의들의 약점을 보안한 결의안이라고 볼 수 있다. 무엇보다도 과거 대북제재에 대해 유보적인 입장을 표명한 중국과 러시아가 안보리의 대북제재안을 지지했고 제재에 동참하고 있는 것을 근거로 결의안 1874 호의 위상을 높이 평가 할 수 있다.

특히 러시아의 경우 2010 년 3 월 30 일 드미트리 메드베데프(Dmitry Medvedev) 대통령이 유엔 대북 결의안 1874 호에 대한 대통령 명령서에 서명했다고 밝히면서 공식적으로 대북제재결의 1874 호 이행에 들어갔다고 발표했다. 제재 이행 명령서 서명이 이뤄짐에 따라 러시아 헌법의 영향을 받는 모든 정부

---

[50] 최원기, 「'유엔 제재로 북한 무기 수출 90% 감소'」, 『미국의 소리』 2010.1.22.
[51] 조선국제무역법률사무소는 2004 년 평양에 설립되어 북한에 진출한 외국기업을 위한 국제 중재와 투자 자문을 하는 기관이다.
[52] 김진국, 「유럽회사들, 대북투자 축소·중단 속출」, 『자유아시아방송』 2010.1.22.

기관과 기업, 은행, 민간은 특별한 명령이 있을 때까지 제재 내용을 구체적으로 이행해야 한다. 또한 북한제 무기 수입과 러시아 영토를 통한 북한 무기 반입과 이동, 제 3 국으로의 수출도 금지된다.[53] 이처럼 러시아는 국제사회의 움직임과 입장을 같이하고 있고 국제사회의 일원으로서 대북제재를 단행하고 있다.

중국 또한 북한을 과거와는 조금 다른 시각으로 바라보고 있는 것 같다. 물론 제재의 효과에 대해 부정적인 견해를 제시하는 학자들은 2009 년 1 월 왕자루이(王家瑞) 중국 공산당 대외연락부장의 방북, 10 월 원자바오(溫家寶) 총리의 평양 방문 그리고 2010 년 5 월 이루어진 김정일의 방중을 통해 중국이 북한에게 원조와 대규모 투자를 약속했다는 것을 지적한다. 그러나 이와 관련해 일각의 전문가들은 중국과 북한의 관계에 대해 더 이상 예전 같은 의미의 혈맹이 아니라면서 이에 따라 북한에 대규모 경제 지원을 하는 일도 없을 것이라고 언급하고 있다.

주펑(朱鋒) 베이징대 국제관계학원 교수는 2010 년 3 월 30 일 서울에서 열린 `북한경제, 글로벌포럼 2010'에서 중국과 북한의 관계에 대해 우호적 이지만 예전처럼 친밀하지 않다고 말했다. 이어 중국이 대규모 대북지원을 위한 재력은 있지만 극단적으로 북한을 돕는 일은 없을 것이라고 언급하면서 중국이 북한을 돕는다면 최소한의 인도적 수준이 될 것이라고 덧붙였다. 또한 대규모 투자와 관련해서 정부의 입장에 대한 진실성을 더 조사해 봐야 한다면서 투자 가능액은 실제로 낮을 것이라고 추정했다. 미래 중국의 외교 행보와 관련해서는 서울, 워싱턴, 도쿄와 협력해 북한의 진로를 바꿔보고자 노력할 것이라고 전망하면서 중국이 국제사회와 입장을 같이할 것을 시사했다.[54]

결의안의 통과 이후 중국 정부의 행동 또한 중국의 북한에 대한 입장이 과거와 다르다는 것을 보여주었다. 2009 년 7 월 29 일 중국은 북한이 단둥을 통해 밀반입하려던 전략 금속 바나듐(Vanadium)을 압수했다.[55] 또한 2009 년 7 월 말 중국 철강회사인 '중광국제투자'가 대북제재 리스트에 오른 북한기업 '조선광업개발무역회사'와의 광산 개발 산업에서 갑작스럽게 철수를

---

[53] 남현호, 「러, 유엔 대북 제재 1874 호 이행 착수」, 『연합뉴스』 2010.3.30.

[54] 차대운, 「"中, 北에 대규모 원조 안 할 것"」, 『연합뉴스』 2010.3.31.

[55] Dick Nanto, "North Korea's Second Nuclear Test: Implications of U.N. Security Council Resolution 1874" Congressional Research Services, (March 2010) p. 2.

하기도 했다. 같은 시기 중국정부는 워싱턴에서 열린 미-중간의 '전략경제대화'에서 안보리 결의안 1874 호의 실행을 강조하며 북한에 압박을 가하기도 했다.[56] 전반적으로 북한의 미더운 동맹국들이었던 중국과 러시아의 태도 변화로 인해 대북결의 1874 호의 효력은 한층 강화됐고 반면 북한은 더욱더 혹독한 제재에 직면하게 됐다.

북한 내부에서의 움직임과 북한의 외교적 태도를 고려해봤을 때도 결의안 1874 호가 북한에게 가한 압박이 강했다는 것을 추정할 수 있다. 앞서 언급한 바와 같이 북한은 대북제재 출범 이후 유화적 공세를 펼치기 시작했다. 2009 년 8 월 미국 전 대통령 클린턴의 방북 후 채포했던 미 여기자들을 석방시켜 주었고 137 일간 북한에 억류됐던 현대 아산 직원 또한 송환되었다. 이어 북한 당국은 현정은 현대그룹 회장과의 만남을 통해 금강산관광 재개, 이산가족 상봉 등과 관련된 대화를 나누었고 그 후 교류사업에 관련해 합의를 했다. 그러나 추후 정부간 협상이 없었고 남북 관계는 경직된 상태에 머물렀다.

남한과의 접촉을 통해 제재의 영향력을 감소시키지 못하고 미국 또한 북한에 대해 강경한 자세를 유지하자 북한은 대북제재의 강도를 희석시키고 외화벌이를 통해 재정난을 해소할 대안을 마련하는 데에 노력을 가했다. 우선 2010 년 1 월 20 일 최고 권력기관인 국방위원회 결정으로 '국가개발은행'을 설립하기로 했다고 북한의 조선중앙통신이 보도했다.[57] 이와 더불어 북한은 2009 년 1 월 27 일 라선경제무역지대법을 개정해 북한 영역 밖에 거주하는 조선동포도 라선 지대에서 경제·무역 활동을 할 수 있다는 조문을 추가 하면서 외부투자를 노렸다. 또한 중국과 러시아에게 라진항 사용 권리를 양도하여 외화를 벌고 대북제재조치의 효력을 약화 시키려고 했다. 최근에는 금강산 관광지구내 남측 소유 부동산을 몰수하겠다고 밝히기도 했다. 2010 년 4 월 23 일 북한은 이산가족 면회소와 소방대, 한국관광공사 소유의 문화회관, 온천장, 면세점 등을 몰수 한다고 언급했고 나머지 민간 소유 부동산을 동결하겠다고 밝혔다. 한편 금강산관광과 관련해서는 중국관광업체와 계약을 맺고 단체관광을 재개할 것이라고

---

[56] 문순보. "유엔안보리 결의안 1874 호 현황과 한국의 딜레마". 「정세와 정책」 (세종연구소, 2009), 9 월호 p. 2.

[57] 이영종, 「북 국방위, 외자유치 직접 나선다 」, 『중앙일보』 2010.1.21.

남북교류와　　　　　관련해　　　　　북한당국을　　　　대표하는
조선아시아태평양평화위원회가 말했다.[58]

　　그러나 이러한 조치들에도 불구하고 북한의 외화유치는 어려울
것이다. 특히 국가개발은행을 통한 투자유치는 안보리 결의안
1874 호 아래 이루어지고 있는 금융제재로 인해 거의 불가능 할
것으로 보이기 때문이다. 중국의 라진항 사용권에 대해서
전문가들은 중국이 라진항을 관리 사용하기 위한 수준에서만
투자하고 그것을 넘어서는 투자는 하지 않을 것이라고 하면서
자세한 해석을 경계하는 편이다.[59] 결국 북한은 국제사회의 제재의
틀에서 벗어나지 못할 것이고 북한의 경제난은 더욱더 심화될
전망이다.

　　북한과 관련해 통계를 통해서도 대북제재결의 1874 호가
북한의 경제적 상황을 악화 시켰다는 것을 알 수 있다.
한국개발연구원(KDI)은 '북한경제리뷰'에서 2009 년 북한의
대외무역이 1998 년 이후 11 년만에 감소했고 그 폭도 5%
이상이라는 분석을 내에 놓았다. 중국과 남한과의 무역규모는 물론
유럽연합과의 무역규모도 전년보다 줄어 북한의 대외무역 감소가
확실시 되었다. 남북교역의 겨우 반입이 0.2% 증가한
9 억 3 천 425 만 달러였지만 반출은 7 억 4 천 483 만 달러로 16.1%
감소해 2008 년 대비 8.4% 줄었다. 유럽연합과의 교역 또한
하락세를 보였는데 2008 년 1 억 1 천만 유로였던 유럽연합의
대북수입은 5 천 700 만 유로로 절반 수준으로 줄었고 대북 수출
역시 9 천 500 만 유로에서 8 천 300 만 유로로 13% 감소했다.
그러나 가장 주목해야 할 것은 북한의 대외무역에서 가장 큰 비중을
차지하는 중국과의 교역규모가 26 억 8 천 77 만 달러로 전년보다
4% 감소했다는 것이다.[60] 앞서 전문가들이 주장한 내용과 이를
연결해 보면 우선 중국과 북한의 관계가 변했다고 추측 할 수 있다.
이는 국제사회에서 중국의 위상이 향상됨에 따라 중국이 국제사회의
분위기에 따르게 되었고 이를 북한과의 관계보다 우선시하고 있다는
것으로 볼 수도 있다. 또한 조선국제법률사무소의 마이클 해이
대표가 언급했던 바와 같이 1874 호가 직접적으로 북한의 무역에
거래를 미치지 않았을 수도 있지만 충분히 기업들에게 불안감을
주었을 수 있을 것이다.

---

[58] 이고은, 「유인촌 "중국인 금강산관광 자제를"」, 『경향신문』 2010.5.19.

[59] 차대운, 「"中, 北에 대규모 원조 안 할 것"」, 『연합뉴스』 2010.3.31.

[60] 류지복, 「KDI "작년 북한 대외무역 11 년만에 감소"」, 『연합뉴스』 2010.3.10.

안보리 결의안 1874 호 하에 이루어진 북한 무기에 대한 수출입 차단 또한 북한에게 타격을 주었다고 평가한다. 특히 북한이 남한과의 교류가 거의 끊긴 상태에서 고질적 경제난을 겪고 있음을 감안하면 무기 수출로 연간 얻는 외화는 북한에게 매우 중대하다. 전문가들의 추산에 따르면 북한은 약 2 천만 달러에서 6000 만 달러의 무기를 수출한다.[61] 그러나 1874 호의 출범 이후 화물검색으로 인해 북한의 무기 수출입은 어려워졌고 수출입 시도는 무기의 압류로 이어졌다. 태국당국이 2009 년 12 월 압류한 북한 무기만 해도 1800 만 달러로 추정됐다. 이와 더불어 북한으로부터 무기를 수입해 왔던 국가들이 북한과의 거래를 단절하고 있다는 사실은 북한의 외화유치 노력에 치명적인 결정타를 안겨 주었다고 볼 수 있다.

물론 국제사회가 단행하고 있는 대북제재를 통해 북한의 모든 부정 행위들을 단속하기는 어렵다. 북한은 외화벌이를 위해 지난 수십 년간 불법행위들을 범해 왔고 이를 위해 막대한 네트워크를 형성해 왔을 것이다. 그러나 현재까지 러시아와 중국을 포함한 국제사회가 대북제재를 충실히 이행해 왔고 이로 인해 북한이 압박감을 느꼈다는 것이 분명하다는 점에서 대북제재결의 1874 호에 대해 높이 평가한다. 북한의 행동 패턴 그리고 경제적 통계 또한 결의안의 효과적 결과를 뒷받침해주고 있고 전반적으로 결의안 1874 호 하에 대북제재는 순조롭게 진행되고 있는 것이다.

IV. 결론 및 향후 전개과정 전망

현재 북한은 대북제재 해지를 6 자회담 복귀 조건으로 내세우고 있다. 그러나 국제사회의 대북제재를 주도하고 있는 미국은 북한의 핵프로그램 포기의지 그리고 협상에 적극적으로 응할 태도를 보여주기 전에는 제재를 해지할 수 없다는 입장을 내세우고 있다. 2010 년 2 월 미국 동아태 차관보 커트 켐벨은 제재 해제에 대해 논의하기는 아직 이르고 북한이 6 자회담에 돌아와야 가능할 것이라고 언급하기도 했다.[62] 특히 현재 국제사회의 정치적 추세를 고려해 보고 현황을 살펴보면 앞으로 대북제재가 강화될 것이라는 것을 추측할 수 있다.

---

[61] Dick Nanto, "North Korea: Economic Leverage and Policy Analysis" Congressional Research Services, (August 2009) p. 44-45.

[62] 이영섭,「커트 켐벨 미 국무부 차관보 "北 6 자복귀前 평화체제 협상 없다"」,『한국일보』2010.2.4.

　　우선 미국과 러시아를 비롯한 국제사회가 현재 비핵화를 강조하고 있다는 점을 볼 때 대북제재가 해지되는 상황은 북·미간 협상이 이루어지지 않는 한 없을 것이라고 본다. 미국의 오바마 정부는 출범 이후 국제사회의 비핵화를 목표로 삼고 이를 위해 노력해왔다. 2009 년 4 월 오바마 대통령은 체코의 수도 프라하(Prague)에서 가진 연설에서 핵무기 없는 세계의 실현을 위해 미국이 앞장설 것을 약속했다. 또한, 당시 2010 년까지 국제적인 핵안전보장 회의를 개최하고 싶다는 의향을 나타내기도 했다. 2009 년 6 월 북한이 2 차 핵실험을 강행한 후 오바마 정부는 대북제재결의 1874 호의 체결을 위해 국제사회를 설득하는 데에 앞장섰고 체결 후 국제사회의 대북제재 이행을 주도했다.

　　2010 년에 들어 미국의 핵무기 없는 세계의 실현을 위한 노력은 계속 되었다. 우선 4 월 6 일 오바마 정부는 핵태세검토보고서(Nuclear Posture Review)를 발표했다. 2002 년 부시행정부 이후 8 년 만에 발표된 보고서에서는 미국이 여전히 핵억제력을 중시하고는 있으며 핵무기 의존도감소, 비확산 의무준수 국가에 대한 핵무기 비사용 원칙 등은 전보다 그 중요성이 강조되었음을 알 수 있다. 또한 이를 통해 미국은 비확산 및 핵테러리즘 차단 의지가 강화되었다는 것을 보여 주었다.[63] 전반적으로 미국은 NPR 을 통해 핵확산 그리고 핵테러의 방지가 미국 핵전략의 최우선 목표라고 강조했다. 같은 달 12 일 오바마는 프라하에서 내보인 의향을 현실화시켰다. 4 월 12~13 일, 워싱턴에서 사상최초의 핵안보정상회의(Nuclear Security Summit)를 개최한 것이다. 참석한 46 개국 정상들과 함께 오바마 대통령은 핵물질 안전관리 및 핵테러리즘 예방의 중요성에 관해 인식을 같이하였고 전략 회담을 통해 국가의 핵시설 보호와 핵확산 방지를 위한 조치들을 취할 것에 대해 합의를 이루기도 했다.

　　미국과 함께 핵 강대국으로 꼽히는 러시아 또한 국제사회의 비핵화를 위해 노력하는 모습을 보였다. 오바마 대통령이 1 년 전 '핵 없는 세계'의 비전을 제시하였던 체코의 프라하에서 러시아의 메드베데프 대통령은 미 오바마 대통령과 신전략무기감축조약(New START)을 체결하였다. 이 조약을 통해 양국은 배치된 미사일, 잠수함, 중폭격기 등 전략무기운반수단을 800 기로(50% 감축),

---

[63] 정은숙. "제 1 차 핵안보정상회의: 배경, 성과, 시사점". 「정세와 정책」 (세종연구소, 2010), 5 월호 p. 13-14.

그리고   배치된   전략무기운반수단에   장착된   핵탄두를 1,550 개로(30% 감축) 제한하기로 약속하였다.[64]

결국 위와 같이 국제사회가 비핵화를 추진하고 있는 가운데 북한이 핵프로그램을 포기할 의사를 보이지 않으면 결의안 1874 호 하에 이루어지는 대북제재는 계속 단행될 것이고 또한 국제사회는 제재를 강화해 북한을 더욱더 압박할 수도 있다. 현재 한반도의 상황을 관찰해 보아도 대북제재 강화는 불가피하다. 2010 년 3 월 26 일 백령도 근처 해상에서 대한민국 해군의 초계함인 천안함이 침몰했다. 사건 발생 이후 천안함 침몰에 대한 수많은 가설들이 나왔고 북한이 사건의 배후에 있다는 주장 또한 등장했다. 그리고 2010 년 5 월 20 일 대한민국 정부는 한국을 포함한 5 개국 70 여명의 전문가로 구성된 합동조사단의 조사결과를 발표하면서 천안함이 북한의 어뢰공격으로 침몰한 것이라고 밝혔다.[65]

북한의 공격임이 밝혀진 이후 이명박 정부는 북한을 강력하게 규탄했고 미국 그리고 일본 또한 남한 정부의 입장을 지지한다고 밝혔다. 우선 5 월 24 일 '천안함 사태 관련 대국민 담화' 발표에서 이명박 대통령은 천안함 사건을 북한의 군사도발이라고 공식 규정했다. 이어 이대통령은 사건과 관련해 북한이 자신의 행위에 상응하는 대가를 치르게 될 것이라고 하며 북한에 책임을 묻기 위해 단호하게 대처할 것이라고 천명했다.[66] 힐러리 클린턴 미국 국무장관은 천안함 사태에 대한 대북 대응 및 제재와 관련해 한국 정부가 취하는 조치들을 전적으로 지지한다고 밝히기도 했다. 또한 기자회견을 통해 클린턴 장관은 미국이 북한과 북한지도자들의 책임을 묻기 위해 추가적인 대응조치들과 권한을 검토할 것이라고 밝혔고 이는 금융제재 등 북한 정권에 직접적인 타격을 줄 수 있는 조치를 강구하겠다는 뜻을 피력한 것이다.[67]

전반적으로 한·미 양측은 천안함 사건과 관련해 1874 호 이행을 강화해 북한의 행동에 대응할 것으로 보인다. 현재 이명박 정부는 시행 중인 유엔 안보리의 대북 제재결의 1874 호의 이행을 강화하는 방안을 적극 검토 중인 것으로 알려져 있고 이를 위해 6 월 초 유엔

---

[64] 홍현익, "오바마 행정부의 핵 안보질서 강화 행보와 북핵문제: 미·러 신전략무기감축조약과 핵태세보고서의영향", 「코리아연구원 현안진단」, 제 162 호 (서울: 코리아연구원, 2010) p. 3-4.

[65] 「합조단 "천안함, 북 어뢰 포발로 침몰」, 『연합뉴스』 2010.05.20.

[66] 박정현, 「이명박 대통령 대국민담화 "천안함 사건은 북한의 군사도발" 규정」, 『중앙일보』 2010.5.24.

[67] 「클린턴 방한과 한미 `천안함' 대북 공조」, 『연합뉴스』 2010.05.26.

안보리 의장에게 서한을 보내 북한에 대해 강력한 책임을 묻고 1874 호 이행을 강화하는 내용의 대북 규탄결의를 추진할 것으로 전해지고 있다.[68] 이와 동시에 한·미 양측은 천안함 사건의 유엔 안보리 회부와 관련해 중국의 회의적 입장을 전환시키려고 노력하고 있다. 힐러리 클린턴 미국 국무장관은 5 월 26 중국을 방문해 중국 지도자들과 회의를 가졌고 천안함 사건에 대해 논의했다고 밝혔다. 중국의 추후 태도에 대해 일각의 전문가들은 중국이 천안함 사건과 관련해 북한을 옹호한다면 이는 국제사회가 기대하는 모습과는 정반대의 길을 걷는 무책임한 행동이 될 것이라고 주장하고 있다. 이와 관련해 앞서 언급한 중국의 북한에 대한 태도 변화 그리고 중국의 국제적 위상 고조를 위한 노력을 고려하면 중국은 북한을 옹호하지 않을 것으로 보인다. 최근 5 월 김정일의 방중 기간에 중국 원자바오(溫家寶) 총리가 유엔 안전보장이사회의 대북 제재를 넘는 대북 원조 불가 입장을 김 위원장에게 전달했던 것은 중국의 변하는 태도를 명확히 보여준다.[69] 즉 한·미 정부가 천안함 사건에 대해 중국에게 압박을 가한다면 중국 또한 대북제재 강화를 지지할 수 있을 것이다.

국제사회의 대북제재가 강화된다면 과연 북한은 어떻게 행동할까? 제재로 인해 악화되고 있는 북한의 경제난을 고려하면 북한이 협상국면으로 돌아올 가능성이 높다. 제재를 회피하려고 시도한 대안들이 성과를 거두지 못하고 있는 현실 그리고 방중을 통해 큰 성과를 얻지 못했다는 사실은 북의 태도를 충분히 전환시킬 수 있다고 본다. 물론 북한이 돌발적인 행동을 가할 수도 있다. 궁지에 몰렸을 때 도발적인 행동을 해 온 북한이기 때문에 이러한 가능성을 결코 배제할 수는 없다. 그러나 이러한 행동은 북한을 더욱더 고립시킬 것이고 내부 상황을 더 악화시킬 것이다. 결국 국제사회가 단행하고 있는 대북제재의 추후 방향은 북한의 행동에 달렸다. 북한의 이후 행동에 대비해 국제사회는 철저히 준비를 해야 할 것이다.

참고문헌

「경제제재의 의의와 효과」, 『국방일보』 2010.2.8.

고기정, 「北 컨테이너 4 개 압수」, 『동아일보』 2009.10.05.

김근삼, 「안보리 대북결의 1718 호 이행실적 미미」, 미국의 소리』 2009.4.3.

---

[68] 노효동, 「정부, 대북제재 1874 호 이행강화 추진」, 『연합뉴스』 2010.5.21.

[69] 장세정, 「원자바오 '김정일 파격지원 요청' 거부」, 『중앙일보』 2010.5.17.

김은영, 「안보리 대북 결의안」, 『북한경제리뷰』 한국개발연구원 2009.7.

김진국, 「미, 13개월간 북한산 수입 허가 '0'」, 『자유아시아방송』 2009.8.9.

김진국, 「유럽회사들, 대북투자 축소·중단 속출」, 『자유아시아방송』 2010.1.22.

김현재, 「北 무기 UAE 압류, 유엔결의 첫 이행」, 『연합뉴스』 2009.8.29.

남현호, 「러, 유엔 대북 제재 1874호 이행 착수」, 『연합뉴스』 2010.3.30.

노효동, 「정부, 대북제재 1874호 이행강화 추진」, 『연합뉴스』 2010.5.21.

류지복, 「KDI "작년 북한 대외무역 11년만에 감소"」, 『연합뉴스』 2010.3.10.

문순보, 「유엔안보리 결의안 1874호 현황과 한국의 딜레마」, 『정세와 정책』 세종연구소 2009.9.

「美, 대북압박 막판 드라이브 '관측'」, 『연합뉴스』 2009.11.05.

박정현, 「이명박 대통령 대국민담화 "천안함 사건은 북한의 군사도발" 규정」, 『중앙일보』 2010.5.24.

성채기. 「국제적 대북제재의 현황과 군사·경제적 영향분석 및 전망」, 『국방정책연구』 제25권 제4호. 한국국방연구원 2009.12.

신석호, 「北컨테이너 행선지는 시리아」, 『동아일보』 2009.10.07.

양문수, 「미국의 대북 경제제재 해제과정과 해제의 경제적 효과". 『북한연구학회보』 제12권 제2호. 북한연구학회 2008.

양운철, 「UN의 대북 경제제재 효과」, 『정세와 정책』 세종연구소 2009.7.

양정아, 「"대북제재 고통에 北군대 불만 폭발로 쿠데타 가능성"」, 『데일리NK』 2009.9.24.

양정아, 「EU, 장성택 등 제재 조치…"급변사태 염두"」, 『데일리NK』 2010.1.10.

유호열, 「대북제재 효과는?」, 『통일연구』 평화문제연구소 2009.11.

이고은, 「유인촌 "중국인 금강산관광 자제를"」, 『경향신문』 2010.5.19.

이연철, 「전문가들, '유엔 안보리 대북제재, 북한 회피 효과 낼듯'」, 『미국의 소리』 2009.7.20.

이영섭,「커트 캠벨 미 국무부 차관보 "北 6 자복귀前 평화체제 협상
　　　없다"」,『한국일보』 2010.2.4.
이영종,「강남호 19 일간 떠돌다 북한 남포항으로
　　　귀항」,『중앙일보』 2009.7.07.
이영종,「북국방위,외자유치 직접 나선다」,『중앙일보』 2010.1.21.
이인묵,「태국 압류 북한제 무기 '화물 세탁' 수법
　　　드러나」,『조선일보』 2010.1.27.
이정철,「북한의 정책 변화와 남북관계를 보는 5 가지
　　　논점」,『코리아연구원 현안진단』, 제 153 호. 코리아연구원
　　　2009.
이주영,「유엔 안보리 결의안 1874 호 이후 미국의
　　　대북제재」,『북한경제리뷰』 한국개발연구원 2009.7.
「인도 해군, 불법정박 北 선박 억류」,『연합뉴스』 2009.10.04.
정형곤, 방호경,「국제사회의 대북 경제제재 효과
　　　분석」,『동북아연구시리즈』 대외경제정책연구원 2009.
장세정,「원자바오 '김정일 파격지원 요청'
　　　거부」,『중앙일보』 2010.5.17.
조현구,「대테러·WMD 비확산을 위한 UN 금융제재: 연혁, 효과 및
　　　국제정치적 쟁점」,『평화연구』, 제 17 권 제 2 호, 평화연구소
　　　2009.
정은숙,「제 1 차 핵안보정상회의: 배경, 성과, 시사점」,『정세와
　　　정책』 세종연구소 2010.5.
차대운,「"中, 北에 대규모 원조 안 할 것"」,『연합뉴스』 2010.3.31.
최원기,「'유엔 제재로 북한 무기 수출 90% 감소'」,『미국의
　　　소리』 2010.1.22.
최원기,「전문가, '유엔 대북 제재 효과 제한적'」,『미국의
　　　소리』 2009.7.29.
최재선, 김민수,「유엔 결의(1718 호)에 따른 북한 선박 및 화물
　　　검색은 가능한가」,『KMI 해양수산
　　　현안분석』 한국해양수산개발원 2006.
허형석,「안보리 대북 제재의 영향
　　　Q/A」,『자유아시아방송』 2009.11.18.
홍덕화,「스트로브 "보즈워스 방북 성과 난망"」,『연합뉴스』
　　　2009.11.16.
홍순직,「UN 안보리의 대북제재 영향과 대응
　　　방향」,『통일경제』 현대경제연구원 2009.

홍현익, 「오바마 행정부의 핵 안보질서 강화 행보와 북핵문제: 미·러 신전략무기감축조약과 핵태세보고서의영향」, 『코리아연구원 현안진단』, 제 162 호 코리아연구원 2010.

Dick Nanto, "North Korea: Economic Leverage and Policy Analysis" Congressional Research Services, (August 2009)

Dick Nanto, "North Korea's Second Nuclear Test: Implications of U.N. Security Council Resolution 1874" Congressional Research Services (March 2010)

International Crisis Group "North Korea Under Tightening Sanctions" (March 2010)

James Mazol, "North Korea on the Brink" Marshall Institute Policy Outlook (June 2009)

Larry Niksch, "North Korea: Terrorism List Removal" Congressional Research Services (January 2010)

Louis Charbonneu, "Thailand: Seized N.Korea arms were bound for Iran." Reuters 30 January 2010.

Marcus Noland, "The (Non-) Impact of UN Sanctions on North Korea," Asia Policy, no. 7 (January 2009)

Peter Crail, "UN Adds to North Korea Sanctions List" Arms Control Today (September 2009)

Stephen Haggard and Marcus Noland, "Sanctioning North Korea: The Political Economy of Denuclearization and Proliferation" Working Paper Series (July 2009)

UN, http://www.un.org/ga/about/background.shtml

UN, http://www.un.org/Docs/unsc_background.html/

UN, http://www.un.org/sc/committees/

UN, "UN Security Council Resolution 1874" 2009.6.12

Victor Cha, "U.S.-Korea Relations: All North Korea, All the Time" Comparative Connections (July 2009)

북한 무기수출에 대한 고찰: 향후 무기수출 방향과 그에 대한 국제사회의 대응책을 중심으로

허선영 (SUSAN HUH)

MA, Korean for Professionals, University of Hawaii at Manoa, 2010
BBA, Marketing, George Washington University, 2003

A STUDY ON NORTH KOREAN ARMS TRANSFERS: NORTH KOREA'S FUTURE DIRECTION AND THE INTERNATIONAL SOCIETY'S RESPONSE

North Korea has been active in arms transfers since the 1960's. The country has used its arms trade as a means of economic gain as well as diplomacy with third world countries, and the trade has been lucrative for some time now. However, as the situation within North Korea has worsened and the international society stepped up its pressure on North Korea with regard to nuclear development and proliferation, North Korea has been placed in a situation where they need to reconsider the direction of their arms trade. Particularly in light of the increased economic turmoil both within North Korea and globally, as well as the increased focus on disarming and peace displayed by leading countries, such as the U.S.; North Korea must make a decision on how to proceed with their arms trade.

In this paper, two possible future directions are presented. First, North Korea, in spite of international sanctions and other obstacles, will continue to illegally export arms. Second, North Korea will attempt to cooperate with the international society in order to ease sanctions and regain their right to export arms. Due to the likelihood that North Korea may not fulfill any promises made while seeking to cooperate with the international society, and because North Korea is not in a position where they can give up on the arms industry, it is decided that North Korea will likely choose the first direction. Therefore, in order to block North Korean arms transfers, the international society can choose to focus their efforts on pressuring the origin (North Korea), the end users (various importers), or the intermediaries (China and other entities). While each method has its limitations, the international society will likely have the most success in pressuring the intermediaries. This is because the international society can negotiate with intermediaries by leveraging their vested interests in global security, but the international society is restricted in what they can offer North Korea or the countries that are importing weapons from North Korea.

KLFC MA Scholarly Papers 2.
Edited by Dong-Kwan Kong

However small the gain may be, the international society must continue to seek out an effective way to restrict North Korean arms transfers.

1. 서론

북한은 동북아시아는 물론 세계적으로도 위협적인 존재로 간주되고 있다. 그러나 북한 문제는 주로 북한 대량살상무기(WMD) 보유와 관련하여 논의되고 있고, 그외의 다른 문제들은 핵 WMD 보유문제에 가려 별다른 주목을 받지 못하고 있다. 특히 핵 개발과 연계성이 많은 북한의 무기수출 체계는 상대적으로 덜 주목 받는 이슈 중 하나이다. 현재 실질적으로 직접적 피해를 발생시키고 있고, 앞으로 계속 피해를 만들 것으로 예상되는 북한의 무기수출 체계를 검토하는 것은 북한 문제를 다양하게 이해하는데 좋은 방법이다. 이 문제에 더 많은 관심을 갖아야 하는 이유는 다음과 같다. 첫째, 북한의 무기수출 대상이 주로 제3세계 불량 국가와 분쟁지역에 활동하는 단체들이라는 점이다. 이런 국가들은 북한에 경화나 석유를 제공할 수 있는 국가들이고 북한은 그러한 조건 하에 무차별 수출을 하고 있다. 둘째, 북한의 무기수출은 북한 체제 유지 또는 핵 프로그램에 경제적으로 상당한 기여를 하고 있다. 유엔 안보리 결의로 인한 제재는 핵 프로그램을 촉진시키는 모든 활동을 막으려는 목표로 가한 것이다. 셋째, 북한의 무기수출 체계를 통한 미사일과 미사일 개발 기술의 확산 가능성이 높다는 점이다.[1]

북한에게 무기 개발 및 수출은 경화, 석유, 그리고 무기 기술을 획득할 수 있는 주요 수단이었고 북한의 군사 중심 체제와 상호보완되는 산업이었다. 1980년대 당시, 북한은 무기 개발과 관련된 기술 수준은 낮은 편이었지만, 품질은 믿을 만한 무기 수출국으로 등장 했다. 그러나 1990년대 북한은 경제난과 무기 시장 경쟁 심화 등으로 인해 어려움을 경험했고, 2000년대에는 국제 사회의 상당한 감시와 압박을 받기 시작했기 때문에 무기 수출 산업에 어려움을 겪었다. 현재도 수출 기회는 여전히 존재하지만 북한이 그 기회를 잘 이용하기 위해서는 두 가지 중 하나의 방향을 선택해야 한다. 첫째는 북한이 손해를 감수하고서라도 지속적으로 무기를 수출하는 것이고, 둘째는 국제사회와의 대화와 협상을 통해 합법적인 무기수출의 권리를 되찾는 것이다.

---

[1] Ramstad, Evan. "Korean Launch Could Spur Arms Sales." *Wall Street Journal*. March 31, 2009. -- 미군 관리들과 전문가들은 북한 미사일 개발은 북한이 사용할 가능성보다는 이란과 같은 국가에 판매할 가능성이 높기 때문에 위험한 것이라고 보고 있다. 성공적인 발사는 30 년의 투자와 노력을 정당화시킬 수 있으며 북한의 주요 수입원인 무기수출 산업 신장에 도움이 될 수 있다.

본 논문에서는 북한의 무기수출에서 앞으로 나타날 수 있는 변화에 대해서 알아보기 위해 먼저 북한 무기수출의 배경, 즉 수출 역사 및 수출 체계의 특성을 살펴보고자 한다. 북한 무기수출의 역사를 정리하고 이를 바탕으로 미래에 북한이 어떤 방향을 취할 것인가를 예측, 그에 대한 국제사회의 대응책을 모색하는데 기여하고자 한다.

북한의 무기수출에 대한 선행연구는 그다지 풍부하지 않다. 북한의 수출용 무기 개발에 대한 연구는 전체적인 군사력 연구 중 일부분에 불과한 경우가 많고, 북한의 무기 개발과 관련된 전문가들의 언급은 핵 문제에 편중되어 있다. 북한 무기수출에 대한 연구의 부재는 정보와 자료 부족에 의한 현상이며, 이것은 북한의 특수한 폐쇄성에 기인한 특징이기도 하다. 또 한국이나 미국 등이 수집한 정보는 대부분 정부 기밀자료로 분류되어있기 때문에 선행연구나 본 연구 모두에 제한이 있을 수 밖에 없다. 그러나 신문, 여러 국가의 정부 기관 보고서 등 공개된 문서를 종합적으로 살펴보는 것을 통해서도 북한 무기수출에 대해 상당 수준의 연구가 가능하다.[2]

북한은 무기 개발로 인해 북한 자체가 더 큰 위협이 될 뿐만 아니라, 다른 불량 국가나 단체에 이미 무기를 공급하고 있고, 앞으로도 무기 시장이 북한에게 유리한 방향으로 확대될 수 있다고 판단된다. 따라서 이러한 북한의 행동을 억제하지 않고 좌시해서는 안 된다. 작은 진전을 이루기 위해서라도 북한의 무기 개발 및 수출 산업을 알아보고 이해하려는 노력이 필요하다.

그러므로 본 연구에서는 앞에서 언급한 것처럼 먼저 북한의 무기 수출 및 체계 특성을 정리하여 북한의 수출용 무기와 관련된 배경을 살펴본 이후 북한의 무기 수출 현황, 즉 현재 무기 수출 기회와 그 기회를 제약하는 국제 사회의 압력을 설명하고자 한다. 마지막으로 북한이 이러한 상황에 어떻게 적응할 것인가에 대해서 두 가지의 가능한 방향을 제시하고 그 선택에 대비하기 위한 국제사회의 대응책을 제시하고자 한다.

I. 시기별 북한 무기수출의 특성

북한의 무기수출은 1960년대에 시작되어 현재까지 꾸준히 이어져 비교적 긴 역사를 갖고 있다. 선군정치를 중시하는 북한 체제에서 비롯된 군수 산업은 국방력 강화와 군비 증강과 같은 내부적 필요로 인해 발달하였지만, 수출을 위해서도 특별히 육성한

---

[2] 본 연구에서 살펴본 자료들은 한국 신문인 동아일보와 중앙일보, 미국 의회연구서비스 (CRS) 보고서, 뉴욕타임스, 블룸버그 등 이었다.

산업이었다. 본 연구에서 사용하고 있는 '무기수출'(arms trans-
fers)은 무기 판매, 무기 교류 및 무기 지원을 모두 의미하고 있다.
특별히 판매나 교류 또는 지원에 대해 언급할 때는 해당 용어를
사용하고, 모든 다른 경우에는 '무기수출'이라는 포괄적인 용어를
사용하도록 하겠다.

북한의 무기수출의 배경에 대해서 5개의 시기로 나누어
살펴보고, 각 시기에서 나타나는 무기수출 목표, 대상, 그리고 시장
상황을 검토하여 전모를 살펴보고자 한다. 먼저 1980년대 이전
북한의 초기 무기수출에 대해서 알아보고, 1980-1993년의 수출이
본격화된 시기, 1994-2002년의 내외적 혼란 시기, 불량국가로
규정된 2003-2007년, 그리고 마지막으로 2008년에서 현재까지
일어나고 있는 변화에 대해서 정리하고자 한다.

A. 1980년대 이전

1980년대 이전 북한의 무기수출 목표는 이데올로기에 기반을
두고 있었다. 즉, 북한은 무기수출을 통하여 반미, 반제국주의,
친공산주의 이데올로기를 추구하고 있었다. 북한은 1960년대
중반부터 무기수출에 나서게 되었고, 1970년대 초반부터 대부분의
무기수출은 군사 지원 프로그램들을 통해서 제공된 것이었다.
북한은 이데올로기를 중요시하며 앙골라, 부르키나 파소, 페루,
베네수엘라 등의 아프리카, 남아메리카, 중아메리카 대륙 국가에서
활발하게 활동했던 수많은 반정부 게릴라 단체들에게 무기를
제공했다.[3] 1971년 스리랑카가 북한의 인민해방전선(People's Lib-
eration Front) 지원을 이유로 북한의 외교사절단을 추방시켰던
것과 1976년 태국 공산당에 군사 훈련 형태의 지원을 제공한 것,
그리고 1979년 이슬람 혁명 당시 북한이 친미 통치자인 모하메드
레자 팔레비 국왕을 타도하는 과정에서 이란을 지원했던 것도
북한의 무기수출 시작 시기의 전형적인 사례로 꼽을 수 있다. 이러한
지원으로 인해 북한은 많은 군사적인 대외 관계를 맺게 되었다.
따라서 당시 무기수출은 경제적인 도구보다는 외교적인 도구였다고
할 수 있다.

물론 무기수출을 통한 경제적인 이익도 있었지만 당시 북한
경제는 현재보다 더 나은 상황이었기 때문에 군사적 지원 및 무기

---

[3] Federal Research Division of the Library of Congress. Country Studies Se-
ries. North Korea. "Foreign Military Relations: Relations with the Third
World." June 1993.

판매 대상국 결정시 이데올로기 측면을 강조하여 무기수출 산업을 육성할 수 있었다. 중국과 소련이 공산주이 세력 확장을 위해 북한으로 무기를 수출했던 것처럼, 북한도 반자본주의 세력을 강화시키고 촉진시키기 위해 아프리카와 중남미 대상으로 무기를 수출했다.

A. 1980년 - 1993년

1980년대에 접어들면서 북한은 본격적으로 저렴한 재래식 무기 수출국으로 부상했고, 세계적으로 확대되었던 무기시장의 기회를 이용했다. 전세계 무기 수출액은 1960년대에는 약 200억 달러에 불과했지만 1980년대에 이르러 절정에 달했다. 북한의 1981-1989년 무기 수출액은 40억 달러로 추정되고 있고, 1982년 북한의 전체 수출 가운데 무기수출은 37%에 육박했다.[4] 이 때 북한은 수출을 통해서 경화 (hard currency)를 얻을 수 있었으며, 무기수출에 있어 이데올로기가 여전히 중요했지만 경제적인 측면이 더 중요하게 간주되기 시작했다. 한편 이 시기의 북한은 소형화기와 탄약을 아프리카, 중앙아메리카 등에 활동하고 있었던 혁명 단체에게 북한 군사 원조 프로그램을 통해서 수출하고 있었지만, 다른 한편으로 무기수출은 북한경제에 상당한 기여를 하여 주요 산업으로 확립됐다.

북한의 무기수출 활성화에 기여했던 다른 요인들은 다음과 같다. 첫째, 분쟁으로 인한 무기 시장 수요의 증가였다. 1980년대 여러 분쟁지역에서 충돌이 발생했는데, 북한은 양국가 및 단체에 무기를 수출하여 많은 이득을 봤다. 특히 북한은 1980-1988년 사이에 벌어졌던 이란-이라크 전쟁을 계기로 반잠수함, 기뢰, 미사일 등을 수출한 것이 그 예이다.[5] 둘째, 북한 무기들이 가격에 있어서 다른 나라에 비해 경쟁력이 강했다는 점이다. 북한의 저렴하고 신뢰성이 있는 무기가 실제로 진행되는 전투에서 효율성이 높다는 점도 있었지만 북한은 상대적으로 가격경쟁력을 갖추어 수출 경쟁에서 승리할 수 있었다. 예를 들어 북한의 라이플총 값은 시장 가격보다 75%-80% 저렴했기 때문에 1986년 4월 페루 정부와 상당한 규모의 거래를 체결했다.[6] 셋째, 북한이 소련 스커드 미사일의

[4] Ibid.

[5] Katzman, Kenneth. "Iran: Arms and Technology Acquisitions." CRS. January 26, 2001. CRS-18

[6] Federation of American Scientists. Defense Intelligence Agency's North Korea: The Foundation for Military Strength. "Chapter 3A. Foreign Policy Goals. Military Assistance." October 1991.

역설계(reverse-engineering)에 성공함으로써 탄도미사일 수출국이 됐다는 것이다.[7] 북한은 미사일 기술을 획득하면서 새로운 수출품을 추가하게 됐고, 무기 수출국으로서 많은 주목을 받기 시작했다. 이 후 북한은 이란으로 약 100개의 스커드-B 탄도 미사일을 수출했고 이라크, 리비야, 시리아, 이집트로도 수출했다고 추정된다.[8] 1980년대 이전의 이데올로기 중심에 경제적인 요인이 추가되어 북한에게 무기수출은 더 중요하고 필수적인 산업이 됐다.

B. 1994년 - 2002년

1990년대 이전 북한은 자신들에게 유리한 무기시장 여건을 누리다가, 1990년대 이래로 어려움을 겪기 시작했다. 그 어려움들을 살펴보면 다음과 같다. 첫째, 소련의 붕괴로 인해 북한의 주된 후원자가 사라졌다. 북한은 탈냉전기를 맞이하면서 소련의 다양한 지원, 특히 군사적 교류 및 수출이 중단되어 큰 타격을 받았다. 둘째, 무기 수출국의 수가 증가하면서 경쟁이 심해졌다. 냉전이 종식된 이후 유럽에서 평화무드가 정착되면서 무기 시장은 무기 과잉으로 인해 구매자 시장 (buyer's market)이 됐다. 더 이상 전쟁 상황에 처해있지 않은 국가들의 국방예산이 감소되면서 무기 시장에 있어서 내수 부문이 침체됐다. 그래서 과거에 활발했던 무기 산업들이 공급 과잉에 의한 위기 속에서 살아남기 위해 수요를 창출해야만 했다. 즉, 이러한 국가들은 국내 수요 감소에 따라 생존을 위해 수출을 증가시켜야 했으며 수출국이 더 많아짐에 따라 구매자에게 유리한 시장이 됐다.[9] 셋째, 북한은 소련 붕괴로 비롯된 경기 침체가 경제 위기로 악화되는 것을 경험했다. 북한은 90년대 중반 연속된 자연 재해에 의해 '고난의 행군'을 겪었고, 이로 말미암은 경제난은 북한 정부가 통제할 수 있는 수준을 넘어선 상태였다. 특히 마지막 원인으로 인해 북한은 무기수출이 제공하는 경제적인 이익에 더욱 의존하게 됐고, 북한은 새로운 무기 수요 창출을 위해 더욱 적극적인 노력이 필요했던 시기였다. 이는 북한 생존 여부와 관련있는 문제였으며 북한은 식량 및 경제 지원을 받기 위해 대외적 태도에 있어 완화와 강경 사이를 오갔으며 동시에 비밀리에 미사일 및 핵

---

[7] Squassoni, Sharon A. "Weapons of Mass Destruction: Trade Between North Korea and Pakistan." CRS. October 11, 2006. CRS-4

[8] Katzman, Kenneth. "Iran: Arms and Technology Acquisitions." CRS. January 26, 2001. CRS-18

[9] Husbands, Jo. L. "A Buyer's Market for Arms." The Bulletin of the Atomic Scientists. May 1990. p.15

개발에 주의를 돌렸다. 당시 북한은 국제사회에 핵포기의 가능성에 대한 희망을 주는 동시에 1998년에 시작된 햇볕정책으로 인해 남한과 보다 좋은 관계를 맺기 시작하고 있었던 북한은 실제로 그 때에 미사일 및 핵 개발을 계속 추진해 왔다. 이 시기는 북한이 이중 전략을 성공적으로 실행했던 시기로 평가 된다. 또 북한 무기수출 산업을 발전시키려는 목표도 미사일 및 핵 개발을 진행하는 의도 중 하나였다고 분석할 수 있다.

소련 붕괴로 인해 북한이 무기 수출에 있어 얻은 한 가지 호재는 소련 대신 소련식 무기 및 부품을 제조하고 판매할 수 있는 국가 중 하나였다는 것이었다. 또 유엔에 북한과의 무역을 보고하지 않은 이란에 대해서는 계속 수출을 유지할 수 있었을 뿐 아니라, 오히려 그 양이 증가했다.[10] 1990년대 초반 이란과 북한 간에 스커드-C 미사일 거래와 사정거리가 1000-1300km 인 로동1호 수출 가능성에 대해서도 보고된 바 있다.[11] 이렇게 수요와 수출 대상국이 여전히 존재함에 따라 북한은 강화된 감시하에도 계속 수출할 수 있었고, 오히려 이러한 감시는 기존의 무기수출이 비밀리에 이루어지는 기술교류 중심으로 바뀌는 변화를 초래했다고 볼 수 있다. 이러한 환경 속에서도 북한은 1993-1997년 전세계 무기 공급에서 16위를 차지했다고 보도된 바도 있다.[12]

C. 2003년 - 2007년

이 시기에 발생했던 변화는 다음과 같다. 첫째, 북한은 2003년 제2차 핵위기로 인해 부시 행정부에 의해 "악의 축" 국가로 지정되었고 북한, 이란, 이라크는 대외 관계에 타격을 받았다. 북한이 국제사회로부터 더 엄격한 감시를 받게 됨에 따라, 북한의 전통적인 수출 대상국은 북한을 기피하는 경향을 보이기 시작했고 파키스탄, 예멘, 이집트, 아랍에미리트 연합, 리비야 등은 당분간 북한 무기 구매를 중단했다.[13] 둘째, 2006년 제1차 핵 실험으로 인한

---

[10] Haggard, Stephan and Marcus Noland. "North Korea's External Economic Relations." Peterson Institute for International Economics. Working Paper Series. August 2007. p. 5

[11] Katzman, Kenneth. "Iran: Arms and Technology Acquisitions." CRS. January 26, 2001. CRS-18

[12] '북한, 전세계 재래식 무기공급국 16 위 차지'. 세계일보. 1999.03.22.

[13] Haggard, Stephan and Marcus Noland. "North Korea's External Economic Relations" Peterson Institute for International Economics. Working Paper Series. August 2007. P. 5

유엔 결의 1718호에 의거한 제재는 북한의 무기수출을 금지시켰으며, 이로 인해 북한의 무기수출은 더욱 어려워졌다. 결의 1718호는 일부의 무기 및 사치품의 수입과 수출이 금지하여 북한의 핵프로그램 또는 북한 체제에 타격을 주려는 목적을 지니고 있었다.

당시 국제사회는 북한이 핵보유국이 되지 않기를 바라고 있었으며 무기수출 보다 핵 자체에 대해 관심이 집중되었다. 또 북한의 무기수출에 대한 제재는 제대로 집행되지 않고 단순한 경고에 그쳤다. 2003년 미국이 확산방지구상(PSI)을 추진하며 해상 불법행동에 대한 감시를 강화함에 따라 북한의 무기 수출액은 점차 줄어들었다.[14] 그러나 북한의 무기 수출 산업은 이러한 장애물을 극복할 수 있도록 방법을 강구했다. 북한이 무기수출 대상 국가를 확대하거나 첨단 무기 체계(advanced weapons systems)를 판매하는 것은 어려웠지만, 각 수출국과 과거에 맺은 수출 관계를 통해 군사적 무역을 유지할 수 있었다. 군사적 무역은 무기, 탄약, 그리고 군사적 분품의 수출뿐만 아니라 무기 사후관리, 장비 수리, 훈련 등의 서비스도 의미한다. 북한은 수많은 부정적인 변수에도 불구하고 2001-2004년에 6억 달러의 무기 수출액을 달성하며 제3세계로 무기를 수출하는 국가 중 제9위에 올랐다.[15] 또한 악의 축 국가 간에 상호이익 증진을 통해 2000년대 국제사회의 감시로 비롯된 피해를 보완시키려고 했다. 특히 북한은 이미 긴밀한 관계를 유지하고 있었던 이란과의 무기 거래가 매우 강한 편이었다. 다시 말하면 국제사회의 엄격한 감시는 북한과 이란 간의 비밀 협력을 초래했으며, 이로 인해 세계 안보상황은 더 악화되었다고 볼 수 있다.

D. 2008년 - 현재

2008년에서 현재까지 두 개의 주요 변화가 있었으며, 무기 시장 상황은 재평가를 요한다. 첫 번째는 2008년에 불어닥친 세계 경제위기이다. 대부분의 국가들이 세계적인 경기 침체를 심각하게 느끼게 됐다. 세계 무기 시장에 있어서 경기 침체는 첨단 기술 무기 수요의 감소, 그리고 가격 경쟁력이 있는 재래식 무기 수요 증가를 의미한다. 그러나 전체적으로 군비증강이라는 강한 추세는 둔화되지 않았다. 결국 경제위기 가운데 북한과 같은 국가들으로부터 신뢰성이 있고 값싼 무기를 요구하는 국가들이 등장하는 여건이 조성되고 첨단무기수요는 감소하지만 훈련이 필요없이 당장 쉽게

---

[14] 신석호. "북 올해 무기수출 2 억 달러 육박… 작년의 2 배". 동아일보. 2009.12.17

[15] Grimmett, Richard F. "Conventional Arms Transfers to Developing Countries 2001-2008." CRS September 4, 2009. p. 4 & p. 54

사용할 수 있는 재래식 무기 수요는 증가한다.[16] 그래서 이러한 수요가 발생함에 따라 북한의 무기수출 대상은 과거의 중동 국가 중심에서 동남아시아, 아프리카, 중남미 국가 등으로 다변화됐다. 또 구매력과 관련하여 석유가 풍부한 국가들은 석유 수출으로 인해 지난 30년간 경제적 풍요를 누렸고 이번 경제위기의 영향도 피할 수 있었다. 이 국가들은 여전히 무기에 대한 수요가 높다는 점 또한 고려되어야 한다. 특히 이러한 석유가 풍부한 국가들 중에 북한과 협력을 하고 있는 이란과 같은 국가들이 존재한다는 사실에 주목해야 할 것이다.

　　두 번째 변화는 국제사회가 군축, 공동 안보 보장 강화의 방향으로 나아가는 추세이다. 오바마 정부 출범 이후 미국이 '핵무기 없는 세상'을 제시하면서 이에 대한 많은 논의가 이루어지고 있을 뿐만 아니라 2010년 들어 군축 합의에 대한 노력이 본격화됐다. 제3세계로 무기를 수출하는 국가 중 1위, 2위를 차지하고 있는 미국과 러시아는 2010년 4월 '신전략무기감축협정'(New START)에 서명하여 전략핵무기를 7년 안에 각각 1550기로 줄이고, 전략핵무기를 탑재하는 미사일의 상한을 각각 800기로 유지하기로 합의 했다.[17] 강대국간에 핵무기 감축 의지를 보임으로써 억지력이 한층 더 강해진 것으로 볼 수 있다. 예를 들어 러시아는 과거 이란에 대한 주요 무기 공급 국가였지만, 현재는 세계 안보유지와 무기 감축을 위한 책임있는 세계의 동반자 국가가 되었다. 또한 이란의_핵 프로그램 개발에 대한 국제적 우려가 증가하면서, 이러한 요인이 모스크바의 대이란 무기수출을 억제한다고 볼 수 있다. 왜냐하면 특히 최근 유엔 안보리가 이란에 대한 새로운 제재 논의가 진행되던 상황에서 러시아가 이란과 새로운 대규모 무기 거래를 하게 되면, 국제사회가 러시아의 거래를 도발적인 행위로 간주할 수 있기 때문이다.[18] 러시아와 같은 국가들이 과거에 비해 보다 협력적인 태도를 보여주고 세계 평화에 기여하려는 의지를 보여주는 변화는 북한에 더욱 강한 제재를 가한 유엔 안보리 결의 1874호를 채택할 수 있게 만들었다.

안보리 결의 1874호는 모든 대북 무기 수출 및 수입을 금지하는 결의안으로서, 2006년 대북결의 1718호보다 더 강력한 제재이다.

---

[16]
　Grimmett, Richard F. "Conventional Arms Transfers to Developing Countries 2001-2008." CRS September 4, 2009 p. 4

[17]
　이본영. 미국-러시아 '전략핵무기 30%감축'정상 서명." 한겨레. 2010.04.09.

[18]
　Shanker, Thom."U.S. leads arms sales to developing countries."*New York Times.* September 30, 2007.

아울러 유엔 국가들이 더욱 적극적으로 제재를 집행을 하는 노력을
보면, 이 제재가 북한에게 더 큰 타격을 줄 가능성이 있다. 이미
북한의 무기 수송이 여러번 국제사회의 노력에 의해 차단됐다.
2009년 7월 아랍에미리트 연합 당국에 압류됐던 북한 무기
수송선은 '석유기계'로 표기됐던 10개의 컨테이너 안에 군수품, 기폭
장치, 폭발물, 로켓 추진 수류탄(RPG) 등을 싣고 이란으로 운송하고
있었다.[19] 2009년 12월 북한제 무기 35톤을 운송하던 수송기가
방콕에서 재급유를 받기 위해 착륙한 후 태국 당국에 의해
억류되었는데, 그때 수송기에 싣고 있던 물품들은 로켓, 퓨즈, 로켓
추진 수류탄(RPG), 미사일 부품 등이라고 발표되었다. 이 무기들의
가치는 1천8백만 달러로 추정되며, 북한 무기수출은 큰 타격을 입게
되었다고 보도됐다.[20] 또한 2009년 11월에 남아프리카에서 있었던
압류 사례는 2010년 2월에 알려진 바 있다. 남아프리카 당국은
쌀가마니 아래에 숨겨진 컨테이너 속에서 총 부품과 탱크 부품을
발견했다. 유엔 안보리에 보고하는 것이 늦었다는 지적이 있었지만,
남아프리카 당국이 북한의 우회적인 운송 방법으로 인해 무기의
본래의 원천을 알아내기 어려웠을 것이다. 그 수송선은 중국에서
화물이 적재되어 콩고민주공화국을 향하고 있었고, 컨테이너들에는
그 안에 실려 있는 물건이 불도저 부품으로 표기되어 있었다.[21]
이러한 압류 사례를 살펴보면, 국제사회의 북한 무기수출 제재는
효과가 있다고 판단된다. 국제사회가 북한의 무기 수출 경로에 대한
새로운 정보를 얻으면서 북한은 무기를 수출하는데 있어서 더 많은
장애에 직면하고 있는 것으로 보인다. 그래서 국제사회가 2009년
6월에 채택한 결의 1874호로 인해 북한의 2009년 무기수출은
2억달러에 미치지 못한 것으로 알려졌다. 그러나 1990년대부터
겪었던 경제적-내부적 어려움과 2000년대 강화된 감시에도
불구하고 북한의 무기수출은 실제로 증가했다는 평가도 있다.
정통한 대북 정보소식통들은, "북한의 무기 수출 규모가
지난해[2008]와 비교하면 배 이상 늘었다"고 말했다.[22] 결과적으로
최근의 압류 사례를 보면 결의 1874호가 북한의 무기 수출을

---

[19]　Varner, Bill. "UAE Seizes North Korean Weapons Shipment to Iran (Update2)." *Bloomberg.* August 28, 2009.

[20]　Brian McCartan. "Weapons seizure hits North Korea hard." *Asia Times.* December 22, 2009.

[21]　Lauria, Joe. Gordon Fairclough. Peter Wonacott. "Pretoria Seized North Korean Weapons." *Wall Street Journal.* February 26, 2010.

[22]　신석호, "북 올해 무기수출 2억 달러 육박… 작년의 2배". 동아일보 2009.12.17

추가적으로 억제하는 것이 분명하지만 무기수출은 계속되는 것을 보면 북한을 억제하는 것이 여전히 어렵다는 것을 알 수 있다. 그러나 결의 1874호의 완전한 효과에 대해서 말하기는 아직 이르다.

II. 북한 무기수출 방향에 대한 전망

이러한 상황에서 북한은 어떻게 적응할 것인가? 이것을 추정하기 위해 본 장에서는 'SWOT 분석틀'을 사용하여 북한 무기수출 산업이 지닌 강점, 약점, 기회 및 위협 (Strengths, Weaknesses, Opportunities, Threats)을 살펴보기로 한다. 아울러 이를 바탕으로 북한의 변화 (선택, 행동)를 추측해 보고자 한다. SWOT 는 원래 경영 전략을 수립하기 위한 분석 도구이다. 내부적인 요소 (강점/약점) 분석과 외부적인 요소 (기회/위협) 분석으로 나누기도 하고 긍정적인 면을 보는 강점과 기회 그리고 그 반대로 부정적인 면을 보는 약점과 위협을 따지는 도구이다. 이러한 분석을 통해 검토 대상이 처해있는 상황에 대해 정확하게 파악할 수 있고 앞으로의 전략을 수립하기 위한 유용한 분석틀이다.

먼저 북한 무기수출 산업이 지닌 강점으로 '북한의 무기수출에 대한 능력'을 들 수 있다. 북한이 수십년 동안 무기수출 산업을 육성하고 이를 통해 계속 이익을 보고 있는 점을 고려하면, 북한이 수출 대상국과 관계를 유지하고 수요를 유지하는 데에 능숙하다고 할 수 있다. 특히 북한은 무기 운송 및 밀수 기술이 발달되어 있다. 한 유엔 보고서에 따르면 "북한은 무기 획득, 마케팅 및 판매를 위해 매우 정교한 네트워크를 구축했다"고 한다.[23] 북한은 자회사와 허위 운송장을 효과적으로 이용하여 성공적으로 무기를 우회 운송하는 방법이나 화물송장(invoice)에 군수품을 민수품이라고 허위 기재하는 방법을 사용하고 있다.[24]

북한 무기수출 산업에 영향을 주는 약점은 '북한의 심각한 내부 문제'이다. 1990년대 중반에 시작된 식량 부족은 현재까지 지속되고 있으며, 올해는 고난의 행군때보다 더 악화된 식량난에 직면할 것이라고 예상된다. 경제 부진은 실패한 화폐개혁에 의해 더욱 악화됐고 현재 후계체재 구축 작업도 어려움을 겪고 있으며, 북한 주민들은 이전보다 강한 반발과 불만을 표시하고 있다. 과거에는 주민의 동요라는 것이 거의 없었거나 아니면 빨리 바로잡을 수 있었지만, 식량난과 경제난 그리고 북한 지도자에 대한

---

[23] Varner, Bill. North Korea Arms Trade Funds Nuclear-Bomb Work, UN Panel Says. *Bloomberg*. November 18, 2009.

[24] Ibid.

의심이 심화되면서 북한의 모든 경제 활동이 어려워질 수 밖에 없다. 또 다른 단점은 시간이 지날수록 북한의 무기 수출 체제에 대한 정보가 증가하고 있다는 점이다. 최근에 남한으로 넘어온 한 탈북자에 의해 북한 무기 개발, 제조, 및 수출 관리에 대한 새로운 정보가 드러나고 있다.[25]

다음으로 '기회'를 살펴보면, 북한 무기수출 대상인 제3세계는 여전히 무기를 강하게 요청하고 있다는 점을 들 수 있다.[26] 특히 석유가 풍부한 국가, 냉전 시대 무기의 비용만 감당할 수 있는 국가 또는 국제법에 따라서 합법적으로 수입할 수 없는 국가 등이 북한의 주요 수출 대상국이 되고 있고, 앞으로 이들에 대한 더 많은 무기수출의 기회가 있다. 미국은 이러한 국가들이 북한과 거래 하지 않도록 설득하려고 했지만, 이들이 받아들일 수 있는 대안이 없었으며 이들 국가들은 계속 북한으로부터 무기를 구매하게 됐다. 이들은 과거 소련 시대의 장비 (탱크, 소총)를 사용하기 때문에 북한이 제조하는 교환 부품 및 탄약이 필요하며 이에 의존하게 된다.[27] 그리고 많은 수출 대상국들은 북한을 회피했지만, 소수 국가들의 북한제 무기 수요가 증가하고 있다. 이런 국가 중에 이란과 시리아는 북한 무기의 주요 수입국가인 동시에 산유국이기 때문에 구매력이 강하다.[28] 따라서 이런 변수에 의해 북한의 수출품 및 그 능력에 맞는 틈새시장은 계속적으로 유지된다. 또한 지나친 억압이 오히려 기회가 될 수 있다는 분석도 있다. 즉, 금수 조치의 반응으로 암시장이 활발해지는 것이다. 그리고 제3세계 전투에서 실제로 사용되는 무기는 은밀한 이송을 통해 거래된다.[29]

북한 무기수출에 '위협'을 주는 요인은 국제 사회의 억제와 감시이다. 국제법에 따르면 유엔 안보리 결의 1874호로 인해 북한의 모든 무기수출은 금지되어 있다. 과거에는 유엔 회원국에

[25] "How N.Korea Goes About Exporting Arms." The Chosun Ilbo. March 10, 2010.

[26] Grimmett, Richard F. "Conventional Arms Transfers to Developing Countries 2001-2008." CRS September 4, 2009. p. 5.

[27] Kessler, Glenn. "U.S. Allowed N. Korea Arms Sale." Washington Post. April 8, 2007.

[28] Haggard, Stephan and Marcus Noland. "North Korea's External Economic Relations" Peterson Institute for International Economics. Working Paper Series. August 2007. P. 6

[29] Karp, Aaron. "The Rise of Black and Gray Markets." American Academy of Political and Social Science. Volume 535. September 1994. P. 175.

의한 제재가 일관적으로 집행되지 못했지만 현재에는 더욱 빈번하고 강력하게 집행되고 있다. 핵 개발뿐만 아니라 2009년의 미사일 발사 및 핵 실험 등과 같은 도발행위와 김정일의 건강 악화는 세계가 북한의 모든 행동에 대해 주목하게 만들었다. 북한은 국제사회의 제재에 대해 지나치게 연쇄적이고 노골적인 대응을 했으며, 이러한 도발적 행위들은 북한의 전통적인 동맹 국가들도 북한을 지원해주기 어려운 상황을 조성했다. 2010년 3월 발생한 천안함 침몰 사건도 5월에 거의 확실히 북한 소행이라고 증명됐으며, 유엔 안보리에 회부할 준비를 하고 있다. 이어서 대북 제재가 더 강력해지면 엄격한 감시 상황은 더 심해지고, 북한은 내부 문제 극복과 무기 수출 모두에서 크게 좌절할 것으로 예상된다. 이상 논의된 내용을 표로 정리해 보면 아래와 같다.

이 SWOT 분석에 의하면 북한이 향후 택할 수 있는 방향은 두 가지이다. 첫 번째 방향은 현재 상황에 적응하고 지속적으로 무기 수출을 할 수 있는 방법을 모색하는 것이다. 두 번째 방향은 태도를 변화시키고 협상을 통해 무기를 수출 할 수 있도록 권리를 되찾는는

SWOT 분석 (Strengths, Weaknesses, Opportunities, Threats)

<u>강점</u>	<u>약점</u>
• 강한 무기 수출 체계 및 능력 　o　이익을 보는 산업 육성 　o　운송 및 밀수 기술	• 내부적 혼란 　o　경제난, 식량난 • 새로 공개된 정보
<u>기회</u>	<u>위협</u>
• 지속적인 무기 수요 　o　제 3 세계 국가 　o　다른 국가로부터 　구매하지 못 하는 국가 　(이란 등)	• 국제 사회의 감시, 제재 강화

것이다. 첫 번째 방향은 북한이 기존의 무기수출 체계를 이용하여 계속 불법 수출을 감행하는 것이다. 이렇게 하기 위해 먼저 북한은 자국의 장점을 살리고 현재까지 모은 힘을 이용할 것이다. 최근 유엔 제재로 인해 북한의 무기수출이 심각한 타격을 입을 가능성이 높다고 판단되지만, 선군정치의 지도력과 무기 제조기술을 통해 추정치 10억 달러 규모의 산업을 유지하고 있다. 이 규모는 북한 GDP에 최대 10%를 차지할 것으로 추정된다.[30] 이는 북한이 확립된 무기수출 체계라는 강점을 바탕으로 국제사회의 압박을 극복하고 무기수출에서 탄력성을 나타내고 있음을 보여준다. 또한 이는 일반적인 밀수행위가 그러하듯 북한이 국제사회의 감시로 인한 억류 등의 손해를 감수하고서라도 계속 무기수출을 추진할 수 있다는 점을 의미한다. 북한이 자신들의 군수산업에서 가장 기대하는 분야는 미사일 개발 및 핵 개발이다. 북한은 이 두 분야에 국가적 노력을 집중하고 있으며, 이들은 북한의 무기수출 체계의 미래가 되는 것들이기도 하다. 미사일 기술 발전이 1980년대 북한 무기수출 산업에 큰 영향을 미친 것처럼, 북한은 최근에도 미사일 기술 발전을 통해 자국의 군사력을 강화시킬뿐만 아니라 무기수출 산업을 신장시키려는 의도를 가지고 있다. 핵 개발의 시장성(marketability)이 역시 북한이 핵 개발을 추구하는 이유 중에 하나가 된다. 이런 기술을 성공적으로 획득하게 되면 기존의 북한 무기수출 체계를 통해서 향상된 미사일과 핵물질도 수출할 수 있을 것이다. 이러한 미사일과 핵기술 수출의 성공을 예상할 수 있는 이유 중 하나는 북한의 잘 발달된 운송방법이다. 가장 최근에 적발된 북한의 불법 무기 선적 선박 사례는 북한이 선박을 중국으로 보내고 그곳에서 화물의 원적과 내용을 숨기려 한다는 것을 보여주고 있다. 중국은 북한의 전통적인 우방국가로서, 북한을 많이 지원해 왔고 앞으로도 중국이 북한의 무기수출에 협조하거나 이를 묵인하는 경우가 계속 있을 것이라고 예상할 수 있다. 단점으로 지적했던 북한의 내부적 문제 때문에 중국은 북한의 붕괴를 막기 위해 지원에 더 집중하고 있다. 북한이 선택할 수 있는 이 첫 번째 방향과 관련하여 북한의 내부적 불안정이 북한의 모든 작업에 장애물이 될 수 있는 변수이지만, 무기수출에 있어서는 수출을 좌절시키기 보다는 오히려 활성화시켜야 하는 동기가 될 수 있다. 왜냐하면

30
    Herskovitz, Jon. "How North Korea earns money frm arms sales." *Reuters.* July 4, 2009. -- 미국 연구기관인 Foreign Policy Analysis는 북한 GDP를 170억 달러가 될 것으로 추산하며 미사일 판매는 약 15억 달러의 비중을 차지한다고 추정한다. 다른 전문가들은 그 판매액을 수억 달러로 추산하지만, 어느 추정에 따르든 이는 상당한 금액이다.

북한의 내부 상황이 악화될수록 무기수출과 같은 활동에서 얻을 수 있는 자금과 이익을 더 필요로 하기 때문이다. 무기수출로 얻는 자금은 여러 가지의 목적으로 쓰이게 된다. 북한의 엘리트층에게 사치품을 제공하며 만족시킬 수 있는 자금이 되고 핵프로그램에도 기여한다. 그러므로 북한에게 있어 무기수출은 쉽게 포기할 수 있는 것이 아니다. 그래서 북한은 무기수출 감소가 이미 경제적으로 힘들어진 상황을 더 악화시킬 수 있기 때문에 무슨 수를 써서라도 이를 막아야 하는 상황에 있다.

따라서 무기수출을 다시 활성화시키기 위해 북한은 새로운 마케팅 전략을 취하고 있다. 북한이 최근 여러 차례에 걸쳐 핵실험과 미사일 발사 같은 도발행위를 감행한 동기의 일부는 대외적으로 자국의 군사력을 과시하려는 것이 아닐까 하는 평가도 있다. 즉, 이를 통해 무기를 필요로하는 국가들에게 북한의 기술력을 홍보하여 수출을 활성화시키려 한다는 것이고, 이것은 이미 시작된 움직임이기도 하다. 가장 최근에 발생한 천안함 사건도 이러한 마케팅에 기여할 수 있는 사례이다.

만약 이렇게 첫 번째 방향을 취한다면 북한은 북한 외에 무기 공급국가를 찾기 어려운 국가들과의 거래 기회를 이용하려고 할 것이다. 특히 북한의 주요 무기수출 대상국인 이란의 경우 현재 국제사회로부터 많은 제재를 받고 있고, 유엔이 더욱 강력하고 새로운 대이란 제재를 가하려는 시도도 있었다.[31] 이러한 상황에서 이란은 국제 사회의 규칙 밖에서 도움과 자원을 요청하게 되며, 이에 따라 북한과의 협력이 더 강해질 수 있다. 북한이 이 첫 번째 방향을 취하게 되면, 국제사회의 제재를 피하는 동시에 내부문제의 악화를 해결할 수 있는 방법을 찾기 위해 자신의 능력을 믿고 수출을 지속적으로 하게 될 것이다. 즉, 강점과 기회를 중요시하고 약점으로 인한 위협을 무시할 수 밖에 없게 되는 것이다.

두 번째 방향은 북한이 국제사회의 압력을 받아들여 대화와 협상을 통해 활로를 모색하는 것이다. 이러한 선택은 북한의 무기수출 체계가 약화됐다는 것과 북한 스스로의 능력만으로는 일방적으로 나아갈 수 없다는 것을 인정하는 것이다. 그래서 이 시나리오에서는 북한이 내부 문제로 인해 외부로부터의 도움을 요청해야 되고, 국제사회의 강력한 감시가 초래하는 피해를 감당할 수 없다고 판단하여 현재 환경에서 약점과 위협을 중요시하는 선택이다. 이 경우 북한은 6자 회담 등 기존의 대화체제를 통한

---

[31] "'Strong' new Iran sanctions UN resolution being tabled." *BBC News*. May 18, 2010.

해결을 모색하고 무기수출에 대한 주권을 되찾으려 시도할 수 있을 것이다. 국제사회는 이 두 번째 선택을 바라지만, 이 선택은 북한에 두 가지 딜레마를 야기시킬 수 있으며 따라서 북한은 이를 선택하기 어려울 것이다. 첫 번째 딜레마는 북한 지도층이 내부적으로 입지를 다지는 것과 관련되어있다. 북한 내의 경제난 및 식량난을 자력으로 해결할 수 없어서 국제사회의 도움을 요청해야 하지만 주민들에게는 강한 모습을 보여줘야 하기 때문에 북한이 국제사회의 압력에 순응하는 데에는 제약이 따른다. 특히 현재 김정일은 후계체제를 구축하고 있고 2012년까지 강성대국 건설이라는 목표를 추진하고 있는데 북한이 무기수출 제재 해제라는 이유만으로 미국이나 한국에게 양보하기는 쉽지 않다. 이런 이유로 인해 북한은 심각한 식량난에 직면하면서도 미국과 남한의 식량 지원을 거부하고 있다.[32] 두 번째 딜레마는 제재 완화를 통해 자신들이 얻을 수 있는 것에 대한 북한의 믿음과 관련된다. 한편으로 북한은 시급한 제재 완화의 필요성을 느끼지만, 다른 한편으로는 제재의 완화가 무기수출을 과거 수준으로 회복시켜주리라는 확신을 갖지 못한다. 그 이유는 북한의 무기수출이 대부분 암시장을 통해 이루어지기 때문이다. 따라서 이 경우 북한은 자신들이 필요치 않은 것을 위해 기대했던 것보다 더 많은 양보를 해야 할 수 있다.

북한은 이러한 딜레마 때문에 이 두 번째 방향을 취하기 어렵지만 전적으로 불가능하지는 않다. 물론 두 번째 방향이 핵기술 개발에 대한 국제사회의 제재를 받아들인다는 것을 전제로 하기 때문에 북한이 이를 선택하기 쉽지 않다. 그러나 북한이 단약 이 방향을 선택한다면, 설령 그것이 지켜지지 않을 약속이라 하더라도 일단 외부적으로는 핵포기 의사를 밝히고 국제 사찰 등을 받아들인다는 조건 등을 내세워 무기수출금지 조치에 대한 우선적 해제를 추진할 수 있다. 그러나 북한이 외부적 포기와 내부적 지속이라는 이중성을 나타낼 가능성이 높다는 것을 염두에 두어야 한다.

이 두 가지 방향 외에 무기 산업을 포기할 가능성을 언급하지 않는 이유는 현재 북한이 무기수출을 포기할 수 없는 상황이기 때문이다. 먼저 수출은 대상국과의 경제적인 관계일 뿐만 아니라 외교 및 협력과 관련된 활동이다. 북한이 일방적으로 무기수출을 중단한다면 북한은 대외관계에 있어서 큰 피해를 입을 것이다. 또 경제난을 극복하는데 있어 외국의 지원과 투자가 감소되는 가운데,

---

[32] Kim, Jack. "Why is hungry North Korea refusing U.S. food aid?" *Reuters.* March 18, 2009.

북한에게 있어 무기수출만큼 외화를 공급하는 산업이 없다는 점에서 그 중요성을 무시할 수 없다. 실제 불법적으로 벌어들이는 돈보다 합법적인 방법을 통해서 얻는 것이 더 많지만 현재 상황에서는 남한과 경제협력은 중단되고 북한의 내부상황은 해외 투자를 유치할 수 없는 상태이다.

III. 대응책

북한이 무기수출에 있어서 어떤 방향을 택하느냐에 따라서 대응책을 강구해야 한다. 북한이 제재와 억제에도 불구하고 계속 불법으로 무기수출을 감행할 경우, 국제사회는 크게 세 가지의 차원 -- Origin (북한, 출발지), End User (수출 대상국), Intermediary(중재자, 중재국) -- 에서 접근할 수 있다. 첫 번째 대응책은 북한 무기수출의 출발지(origin)를 공격하는 것이다. 즉, 북한에 압력의 강도를 높여서 북한의 무기수출을 억제하는 것이다. 두 번째 대응책은 수출 대상국(end user)에 압력을 주는 것이다. 세 번째 대응책은 중간 역할을 하는 중재자 및 중재국(intermediary)에 압력을 가하는 것이다.

첫 번째 대응책에 있어 북한에 대한 압력을 높이기 위해 국제사회가 가장 쉽게할 수 있는 것은 유엔 안보리를 통해서 더 강력한 제재를 가하는 것이다. 북한과 긴밀한 관계를 유지하고 있는 중국이 거부권을 갖고 있지만, 최근의 여러 상황을 볼때 유엔 안보리는 실용적인 국제기구로 인정받고 있으며, 결의안을 제의하는 빈도도 높아졌다. 2009년에 통과시킨 결의 1874호는 2006년 제정된 결의 1718호보다 더 포괄적인 조치였으며 효과에 대한 기대가 많았다. 무기수출과 관련하여 결의 1718호는 탱크, 대량살상무기, 탄도미사일과 관련 물자만 금지하는 반면, 1874호는 모든 무기의 수출 및 수입을 금지하였다.[33] 그러나 1718호의 비효율성은 범위의 문제보다 집행의 문제였기 때문에 결의 1874호는 집행국가에 명분을 갖추는 점에서 더 효율적이었다고 평가할 수 있다. 이러한 평가에 따르면 결의 1718호는 사실상 북한 비난함에 그쳤고 1874호는 제재를 집행하는 사례가 많아지면서 1718호보다 더 큰 성과를 얻을 수 있다고 기대하고 있다.

북한의 무기수출 체계에 대해 위에서 언급된 바와 같이 여러 차례의 수송기 및 선박을 압류한 사건과 이러한 제재 집행에도 불구하고 북한 무기가 지속적으로 상당한 수출액을 달성했다는 점을

---

[33]
  U.S. Department of State. "North Korea Sanctions: Resolution 1718 Versus Resolution 1874." June 12, 2009.

고려하면, 제재는 효과가 있지만 그것은 매우 제한된 것이라고 판단할 수 있다. 그래도 제재는 어느정도 경제적인 타격을 주는 효과가 있으며 이들을 유지하자는 제안에는 논리의 근거가 있다. 그러나 1874호 이후 더 강한 제재를 가한다고 해서 실제로 추가적으로 얻을 것은 없다고 분석된다. 결의안을 통해서 국제사회의 연대를 표현하는 장점도 있지만, 결의 1718호와 1874호를 중국과 러시아를 포함하여 만장일치로 통과시킨 것보다 더 강력한 연대의 표시를 보여주는 것은 어렵다. 결국 제재를 사용하여 북한의 무기수출 기회 저지를 시도하고 국제사회 압박의 위협을 심화시키려는 대응책에 있어 지금까지 달성한 수준을 유지하는 것은 필요하지만 이를 강화시킨다고 그 효과가 높아지지는 않을 것이다.

제재 강화가 유익하지 않은 이유 중에는 북한의 행동과 결정이 일반적으로 외부 변수보다 내부 변수로부터 영향을 더 많이 받는다는 사실도 있다. 북한은 김대중 및 노무현 정부의 햇볕정책 그리고 이명박의 강경정책에 따라 대외적으로 나타나는 수사에 호전적 또는 온건한 방향으로 변덕스러운 변화를 보였지만, 실제로는 20년 넘게 내부 요인에 따라서 계속 북한만의 의제를 추구해왔다.[34] 그래서 외부로부터 북한의 변화를 촉구하는 것에는 성과가 크지 않았다. 게다가 지나친 강경책을 취하게 되면 북한이 벼랑 끝 전술을 택하게 만드는 결과를 초래할 가능성도 있다. 강경책과 북한을 고립시키는 조치가 너무 효과적이면 북한의 긍정적인 변화가 나타나기 보다는 어느 국가도 원하지 않은 북한 붕괴를 초래할 수 있다. 그래서 제재나 다른 국제사회의 억제 도구를 통해서 북한에 더 강한 타격을 주는 것에 대해서는 충분한 숙고를 거친후에 침착한 대응을 마련해야 한다.

두 번째 대응책은 수출 대상국을 억제하는 전략이며 북한을 직접 억제하려는 첫 번째 대응책과 병행할 수 있는 대응책이다. 또한 북한에 대한 직접 압박의 성공여부에 따라 이것이 실패할 경우 대안이 될 수도 있다. 북한 무기수출 체계와 세계 무기 시장에 전통적인 소비자 위주의 사업 모델을 적용하면, 국제사회는 북한, 즉 무기수출 경쟁자에 초점을 맞추는 것보다 북한 무기 구매국가들과 관계를 맺고, 그들에게 북한을 피하라고 설득하는 것이 생산적인 방안이 될 수 있다. 일단 북한처럼 논리적으로 설득하기 어려운 국가와의 소득이 없는 노력이 될 수도 있으며 따라서 시장에서 북한

---

[34] 김상겸, 이대성. "북한의 뉴테러리즘과 대응책." 통일정책연구. 제18권 2호. 2009. pp. 74-76

무기에 대한 수요를 위축시키는 것도 시도할 가치가 있다. 이를 위해서는 우선 북한 무기 구매자로 의심되는 대상들을 좁힌 후 이들 국가들을 대상으로 '두더지 때려잡기'보다 효과적인 대응 방안을 모색할 필요가 있다.[35] '두더지 때려잡기' 게임을 한다는 것은 근본적인 해결 방안이 아닌 단순히 북한의 수출 시도를 발견할때마다 막는 대응책에 대한 비유이다. 더욱 효과적으로 무기수출을 막기 위해 목적지에 초점을 맞추고 그 지역에서 차단하려는 노력을 하는 것이다. 여기서 국제사회는 근원적인 문제에 직면하게 된다. 그 문제는 북한 무기 수출 대상국가들이 원래 협조를 하지 않는 국가이고 북한으로부터 밀수 등 비밀 거래를 통해서 무기를 구매하기 때문이다. 따라서 마치 테러조직에 성공적으로 잠입하여 이들을 괴멸시키는 것처럼 무기 시장에서도 국제사회의 요원들이 구매국가들을 설득시키거나 거래 파괴를 시도 할 수 있다. 그러나 북한 무기수출 체계의 기회를 살펴보면서 언급한 바와 같이 국제사회가 무장화를 원하지 않은 국가들이 북한으로부터 무기를 수입하고 기술 교류를 하고 있다. 국제사회가 이런 국가들에게 줄 것이 없을 수도 있고, 그들은 국제사회의 대안을 받아들이지 않을 가능성이 매우 높다.

　　세 번째 대응책은 중재자 및 중재국에 압력을 가하는 것이다. 여러 국가의 묵인 혹은 용이하게 하는 선택은 북한이 무기를 성공적으로 수출하는데 있어 큰 도움이 된다. 최근 북한의 수송기 및 수송선 압류 사건을 살펴보면 중국, 호주, 프랑스, 조지아, 우크라이나 등 다양한 국가에 대한 언급이 있었다. 이것은 호주와 프랑스와 같은 국가들이 북한 무기수출을 적극적으로 지원하고 유엔 제재를 의도적으로 위반한다는 것이 아니다. 그러나 특정한 불량국가뿐만 아니라 다양한 국가들이 북한 무기수출과 연계성이 있다는 근거가 된다. 이런 국가들에 등록된 운송회사의 비행기나 수송선이 북한 무기수출에 사용되고 있기 때문에, 운송회사들이 북한과 거래를 할 수 없게 만드는 것은 북한의 무기수출을 억제하는데 하나의 방법이 될 수 있다.

　　이렇게 중간 역할을 하는 국가들 중 가장 큰 문제는 중국이다. 모든 무역에 있어서 북한과의 주된 무역 파트너인 중국은 무기수출에서도 많은 도움이 된다. 기본적으로 중국은 유엔제재를 막으려고 최대한 노력을 해왔다. 또 중국은 북한에서 육로 또는 해상

35
　Heilprin, John. "UN Issues New Sanctions against North Korea." *The Irrawaddy*. July 17, 2009. - 북한 전문가 마커스 놀랜드는 현재 제재 집행 전략을 '두더지 때려잡기'에 비유하며 국제사회는 북한의 북법행위를 닥치는 대로 해결하는 것은 포괄적인 전략이 아니라고 했다.

경로로 쉽게 수출품을 운송할 수 있는 위치에 있다. 국제사회가 북한에서 나오는 선박이나 비행기를 추적하는 것도 어려운 작업인데, 중국의 막대한 영토와 해안을 지키는 것은 더더욱 불가능한 일이다. 그래서 외교채널 또는 실제적으로 제재가 효과를 발휘하는 측면에서 중국의 협조가 매우 중요하다.

중재국들의 협조를 얻을 수 있다고 판단되는 이유는 다음과 같다. 북한 무기수출에 있어서 중국과 다른 중간 역할을 하는 국가들이 국제사회 구성원으로서 북한이나 북한 무기 수출 대상국보다 책임감이 더 많다는 점이다. 국제사회는 북한이나 북한과 비밀리에 무기 거래를 하는 국가를 설득하기보다 이러한 중재국을 중심으로 전략을 세우는 것이 효과를 거둘 수 있다.

IV. 결론

북한의 무기수출은 북한에게 약 50년 동안 자금과 석유 그리고 유익한 대외관계 등의 국익을 제공했다. 북한은 강력한 국제사회의 압력과 제재에도 불구하고 무기수출을 계속 추진해왔고 앞으로도 지속적으로 진행할 수 있다고 예상된다. 그래서 본 논문에서 북한은 지속적으로 무기수출을 하기 위해 두 가시 방향으로 나아갈 수 있다고 제시했다.

첫 번째 방향은 지속적으로 불법 무기수출을 하는 것이고, 두 번째는 협상과 대화를 통해서 무기수출 권리를 되찾는 것이다. 결론적으로 이 두 가지 방향 중 첫 번째 방향을 선택할 가능성이 높다. 왜냐하면 북한에게 무기수출 산업은 경제, 그리고 대외 관계를 맺는 것에서 중요한 기여를 하기 때문이다. 그래서 북한은 이미 기반이 갖춰진 군수산업과 중국의 협조를 활용하여 북한의 무기수출의 탄력성을 보여주고, 국제사회의 제재가 계속되더라도 불법적인 방법을 통한 무기수출을 지속하리라는 것이다. 다시말하면 북한은 손해을 감수하고 도발행위 감행과 미사일 및 핵 개발을 추진하여 새로운 수출품을 만들고 마케팅하면서 북한 무기 수요를 활성화시킬 것이다. 북한은 두 번째의 방향인 국제사회와의 협상과 대화를 선택하더라도, 실질적으로는 비밀리에 무기수출과 핵기술 수출 등을 시도할 가능성이 높기 때문에 국제사회는 이에 주의를 기울여야 한다. 따라서 북한이 어떠한 쪽을 선택하더라도 북한의 무기수출은 지속될 것으로 보이며 그것을 막기위해 대한 대응책을 마련해야 한다.

북한의 지속적 불법 무기수출에 대한 대응책에 있어서 본 논문은 세 가지를 제안을 했다. 첫 번째 대응책은 북한 무기수출의 출발지를 통제하는 것이다. 즉, 북한에 직접적인 압력을 더 강력하게 가하는 것이다. 두 번째 대응책은 수출 대상국에 압력을 주는 것이다. 마지막으로 세 번째 대응책은 중간 역할을 하는 중재자 및 중재국에 압력을 가하는 것이다. 이 세 가지 대응책을 살펴본 결과, 모두 한계가 있지만 중국 중심인 중재자 및 중재국의 협조를 얻어 북한 무기수출을 줄이는 것이 가장 유력한 방안으로 나타났다. 북한은 이미 국제사회로부터 많은 감시와 압력을 받고 있기 때문에 국제사회가 이러한 제재를 유지하는 것은 필요하지만, 더 강한 제재를 가한다고 해서 크게 달라지는 점이 없기 때문이다. 또 북한 무기수출의 대상국을 찾아내서 목적지에 초점을 맞추고 억제하는 것은 "두더지 때려잡기"보다는 더 효과적이지만 이런 국가들은 이란 등과 같이 원래 국제사회에 협조하지 않는 국가들이기 때문에 이를 억제하기에는 어려움이 많을 것으로 예상된다. 그래서 북한 무기수출에 있어 중재국 역할을 하는 국가를 중심으로 억제책을 마련하고 세계 안보에 기여해야 하는 책임있는 글로벌 동반자라는 논리로 설득하여 협조를 얻는 것이 가장 높은 효과를 기대할 수 있는 대응책으로 평가할 수 있다.

북한은 세계안보에 불안정을 만들고 국제사회는 이를 억제하려고 하다. 무기수출을 막는 것은 억제방법 중 하나이다. 국제사회가 북한의 무기수출을 통제하는 것은 북한으로 돌아오는 이익을 차단하는 것일뿐만 아니라 불량 국가들로 핵 확산이 발생할 가능성을 억제하는 것이기 때문에 북한 무기수출은 매우 중요하다. 이러한 점을 고려할 때 대북 제재를 유지하는 것도 중요하지만, 북한의 무기수출에 대한 더 효과적인 억제책을 모색할 필요가 있다. 그리고 국제사회는 출발지, 목적지, 또한 중재자에 대한 억제를 통해서 북한 무기수출을 차단하려고 노력하면서, 지나치게 강력한 조치는 오히려 암시장의 활성화와 비밀리의 기술 교류를 독려할 수 있다는 점을 염두에 두어야만 한다.

참고문헌

김상겸, 이대성. "북한의 뉴테러리즘과 대응책." 통일정책연구.
    제18권 2호. 2009. pp. 74-76
'북한, 전세계 재래식 무기공급국 16위 차지'. 세계일보. 1999.03.22.
신석호. "북 올해 무기수출 2억 달러 육박... 작년의 2배". 동아일보.
    2009.12.17
이본영. "미국-러시아 '전략핵무기 30%감축'정상 서명." 한겨레.
    2010.04.09. Available
    from http://www.hani.co.kr/arti/international/international_general/415
    162.html

Brian McCartan. "Weapons seizure hits North Korea hard." *Asia Times*. December 22, 2009. Available from http://www.atimes.com/atimes/Southeast_Asia/KL22Ae01.html

Federal Research Division of the Library of Congress. Country Studies Series. North Korea. "Foreign Military Relations: Relations with the Third World."June 1993. Available from http://www.country-data.com/cgi-bin/query/r-9642.html

Federation of American Scientists. Defense Intelligence Agency's North Korea: The Foundation for Military Strength. "Chapter 3A. Foreign Policy Goals. Military Assistance." October 1991. Available from http://www.fas.org/irp/dia/product/knfms/knfms_chp3a.html

Grimmett, Richard F. "Conventional Arms Transfers to Developing Countries 2001-2008." CRS September 4, 2009. p. 4,5,54.

"How N.Korea Goes About Exporting Arms." *The Chosun Ilbo.* March 10, 2010. Available from http://english.chosun.com/site/data/html_dir/2010/03/10/2010031000953.html

Husbands, Jo L. "A Buyer's Market for Arms." The Bulletin of the Atomic Scientists. May 1990. p.15

Haggard, Stephan and Marcus Noland. "North Korea's External Economic Relations." Peterson Institute for International Economics. Working Paper Series. August 2007. p. 5

Herskovitz, Jon. "How North Korea earns money frm arms sales." *Reuters.* July 4, 2009. Available from http://www.reuters.com/article/idUSTRE5630WA20090704

Heilprin, John. "UN Issues New Sanctions against North Korea." *The Irrawaddy*. July 17, 2009. Available from http://www.irrawaddy.org/article.php?art_id=16344

Katzman, Kenneth. "Iran: Arms and Technology Acquistions." CRS. January 26, 2001. CRS-18

Kessler, Glenn. "U.S. Allowed N. Korea Arms Sale." *Washington Post.* April 8, 2007. Available from http://www.washingtonpost.com/wp-dyn/content/article/2007/04/07/AR2007040701365.html

Karp, Aaron. "The Rise of Black and Gray Markets." American Academy of Political and Social Science. Volume 535. September 1994. P. 175.

Kim, Jack. "Why is hungry North Korea refusing U.S. food aid?" *Reuters.* March 18, 2009. Available from http://www.reuters.com/article/idUSSEO369467

Lauria, Joe. Gordon Fairclough. Peter Wonacott. "Pretoria Seized North Korean Weapons." *Wall Street Journal.* February 26, 2010. Available from http://online.wsj.com/article/SB10001424052748704479404575087411640791960.html

Lee Jong-Heon. "North Korea Unlikely to Give Up Arms Sales." *UPI Asia.* December 15, 2009. Available from http://www.upiasia.com/Security/2009/12/15/north_korea_unlikely_to_give_up_arms_sales/6565/

Ramstad, Evan. "Korean Launch Could Spur Arms Sales." *Wall Street Journal.* March 31, 2009. Available from http://online.wsj.com/article/SB123843944684370587.html

Squassoni, Sharon A. "Weapons of Mass Destruction: Trade Between North Korea and Pakistan." CRS. October 11, 2006. CRS-4

Shanker, Thom. "U.S. leads arms sales to developing countries." *New York Times.* September 30, 2007. Available from http://www.nytimes.com/2007/09/30/world/americas/30iht-arms.4.7687687.html?_r=2

"'Strong' new Iran sanctions UN resolution being tabled." *BBC News.* May 18, 2010. Available from http://news.bbc.co.uk/2/hi/8690206.stm

U.S. Department of State. "North Korea Sanctions: Resolution 1718 Versus Resolution 1874." June 12, 2009. Available from http://www.state.gov/r/pa/prs/ps/2009/06a/124709.htm

Varner, Bill. "UAE Seizes North Korean Weapons Shipment to Iran (Update2)." Bloomberg. August 28, 2009. Available from http://www.bloomberg.com/apps/news?pid=20601087&sid=ap9U2VfbfCBs

Varner, Bill. North Korea Arms Trade Funds Nuclear-Bomb Work, UN Panel Says. *Bloomberg.* November 18, 2009. Available from http://www.bloomberg.com/apps/news?pid=20601101&sid=aqoIAn3ecoic

해외입양에 대한 현안

김주은 (ESTHER KIM)

MA, Korean for Professionals, University of Hawaii at Manoa, 2010
BA, Korean & Political Science, University of Hawaii at Manoa, 2006

THE PLIGHT OF KOREAN INTERNATIONAL ADOPTION

Historically, international adoption in South Korea can be divided into three phases: 1) Initial Period (1953-1962): This period was characterized by abandoned children in the aftermath of the Korean War, primarily those of mixed ethnicities. Altogether, 19,000 children were adopted out, among which 4,000 went to the United States.; 2) Middle Period (1962-1973): Out of a total of 9,600 children, about half of them were between the ages of 1 and 6 years of age. This period was particularly influenced by United States immigration policies; 3) Final Period (1974-1990): 69,500 children were sent to the United States, which accounted for 58% of the total number of international adoptees received. Subsequently, on average, 10,000 to 15,000 children are abandoned annually in South Korea, and, in 1991, 35,000 were placed in orphanages. Due to the large number of children South Korea has been adopting out, it has earned the unsavory nickname of 'Baby Exporter'. So, why is it that, although it has been over 50 years since the end of the Korean War, and, the country has reached great heights economically, that, Koreans are still hesitant to adopt from within? What can the South Korean government do to help promote domestic adoption? Also, what are the best methods of easing the child into his/her new life?

아이를 입양 받는 나라이건 해외로 입양 보내는 나라이건 입양아의 복지와 행복이 우선순위가 되어야 한다. 아동을 해외에 입양 보내거나 국내로 받거나 하는 일은 물건을 수출입하는 것처럼 단순한 문제가 아니다. 입양아 문제를 한국에서 수용할 수 없어서 해외로 입양 보내는 것은 마땅한 조치가 아니다. 예를 들어 미국에서 외국아이를 입양하는 부모들도 특히나 외국 아이를 받는 상황이라서 단순히 아이가 미국에서 살아갈 수 있게 할 뿐 아니라, 그 아이를 미국 사회에 잘 적응하도록 하면서도 그 아이의 인종적, 민족적, 문화적 유산과 민족적인 정체성을 살려가면서 키워야 한다. 입양아가 그 사회에 잘 적응할 수 있을 것인가는 전적으로 입양하는

KLFC MA Scholarly Papers 2.
Edited by Dong-Kwan Kong
Copyright ©2015

부모한테 달려있다. 양부모가 입양아에게 그들의 민족적인 유산에
대해 배우라고 강요하는 대신에 그 아이가 호기심을 갖도록 기회를
주고 도와줄 필요가 있다.

> Don't push them to learn, but ask the children if they want to learn
> about their Korean heritage. Don't make them learn about it if they
> don't want to. Try to help them understand that they are not really
> different than other people (Huh, 2007, 92). [1]

그러나 아무리 아이의 복지에 대해 생각을 충분히 했다고 해도
부족한 부분들이 아직도 많다. 최악의 상황을 예로 들면
국가공영방송 (National Public Radio) 에서 2010 년 4 월 9 일에
보도한 테네시주 내쉬빌 (Nashville, Tennessee)의 입양아 사건을
들 수 있다. [2] 이 이야기는 양부모들이 러시아에서 입양한 일곱
살짜리 아이와 적응을 잘 못해 아이를 다시 러시아로 보낸 극단적인
상황까지 일어났다. 특히 러시아 입양 기관의 담당자는 아티옴
사브예브 (Artyom Savelyev)라는 입양아에 대해 '문제아'라는
사실을 이전에 밝히지 않음으로 해서 결국 미국의 입양부모가 그
아이를 잘 다루지 못하고 포기 하게 되어 갑작스럽게 이 아이를
러시아에 다시 보낸 것이다. 이 일로 인해 러시아는 미국에 더 이상
입양아들을 보내지 않겠다고 선언하였으며, 이로 인하여 미국과
러시아의 관계가 악화되었다. 이 사건을 통해 보면 해외입양 문제는
단순하게 아이들을 주고 받는 것을 넘어 각 국가간의 외교 관계에도
영향을 많이 끼치는 중요한 국제문제가 될 수도 있음을 알 수 있다.

    따라서 외국아이를 입양할 양부모한테 그 아이에 대한 모든 것을
포괄적으로 설명을 해주고 특히 그 아이의 가족 배경이나 그 아이가
태어난 국가의 정치경제적인 상황을 설명 해주어야 한다. 그러나
미국에서 한국 아이를 입양하게 될 양부모들한테 한국의 역사와
정치경제적 상황 외에도 한국이 정치경제적으로 발전해 왔음에도
불구하고 미국이나 다른 나라에 입양하는 이유 등을 설명 해주어야
한다. 그런데 아직까지도 한국은 제 3 세계 국가와 같이 한국 아이를
입양을 보내는 이유 등을 자세히 설명해 주지 않고 구체적인 상황을
얘기를 안 해 주며 한국 아이를 입양해야 한다고만 말을 해준다.

---

[1] Huh, Nam Soon. "Korean Adopted Children's Ethnic Identity Formation." *International Korean Adoption: A Fifty-Year Old History of Policy and Practice*. Berquist, Kathleen Ja Sook, Ed. 2007(p.92)

[2] Blake, Farmer. *National Public Radio*. "U.S. Mom Sends Back Adopted Son Back to Russia." April 9, 2010.
http://www.npr.org/templates/story/story.php?storyId=125788721&ft=1&f=1004

한국의 입양에 대한 역사는 조선시대부터 시작되어
오래되어왔다. 그러나 해외입양에 공식적인 기록에 의한 역사나
인식은 6.25 전쟁 전까지는 없다고 볼 수 있다. 해외입양은 한국전쟁
이후에 시작 및 증가한 것 뿐 만 아니라 (윤택림 2005)[3],
1958 년도까지만 해도 입양된 아이들에 대한 본격적인 정보는
기록된 게 전혀 없다 (Onishi 2008)[4]. 그러나 미국에서는 1953 년
부터의 기록을 가지고 있다. 한국전쟁의 종말 후에 1953 년에서
1958 년 사이에는 총 2158 명이 해외로 보내졌다. 1953 년에서
1955 년 까지는 4 명 부터 59 명 밖에는 해외로 입양되어 나가지
않았는데 1956 년도에 갑작스럽게 671 명의 입양아들이 해외로
나갔다(Kim 2007).[5] 이렇게 해외 입양아의 수가 갑자기 증가한 것은
특히 전후에 한국 여성과 미군들 사이에 전쟁 사생아인 혼혈아들이
많이 태어났다는 것과 전쟁으로 인한 황폐성과 빈곤함 속에서
버림받은 아이들이 급격하게 발생하게 된 사실에 원인을 찾을 수
있다. 그러나 현재 한국은 한국전쟁이 끝난 지 50 년이 넘었고, 세계
12 위의 경제국가이며 정치와 경제적으로 많이 발전해 온
국가임에도 불구하고 왜 '고아수출국'이라는 오명을 벗어나지 못하는
것인가? 또 마지막으로 해외로 입양된 입양아들의 적응 상태는
양부모의 노력에 달려있는데, 입양아와 양부모간의 어떠한 적응
방안들이 있고 무엇이 아이한테 제일 최선의 선택인가?

결국 입양아 문제는 단순히 세계적 지위나 국가의 부유함을 놓고
분석하기는 부족하며 이 사회적 문제에 대한 한국정부의 대책을
살펴보면서 색다른 시각에서 보는 해결책을 소개하겠다. 그래서
한국의 문화, 역사와 사회정치적인 요인들을 결합시켜 다면적인
측면에서 해결책을 살펴보아야 한다고 생각한다. 해외 입양은
구체적으로 입양대상국과 입양국 사이의 관계일 뿐만 아니라, 세계
정치경제와도 긴밀하게 연결되어 있다.

[3] 윤택림. "입양의 문화정치학- 비교문화적 접근을 위한 제언." 정신문화연구 2005 봄호 제 28 권 제 1 호 (71-94).

[4] Onishi, Norimitsu. *New York Times*, "Korea Aims to End Stigma of Adoption and Stop 'Exporting' Babies." October 9, 2008.

[5] Kim, Dong Soo. "Contextualizing Adoption from a Korean Perspective." *International Korean Adoption: A Fifty-Year History of Policy of Practice.* New York: Haworth Press Inc., 2007.

<표 1>

2008년 해외입양 의뢰 사유			
계	미혼모 아동	기아·빈곤	결손가정
1250명	1114명	10명	126명

2007년 미국 입양 건수 (단위: 명)	
1위 중국	5453
2위 과테말라	4728
3위 러시아	2310
4위 한국	939

국내·해외 입양 건수 (단위: 명)		
	국내	해외
2002년	1694	2365
2004년	1641	2258
2007년	1388	1264
2008년	1306	1250

(자료: 보건복지가족부)

보건복지가족부에 따르면 위에 표에서 한국은 제 3 세계 국가들인 중국, 과테말라, 러시아의 뒤를 이어 4 번째로 미국으로 입양아들을 많이 보내는 국가이다.

최대 입양국인 미국을 비롯하여, 영국, 프랑스, 독일과 북유럽 국가들에서 주로 입양이 활발하다. 이 논문에서는 해외입양과 관련하여 주로 미국에 초점을 두고자한다. 1958 년도부터 오늘날까지 한국의 국내입양과 해외입양의 역사를 살펴보면서 이 과정에서 한국의 입양에 대한 일반적인 흐름을 통해 미국과 한국의 정책들을 설명하고자 할 것이다. 해외입양에 대한 역사를 좀 더 자세히 파악하기 위하여 "Spatial Distribution of Korea-born Adoptees in the United States" (Park 1995)[6]에서 한국의 이민 역사와 동시에 해외입양의 역사를 제시한 형식을 인용하였다. 이 논문에서는 해외입양에 대한 역사를 3 시기로 나눴다: 1) 초창기: 1958 -1962 년, 2) 발전기: 1962-1973 년, 3) 절정기: 1974-1990 년으로 구분하였다. 그리고 해외입양에 대한 현황은 1990 년대를 포함해 2008 년까지의 해외입양 상황을 살펴 볼 계획이다.

미국 역사상에 있어서도 한국전쟁은 인종과 문화가 다른 아이들을 대규모로 입양하게 한 사건이었다. 1958 년도에서 1990 년도까지 총 122,000 명의 아이들이 한국을 떠나 서구로 국외입양되었다: 이 중 64%는 미국으로, 36%는 서유럽, 캐나다와 호주로 보내졌다. 보건복지가족부의 통계에 의하면 1958 년에서 2008 년까지 한국에서 해외로 입양 보낸 아이는 모두 16 만 1558 명이다. 이 가운데 67% (10 만 8222 명)가 미국으로 보내졌다. 그 다음으로 1 만 1165 명은 프랑스로, 9297 명은

---

[6] Park, Sooh Ho. "Spatial Distribution of Korea-born Adoptees in the United States." Journal of the Korean Geographical Society. Vol. 30, No.4, 1995 (411-428).

스웨덴으로, 그리고 8702 명은 덴마크로 보내졌다 (임지선 2009).[7] 전체적으로 보면 남아 보다 여아가 더 많이 보내졌다.

I. 해외입양에 대한 역사

70 년대 들어 불임 때문에 해외입양이 급증했다. 특이한 것은 미국 국내에서도 입양되기를 기다리는 아동들이 많았음에도 불구하고 해외아동들의 입양이 주를 이루었다. 한국 아이를 선택한 이유는 주로 종교적 의무나 도덕적인 이유들을 들었다. 미국 내 입양 시설들이나 아동복지 시설들에 입양되기를 기다리는 아이들이 많았지만 북미 원주민이나 흑인들에 대한 거부감 때문에 많이 추진되지는 않았다.

아이를 못 낳는 미국 입양 부모의 경우 백인 아이를 구하지 못 할 때는 동양 아이를 입양하기를 원했다. 그런데 양부모들은 입양한 아이의 인종적, 문화적 배경이나 그 나라의 역사를 모른 채 입양하는 경우가 많아 아이들이 적응하기 어려운 상황들이 많이 발생하였다. 그리고 입양 기관의 담당자들은 입양 아동을 행복하게 하기 위하여 노력 하기 보다는, 양부모 될 사람들한테 어떻게 매력적이게 말을 하면 한국 애를 원하게 할까하는 '입양아 마케팅'이 목적이었다.

그러면 이것은 누구의 이익을 우선순위로 놓는 것인가? 이것은 입양 아동의 행복을 우선시 하는 것이 아니라 결국에는 양부도로 하여금 한국아동을 입양하도록 하기 위한 수단이었다. 결국 양부모는 입양아하고 같이 살기가 쉽지 않다는 것과 문화적 차이를 많이 느끼고 아이의 인종적인 문화 유산을 살리면서 미국에 동화 시키는 것이 어렵다는 것을 깨닫게 된다. 이러한 문제들이 있음에도 불구하고 미국이 한국 입양아들을 많이 받아들인 국가이며 오늘날까지도 미국과 해외입양이 잘 유지되고 있는 상황은 무척 다행스럽게 생각 된다. 이러한 문제점들이 있음에도 미국사람들은 상당히 이타적인 사람들이라고 볼 수 있다. 즉 자기의 혈통이 아닌 불쌍한 아이들을 입양한다는 것이 훌륭한 일이라고 본다.

1. 초창기: 1953 년-1962 년

1953 년에서 1962 년 사이에 4,000 명의 고아들이 미국으로 입양되어 나갔으며, 이 시기에 외국에서부터 미국으로 입양된 총 19,000 명 중에 한국 입양아들의 숫자가 제일 높았다. 이러한 현상이 일어난 세가지 요소들은, 첫째 입양 가능한 한국 아동들이 많이

---

[7] 한겨레 신문. ['똑똑한' 한국 아이 2169 만원이오.] 임지선. 2009 년 5 월 14 일 제 760 호. http://h21.hani.co.kr/arti/cover/cover_general/24958.html

있었고, 두번째로는 한국정부에서 고아들을 쾌히 보내고 싶었던
심리와, 마지막으로는 한국 입양아에 대한 홍보가 널리 퍼져있었던
이유에 있었던 것이었다. 1950 년도와 60 년대 사이에 한국에는
500 여개의 아동 복지 시설들이 있었고 이 시설들을 통해
50,000 명의 어린이들이 수용되고 있었다. 전쟁 사생아인
혼혈아들은 대부분 미국인 아버지와 한국인 어머니 사이에서
태어났었고 한국정부에서는 한국사람 보다 미국사람으로
생각하였다. 그리고 특히 한국정부에서는 아이는 아버지하고 사는게
올바르다고 생각했으며 이러한 아이들을 미국으로 보낸다는 것은
그들의 아버지 한테 돌려보낸다는 생각이었다: "When mixed-
raced children were sent to the United States, representatives
of the Ministry of Social Affairs often came to see the plane off
and often expressed delight that the children were able to go
to their fatherland" (Holt 1972, 252). 한국전쟁 후 미국인
선교사들이 한국 기독교인들과 같이 전쟁 고아들과 전쟁 피해로
버림받은 아이들을 돕기 위해 모금 활동에 참여하였다. 남한에서
군사적 그리고 정치적 활동을 했던 미국의 책임에 대한 요구와
입양기관의 노력과 미국 전역에 퍼진 언론 기관의 노력으로 인하여
한국 혼혈아를 입양하기를 원하는 미국 가족의 수가 증가하였고
한국에 있는 혼혈아의 수 보다 더 많아졌다 (Park 413).

1953 년에서 1962 년까지는 미국의 Refugee Relief Acts and
Orphan Bill 에 따라 일년기간 동안 2000 여명의 이민자들이
미국으로 들어올 수 있었다. 이 정책의 원래 목적은 미군들로 인하여
출생한 아이들을 위해 가정을 마련해 주기 위해서였으나 실제로는
1958 년도에서 1962 년도 가운데 54%의 혼혈아들과 46%의 순
한국인인 고아들이 미국으로 해외 입양 되었다. 대체로 미국인들은
혼혈아 보다 순 한국인을 입양하기를 원하였다.

2. 발전기: 1962 년-1973 년

1960 년대에 입양아들은 대부분 1 살부터 6 살이었으며, 총
버림받은 아이들 중에 55%를 차지했다. 1962 년에서 1973 년
사이에는 9,600 명의 한국 입양아들이 미국으로 입양되어 나갔다. 이
숫자는 이 기간동안 외국에서 미국으로 들어온 입양아들 중 39%를
차지하는 양이었다. 그러나 이 10 여년간의 초기에는 입양과
이민법에 대한 미국의 법적 절차가 바뀌는 바람에 미국으로
들어오는 한국 입양아들이 1961 년의 655 명에서 1962 년에는
244 명으로 급속히 감소하였다. 이 결과 미국의 American Immi-
gration Bill of 1961 와 한국의 "The Special Law on Adoption of

Orphans"INS (Immigration and Naturalization Services) Act of
1961 을 통해 양부모들이 입양해서 미국으로 들어오는 아이들을
근친 ("immediate relatives")으로 등록 할 수 있게 되면서
1962 년에서 1973 년 사이에 미국으로 들어오는 입양아들이 6 배
(370 명에서 2,183 명으로) 늘었다. 미국에 들어와서는 미국의
법정에서 다시 한 번 더 법적절차를 거쳐 입양된다. 1970 년디에는
국외입양되어 나가는 아이들 중에 85%가 갓난 아기 및
유아들이었다.

3. 절정기: 1974 년-1990 년

　　해외 입양아수는 전쟁고아가 줄어든 시점인 1974 년에서
1990 년 사이에 더 급격히 증가했다. 1974 년에서 1991 년 사이에는
총 69,500 명의 입양아들이 미국으로 보내졌고 이것은 미국으로
들어온 외국입양아들 중에 58%를 차지했다. 85%의 해외
입양아들이 미국에 도착했을때 2 살 이하였고 95%이상이 5 살
이하였다.　이 시기에는 한국과 미국 사이의 해외입양은 한국정부의
정책들로 인해 큰 영향을 받았다. 1978 년도에는 한국정부가
해외입양을 감소시키고 7 년 안에 이를 없애기 위해 국내입양을
강조하기 위한 정책을 내놨다. 이 정책을 달성하기 위해서
한국정부가 미국에 있는 4 가지의 입양 시설들 (Eastern Child Wel-
fare, Korean Social Services, Social Welfare Society, 와 Holt
Children's Welfare Society)에게 도움을 요청했다. 그 결과
1979 년에 해외입양이 80%에서 20%로 감소되었고, 80 년에는
70%에서 30%로 축소되었다 (82). 그런데 1981 년에는 한국정부가
한국과 관련된 미국과 유럽 국가들과 관계를 개선하기 위해서
오히려 아무런 제한 없는 숫자의 입양아들을 보냈다. 1982 년에서
1987 년까지 30,600 명이 입양되어 나갔으며 매년 해외입양인의
숫자가 86 년까지 3,254 명으로 늘어났다.
　　그리고 1980 년대 중반부터 해외입양인들의 뿌리찾기 운동이
일어났고 해외입양인들 사이에 네트워크가 형성되었으며, 이들에
대한 언론과 국가의 관심이 늘어났다. 해외입양인들의 관심은
한국의 경제발전과 선진국으로의 진입, 세계화, 재외한인과 한국과의
관계 재설정 등의 문제와 연결되어 있다. 해외입양인들이 새로운
환경에 적응하는 과정에서 겪는 정체성의 문제, 인종차별문제,
인권문제, 다시 만난 가족과의 갈등이 TV 특별프로그램이나 영화를
통해 나타났다.[8]

---

[8] [MBC 스페셜 '어머니 나 여기 있어요' 해외입양인들을 다시 생각한다] (2004); [우리는
지금, 해외입양] (2004); [인간시대: 수잔브링크의 아리랑] (1991)

1988 년의 서울올림픽은 한국에 대한 호기심을 자극했다. 한국 올림픽 전후에 한국과 미국의 언론 매체에서 해외 입양에 대해서 크게 비난을 받았다. 특히 1988 년도 1 월에 발행된 *The Progressive* 이라는 잡지에 실린 논설의 제목은 아주 비판적인 "Babies for Sale: South Korea Makes Them, Americans Buy Them"이었다. 한국의 언론매체도 해외입양에 대해 비슷한 관점을 가졌다. 한국의 정치인들까지 목소리를 높였다. 특히 이 문제는 버림받은 아동들에 대해서 사회에서 처리를 잘 못 한다는 비판이었다. 89 년도에는 1~6 살 아동이 12%로 줄었고 6 살 이상인 아이들은 3% 증가하였다.

한국의 해외입양 문제는 북한에서도 비판을 받고 있다. 한국전쟁 후에 북한에서도 아이들을 해외입양을 소련과 동유럽에 보냈지만 입양 아동을 혼자 보내지 않고 항상 가정교사와 같이 보냈다. 그리고 입양아가 다 커서 때가 되면은 북한으로 다시 가정교사와 같이 돌아갔다 (Kim 2007 16).[9]

이러한 비판이 있는 반면에 입양아들을 그래도 해외입양을 통해 비참한 상황에서 구하고 기회를 주는 노력를 하는 것은 보람있는 일이라고 생각하는 미국 양부모들도 많다:

> Korea is brave for participating in international adoption. Over all these years she has been saving her children. These are children born out of wedlock, so they would have that stigma to live with, so it's better that they get adopted. The mothers are brave because they have not chosen abortion but adoption. How wonderful for these kids (Brian 69).[10]

또 다른 미국인은 한국의 해외입양의 현황에 대해 이렇게 말을 했다:

> The Korean people are a very proud and loving people and want the best for their children, and I want to commend them for being one of the first countries to step out of the box and say we have got to do something that is best for these children. I think they truly want to have these children remain in their country, but at this point, they don't have a way (p.p. 68-69).

결국 꼭 비판만 있었던 것은 아니었다. 이러한 상황에도 불구하고 한국정부도 점차로 해외입양을 줄이고 국내입양을 늘려 나가야 한다고 인식하게 되었다.

---

[9] "Contextualizing Adoptions from a Korean Perspective." *International Korean Adoption: A Fifty-Year History of Policy and Practice.* Kim, Dong Soo. New York: Haworth Press Inc., 2007.

[10] Brian, Kristi. "Choosing Korea: Marketing 'Multiculturalism' to Choosy Adopters." *International Korean Adoption: A Fifty-Year Old History of Policy and Practice.* Berquist, Kathleen Ja Sook, Ed. Haworth Press, 2007.

II. 국내·외 입양 현황

매년 평균적으로 10,000~15,000 명의 아이들이 버림받으며 1991 년에는 35,000 명이 입양 시설에 들어가있다는 사실을 보였다. 그리고 1991 년에는 미국으로 해외 입양되는 아이들은 1986 년도의 6,188 명에서 1,534 명으로 줄었다.

1990 년대 이후 새로운 단계로 들어 섰다. 그것은 해외입양아들이 모국을 방문하고 친부모 찾기를 시작했기 때문이다. 그 동안 고아, 기아, 혼혈아들을 해외에 입양시키는 것에만 몰두했던 한국 사회는 인종적, 민족적으로는 한국인일지라도 시민권과 생활문화에서 타국인인 해외입양인을 어떻게 다루어야 하는가하는 난감한 문제에 부딪힌 것이다. 1990 년대 중반 이후 모국을 방문하는 해외입양인과 그 가족들의 수는 계속 증가하고 있다. 정부도 1997 년 '재외동포재단법'을 통해 "세계 한민족 공동체"에 해외입양인을 포함시켰다. 1998 년 G.O.A.L (Global Overseas Adoptees Link)가 설립되었고, 미국과 프랑스, 노르웨이등 주요 한국 아동 입양국에 자생단체들이 만들어져서 해외입양인들을 위한 서비스를 제공하고 있다(윤택림 73)

2000 년부터 국내에서 이루어진 해외입양에 대한 연구에서 가장 주목하고 있는 점은 적응 과정에서 드러나는 정체성 문제였다. 그들의 관심사는 사회복지분야에 자아 정체성의 형성과 의식, 해외입양인의 뿌리 찾기에 관한 연구나 해외입양인의 사후관리에 관한 연구가 중심이었다. "2007 년 들어 마침내 해외 입양률을 넘어섬으로써 우리나라가 '고아 수출국'이라는 오명을 벗는 청신호가 켜진 게 아니냐는 희망적인 전망이 나오고 있다."[11] 아래에는 보건복지부에서 나온 세가지 표가 있다.

왼쪽 아래에 있는 일람표에는 1991 년에서 2008 년까지의 십칠년간의 포괄적인 연도별 해외입양 아동 수를 보여준다. 가운데 표에서 증명하듯이 2007 년도에는 국내입양이 국외입양 보다 124 명 늘었다. 그러나 2008 년도에는 차이가 별로 없을 정도로 안정 상태가 되었다.

---

[11] 서한기. ['고아 수출국 오명 벗나'... 국내입양률 증가] *연합뉴스*. 2007 년 11 월 9 일. http://www.donga.com/fbin/output?f=cn_&n=200711090359

<표 2>

연도별 해외 입양아동 수

연도	입양아동 수
1991년	2197명
1992년	2045명
1993년	2290명
1994년	2262명
1995년	2180명
1996년	2080명
1997년	2057명
1998년	2443명
1999년	2409명
2000년	2360명
2001년	2436명
2002년	2365명
2003년	2287명
2004년	2258명
2005년	2101명
2006년	1899명
2007년	1264명
2008년	1250명

자료: 보건복지가족부

<표 3>

최근 국내외 입양 현황
(단위: 명)

국외입양
국내입양

2409 2436 2287 2101
1726 1770 1564 1461 1388
1264

1999년 2001 '03 '05 '07

자료 : 보건복지가족부

<표 4>

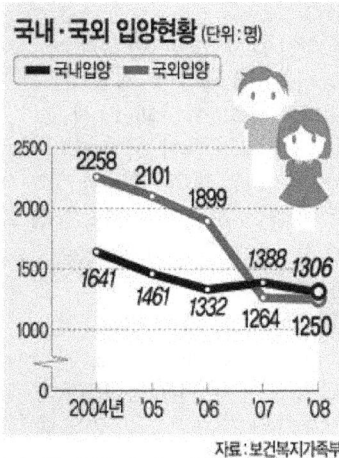

국내·국외 입양현황 (단위:명)

국내입양 국외입양

2258 2101 1899
1641 1461 1332 1388 1306
1264 1250

2004년 '05 '06 '07 '08

자료:보건복지가족부

III. 해외입양에 대한 문제점

　　민족적 정체성을 형성하고 발전시켜 나가는 과정은 주변에 있는 사람들—부모나 친구—을 보고, 영향을 받으면서 형성되어 나가는 것이다. 아이들은 일반적으로 4 살부터 6 살 까지 자기와 양부모나 학교 친구들과는 다르다는 것을 느끼게 되지만 구체적으로 무엇이 다른지는 인식하지 못한다. 그러나 7 살에서 8 살이 되어서는 자기들의 얼굴 형태나 신체는 많이 바뀌지 않을 것이라는 사실을 깨닫게 된다. 미국으로 이민 온 사람들이나 미국에서 이중 문화를

가지고 자라는 사람도 자기의 민족적 정체성에 혼란이 올 때가
많은데 입양아들은 더더욱 힘들다. 9 살에서 11 살 사이에는 자신의
민족적 정체성을 구분할 수 있다. 입양아들 가운데 특히 자신이
미국사람인지 한국사람인지 구분을 할 수 없어 충격을 받을 수도
있고 학교 친구들에게 놀림을 받기도 한다. 그리고 놀림 받지 않도록
대처할 수 있는 방법도 발견하게 된다. 인종적 정체성은 입양아들이
어린 시기에만 적응 해야하는 문제만은 아니며 어른이 되어서도
많은 입양아들은 자기의 민족적 정체성과 자기의 미국화된 삶과
조화를 잘 이루지 못할 때가 많다.

입양아들에게 "가장 큰 문제는 종족성과 관련된 문화화 (encul-
turation) 과정에서 나오는 개인의 적응 문제다" (임택림 87). 미국에
입양된 아이들은 자신들의 인종적, 민족적, 문화적 뿌리를 잃은
것이며, 미국문화에 동화되어야 하는 의무를 가지게 된 것이다. 해외
입양인은 민족, 인종, 계급이라는 변수에 의해 구조화되어 있다.
그러나 이들은 한인 사회에서 조차도 차별을 받는다. 혼혈한극
입양인의 경우 거의 한인 사회에 편입되어 있지 않다. 한국사람들은
혈통적 순수성을 지향하고 있기 때문에 혼혈한인들을 한민족
공동체로 받아들이지 않은 배타성과 폐쇄성을 보이기 때문이다.
이것은 한국 정부에서 국내입양의 대상에서 혼혈들을 제외시킨 것과
같은 맥락이라고 볼 수 있다.

그러나 단일민족이라는 자부심과 문화적 정체성에 기반 했던
한인사회는 급속하게 전개되고 있는 세계화, 정보화 흐름과 함께 저
출산, 고령화, 외국인 근로자 및 결혼이주자들의 증가와 같은
사회구조 변화로 인해 다인종 다문화 사회로 급속하게 변화하고
있다. 2005 년도 통계에 의하면, 한국에 정식적으로 등록된 외국인은
85 만 4 천여 명이고, 체류 외국인은 116 만여 명이며, 전체 인구의
약 2%가 외국인이라고 한다. 농촌지역에서는 국제 결혼률이 30%에
육박하고,
한국사회 전체에서도 10 쌍 중 1 쌍은 국제결혼이다.

현재 한국사회에는 저 출산 대책과 농어촌 지역 남성의 결혼
문제 해결을 위해 젊은 외국 여성을, 그리고 노동력 문제 해결을
위해 젊은 외국 남성들의 입국을 허용하고 있고, 외국인의 수나
비중은 해마다 증가하고 있다. 이러한 한국사회의 현실을 직시할때,
한국사회도 민족의 단일성과 배타성을 극복하여 더이상 혼혈아동을
한민족 공동체에서 소외시키지말고 사회의 일원으로 존중하고
받아들여서 다인종 다문화 사회로의 원활한 진입과 바람직한 사회
통합을 이뤄야 할 것이다.

해외입양인들 자신들은 모국을 방문하거나 친부모를 찾으려는 노력이 실제로 친부모와 계속적인 접촉을 하기 위해서가 아니라 자신의 문화적 정체성의 잃어버린 자각을 찾기 위한 것이다. 그들은 한국인이 되기 위해서 모국을 방문하거나 친부모를 찾는 것이 아니라, 자신의 문화적 정체성의 채워지지 않은 한 부분을 채우기 위해서, 그리고 한인입양인이며 미국시민으로서 문화적 정체성을 완성하기 위해서 오는 것이다. "해외입양의 문제는 입양된 아이들의 인권, 타문화와 새로운 가족에서 적응과 갈등의 문제, 개인, 가족, 민족 정체성의 문제와 직결된다". 한 연구조사에 따르면, 79.6%가 차별 경험을 했고, 차별 받은 이유는 신체적 차이 (70.6%)와 한국인이기 때문 (19.3%)이라는 것이다(윤택림 73, 88).

IV. 입양에 대한 인식과 국내입양의 걸림돌

"기존의 연구에서 문화적인 측면으로 지적된 것들은 혈연중심의 가족제도, 장애아동에 대한 입양 기피, 주거공간의 부족, 가족이기주의, 인간의 존엄성에 대한 인식 부족 등이다" (윤택림 74).

1. 유교적 전통과 혈연중심주의

한국은 아직까지도 조선시대부터 내려온 부계 중심의 가부장제적 가족제도와 관행이 혈연중심의 대를 잇기 위한 양자제도의 발전을 가져온 것을 보여주고 있다. 따라서 피가 다른 아이의 입양에 대한 거부감을 가지고 있는 혈연중심의 가족제도가 국내입양의 가장 큰 걸림돌로 인식되고 있다. 한국의 유교적 전통 및 혈연중심과 미혼모에 대한 급격한 사태와 사교육비용이나 육아비용 등의 문제들이 국내입양의 여부에 직접 영향을 미친다.

2. 미혼모의 사태

유교적인 도덕관은 미혼모와 그들의 사생아에 대하여 적대적이다. 따라서 미혼모들은 그들의 사생아를 성별에 관계 없이 포기하도록 만든다. 더욱이 95%의 미혼모는 생후 1 개월 안에 아이들을 포기한다. 한국전쟁 이후 해외 입양 아동들은 기아, 고아, 혼혈아였지만, 1970 년대 이후 미혼모의 아이들이 주로 입양대상이 되고 있다. 미혼모의 연령은 16 세에서 25 세 사이이다(1980 년 22%, 1986 년 45%, 1992 년 52.9%, 2004 년 88.2%).

그리고 입양아 중에 미혼모의 아이들이 차지하는 비중은 1980 년 24.8%, 1986 년 46.5%, 1992 년 62.6%, 2004 년 83.6%로 점점 증가하고있다. "모성의 측면에서 볼 때, 미혼모가 현실적으로 아이를 기를 수 없는 상황이라고 판단하는 것에는 두 가지가 있다.

하나는 미혼모는 어머니가 될 수 없다는 한국 사회의 성인식이고, 또 하나는 현 한국 사회의 모성이데올로기이다" (윤택림 79). 한국 사회에서 미혼모는 사생아를 인정 받지 못 한다. 따라서 다른 사회에서는 버려지지 않아도 되는 아이들이 한국 사회에서는 버려지고 해외로 입양되어 나가는 것이다. 그리고 미혼모의 연령은 점점 낮아지고 있고, 15세 미만의 미혼모의 경우에는 장애아 출산의 빈도도 높게 나오고 있어 사회적으로 인권적으로 더욱 큰 문제가 되고 있다.

<표 5>

(단위: 명, %)

연도	계 (A)	국내·외 입양			발생원인		
		국내(B)	국외(C)	B/A	미혼모	기아·빈곤	결혼가정
1958~60	2,700	168	2,532	6.2	290(10.7)	1,755(65.0)	655(24.3)
1961~70	11,481	4,206	7,275	36.6	2,467(21.5)	6,975(60.8)	2,039(17.8)
1971~80	63,551	15,304	48,247	24.1	26,702(42.0)	22,220(35.0)	14,629(23.0)
1981~85	50,502	15,424	35,078	30.5	33,051(65.4)	8,748(17.3)	8,703(17.2)
1986~90	41,322	11,079	30,243	26.8	33,798(81.8)	2,736(6.6)	4,788(1 .6)
1991~95	16,791	5,817	10,974	34.6	14,068(83.8)	1,361(8.1)	1,363(8.1)
1996	3,309	1,229	2,080	37.1	2,822(85.3)	297(9.0)	190(5.7)
1997	3,469	1,412	2,057	40.7	3,082(88.8)	266(7.7)	121(3.5)
1998	3,675	1,426	2,249	38.8	3,291(89.6)	296(8.1)	88(2.4)
1999	4,135	1,726	2,409	41.7	3,622(87.6)	204(4.9)	309(7.5)

자료: 보건복지부, 「내부자료」, 1999.

3. 장애아동의 비극

한국 사회에서는 아직까지도 일반적으로 장애아에 대한 거부감이나 배타적인 태도가 강하다. 장애아라는 것은 이상이 있는 비정상적인 사람이라는 것이다. 한국에 버림받은 장애아동들은 특히 불쌍하고 비참한 상태에 빠져있다. 한국인들은 국내입양을 할 때 정상적인 아이를 원하기 때문에 장애아동들은 주로 해외로 입양되어 나가는 편이다. 장애아동들이 해외로 나간다고 사랑을 덜 받는 것은 아니지만 국내에서부터 장애아동들을 받아주지 않는다는 데에 비극이 있다고 볼 수 있다.

<표 6>

<표 7>

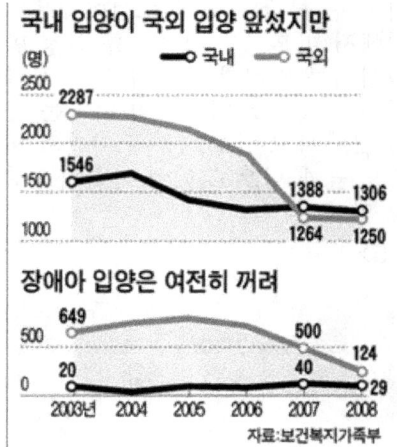

위에 왼쪽 표에 의하면 2003 년에서 2007 년까지 진행된 국내입양 중에서 장애아동이 입양되는 경우는 상대적으로 적었다는 것을 보여준다. 2003 년도의 669 명의 장애아동 중에 20 명만 국내에서 입양되었으며, 이것은 전체에서 3% 만이 국내에서 입양되었다는 의미이다. 2004 년에는 국내입양되는 장애아동이 더 줄어서 총 712 명 중 7 명 밖에 없었다. 2005 년에는 조금 장애아동에 대한 국내입양이 늘었지만 그래도 겨우 764 명 중 27 명만 국내에서 입양되었다. 그 다음해에는 725 명 중 12 명만 한국 안에서 입양되었다. 2007 년에는 540 명 중 40 명의 국내입양이 이루어졌다. 오른쪽의 아래의 도표에서보면 2003 년에 20 명이던 장애아 국내입양수가 2008 년에는 29 명으로 다소 증가하였지만 해외입양에 비해 여전히 상대적으로 적은 것을 볼 때, 한국사람들은 아직까지도 장애아에 대한 고정된 관념을 벗어나지 못했다는 것을 의미한다.

4. 육아비용 및 사교육비

국내에서 입양을 하고 싶은 사람들이 있더라도 육아비용 및 사교육비용 (학원이나 과외비용)이 저 출산 문제와 함께 낮은 국내 입양률의 원인으로 되고 있다. 이러한 비용들이 너무 높아 부담을 느껴 결국에는 애를 안 낳거나 입양을 안 하게 되는 결정적인 작용을 한다. 육아정책개발센터에서는 "아동을 보육하고 교육하는 데 소요되는 이러한 예산은 지난 몇 년간 매우 빠른 속도로 증가해 왔고, 2010 년까지 지금의 두 배 정도로 늘어날 전망이다…. 2010 년까지의 중장기 계획에 의하면 도시 근로자 평균소득에 비해

소득이 130%인 가정 아동에 까지 비용 지원 대상이 확대된다"[12]라고
말했다.

<표 8>   <표 9>

■학생 1인당 사교육비 (단위: 원)

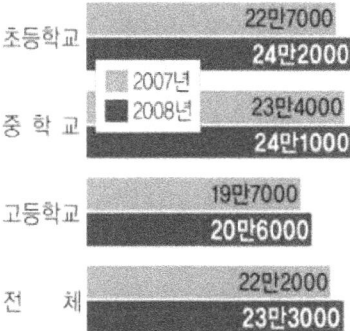

초등학교   22만7000 (2007년)
           24만2000 (2008년)

중 학 교   23만4000
           24만1000

고등학교   19만7000
           20만6000

전   체   22만2000
           23만3000

*사교육을 받지 않은 학생을 포함해 초중고
전체 학생 대상으로 산출한 월평균 금액

자료: 교육과학기술부, 통계청

2008 전국 사교육비 현황

지난해 6월과 10월 두 차례에 걸쳐 전국 273개
초·중·고교의 학부모 약 3만4천명을 대상 조사

연간 총 사교육비
단위: 억원

106,634 136,485 176,774 200,400 209,095
01년   03년   05년   07년   08년

자료/교육과학기술부, 통계청   연합뉴스

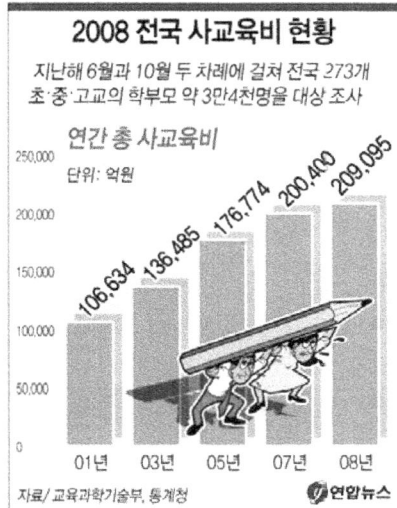

　　위의 표에서 보는 바와 같이 2007 년 학생 1 인당 사교육비는:
초등학교, 22 만 7000 원; 중학교, 23 만 4000 원; 고등학교,
19 만 7000 원 이었다. 전체 평균은 22 만 2000 원이었다.
2008 년에는 초등학교가 24 만 2000 원이었고, 중학교비가
24 만 1000 원, 고등학교는 20 만 6000 원이었으며 전체 평균이
23 만 3000 원으로 사교육비가 계속 증가하고 있다. 오른쪽 도에서
연간 총 사교육비 규모는 2001 년에 106,634 억원에서 2008 년은
209,095 억원으로 증가해 약 두 배가량 그 규모가 증가하였음을 볼
수 있다. 육아비용 및 사교육비가 많이 증가되어 왔고 향후 계속
올라갈 것이라 전망이 될 때, 저출산 문제와 더불어 국내입양에 대한
상황들이 지속될 뿐만 아니라 오히려 더 악화 시킬 가능성이 많다.

V. 한국정부의 해외입양에 대한 부담 및 대책

　　해외입양에 대한 역사에서 언급했듯이 1970 년대부터
한국정부가 해외입양을 감소하기 위해서 노력을 안 해 온 것은
아니다. 그러나 1980 년대에 들어서는 한국에서의 해외입양이

---

[12] 중아일보시론—"육아지원 정책의 성공 조간" 육아정책갭발센터 기획조정연구실장
서문희. 2008 년 1 월.
http://article.joins.com/article/article.asp?Total_ID=2560119

새로운 단계에 들어섰다. 북한을 비롯한 사회주의 국가들로부터
고아수출국이라는 비난에 직면한 한국정부는 해외입양을
단계적으로 줄여나가고, 국내입양으로 대체하고자 했다. 그 결과
국내입양아의 수가 증가하였지만 해외입양아의 수를 앞지르지는
못했다. 정부는 1980 년부터 해외입양의 축소를 시작하여
1996 년이내에 완전히 중단을 하려고 했다. 그러나 해외입양
중단계획은 수용아동의 국내입양이 많이 이루어지지 않은 상황에서
비현실적이고 아동보호를 오히려 저해한다는 비판 속에서, 1994 년
해외입양 전면 금지 정책은 취소되었다. 대신 한국정부는 해외입양
허가를 강화하려고 하였으나 그 마저도 유보한 상태였다.
이러한 상황에도 최근까지도 해결하지 못한 것은 입양의 사회적
문제이다. 노무현 정부 시기에 김근태 당시 보건복지부 장관은
"앞으로 4~5 년 뒤 해외 입양을 폐지하겠다"고 밝혔지만 성공하지
못하였다. 2005 년의 2,101 명에서 2008 년에는 1,250 명으로 줄긴
했으나 '폐지'와는 거리가 멀다. 한겨레 신문은 해외입양의 감소의
속도를 낙관적으로 본다 해도 앞으로 10 년 이상 해외 입양은 유지될
것으로 보도하였다.

VI. 결론

현재 미국에서 국제입양은 전체 입양에서 볼 때 작은 비율이다.
그러나 국제입양은 양부모와 입양아의 외면적 인종적, 민족적,
문화적 차이로 인해서 미국의 입양 관행에 큰 영향을 주었다고 볼 수
있다.

'입양은 가슴으로 낳는 사랑'이라는 표현이 있다. 한국에서의
해외입양을 전체적으로 놓고 봤을 때는 다 나쁜 것은 아니다. 그러나
입양에 대한 정책이나 대책에 대해서 고려할 때는 직접 관련되는
입양아들의 상황, 즉, 그들의 행복이나 복리에 초점을 두어야 한다는
것이다. 각 입양아동을 위한 최고의 선택의 길을 마련 해주는 게
바림직 하라고 본다. 2009 년 12 월 10 일에 동아일보에 [13] 실린
기사에 따르면 최근에 미 우주항공연구소에서 근무하고 있는 스티브
모리슨 (한국명 최석춘. 48)은 14 세때 아버지의 사업 실패와
어머니의 가출, 동생과의 생이별 등 비참한 상황에서 벗어나
1970 년에 미국의 유타 주로 입양되어 나간 것은 행운이었다고
생각을 한다. 이렇게 해외입양에 대한 두 가지 시각이 있다.

---

[13] 동아일보 ["김치 만드는 파란눈 엄마 보며 내게도 가족 생겼구나 뭉클"] 장윤정 기자.
2009 년 12 월 10 일.
http://news.donga.com/3/all/20091210/24691129/2

　　그리고 국내입양이나 해외입양이나 관계없이 고아 위주로
입양을 하기 위해서는 비밀입양이 아닌 공개입양의 방법이
바람직하다. 유교적 전통에 입각한　혈연중심주의적인 한국사회가
바뀌기는 쉽지 않다. 또한 미혼모에 대한 대책이나 장애아동의
비극에 대한 해답은 찾기가 어렵다. 그러나 비밀입양 보다
공개입양을 추진하는 경우 입양아의 정체성 측면에서 자기의 뿌리를
찾을 수 있는 가능성과 기회를 주며 차별 문제를 어느 정도 축소
시키는데 기여할 수 있다고 본다.

참고문헌:

Berquist, Kathleen Ja Sook, Ed. *International Korean Adoption: A Fifty-Year Old History of Policy and Practice.* "Choosing Korea: Marketing 'Multiculturalism' to Choosy Adopters." Brian, Kristi. New York: Haworth Press Inc., 2007.

Berquist, Kathleen Ja Sook, Ed. *International Korean Adoption: A Fifty-Year Old History of Policy and Practice.* "Korean Adopted Children's Ethnic Identity Formation." Huh, Nam Soon. New York: Haworth Press Inc., 2007.

National Public Radio. "U.S. Mom Sends Back Adopted Son Back to Russia." April 9, 2010.

윤택림. "입양의 문화정치학- 비교문화적 접근을 위한 제언." 정신문화연구 2005 봄호 제 28 권 제 1 호 (71-94).

New York Times, "Korea Aims to End Stigma of Adoption and Stop 'Exporting' Babies, Norimitsu, Onishi, October 9, 2008

Park, Sooh Ho. "Spatial Distribution of Korea-born Adoptees in the United States." *Journal of the Korean Geographical Society.* Vol. 30, No.4, 1995 (411-428).

한겨레 신문. ['똑똑한' 한국 아이 2169 만원이오.] 2009 년 5 월 14 일 제 760 호. http://h21.hani.co.kr/arti/cover/cover_general/24958.html

[MBC 스페셜 '어머니 나 여기 있어요' 해외입양인들을 다시 생각한다] (2004); [우리는 지금, 해외입양] (2004); [인간시대: 수잔브링크의 아리랑] (1991)

동아일보. ['고아 수출국 오명 벗나'··· 국내입양률 증가] 2007 년 11 월 9 일.http://www.donga.com/fbin/output?f=cn_&n=200711090359

중아일보 [시론—"육아지원 정책의 성공 조간"] 육아정책갭발센터 기획조정연구실장 서문희. 2008 년 1 월. http://article.joins.com/article/article.asp?Total_ID=2560119

동앙일보 ["김치 만드는 파란눈 엄마 보며 내게도 가족 생겼구나 뭉클"] 장윤정 기자. 2009 년 12 월 10 일
http://news.donga.com/3/all/20091210/24691129/2

김일성과 김정일의 리더십 비교: 형성 과정과 실행 과정을 배경으로

이지원 (Jennifer Lee)

MA, Korean for Professionals, University of Hawaii at Manoa, 2010
BA, International Studies, University of Washington, 2008

LEADERSHIP COMPARISON: KIM IL-SUNG AND KIM JUNG-IL

This study examines Kim Il-sung and Kim Jung-il's leadership types and historical factors that made such difference in the development and execution of their leadership. Marx Weber divided leadership into three different categories: traditional, charismatic, and legal leadership. Kim Il-sung developed strong charismatic leadership from at early age by actively participating and leading anti-Japanese movements. His role in anti-Japanese movements later played a critical role in building his charismatic personality, and the establishment of Juche idea as the official state idealogy of North Korea brought even more trust and loyalty in his power among North Koreans. On the other hand, Kim Jung-il had comparably weaker charismatic leadership beause unlike his father, he was trained from his childhood to take over the power after Kim Il-sung and his works were not as salient as his father's. Kim Jung-il, therefore, reinterpreted Juche Idea and developed it into a broader political ideology by grafting Military-First political ideas, in order to justify and maintain his authority. The difference between the two Kims' leadership can be explained in two aspects: domestic and international conditions. Domestically and internationally, Kim Il-sung was in a more prominent position for promoting his power. Because North Korea was in the beginning stage of country construction, political and economic plans were showing short-term and long-terms outcomes. But the limitations and long-term side effects of Socialism were visualized at the end of Kim Il-sung era. Those problems were left for Kim Jung-il to worry about. Unless North Korea decides to change up its political structure into more capitalized form, it will continue to have political pressure from outside and economic problems.

I. 서론

북한은 60년 가까이 김일성과 김정일을 지도자로 한 소수의 지도세력에 의해 유지되고 있다. 1950년대와 60년대는 사회주의 경제와 건설을 위한 토대를 구축하는 것이 북한의 가장 큰 목표였으며, 이로 인해 북한은 급성장과 경제발전이라는 결과를 낳았다. 그러나 70년대와 80년대에는 사회주의 공업화와 대중동원에 있어서 한계에 부딪히게 되었고, 90년대 이후에 와서는 경제위기와 체제위기가 심화되었다. 북한이 이러한 발전과정을 거치게 된 것과 한계와 문제들에 직면하게 된 것에는, 어떠한 요인들이 작용하였을까? 이 질문의 예상되는 질문의 하나로 지도자의 리더십을 들 수 있다. 쓰루타니는 발전도상국가가 발전함에 있어서 지도자의 역할은 국가발전의 요인의 하나라기 보다 그것의 주도자라는 가설을 검증하고 있다.[1] 그렇다면 김일성 주도 체제하에서 김정일정권으로 넘어가면서 국가운영에 어떠한 변화가 있었으며, 이 두 지도자의 리더십에는 어떠한 차이점이 있을까?

　　이 논문은 김일성과 김정일의 리더십 형성과정과 수행을 비교하고자 한다. 아울러 본 연구의 목적은 김일성과 김정일의 리더십 차이에는 어떠한 배경이 작용했는가를 살펴보는 것이다. 이를 통해 북한 지도자들의 과거 추진정책 또는 결정의 배경을 이해하고, 현재 일어나고 있는 북한 관련 문제들에 대한 김정일의 반응 또한 이해할 수 있을 것이다.

　　본고의 구성은 다음과 같다. 제I장은 서론으로 문제 제기 및 연구 목적을 제시할 것이다. 제II장은 이론적 접근이다. 여기에서는 리더십이라는 용어에 대한 이론적 논의와 개념에 대해 설명할 것이다. 제III장과 제 IV장에서는 김일성과 김정일의 리더십 형성과정과 실행과정에 대해 각각 살펴볼 것이다. 여기서는 그들의 출생과 성장, 정치적 리더십 형성기, 그리고 정책 실행과정에서의 리더십 실행 양상을 살펴본다. 제V장에서는 두 지도자의 리더십을 비교하고, 리더십의 차이에 대한 배경을 분석한다. 리더십 차이의 분석에서는 국내적, 국제적 배경으로 나뉘어 설명하였다. 마지막 제 VI장은 결론이다.

제 II 장 이론적 접근

1. 이론적 논의

(1) 리더십의 개념

　　리더십이라는 용어는 여러 분야에서 흔히 사용되는 단어이나, 특별히 정치리더십을 정의하는 것은 쉬운 일이 아니다. 왜냐하면 현대 정치학에서 리더십을 학문적으로 연구한 바가 그리 많지 않기

---

[1] Takestugu Tsurutani, *The Politics of National Development: Political Leadership in Transitional Societies* (London: Chnadler Publishing Co., 1973).

때문이다.[2] 이관세는 특별히 제 3세계 국가의 경우를 들어 정치리더십을 정의하였다. 그는 리더십을 "정당성을 보유한 정치지도자가 목표달성을 위해 각종 정신적·물질적 수단을 동원하여 대중들을 복종시킬 수 있는 지도자의 기술과 활동"이라고 정리하였다.[3] 또한 터커(Robert C. Tucker)는 "리더십이란 정치에서뿐만 아니라 사회생활의 모든 분야에 걸쳐서 일어나는 현상이며, 리더십은 언제 어디서나 지도자들과 동시에 이들이 지도하는 사람들 간의 상호관계라는 측면에서 발견되는 것이다"[4]라고 정의하였다. 에치오니(Amitai Etzioni)는 "리더십이란 집단이 처한 상황 속에서 한 개인이 집단의 다른 성원들에게 미치는 사회적 영향력이며, 이는 공식적으로 상이나 제재를 행사함으로써 집행되는 강제력과 구별되는 개념이다"[5]라고 하였다. 이를 정리해보면, 리더십이란 지도자-피지도자 간의 상호관계이며 리더십은 개인이 피지도자라는 집단에 사회적으로 미치는 영향이라고 할 수 있다

(2) 리더십의 유형

리더십의 유형을 분류하는 방법은 다양하다. 서양의 경우 민주주의, 명예지상 정치, 소수 독재 정치, 전제 정치에 따라 리더십을 분류하고 있다 (조지 세이빈 토마스 솔슨, 1988). 현대에 들어와서는 권위적, 민주적, 투기적, 창조적 리더십으로 분류하기도 한다 (박찬욱, 1992). 그러나 학자들 간에 가장 일반적으로 용인되는 리더십의 분류는 막스 베버가 분류한 세 가지의 리더십 유형으로, 카리스마적 리더십, 전통적 리더십, 그리고 법적/합리적 리더십이 있다.

먼저 카리스마적 리더십은 개인의 예외적인 능력, 영웅주의 혹은 모범적인 성격에 의존하며, 그가 드러내거나 규정한 규범적 유형이나 질서의 예외적 성격에 대한 헌신에 기초한다. 카리스마적 리더십은 "종교의 창시자, 건국의 아버지나 영웅이 가지고 있는 특출한 능력으로서, 카리스마에 의존하는 권위는 '법적 권위'라기보다는 '실질적 권위'라고 할 수 있다. 카리스마적 권위는

---

[2] 이관세, "현지지도를 통해 본 김정일의 리더십," 전략과 문화 (이환디앤비 2007), p. 24.

[4] 이관세, 앞의 책, p. 30.

[3] Robert C. Tucker, Politics as Leadership, 안청시·손봉숙 옮김, 『리더십과 정치』 (서울: 까치, 1983), p. 23.

[5] Amitai Etzioni, "Dual Leadership in Complex Organization," American Sociological Review, Vol. 30, No. 5, 1965, pp. 689-690. 김영화, 『중국 정치리더십』 (서울: 문원출판, 2000), p. 15 에서 재인용.

종교와 정치가 결합되어 있는 신정체제에서 지배적인 권위이다.
종교와 정치가 결합되어 있는 신정체제에서 지배적인 권위이다.
규칙이나 법과는 관련이 없는 개인적으로 뛰어난 특성과 자질,
수사학적 기술, 최면성 권력으로부터 나온다. 그런데 종교적 창시자
또는 세속국가 건국자의 카리스마는 조직 내에서 제도화됨으로써
'카리스마의 일상화'가 일어나고, 그것이 반복될 경우 전통적, 세습적
권위로 변하게 된다."[6]

전통적 리더십이란, 신성한 전통에 대한 믿음과 그에 따라
권위를 행사하는 자의 정당성에 대한 믿음에 기초한다. 전통적
리더십은 "오래된 규칙과 권력의 신성성에 의해 주장된다. 권위를
행사하는 상급자가 아니라 주인이며, 주인은 전통적 규칙에 의해
지정되고, 그러한 전통적 지위 때문에 복종을 받는다. 이러한 유형의
지배는 개인적 충성에 기초한다. 전통적 권위를 가진 사람의 명령이
정당화되는 것은, 전통에 의해서 명령의 내용이 결정되고 타당성을
획득할 때, 그리고 전통이 부여한 주인의 재량권에 의해서이다."[7]

법적, 또는 합리적 리더십이란, 규칙의 합법성에 대한 신념과 그
규칙에 따라 권위를 가진 자가 명령을 발할 권위에 의존하는
리더십을 의미한다. "법적으로 수립된 비인간적 질서에 대한
복종이며, 권위를 행사하는 사람은 법에 의해서 그에게 부여된
직책의 범위 내에서 그리고 형식적 적법성의 한계 내에서 명령을
발할 수 있다. 여기서 법은 의도적으로 수립된 추상적 규칙의 일관성
있는 체계로 구성된다. 가장 순수한 형태의 법적 권위의 행사는
관료적 행정조직에서 일언는데…;;법적 권위에 의한 명령이
정당화되는 것은 그 내용에 의해서가 아니라 그 명령이 법이 정한
형식적 절차에 부합하는지 여부다."[8]

본고에서는 김일성과 김정일의 리더십을 분류하기 위해, 위와
같은 베버의 리더십 분류방법을 적용하기로 한다.

(3) 분석 및 가설

앞에서 언급했듯이 본고에서는 김일성과 김정일의 리더십
유형을 막스 베버가 분류한 리더십 유형에 적용해 비교하는 방법을
사용하고자 한다. 김일성은 가난하고 순탄치 않은 어린 시절을 겪고
항일투쟁을 통해 자신의 정치 활동의 정당성을 확립시켰다. 이와
같이 개인의 능력으로 '법적'인 권위보다는 '실질적' 경험과 업적을

---

[6] 박길성. "한국사회, 어디로 가나? 권위주의 이후의 권위구조, 그 대안의 모색."
굿인포메이션.

[8] 박길성. 앞의 책.

박길성. 앞의 책.

통해서 북한이라는 국가를 건국하였다. 베버가 설명하는 것처럼 그는 '건국의 아버지'이며 선군정치와 주체사상이라는 종교와 정치가 결합되어 있는 체제를 정립하였다. 이와 같은 카리스마가 제도화되면서 '카리스마의 일상화'로 연결되고 이것이 반독되면서 전통적, 세습적 리더십으로 변화하게 된다. 이러한 배경을 살펴봤을 때 김일성의 리더십은 카리스마적 리더십에 해당된다.

김정일의 경우, 그의 아버지에 비해 인민들로 하여금 영웅이라던가 예외적인 능력이 있다고 인정받기에는 약했다고 볼 수 있다. 반면 김정일은 김일성 체제를 물려받아 그것을 제도화 시킴으로써 카리스마적 리더십을 발전시켰고, 리더십 강화 과정에서 제도적인 리더십을 형성하였다.

이와 같이 리더십의 유형과 형성 과정이 다른 이유는 시대적인 변화, 특히 국제사회의 변화가 가장 크게 작용했다. 즉, 김일성 시대에는 나라를 건립해야 하는 상황이었으며 이데올로기적 경쟁이 치열한 시기였던 반면, 김정일 시대에는 이데올로기와 국가의 생존이 위협에 부딪힌 시대라고 할 수 있다.

따라서 본 연구의 가설은 다음과 같다. 김일성은 항일무장투쟁이라는 역사적 업적을 바탕으로 나라를 건국하고 다스리는 과정에서 강한 카리스마적 리더십을 발휘하였다. 반면 김정일은 카리스마적인 리더십이 김일성에 비해 약했으며, 대신 김일성 체제를 제도화시키는 과정을 통해 법적/합리적 리더십으로 보충하면서 자신의 권력을 공고화하였다.

제 III 장 김일성의 리더십 형성과 실행 과정

1. 리더십의 형성

김일성의 출생에서부터 정치계로 들어서기까지 그가 어떠한 경험을 통해 리더십을 창출해 나갔는지 살펴보고, 리더십을 실행하는 과정에서 그의 리더십이 어떠한 성격을 띠었는지 살펴보겠다.

(1)출생과 성장

김일성은 1912년 4월 15일 평양 서남 근방 대동강 기슭의 만경대에서 태어났다. 조상 대대로 농민이었고 부친대에 이르러서야 기초적인 교육을 받았으며, 14살에 아버지를, 20세에 어머니를 여의었다. 만주와 한반도 사이를 드나들면서 소학교를 세 번이나 옮겼고 (만주 바다오거우, 평양 창덕소학교, 만주 무쑹소학교), 정규 교육은 지린에 있는 중국인 학교위원 중학 2년으로 끝났다. 거기서 '타도제국주의동맹'이라는 항일단체와 지린에 있었던 조선공산당

산하의 만주총국에 중학생 신분으로 참여하였고, 1929년 5월 체포되어 17세에 옥살이를 경험하기도 했다. 이 때는 이미 아버지를 잃고 어머니와 동생들에게서 떨어져 멀리서 독자적인 생활을 하던 중이었다. 옥살이를 끝내고 나서는 다시 학교로 돌아가지 못했으며, 이 때부터 만주 일대 여러 항일 구국 단체에 모습을 드러내기 시작했다. 그가 본명인 김성주 대신 김일성이라는 가명을 사용하게 된 것도 이때부터였다.

김일성의 성장기에서 그의 리더십을 가장 잘 엿볼 수 있는 것은 바로 청년 시절 그가 결성한 '트ㄷ(타도) 제국주의 청년동맹'이라고 할 수 있다. 1926년 김일성은 조선독립을 위한 청년조직을 계획하고 '타도제국주의동맹'이라는 조직을 탄생시켰다. 청년동맹의 목적은 크게 세 가지였는데, 일본제국주의 타도와 조선의 독립, 사회주의 건설, 세계 공산주의 건설이었다. 이와 같은 조직을 통해서 그는 궁극적으로 공산혁명을 달성할 만한 세대를 기르고자 하였다.

이상에서 살펴본 바와 같이, 김일성은 소위 말해 '개천에서 용 난' 격으로, 자수성가한 사람이라고 할 수 있다. 청년 시절부터 자신의 사회적인 입지가 뚜렷했으며, 많은 운동과 활동을 통해 자신의 정치적인 성향을 더욱 뚜렷이 할 뿐만 아니라 인민들에게 입으로 전해질 만큼 영웅으로서의 인지도를 높이는 계기를 마련하였다. 그의 고단한 어린 시절은 향후 인민들로부터 지지를 이끌어내는데 유용했으며, 많은 사람들에게 자신의 어린 시절을 이야기함으로써 희망을 안겨주는 동시에 자신을 우상화 하는데 많은 도움을 주었다.

(2) 정치적 리더십 형성기

A. 항일무장투쟁

김일성의 정치적 리더십 형성 초기에 가장 큰 영향을 미친 것은 항일무장 투쟁이다. 그는 만주에서 항일 운동을 시작했는데, 일본의 조선 합병, 만주국 수립, 중국으로 번지는 제국주의적 침략에 반대하였고, 조선의 독립과 중국에서의 일본군 축출을 목표로 결집된 투쟁 대열에 참가하기도 하였다. 동북항일연군에서는 무력투쟁까지 하기도 하였는데, 여기서 일본군에 패배하기는 하였으나 군사조직이 점점 커져 나중에 중국 조선 연합적 항일 무장 투쟁과 조선독립 운동에 큰 영향을 미치게 된다.

김일성은 1930년 항일무장투쟁 준비를 위해 '조선혁명군'이라는 조직을 창설하였고, 1932년에는 '인민유격대'라는 이름으로 조직을 확대시켰으며, 1934년부터는 '조선인민혁명군'이라는 이름으로 대규모 항일빨치산부대로 발전하였다. 당시 김일성은 백전백승의 용사로 만주일대에서 전설적인 인물이 되었다. 김일성의 백전백승에 대한 전설적인 이야기는 다음과 같이 전해져 내려왔다:

백두산의 정기를 타고나, 천지조화를 다 알고, 축지법을 쓸 줄 알며, 모래로 쌀을 만들고, 솔방울로 총알을 만드는 만고의 영웅이라고 과장될 정도이다.[9]

그의 이야기를 통해 많은 조선인들이 김일성 장군이 조선을 해방시킬 것이라는 희망을 갖게 되었으며, 그에 대한 믿음과 신뢰를 가지게 되었다. 즉, 김일성은 많은 조선인들에게 민족적인 희망이 되어 준 것이다.

김일성이 궁극적으로 지도자로서의 권력을 가지기 시작한 것은 1945년 그가 북한으로 귀국하면서였다. 그가 귀국했을 때 국내에는 이미 민족주의 지도자들이 주요 정치세력으로 등장하여 정치를 장악하고 있었다. 여기서 김일성은 북한 내의 다양한 정치세력들을 광범위하게 포섭하기 시작하였다. 허가이와 같은 소련파부터 시작해서 연안파, 국내민족주의파, 남한출신 남로당파, 함경북도 갑산파 등 곳곳의 모든 정치세력을 이끌어 연합전선을 펼친다. 그리고 그는 자신의 젊음과 활력, 포용성을 가지고 모든 세력을 한 자리로 결집시키게 된다.

김일성의 권력 형성 마지막 단계는 단독정부의 수립이라고 하겠다. 그는 그 전에 공산당을 창설하여 토지, 노동, 산업의 민주적인 개혁과 민족에 반하는 인물들의 숙청을 실시해야 할 과제로 설정하였으며, 전 민족에게 단결과 민족통일전선을 따를 것을 설득하였다. 김일성의 단독정부 수립은 공산주의라는 정치적 이상에 몰두한 결과이며, 그에 의거해 정치, 경제, 문화 등 모든 부분에서의 혁명적인 개혁을 추진하기 시작하였다. 또한 그는 1948년 남북연석회의를 개최하여 통일정부 수립을 위한 협상을 하고자 하였다.

이와 같은 정부 수립은 김일성에게 국가 원수로서의 실질적인 권력을 쥐어주는 결과를 맺었다.

B. 한국전쟁

1920년대 미국과 소련 간의 정치적인 이념 대립이 본격화 될 당시, 한반도 내에서도 좌익과 우익 간의 대립이 존재하였다. 특히 해방 후에는 양 세력간의 대립이 첨예화하였는데, 남한에서는 이승만을 중심으로, 북한에서는 김일성을 중심으로 연합하기 시작하였다. 한국전쟁의 발생 원인에는 아직까지도 많은 학자들과

---

[9] "김일성 출생서 권력장악까지" 동아일보 1994.7.10.

역사가들 사이에서 논란이 되고 있으나, 여기서 주목할 것은 전쟁 당시의 김일성의 리더십과 전쟁의 전개 과정이다. 클라우제비츠의 논리[10]와 다르지 않게 한국전쟁은 정치적 목적의 성격이 강했으며, 이 과정에서 김일성 또한 자신의 정치적 목적을 달성했다고 할 수 있다. 김일성은 1953년 전쟁 중이었음에도 불구하고 자신의 세력을 위협하는 정치세력들을 하나하나씩 숙청하였다. 박헌영을 비롯한 남로당 세력을 미국 간첩이라는 명목으로 사형에 처하였고, 허가이를 비롯한 소련파도 전쟁 중 과오를 명목으로 숙청하였다. 또한 전쟁 이후에도 연안파를 숙청하는데 이르렀다. 이로써 전쟁 이후 김일성이 자신의 권력으로 공식화하는데 위협이 되는 세력은 모두 사라지고 없었으며, 자연스럽게 북한의 지도자로써 자리매김하게 된 것이다.

2. 리더십의 실행 과정

김일성의 리더십 실행에서 그의 리더십 유형을 알 수 있는 방법은 그가 추진한 정책을 통해서이다. 정책의 목적과 의미하는 바가 무엇이며, 목표 달성을 위해 김일성이 한 활동을 살펴볼 수 있다.

김일성은 북한에서 정부를 수립한 뒤 여러 가지 정책을 펼쳤는데, 그 모든 정책의 목표는 공산사회의 건설이었다. 1945년 김일성은 주요 정책으로 여성의 평등한 사회참여와 아동복지, 교육과 의료치료의 무료 실현 등을 추진하였다. 이를 통해 많은 여성들이 사회에 나와 일을 할 수 있게 되었고, 인민들은 많은 사랑과 존경으로 김일성을 지지했으며, 김일성의 지속적인 현지지도는 최고의 홍보가 되어 북한에서 김일성을 비난하는 사람들은 거의 사라졌다.

(1) 주체사상

1945년 김일성이 북한을 통치하기 시작하면서 김일성의 위대함이 본격적으로 우상화되었고, 그 과정에서 그의 카리스마적 리더십이 부각되었다. 김일성이 자신을 우상화하게 된 근본적인 원인은 "극도로 혼란했던 해방 후의 북한사회에서 이상적인 공산사회를 건설하는 데 자신의 우상화가 정치적으로 긍정적인

---

[10] 칼흔 클라우제비츠 저. 허문역 역. 전쟁론. 서울. 동서출판사. 1981. "인류역사에서 제국을 건설하는 과정이나 지역적인 국가의 통일과정에 전쟁은 흔히 사용되는 방법이었다. 대체로 국가들은 정치적인 목적을 달성하기 위해서 전쟁을 활용한 일이 많은데, 전쟁론의 최초 집필자인 클라우제비츠 (Karl von Clausewitz)는 "전쟁은 정치의 연장이다."라고 설파했다." (박준영, 북한정치론, 205)

효과를 줄 수 있을 것으로 생각"하였기 때문이다.[11] 또한 "개혁에 불필요하고, 건설적이지 못한 비판을 방지하고, 하루빨리 사회주의·공산주의의 위업을 달성하는 데 정신적인 구심점을 확보하기 위한 것"이라고 할 수 있다.[12]

김일성의 권력을 한 눈에 볼 수 있는 그의 대표적인 사상은 바로 주체사상이다. 북한에서의 주체사상은 "자연과 사회를 개조하기 위한 모든 분야의 혁명이론을 풍부히 담고 있으며, 혁명과 건설에 제기되는 모든 문제에 정확한 해답을 [주며…] 사회주의, 공산주의 건설의 전기간에 견지하여야 할 전략전술적 원칙이 제시되어 있는 것으로 주장되고 있다."[13] 김일성은 소련이나 중국의 체제나 사상을 무조건 따라하는 것 보다, 북한만의 주체적인 혁명과 발전이 필요하다고 믿었으며, 이를 통해 인민들의 창의력과 자주성이 탄생된다고 보았다. 따라서 북한의 현실에 알맞은 북한식 혁명이 필요하다고 보았다. 황장엽을 비롯한 북한 학자들의 연구[14]를 통해 탄생된 김일성의 주체사상은 결과적으로 '주체사상의 4대노선'이라는 정책을 낳았다. 4대노선으로는 사상에서의 주체, 정치에서의 자주, 경제에서의 자립, 그리고 국방에서의 자위로 분류된다.[15] 주체사상은 인간중심사상, 수령론, 사회정치적 생명이라는 세 가지의 이념적 요소로 구성되어 있는데, 북한의 정치사전에서는 주체사상을 다음과 같이 정의하고 있다:

주체사상은 당과 인민이 혁명의 주인으로서 자각을 가지고 자기의 힘을 믿고 자체의 힘에 의거하여 모든 문제를 자기 인민의 이익과 자기 나라의 실정에 맞게 풀어나가는 데서 견지해야 할 근본적인 입장과 태도를 밝혀 주는 혁명적 사상이다.[16]

인간중심사상에서는 인민이 모든 것의 중심에 있으며, 역사를 만들어 가는 주체라고 설명함으로써 인민 개개인의 존재의 중요성을 가르치고 있다. 이를 통해 국가가 개개인의 존재를 소중히 여기며,

---

11
12 박준영. 앞의 책.
13 박준영. 앞의 책.
14 강정구. "주체사상과 북한의 사회제도." 1991. P. 197.
"1955년 김일성의 당사상사업에서 주체를 확립하라는 연설 이후, 북한은 노동당 중앙당 비서실 서기처에 황장엽, 김창만 등 학자들을 배속시켜, 주체개념에 대한 이론적인 연구를 추진하였다. 당시 황장엽은 소련 모스크바대학에서 철학박사 학위를 받고 귀국한 지식인이었으므로, 1958년부터 노동당 비서실 이론서기에 임명되어 주체철학에 대한 연구를 진행하였다. 이후 황장엽은 김일성 종합대학 총장, 최고인민회의 의장, 노동당 국제담당 비서 등의 직함을 가지고 주체사상의 이론적 연구에 몰두하였다." (박준영. 앞의 책. p. 250).
16 박준영. 앞의 책. p. 245.
김창회. 북한정치사회의 이해. 서울:법문사. 2002. 197쪽에서 재인용함.

개개인의 활동이 국가 전체의 목표 달성에 이바지한다는 점을 피력하고자 한 것으로 이해할 수 있다. 두 번째 요소인 수령론은 김일성의 독재체제를 정당화하는 결정적인 요인 중의 하나였다. 수령이 인민들을 올바른 길로 인도하고 국가발전과 공산주의로 이끌어 주며, 공산주의 혁명이 실현되기 위해서는 인민의 노력과 수령의 지도가 함께 이루어져야 한다는 것이다. 이를 통해 김일성은 주체사상의 수령론을 통해 독재체제를 합리화시키는 데 성공하였다.

결론적으로 주체사상은 북한 인민들을 하나로 단합시키고 북한 내에서의 사회주의를 유지할 수 있는 중요한 사상이었으며, '수령론'이라는 요소를 포함시킴으로써 김일성의 권력을 정당화하고 유지할 수 있도록 하였다.

(2) 천리마운동

첫번째로 살펴볼 김일성의 주요 정책의 하나는 천리마운동이다. 1956년 김일성은 경제적인 발전을 위해 천리마운동을 전개하였다. 천리마운동의 뜻은 하루에 천리를 달리는 말과 같이 근로자들이 생산에 몰두한다는 뜻에서 탄생한 용어이다. 김일성은 천리마운동을 다음과 같이 정의하였다:

천리마운동은 많은 사람들을 계속 전진하고, 계속 혁신하는 사회주의건설의 적극분자로 만드는 하나의 공산주의 교양운동이며, 많은 사람들이 대중적 영웅주의를 발양하며, 사회주의 건설을 힘 있게 밀고 나가게 하는 공산주의 전진운동입니다.[17]

1957년 김일성은 평안남도 강서군의 강선제강소를 방문하여 노동자들을 모아두고 연설을 하였다. 그는 연설에서 북한이 처해 있는 국내외적 어려움을 이야기하며, 절약정신과 함께 생산량 제고를 부탁하였다. 이에 자극을 받은 노동자들은 생산에 몰두하였고, 그 결과 "제강능력이 연간 6만톤이었던 것이 그 해에는 무려 12만톤으로 증산되었다. 공장지배인들이 노동자들과 직접 토론하여 생산계획을 세우고, 자발적으로 목표를 달성해 나갔기 때문에 2배 이상의 성과를 얻을 수 있었다."[18]

천리마운동은 생산활동과 관련해 3가지 결함을 해소하고자 하는 운동이었는데, 그것은 바로 소극주의의 타파, 보수주의의 타파, 기술신비주의의 타파였다.[19] 김일성은 인민들이 알지 못하는

17
18 박준영. 앞의 책. 54
19 박준영. 앞의 책. 54.
"첫째, 소극주의의 타파이다. 소극적이고 피동적으로 맡겨진 과업에 임하는 것을 타파하고, 매사에 적극적이며 역동적으로 임무에 매진한다는 것이다. 둘째, 보수주의의 타파이다. 그 동안 해 오던 방식을 비판 없이 답습하는 것이 아니라,

자신들의 노동력을 끌어들여 생산성을 높이고, 인민들의 낡은 사상적 문제들을 처리함으로써 그들의 열기를 더욱 더 발휘하도록 이끌었다.

천리마운동의 결과, 1957년부터 시작된 제1차경제개발 5개년계획이 4년만에 조기 달성되었으며, 1957년부터 해마다 공업생산량이 30~40%씩 획기적으로 증가하였다.[20] 김일성은 노력배가 운동인 천리마 운동을 헌신적인 공산주의적 인간을 창조하는 정신적인 운동으로 승화시키는 데 성공한 것이다.

(3) 청산리방법

김일성이 1960년 협동농장의 운영방식으로 채택한 것이 바로 청산리방법이었는데, '청산리방법'은 네 가지의 핵심내용을 가지고 있었다. 첫째는 윗기관이 아랫기관을 도와주는 것, 둘째는 윗사람이 아랫사람을 돕는 것, 셋째는 현실을 면밀히 파악하여 인민들이 원하는 것을 인식하고 해결책을 강구하는 것, 넷째는 사람과의 사업을 중요시하여 인민들에게 혁명에 대한 교육을 실시하여 그들의 의식수준을 제고시키는 것이다. 김일성은 청산리방법을 통해서 현지지도를 자주 하였으며, 그 과정에서 대중의 열성과 혁명적 정신을 제고시켰다. 국가의 지도자가 직접 현지지도를 나가 인민들의 직업 실행과정을 살피고 격려와 조언을 한다는 것은 인민들에게 긍정적인 영향을 끼칠 수 밖에 없었으며, 생산성을 높이는데도 큰 몫을 하였다.

제 IV 장 김정일의 리더십 형성과 실행 과정

1. 리더십의 형성

(1) 출생과 성장

그는 어린 시절 밀영에서 군인들 속에서 유격대식 생활을 하며 자랐다. 그는 1948년 유치원 고급반을 마치고 고급 자녀들만 교육하는 남산 인민학교를 졸업했다. 김정일은 학교교육 이외에도 어머니 김정숙으로부터 철저한 교육을 통해 독립심과 담력을 길렀다.[21] 그는 소위 말하는 로얄 패밀리로서 서민들에 대한 태도와 생각을 배웠다. 그는 청소년기에 소련과 동유럽 등 여러 차러 해외를

새로운 방식을 찾아 혁신적으로 일을 도모한다는 것이다. 셋째, 기술신비주의의 타파이다. 기술이 없으니까 별 수 없다는 패배주의적 자세를 버리고, 새로운 방식으로 새로운 기술을 창조하려는 노력을 경주한다는 의미이다." 박준영. 북한정치론. p. 55. 박준영.

21 이황로. "김정일의 카리스마적 리더쉽에 관한 연구." 고려대학교 정책대학원. p.25.

다녀왔다. 대학교에 진학한 김정일은 4년간 학문적으로 전문교육을 받았고 김일성 사상을 체계적으로 공부했다. 대학생 당시에 조선노동당에 입당했으며, 아버지 김일성과 함께 현지지도 방문 등을 통해 예비 지도자로서의 수업을 계속해서 받았다. 김정일은 대학 생활을 하면서 체계적인 정치 지도자로서의 훈련과정을 밟은 것이다.

이를 통해 알 수 있는 것은 김정일은 김일성과 다르게 인민과 실질적으로 함께 한 운동이나 혁명이 없었다는 점이다. 한 국가 지도자의 아들로서 태어나 부유한 환경에서 어릴 적부터 지도자 세습훈련을 받아온 것이다. 이런 점에서 김정일의 리더십 유형은 김일성의 것과 본질적으로 다를 수 밖에 없다.

(2) 정치적 리더십의 형성

A. 3대혁명소조운동과 후계작업

김정일의 본격적인 정치적 권력 형성은 그가 조선노동당 중앙위원회에 배속된 1964년부터이다. 그는 같은 해 곧장 본격적인 당 사업을 시작하였다. 1974년 2월 32세에 후계자로 추대되었으나, 북한은 이를 공식적으로 발표하지 않았다. 이것은 1980년 10월 조선로동당 제6차 당대회에 이르러 비로소 알려졌다. 북한에서의 김정일 후계준비사업은 비밀리에 추진되어서, 1980년까지 '당중앙'이라는 불분명한 호칭을 사용하면서 후계작업이 진행되었다. 후계사업준비는 3대혁명소조운동을 가장 중심적으로 이루어졌다. "당과 국가 기관의 일꾼과 기술자, 청년 인텔리 등으로 소조를 구성하고, 그들이 당이나 국가의 높은 자리에서 지시 내지는 명령만 할 것이 아니라 직접 현지에 내려가 사업함으로써 사상, 기술, 문화의 3대혁명에 청년들의 새 기운을 동원해서 북한의 경제를 재생하려는 것"이다. 이것은 경제 발전 운동과 비슷한데, 김정일은 경제발전에의 노력도 보였지만, 이는 자신의 정치적 입지를 강화시키고 인민들 사이에 자신의 기반을 구축하여 후계자로서의 지위를 확립하기 위한 사업이었다. 그러나 사업은 실패했고 북한의 경제는 나아지지 않았다. 이 시기에 김정일 후계자 사업에 반대하는 세력들이 나타났는데, 김일성이 나서서 김정일을 지지하며 숙청했고 아무도 김정일을 자리에서 물러나지 못하게 했다. 즉, 아버지의 힘으로 기반을 마련했다고 해도 과언이 아니다.

B. 후계체제의 확립

김정일은 1980년 10월 조선 노동당 제6차 대회에서 비로소 처음 모습을 드러냈는데, 이 자리가 바로 김정일의 후계체제가 공식화 됨을 보여주는 시점이었다. 그는 김일성의 아들이라는 점에서 생태적 권력의 기반이 결여되어 있었고, 이를 만회하기 위해 김정일의 출생에 대한 신화가 만들어졌다. 앞에서 지적한 것처럼 그는 실제로 소련에서 태어났으나, 백두산 밀영에서 태어난 것으로 조작되었고, 그의 출생년도도 1941년에서 김일성의 출생연도인 1912년에 맞추어 1942년으로 고쳐져 알렸다. 또한 1960년대 이후 북한에서 실행된 사업들은 모두 김정일의 업적으로 알려졌다. 이와 같은 움직임에도 불구하고 김정일은 생태적 권력기반의 결여에서 발생하는 문제점이 아닌, 북한 내의 경제적 침체라는 장애에 부딪히게 되었다.

2. 리더십의 실행

(1) 유일사상의 10대원칙

김정일이 자신의 정치적 리더십을 공고화하기 위해 가장 중요한 것은 당을 장악하는 것이었다. 앞에서 설명한 3대혁명소조운동을 통해 김정일의 영향력이 사회 전체로 확산되었고 1970년대 김정일이 당을 독점 장악하였다. 문제는 이 즈음에서 권력구조 내 갈등이 빚어졌다는 것이다. 김정일은 김일성과 함께 김정일을 비판하는 세력을 숙청했다. 김정일은 1994년 아버지 김일성이 사망하자 3년 동안 유훈통치를 했으며, 그 후 1997년 10월 조선노동당 총비서로 추대되었다. 그리고 1998년 9월 헌법 개정을 통해 '국가수반'으로 공인된 국방위원장으로 취임하였다.

김정일을 리더십을 살펴보기 위해서 그의 실행 과정에서 리더십의 유형이 잘 나타나는 몇 가지의 정책을 뽑아 살펴보겠다. 첫번째는 유일사상체계이다. 이는 인민들을 규율하는 최고의 규범이며, 북한의 모든 인민들을 지배할 수 있는 원리이자 북한통치의 최고 가르침이 되었다. 여기서 김정일은 사상체계와 영도체계로 나뉘었는데, 사상체계는 김일성의 사상을 모든 인민들이 받들어야 한다는 것이고 영도체계는 김일성의 지시와 같은 방향의 혁명을 추진해야 한다는 것이었다. 김정일이 발표한 당 유일사상체계 확립의 10대 원칙은 다음과 같다:[22]

1. 위대한 수령 김일성 동지의 혁명사상으로 온 사회를 일색화하기 위하여 몸 바쳐 투쟁하여야 한다.

---

[22] 조선노동당출판사, "김정일 주체혁명위업의완성을 위하여." p.197

2. 위대한 수령 김일성 동지를 충성으로 높이 우러러 모셔야 한다.
3. 위대한 수령 김일성 동지의 권위를 절대화하여야 한다.
4. 위대한 수령 김일성 동지의 혁명사상을 신념으로 삼고, 수령님의 교시를 신조한다.
5. 위대한 수령 김일성 동지의 교시집해에서 무조건성의 원칙을 철저히 지켜야 한다.
6. 위대한 수령 김일성 동지를 중심으로 하는 전당의 사상의지적 통일과 혁명적 단결을 강화하여야 한다.
7. 위대한 수령 김일성 동지를 따라 배워 공산주의적 풍모와 혁명적 사업방법, 인민적 사업작품을 소유하여야 한다.
8. 위대한 수령 김일성 동지께서 안겨주신 정치적 생명을 귀중히 간직하며, 수령님의 크나큰 정치적 신임과 배려에 높은 정치적 자각과 기술로써 충성으로 보답하여야 한다.
9. 위대한 수령 김일성 동지의 유일적 영도 밑에 전당, 전국, 전군이 한결같이 움직이는 강한 조직규률을 세워야 한다.
10. 위대한 수령 김일성 동지께서 개척하신 혁명위업을 대를 이어 끝까지 계승하며, 완성하여 나가야 한다.

유일사상 10대원칙에서는 간부들간의 아첨 행위를 금하고 있으며, 가족주의나 지방주의, 종파주의도 금지하고 있다. 김정일은 유일사상을 제도화시킴으로써 인민들에게 김일성과 자신에 대한 우상화 이미지를 한 단계 더 높였다고 할 수 있다. 한편 김정일이 김일성 사상으로 전 인민의 정신을 통일하려 의도는 국내외적으로 김일성의 지도에 대해 반기를 들 수 있는 분위기를 발본색원하기 위한 것이었다고 할 수 있다. 이와 같은 유일사상의 제도화는 인민들의 생활에 반영되는 것이 가장 중요했는데, 인민들로 하여금 분기별, 월간, 주간 생활총화라는 것을 실시하게 했다. 총화에서는 당의 유일사상체계 확립 10대원칙을 30분에 걸쳐 낭독하고, 거기에 반하는 행동을 했다고 생각되는 사람은 자발적으로 나서서 10대 원칙 중 어느 부분을 위반했는지 고백하는 자아비판의 시간을 갖기도 하였다. 총화시간은 인민들에게 자신의 과오를 스스로 인식하고 새로운 각오를 하도록 하였지만, 고백한다고 해서 모든 것이 용서된 것은 아니며 경우에 따라 처벌의 대상이 되기도 하였다. 김정일은 이 뿐만 아니라 여러 가지 정치적 사상 이론을 제시했는데, 이 모든 것은 집단생활의 중요성과 사회주의의 이상주의에 관한 것이었다. 김정일은 그 외에도 종자론, 강성대국론과 같은 주요정책을 제시했는데, 김일성이 제시한 사상적 이론들을 정치적으로 제도화시키고 그것을 더욱 더 공고히 하고자 하였다.

(2) 강성대국론과 선군정치

1990 년대 이후 북한의 경제상황은 심각하게 침체되었다. 아사자의 수가 지속적으로 증가했음에도 불구하고 북한은 효율적인 경제개선의 방법을 모색하지 못했다. 1998 년까지 고난의 행군이 계속되면서 김정일은 사상을 통해 인민들에게 희망을 심어주기 위해서 강성대국건설사상을 천명하였다.

우리가 말하는 강성대국은 주체의 사회주의나라이다. 근로인민대중이 력사의 당당한 자주적주체가 되고 자주, 자립, 자위가 실현되여 그 어떤 지배와 예속도 허용하지 않는 강대한 국가, 정치와 군사, 경제와 문화의 모든 분야에서 세계적인 봉우리에 우뚝 솟은 나라, 인민들의 자주적이며 창조적 삶이 활짝 꽃피는 행복의 락원…실로 주체의 사회주의강성대국은 착취와 억어ㅏㅂ, 가난과 무지, 침략과 략탈, 지배와 예속으로 얼룩진 지난 시대의 반동적, 반인륜적 국가 건설사에 종지부를 찍고 인민의 자주적 요구, 인류의 념원을 전면적으로 꽃피워주는 영원한 리상국이다.[23]

김정일이 말하는 강성대국사상은 사회주의 강성대국의 건설을 의미하였는데, 이는 주체성과 사회주의성이 결합된 것이었다. 이는 김정일이 사용한 사회주의나 공산주의라는 용어의 담론이라고 할 수 있는데, 그 이유는 사회주의나 공산주의라는 용어는 북한 인민들에게 이미 식상한 의미로 더 이상 효력을 발휘하지 않았기 때문이었다. 즉, 김정일은 경제적인 문제뿐만 아니라 사상적인 면에서도 난관에 부딪힌 것이다. 강성대국을 이루기 우해서는 선군사상 및 선군정치를 통해서만 가능하다고 주장하였는데, 선군사상은 김정일 사상의 핵심으로 발전시키기 위한 의도로 부각되었다.

우리 당의 선군정치는 사회주의건설에서 새로운 비약을 일으켜나가는 원동력이다. 오늘 사회주의 강성대국 건설에서 중요한 것은 우리 경제를 추켜세우고 가까운 앞날에 우리나라를 경저강국의 지위에 올려세우는 것이다. 이 거창한 과업은 선군정치를 통해서만 실현할 수 있다. 군에 의거하여 혁명을 전진시킨다는 것은 인민군대의 선봉적이며 강력한 힘에 의거하여 혁명과 건설의 모든 분야를 힘있게 전진시켜

---

[23] 박형중 외. 김정일 시대 북한의 정치체제: 통치이데올로기, 권력엘리트,권력구조의 지속성과 변화. 통일연구원. p. 27.

나간다는 것을 의마한다. 다시 말하여 군대를 혁명의 가장 믿음직한 핵심력량, 전위부대로 내세우고 그에 의거하여 사회주의를 수호하며 사회주의건설을 더욱 힘있게 다그쳐나간다는 것을 뜻한다.[24]

위에서 설명하듯 선군정치는 국가의 모든 것을 군사력 중심으로 해결해 나가겠다는 의지를 가지고 있다. 김정일은 선군정치를 강하게 피력시킴으로써 김일성에 비해 군의 활동을 더 중요시하였다. 선군정치의 정치적인 배경은 김정일의 통치를 위한 이념적인 토대가 필요했기 때문이며, 동시에 당시 동유럽의 사회주의국가의 붕괴를 지켜보면서 군대가 사회주의체제를 유지하기 위한 '최후의 보루'라는 인식을 갖게 되었기 때문이다. 외교적인 배경으로는 미국을 비롯한 국제사회와의 협상을 위한 전략이라고 보았기 때문이다. 선군정치를 통한 김정일의 목적은 군대를 이용한 강성대국의 건설과 국제 외교에서의 협상력 제고였다. 최근 들어와서도 볼 수 있듯이, 북한 선군정치의 역할과 필요성은 외교정치에서 확대되어 사용되고 있다.

제 V 장   김일성과 김정일의 리더십 비교 및 차이 분석

1. 리더십 비교

먼저 김일성은 항일무장투쟁이라는 역사적인 업적을 남겼다는 점에서 권력 정당화의 많은 부분이 인정되었다. 그의 투쟁 업적은 사람들의 입에서 입으로 전해지며 제도적이지는 않지만 우상화의 배경을 어느 정도 갖추고 있었다고 할 수 있다. 김일성은 또한 권력투쟁과 정치세력의 숙청, 그리고 소련의 신뢰를 얻어 북한에 단독정부를 수립하게 되었고 나라의 원수가 되기에 이르렀다. 김일성이 정치활동을 통해 리더십을 형성한 시기는 국제사회에서 공산주의체제가 자본주의체제와 대결하는 양상을 보인 시기였다. 또한 김일성이 북한이라는 독립국가를 처음으로 건국했을 때에는 경제적으로나 정치적으로 기반이 없었기 때문에 구조적인 기반건설은 단기적 또는 장기적인 효과를 가져왔다. 또한 주체사상을 통한 주체적인 자립은 신국가였기에 단기적으로 큰 문제를 가져오지 않았다. 베버가 설명하고 있는 카리스마적 리더십처럼, 김일성은 북한을 세운 건국의 아버지이면서 그가 만든 주체사상은 종교적인 성격이 강한, 북한을 지탱하는, 인민들의 근본적인 혁명 사상이 되고 있다. 그는 거기서 그치지 않고, 활발한 현지지도를 통해서 인민들과의 소통을 계속 이어나갔으며, 이를 통해 인민들의 김일성에 대한 신뢰와 존경심을 유지하는 방향으로 카리스마적 리더십을 형성해 나갔다고 할 수 있다.

---

[24] 박형중 외. 앞의 책. p. 31.

김정일은 아버지 김일성의 자리를 물려받았다는 점과 특별히 부각되는 업적이 없다는 점에서 김일성에 비해 카리스마적 리더십이 취약하다. 전 지도자의 혈통이라는 점에서 어느 정도 자질을 물려받았기 때문에 통치를 하는 데 있어서는 어느 정도 인정될 수 있으나, 경제적인 문제에서는 큰 차이를 보인다. 그는 김일성의 권력의 자신의 것과 동일화 시키고 그것을 제도적으로 체계화시킴으로써 자신의 카리스마적 리더십의 한계를 극복하고자 하였다. 그러나 김일성 시대에 문제가 되었던 부분을 김정일이 해결해야 하는 점도 있었으며, 사회주의권의 붕괴로 인한 북한 내 체제의 위협과 국제사회와의 대립으로 인한 갈등이 빚어졌다. 김정일은 유일사상과 주체사상의 재해석을 통해 자신의 권력을 유지하였으나, 경제적인 면에서는 난관에 부딪히고 만다. 그런 면에서 김정일의 카리스마적 리더십은 한계가 있으나, 김일성 체제를 현 상황에 맞게 재해석시키고 변용시켜 적절히 사용했다는 점에서 카리스마적인 리더십은 존재한다.

2. 국가 (국내)적 요인

(1) 정치적 배경 및 사건

김일성은 주체사상을 탄생시킨 주체사상의 아버지로서, 항일무장투쟁이라는 역사적 경험은 그의 권력과 신화, 그리고 사상을 뒷받침해주었다. 당시 사회주의체제와 자본주의체제의 이념대립이 팽팽했고, 그것이 국가발전과 인민들의 노력 동기부여에 하나의 원동력으로써 작용하였다. 타 공산주의국가의 존재와 마르크스-레닌주의, 그리고 중국의 마오 공산주의가 그 나라의 국민들에 의해 받아들여지던 시기였기 때문에, 김일성 또한 신화와 역사적 경험을 등에 지고 주체사상을 전파하기에 이르렀다. 주체사상의 제고는 김일성의 활발한 현지지도와 선전을 통해 가능했으며, 이 과정에서 인민들과 김일성 간의 소통은 김일성의 카리스마적 리더십을 더욱 더 공고화하는 역할을 하였다.

반면 김정일은 아버지를 절대 지도자로 각인시키는 것을 통해 자신의 권력을 공고화하였으며, 김일성과는 다르게 제도적 카리스마를 형성하여 그것을 인격적인 리더십으로 연결시켰다. 김정일은 김일성에 비해 내세울 만한 역사적 업적이 없었다는 점에서 카리스마적 리더십이 취약했으나, 어릴 적부터 권력승계 수업을 받아왔다는 점과 북한 내에서 이루어진 많은 사업들을 김정일의 업적으로 돌리면서 권력 기반이 다져졌다. 김일성의 주체사상을 이어서 선전하고 제고시키기는 하였으나, 시간의 흐름과 국내 정치적 변화, 그리고 경제적 어려움 등으로 인해 주체사상은 새롭게 재해석될 필요가 있었다. 이에 김정일은 강성대국론과 선군정치를 탄생시키고 제고시킴으로써 주체사상을 확대시키고 새로이 제도화시켰다.

(2) 경제적 배경 및 사건

주체사상이 국가와 국민의 자주성을 강조한다는 점에서 김 부자의 경제 인식은 유사했으나, 김일성의 경우 한국 전쟁 이후 20년간 경제개발에서 한국보다 앞선 것은 사실이다. 그러나 이는 단기적인 발전에 불과했고, 결국 자주개발은 여러 측면에서 한계를 가져왔다. 김일성 권력의 후반에서 경제적인 한계가 나타났으나, 김일성은 이렇다 할 만한 경제적 회복 계획을 마련하지 못하였다. 대신 주체사상을 통해 자신의 권력에 대한 위협의 가능성을 감소시키고 인민들의 정신적 회복에 더 중점을 두었다.

김정일의 경우 고난의 행군을 비롯해 북한의 경제난이 계속 악화되자 일방적인 국제적 지원을 받기는 했으나, 이것을 국가간의 교류라고 보기에는 어렵다. 중국, 그리고 최근에 와서 남한과의 제한된 경제적 교류가 있기는 했으나, 그리 성공적이지 못했다. 중국과 남한의 경우 경제적인 이익을 위해서라기 보다는 북한과의 관계유지 및 개선을 위한 정치적인 목적의 경제교류가 더 컸다. 그러나 이와 같은 제한된 교류마저 북한의 도발행위로 인해 중지되었고, 북한은 유엔안보리의 경제제재를 받기에까지 이르렀다. 특히 1990년대 후반부터 북한은 국가개방이라는 압박에서 딜레마를 겪고 있으며, 중국이 중국식 사회주의라는 용어 아래 개방정책을 폄에 따라 더 큰 딜레마에 직면했다. 이런 면에서 경제계획에 있어서 감 부자는 모두 성공적이지 못했다는 점이 같다

3. 국제적 요인

(1) 사회주의국가와의 관계

김일성의 경우, 중소 간의 관계에서 적절한 밀고 당기기를 했다. 중소간의 분쟁에서 북한은 주체사상에 대해 언급한 적이 없으며, 어느 한쪽의 편을 들어주지도 않았다. 소련이 수정주의로 돌아서자, 북한은 이른바 친중파의 태도를 보였으며, 그 와중에도 북한만의 사상을 수립하고자 하였고 이것이 성공한 것이 바로 주체사상이다. 그 후 북한은 여러 사회주의국가들이 몰락했음에도 불구하고 주체사상의 확립과 전파를 통해 사회주의를 공고화했다. 이를 통해 김일성은 제도적 리더십을 확립해 나갔다. 그 이후로도 김일성은 사회주의국가들과의 긴밀한 관계를 지속하였고, 특히 중국과는 국경이 맞닿아 있다는 지정학적인 이유로 가장 긴밀한 관계를

유지하였다. 그러나 북한 내의 사회주의적 사상은 그 어느 사회주의국가를 모방한 것이 아니었으며, 북한만의 사상인 주체사상을 통해 사회주의 국가로서의 자존심을 가지고 있었다.

김정일의 경우, 중국과 긴밀한 교류를 지속해오고 있다. 그러나 중국이 발전하면서 수정 사회주의의 모습을 보이고 있는 가운데, 북한의 입장에 대한 많은 연구가 이루어지고 있다. 북한의 현재 경제적, 정치적 상황을 고려했을 때 북한이 가장 의존할 수 있고 의존할 수 밖에 없는 국가가 중국이기 때문에, 앞으로도 북중관계는 유지될 것으로 보인다. 그러나 북한의 최근 도발행위로 인해 국제사회가 대북제재를 가하고 있는 상황에서 중국의 입장은 애매할 수 밖에 없다. 이러한 상황에서 김정일의 리더십의 강화나 약화의 여부는 의문이다. 다만 현재 상황을 비추어 보았을 때, 김정일의 권력이 그의 아들인 김정은에게 세습될 것이 가시화되그 있는 것으로 보인다.

(2) 자본주의국가와의 관계

김일성 시대에는 사회주의체제와 자본주의체제 간의 대립이 가장 첨예했던 시기였기 때문에 김일성은 사회주의체제를 강력하게 피력하는 데 주력했다. 국가의 건설과 함께 1970년대까지는 북한의 경제발전이 남한보다 더 빨랐고, 자본주의권과의 관계를 맺어야 하는 이유를 찾지 못했으며, 또한 국제사회에 대한 불만이나 대북지원을 목표로 한 테러활동이 북한을 더 고립으로 몰아넣는 일은 없었다.

반면 김정일이 권력을 세습했을 당시 고난의 행군이 공식적으로 끝났다고는 하나 경제난은 계속해서 북한 내에서 큰 문제였고, 그 후로도 경제적인 문제를 해결하지 못했다. 김정일은 외부르부터의 인도적 지원에 의존한 반면, 소수 자본주의국가와의 경제적 교류를 활발히 하기도 하였다. 그러나 이와 같은 교류들은 북한의 도발행위로 중지되었고, 현재 북한은 유엔안보리와 다른 국가들로부터의 제재로 인해 더 고립되고 있다. 김정일은 주체적인 정치와 경제를 피력하고는 있지만 결국 자본주의국가들과의 외교적이거나 인도적인 교류로 거의 생존해 가고 있다는 점에서 모순을 가진다.

제 VI 장 결론

1. 분석의 결과

이상으로 김일성과 김정일의 리더십 형성과정과 실행 과정을 통해 두 지도자의 리더십의 유형과 차이점, 그리고 차이를 결정짓는 배경에 대해 살펴보았다. 살펴본 결과, 김일성은 항일무장투쟁이라는 역사적 업적이 그의 카리스마적 리더십을 형성하는데 중요한 역할을 하였으며, 한국전쟁은 그의 권력을 더 확고히 하는 과정이 되었다. 그는 거기에서 그치지 않고 북한식 사회주의라는 주체사상을 탄생시켰고, 주체사상은 북한을 지탱하는 가장 중요한 사상이 되고 있다. 김일성은 꾸준한 현지지도를 통해 인민들로부터 신뢰도를 쌓아나갔으며, 강력한 카리스마적 리더십을 단계적으로 제도화시켜 나갔다. 따라서 그는 태생적인 카리스마적 리더십을 보유했고, 권력을 공고화하는 과정에서 제도적 리더십을 강화해 나갔다. 반면, 김정일은 김일성의 아들이라는 점과 특별한 역사적 업적이 없었다는 점에서 태생적인 카리스마적 리더십이 취약했다. 그러나 그의 태생에 관한 조작과 권력승계 교육에서의 업적으로 어느 정도의 카리스마적 리더십을 보유하게 되었다. 향후 그는 주체사상을 재해석하고 선군정치를 내세우면서 그만의 카리스마적 리더십과 제도적 리더십을 형성 및 공고화하게 되었다. 김일성 시대에서 발생한 장기적 역효과와 국제환경의 변화로 인해 김정일은 정치, 경제, 외교적 난관에 부딪히게 되었으나, 사회주의국가라는 점에서 획기적인 방안을 모색하는 데는 한계가 있을 수 밖에 없다. 현재 김정일의 아들인 김정은을 통해 3대 세습체제가 이어질 가능성이 높아 보이는 가운데, 김정은의 리더십은 어떠한 유형과 발전 양상을 보일 지가 주목되고 있다.

2. 분석의 함의

본 논문에서는 김일성과 김정일의 리더십이 어떠한 양상이며, 그 차이를 보이는 데는 어떠한 배경이 작용했는지 살펴보았다. 김일성과 김정일의 권력 형성과 양상의 차이를 분석함으로써 북한이라는 국가가 지난 근 100여 년간 변화해 온 과정에 큰 영향을 미치는 요소라는 점을 재확인하였다. 또한 향후 김정은이 권력을 물려받게 될 경우 북한이 어떠한 모습을 띨지, 또한 어떠한 변화를 거쳐갈 지 예상하는 데 기초적인 배경지식이 될 수 있으리라고 생각한다.

참고문헌

강정구. "주체사상과 북한의 사회정책." 동국대학교 안보연구소. 한국학술정보. 1991.

김영화. "중국 정치리더십." 서울. 문원출판. 2000.

박길성. "한국사회, 어디로 가나? 권위주의 이후의 권위구조, 그 대안의 모색." 굿인포메이션. 2004.

박준영. "북한정치론." 박영사. 2004.

박형중 외. "김정일 시대 북한의 정치체제: 통치이데올로기,
　　　권력엘리트, 권력구조의 지속성과 변화." 통일연구원. 2004.
동아일보. "김일성 출생서 권력장악까지" 동아일보. 1994.7.10.
이관세. "현지지도를 통해 본 김정일의 리더십." 전략과 문화.
　　　이환디앤비. 2007.
이황로. "김정일의 카리스마적 리더쉽에 관한 연구." 고려대학교
　　　정책대학원. 2005.
장달중 외. "김정일 체제의 북한- 정치, 외교, 경제, 사상."
　　　아연출판부. 2004.
조선노동당출판사. "김정일 주체혁명위업의완성을 위하여."
Etzioni, Amitai. "Dual Leadership in Complex Organization." American
　　　Sociological Review. Vol. 30, No. 5, 1965, pp. 689-690.
Tsurutani, Takestugu. "The Politics of National Development: Political
　　　Leadership in Transitional Societies." London: Chnadler Publishing
　　　Co. 1973.
Tucker, Robert C. "Politics as Leadership." 안청시 · 손봉숙 옮김.
　　　『리더십과 정치』 서울. 까치. 1983.

중국의 대북정책: 변화와 전망
제 2 차 북핵위기를 중심으로

임은혜 (GRACE LIM)

MA, Korean for Professionals, University of Hawaii at Manoa, 2010
MA, Asian Studies, George Washington University, 2008
BA, Economics, Emory University, 2004

CHINA'S NORTH KOREA POLICY: EVOLUTION SINCE THE 2009 NUCLEAR CRISIS AND OUTLOOK

The North Korea-China relationship has traditionally been described as being as close as "lips and teeth," forged through China's support of North Korea during the Korean War. However, this relationship has fluctuated over the years, based on changing geopolitical realities and domestic and foreign economic-political priorities. In particular, China's economic development starting in the late 1970s, the end of the Cold War, generational shift and China's increasing "responsible stakeholder" role in international politics in contrast to North Korea's continuous political isolation and economic decline has changed how the Chinese view North Korea.

The 2006 and 2009 North Korean nuclear tests and its missile launches have only increased the debate within China as to the need for a North Korean policy. Currently, there are two camps of thought within China. The "traditionalists" are composed of conservative People's Liberation Army (PLA) and Chinese Communist Party (CPP) members and scholars who argue the need for a friendly North Korea-China relationship in light of its strategic importance. On the other hand, "strategists," who are mainly US-educated or US-policy scholars and young politicians, argue the need for a new North Korea policy and for closer cooperation with the US. When China unprecedently agreed to sanctions against North Korea by voting for UN Resolution 1718 and 1874, some analysts viewed this as a sign that China had finally changed its North Korean policy.

However, it appears that China will be maintaining its traditional North Korea policy for the foreseeable future. This was made especially clear in light of China's response, or lack thereof, to the recent sinking of the South Korean corvette Cheonan by North Korea. This is unsurprising, in light of China's foreign policy priorities and its political-economic interests in maintaining a stable domestic and regional environment for continuous economic growth. North Korea's provocations threaten China's domestic and international interests, but an unstable or collapsing North Korea is even more detrimental to

China. As such, the Chinese leadership will continue to support North Korea at the minimal level required. Until North Korea crosses an invisible toleration threshold, the traditionalists, rather than the strategists, will hold more influence in the decision-making process of China's North Korea

1. 서론

북중관계는 한국전쟁 이후, '혈맹' 혹은 '순치상의'(脣齒相依) [1] 의 관계로 일컬어지며 서로 간의 관계를 유지, 내지는 발전시켜 왔다. 약 297 만 중국인민해방군(PLA)이 한국 전쟁에 참전해서 14 만 8 천명이 전사했고 모택동의 장남인 모안영(毛岸英)도 이 전쟁에 참전했다가 전사했다. [2] 또 중국은 1961 년 북한과 <中朝 으호협조 및 상호원조조약>을 체결했고 이것은 여전히 유효하며 중국이 다른 나라와 맺고 있는 유일한 안보조약이기도 하다. 그럼에도 불구하고 북중관계는 시간이 지남에 따라 조금씩 변화하고 있다. 중국은 1979 년 개혁과 개방 정책을 통해 정치적으로는 사회주의적인 틀을 유지하면서도 경제적으로는 사회주의의 틀을 벗어나 계속 발전해 온 반면, 북한은 정치, 경제 모든 면에서 건국초기 공산주의의 틀을 그대로 고수함으로 말미암아 계속 쇠퇴해 왔고 또 이런 이유로 인해서 북중관계는 변화할 수밖에 없었다. 더욱이 21 세기에 들어서면서 중국 내에서는 과거에 김일성과 긴밀한 관계를 유지했었던 '구 세력'들이 하나 둘씩 사망하고 한국전쟁과 직접적인 관련이 없는 새로운 지도부가 등장했다. 새로 등장한 이 중국 지도부는 과거에 중국을 이끌던 지도부하고는 달리, 북한에 대해 무조건적이고 일방적인 우호적 태도를 보이는 것을 지양하고 국제사회에서 중국에 요구하고 있는 '책임 있는 이해자'(responsible stakeholder) 로서 역할을 강조하고 있다. 또한 지금까지의 중국의 대북정책이 궁극적으로 자국의 국익에 부합하는지 여부를 고려해 가면서 대북정책을 추진하려고 한다.

2006 년 7 월, 북한이 중국과 미국을 비롯한 주변 여러 나라들의 반대에도 불구하고 장거리 미사일 발사실험을 하고 또 그 해 10 월에는 제 1 차 핵실험을 강행하자 중국 지도부는 북,중 간에 전통적인 우호관계를 유지하려는 '동맹파'(traditionalists)와

---

[1] '순치상의'(脣齒相依): 이빨과 입술처럼 서로 돕고 의지하는 관계를 일컫는 말.

[2] Li Liangdu. "Korean War: In the View of Cost Effectiveness." Consulate-General of the People's Republic of China in New York. July 29, 2003. http://www.nyconsulate.prchina.org/eng/xw/t31430.htm

지금까지 중국이 가지고 있던 대북 전략의 수정을 요구하는 '전략파'(strategists)로 나뉘어졌다. 동맹파는 북한의 전략적 중요성을 감안해서 북한과의 우호적인 관계를 유지해야 한다고 주장하는 반면, 주로 미국에서 공부한 사람들로 이루어진 전략파는 중국의 전략적 이익을 위해서는 일방적으로 북한을 지원하기 보다는 도리어 미국과의 협력을 위해서 대북정책을 수정해야한다고 주장하고 있다. 이러한 상황에서 2009 년 5 월, 북한이 미국과 중국의 반대에도 불구하고 제 2 차 핵실험을 강행하자 중국은 이것을 북한이 자기들을 무시한 처사('slap in the face')로 간주하고 북,중 관계형성 이후 처음으로 중국이 UN 의 대북 제재에 동의했다. 이에 대해서 일부 전문가들은 북한에 대한 중국의 참을성이 점점 약해지고 있으며 또 이에 따라 중국의 대북정책도 서서히 강경책으로 전환되어 가고 있다고 주장하고 있다.

본고에서는 크게 다음 세 가지를 살펴봄으로써 북한의 핵 실험 이후 중국의 대북정책에 어떤 변화가 있었는지에 대해 고찰해 보고 한 걸음 더 나아가서 앞으로 중국의 대북정책이 어떻게 변화되어 갈 것인지에 대해서 생각해 보고자 한다.

1) 지금의 북중관계는 언제, 어떻게 시작되었으며 또 어떻게 발전되어 왔는가?

2) 북한이 지금 현재 고수하고 있는 핵 정책이 한국전 발발 이후, 혈맹의 관계를 유지해 온 중국 지도부의 대북정책에 어떤 결과를 가져다 주었으며, 또 이것은 지금까지 중국이 북한에 대해 가지고 있던 전통적인 우호전략에 어떤 영향을 미치고 있는가?

중국이 북한에 대해 가지고 있는 전략적 관심은 무엇이며 또 이런 것들이 실재로 중국의 대북정책에 미치고 있는 영향, 내지는 한계성은 무엇인가?

II. 北•中관계 형성의 배경

중국과 한국의 관계는 긴 역사를 가지고 있다. 명(明)나라(1368-1643)때 부터 시작해서 청(淸)나라 (1644-1911)의 멸망에 이르기까지 조선은 중국의 경제•정치•문화적 영향을 받아왔고 또 이 둘의 관계는 유교적인 관점에서 말하는 '큰 형'(중국)과 '동생'(조선)의 관계와도 같았다.

그렇지만 19 세기에 청나라가 여러 내부적인 이유로 인해서 국력이 약화되자 서양과 일본제국주의에 의해 국토가 분할되었고 조선도 1910 년 8 월 22 일에 일본의 식민지가 되었다. 그 이듬해인

1911 년에 청나라는 멸망을 했고 일본이 만주 지역을 장악하게 되었다. 일제 식민지 시대인 1920 년부터 중국과 한국의

<그림 1 한국전 초기 낙동강 전선>

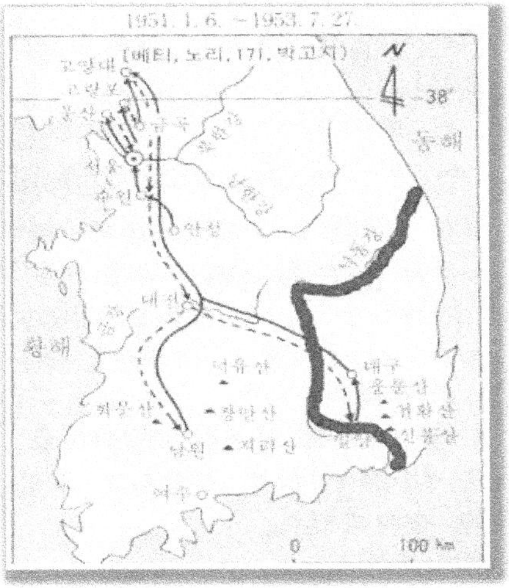

민족주의자 및 공산주의자들은 중국의 옌안(=연변)을 비롯한 여러 지역에서 항일(抗日)투쟁을 같이 했었고 이 때 중국 측 공산주의자들 가운데는 나중에 중국 지도자가 된 모택동(毛澤東)과 덩샤오핑(鄧小平) 등이 있었다. 항일 투쟁 당시 북한의 김일성과 중국의 모택동, 덩샤오핑 등은 직접 대면한 적은 없지만 같은 시기에 항일투쟁을 했다는 연대감 내지는 동지의식이 있었다. 이러한 연대감과 동지의식은 해방 이후 북한과 중국 양국 관계에 토대가 되었다.

2.1 한국전쟁과 냉전시

1950 년 6 월 25 일 새벽, 남한을 기습 공격한 북한 군대가 3 일만에 서울을 점령하고 이어서 채 한 달이 안되어 낙동강까지 쳐 내려 왔다. 이 위험한 상황에서 맥아더 장군이 이끄는 UN 군이 9 월 15 일, 인천 상륙작전에 성공하자 패전에 패전을 거듭하며 압록강, 두만강 부근까지 후퇴하는 북한 군대를 보고 중국의 지도부는 딜레마에 빠졌다. 지금까지 중국에게 유리하게 전개되어 왔던 한반도의 세력균형이 UN 군 참전과 인천 상륙작전의 성공으로 인해서 중국측에 불리한 상황으로 바뀌었기 때문이다. 중국은 처음에 외교를 통해서 유엔군의 북진을 막으려고 노력했었다. 북한은 같은 공산주의 국가인데 만일 미국의 지원을 받는 남한이 북한을 통일하게 되면 중국내전 당시, 국민당을 지원해서 싸웠던 미국과 국경을 마주해야 한다고 하는 사실이 중국측 입장에서 볼 때는 매우 부담스러웠다. 그래서 1950 년 9 월 30 일, 중국의 조엔라이(周恩來)는 중앙국무원 (中央国务院)에서 '중국은 [북한에 대한] 외국의 공격 혹은 제국주의자들의 침략을 용납하지 않겠다'고 하는 발언을 통해 UN 군이 38 선 이북으로 진군하지

말라고 경고했다.[3] 그러나 UN 군은 이러한 중국의 경고에도 불구하고 10 월 7~8 일, 38 선을 넘어 북진하기 시작했다. 그러자 중국 공산당 중앙위원회는 10 월 10 일, 한국전쟁에 개입하기로 결의했다. 그러나 미국과의 직접적 충돌을 피하기 위해서 '중국 정규군'을 보내지 않고 대신 '지원군'을 투입시켰다. 이에 따라 중국의 첫 지원군 부대가 10 월 14~16 일, 압록강을 넘어 한국전쟁에 개입하기 시작했다.

1950 년 10 월 14 일부터 약 30 만명으로 구성된 중국인민지원군(中國人民志願軍)이 한반도에 투입되어 1953 년에 휴전협정이 맺을 때까지 약 300 만명의 중공군이 한국전쟁에 참전했으며 그 중 약 15 만 명이 전사했고 30 만 8 천명이 부상을 당했으며, 또 포로가 된 이들도 대략 2 만 1 천명이나 되었다.[4] 어떤 기록에 의하면 중국군이 약 1 억명이나 전사했다는 통계도 있지만, 정확한 숫자가 없다. 그리고 이들 중공군 희생자 가운데는 앞에서도 언급한 것처럼 모택동의 아들인 모안영도 포함되어 있었다. 중공군의 참전은 위태로운 상황에 처해 있던 북한 지도부를 구원해 내었을 뿐만 아니라 또 한국전의 전쟁양상을 뒤집는 중요한 역할을 했다.

3 년 1 개월간 지속되었던 전쟁은 1953 년 7 월 27 일 휴전협정이 조인되면서 일단 한반도 내에서의 총성은 멈추게 되었다. 그 해 11 월에 북·중간에 <中·朝 경제 및 문화합작에 관한 협정>이 체결되었는데 그 때 체결한 내용은 크게 다음 3 가지 였다:

1) 1953 년 이전에 북한에 제공했던 채무를 전액 면제한다.

2) 북한경제의 부흥을 위해서 약 2 억 달러를 지원한다.

3) 양국이 경제적•기술적으로 서로 지원하는 문화교류를 하기로 한다.[5]

종전 후 북한에 대한 중국정부의 경제적 원조 규모는 매우 컸다. 중국 정부는 휴전협정 체결 후에 중공군을 곧바로 철수시키지 않고 1958 년 10 월까지 공공건물, 민가, 교량복구 및 신축, 수로 등을 건설하는데 인력적 지원을 하게 했다.[6] 1958 년, 북·중 무역

---

[3] Kim, Hakjoon. *The Sino-North Korean Relations, 1945-1984*. Korean research Center: Seoul, Korea. 1985. P. 79

[4] Xu Yan. *Korean War: In View of Cost-Effectiveness*. October 21, 2003. Consulate-General of the People's Republic of China in New York. http://www.nyconsulate.prchina.org/eng/xw/t31430.htm

[5] Roy U.T. Kim, *Sino-Soviet Dispute and North Korea*." P. 88

[6] *Peking Review*, 1:35 (October 28, 1958), pp. 6-7, cited in *ibid.*, p. 29 (p.110 in

규모는 1954 년에 비해 무려 11 배나 증가했으며 양국간에 맺어진 무역협정도 많았다.[7]

그러나 이러한 북,중간의 우호적인 관계가 1950 년대 후반부터 조금씩 균열을 보이기 시작했다. 특히 1956 년 8 월에 있었던 북한 지도부 내에서의 마지막 권력투쟁인 '8 월 종파사건'[8] 은 북중관계를 크게 악화시켰다. 1950 년대 후반에 김일성이 자신의 권력을 크게 확대하려고 하자 이것을 반대하던 친중파(연안파) 출신들을 김일성은 숙청하기 시작했고 이에 따라 연안파 공산주의자들 대부분이 중국으로 망명을 했다. 이에 대해 중국 공산당이 김일성을 강력하게 비판하자 양국간의 관계가 악화되었다. 그러나 급격히 변화하고 있는 국제정세로 인해서 중국 측은 북한과의 관계회복의 필요성을 느끼고 중국에 망명해서 반(反) 김일성 운동을 하던 연안파 사람들의 활동을 제한하거나 감시하기 시작했다.[9] 중국정부의 이러한 태도변화는 인도차이나에서 진행되고 있던 베트남 전쟁과 본격화된 중·소 대립, 그리고 남한에서의 군사정권 등장으로 인해서 한반도의 상황이 매우 불안정하고 불확실해지자 중국 지도부 내에서 북한과의 관계회복이 필요하다고 판단했었기 때문에 일어난 것이었다.

1965 년에 시작된 베트남 전쟁은 결과적으로 미국 군대를 중국 영토에 더 가까이 주둔하게 만들었고 또 1960 년 4 월에 시작된 중국과 소련의 이념 및 군사적 대립, 그리고 남한에서의 군사정권 등장은 중국의 안보 우려를 더욱 가속화시켰다. 이러한 상황에서 북한의 전략적 가치는 상승하기 시작했고 또 이러한 북한을 자기편으로 끌어들이기 위해 중국은 북한에 대한 경제·군사적 원조와 지원을 확대하면서 북한 내에서 소련의 영향력을 제거하려고 노력했다. 하지만 이러한 상황에서 북한은 중국, 소련 그 어느 쪽에도 치우치지 않는 중립적 태도를 보이면서 두 나라로부터 경제·기술·군사적 지원을 최대한 확보하기 위해 양다리 외교전술을 썼다. 그러자 중국은 1958 년 2 월에 북한과 '평화공존 5 원칙'에 입각한 새로운 외교관계를 수립하기 시작했다. 이것에 대해 북한주재 소련대사관은 1960 년 6 월, "중국이

Kim Hakjoon).

[7] Kim, Hakjoon, 110.

[8] 1956년 8월에 연안파와 일부 소련파의 주도로 권력에서 소외됐던 세력들이 김일성 세력을 몰아내기 위해 모의한 북한 최대의 권력 투쟁 사건으로, '연안파 사건'이라고도 불리움

[9] 최명해. "중국.북한동맹관계: 불편한동거의 역사." 도서출판 오름. 서울. 2009. p. 146

북한에 대한 영향력을 강화하기 위한 사업에 적극성을 보이고 있다"고 자국정부에 보고했다.[10] 이 보고서에 의하면 북한 정부 내에서 소련과 소련 공산당의 역할은 과소평가되고 있는 반면, 중국공산당의 역할은 과대평가되고 있다고 보고했다.[11] 중·소 양국관계가 지속적으로 악화 되자 소련은 북한 내에서 중국에게 기운 세력의 균형을 다시 바로 잡기 위해 1961 년 7 월 6 일에 군사동맹조약의 성격을 가진 <朝·蘇 우호협력 및 호상원조 조약>를 맺었다. 그러나 이러한 조약의 내용을 미리 알지 못했던 중국 측은 곧 이어서 朝·蘇 조약보다도 강도가 높은 <中·朝 우호, 협조 및 호상원조 조약>을 11 일에 체결했다. 또한 그해 10 월에는 1961~64 년까지 약 1.5 억 달러의 차관을 제공해 달라는 북한의 요구에 중국은 동의했을 뿐만 아니라 이 차관의 상환 시간을 '얼마든지' 연장할 수 있다고 약속해서 실재로 무상원조를 제공했다.[12] 이로 인해 1960 년대 중반까지 북중관계는 대단히 우호적이었으며 1964 년에 소련 지도자인 니키타 흐루시초프 (Nikita Khrushchev)가 축출됐을 때 북한은 이미 이념적·정치적으로 중국 측에 기울고 있었다.[13] 특히 흐루시초프가 추진하고 있던 '서방국가들과의 평화 공존' 정책을 강력히 반대하고 있던 북한이 소련과의 관계가 점점 멀어지자 소련은 1962 년부터 대북 경제적·군사적 지원을 중지했고 반면에 북한에 대한 중국의 영향력은 더 크게 확대되어 갔다.

그러나 이러한 북중관계는 1960 년대 중반 중국의 문화대혁명(1966-1969)을 계기로 악화되기 시작했다. 이 시기에 중국은 북한의 김일성 개인 숭배를 비판하기 시작했고 김일성을 '뚱뚱한 수정론자'(fat revisionist)라고 비난하기 시작했다.[14] 그러자 소련과의 관계가 악화되면서 20%나 차지하고 있는 동유럽의 원조가 끊겼던 북한은 다시 소련과의 관계를 개선하기 위해 나섰다.[15] 1965 년부터 북소관계가 다시 활발해지면서 1962

---

[10] Ibid, 147.

[11] Ibid, 147

[12] Ibid, 173

[13] Chin Chung. Pyongyang between Peking and Moscow: North Korea's In-volvement in the Sino-Soviet Dispute, 1958-1975 (Alabama, 1978

[14] China and North Korea: Comrades Forever? Crisis Group Asia Report N0. 112. February 2006. P. 2.

[15] Kim, Hakjoon, 116.

년에 중단되었던 경제·군사적 협력이 재개된 반면, 북중관계는 다시 냉랭해지고 갈등 양상으로 변했다. 반면에 북한에서의 소련의 영향력은 다시 확대되었다. 1969 년, 닉슨 정권 떠 미·소 데탕트가 시작되자 중국은 북한 내에서 자국의 영향력을 확대하기 위해 대북 원조를 제공하기 시작했고 북중관계는 다시 정상화 되었다. 그리고 1971 년에는 중국도 소련처럼 미국과 데탕트 분위기에 들어서면서 소위 '핑퐁외교'[16]를 하기 시작했다.

2.2 데탕트 시기

1969 년은 여러 측면에서 북한에게 중요한 시기였다. 미·소간의 데탕트에 이어서 미국은 새로운 對아시아 정책인 '닉슨 독트린'(Nixon Doctrine)[17]을 선포했고, 또 이 해에 중국에서는 문화혁명이 막을 내렸으며 또 이러한 국제정세의 변화는 북중, 북소관계에 큰 영향을 미쳤다. 일단 미국과 데탕트를 시작한 소련은 북한의 대미 모험주의적인 행동을 비판하는 입장을 보였다. 예컨데 1969 년 4 월 15 일에 북한이 미 정찰기 EC-121 기를 격추시키는 사건이 발생하자 소련 해군이 미 실종자를 찾는 작업에 직접 나섰다. 북한은 이러한 소련의 태도에 대해 부정적인 입장을 표시하그 그 해 6 월에 모스크바에서 열린 국제공산당 회의에 불참했으며 소련을 비판하는 발언들이 나오기 시작했다.[18] 또한 일본, 미국과 개선되고 있는 소련의 외교관계를 달가와하지 않는 것은 물론, 북한을 둘러싸고 반중(反中)적인 미·소·일 동맹이 형성되는 것을 우려하고 있었다.

그러나 1971 년 여름에 미 국무부 장관인 헨리 키신저(Henry A. Kissinger)가 비밀리에 중국을 방문하고 이어서

---

[16] 핑퐁외교'는 스포츠 교류를 통해 국가간의 관계개선을 이룩한 대표적이 사례다. 1971 년 일본 나고야에서 열린 세계탁구 선수권대회에 중국대표단이 참가했구. 대회가 끝나고 1971 년 4 월 중국은 그 대회에 참석한 미국선수단 15 명을 베이징으로 공식초청했다. 이 친선경기가 갖는 정치적 파장은 엄청나, 냉전의 상징이었던 두 나라가 우호적인 접근을 시작했음을 전 세계에 알리는 신호탄이었다. 석달 뒤 미국으 헨리 키신저 대통령 안보담당 특별보좌관이 베이징을 극비리에 방문해 주언라이 수상과 회담을 가졌고, 두 나라는 닉슨 대통령과 마오쩌둥 주석의 역사적인 회담계획을 공동발표하기에 이르렀다.

[17] 미국은 '태평양 국가'로서 그 지역에서 중요한 역할을 계속하지만 직접적·근사적인 또는 정치적인 과잉개입은 하지 않으며 자조(自助)의 의사를 가진 아시아 제국의 잦주적 행동을 측면 지원한다.

[18] Kim, Hakjoon, 121

닉슨 대통령이 1972 년에 중국에 방문하겠다는 의도를 표명하자 북한은 또 다시 혼란에 빠졌다. 이러한 북한을 안심시키기 위해 중국은 1970 년대에 초반에서 중반까지 여러 차례에 걸쳐서 고위급 인사들을 평양으로 보내 북한에 대한 막대한 군사적·경제적 지원을 약속하고 활발한 교류를 했다. 반면에 북소간의 무역과 원조는 1970 년 초반부터 급격히 감소됐고 따라서 1970 년대 중반까지 북한은 중국과 소련간에 중립적인 입장을 유지하려고 했지만 결국은 중국측에 더 기울어졌다.[19]

1978 년에 중국과 일본간에 <中·日 평화우호조약>이 체결되고 1979 년에는 미·중관계가 정상화되자 북한은 또 다시 중국을 불신하게 되었고 이에 따라서 소련과의 교류 및 협력이 더 활발해졌다. 그러자 중국은 만일 북한이 소련에게 나진이나 남포 어항을 해군기지로 사용하도록 허가를 내주면 어떻게 하나 하는 염려가 생기기 시작했다. 왜냐하면 만일 그렇게 되면 이것은 중국에게 큰 안보적 위협이 될 수 있기 때문이었다.[20] 따라서 중국은 1981 년부터 적극적으로 북한과는 혈맹관계임을 강조하며 북중관계를 강화하려고 노력하기 시작했다. 하지만 중국과 북한은 대남정책에 있어서 입장 차이를 보이기 시작했다. 김일성의 최우선 정책목표는 남한을 적화통일시키는 것임에 반해 중국은 한반도의 통일보다 평화와 군사적인 균형을 유지하는 것을 더 원했다. 특히 중국이 우려하는 것은 제 2 차 한국전쟁이 일어나는 것이었으며 중국은 1980 년대에도 계속해서 한반도의 긴장 완화와 관련해 국가 간에 대화가 이루어지기를 바랐다. 중국의 짜오 지양 (Zhao Ziyang: 赵紫阳) 총리는 미 레이건 대통령과 일본 나카소네 야수히로 총리에게 중국은 한반도의 긴장을 고조시키는 모든 행동을 반대한다는 입장을 전했다.[21] 또한 동북아에서 소련의 영향력이 확대되는 것을 우려한 중국은 이 지역에서 소련의 영향력을 억제하기 위해서라도 북한이 주장하는 것처럼 주한미군이 당장 철수하는 것 보다는 주한미군이 지속적으로 한국에 주둔하는 것을 더 원했다.[22]

하지만 1989 년 5 월 16 일에 북경에서 소련의 미하일

---

[19] Chung, *Pyongyang Between Peking and Moscow*, 143.

[20] Lee, Chae-Jin. *China and Korea: Dynamic Relations.* Hoover Press Publication. 1996. p. 70

[21] *Ibid*, 79

[22] *Ibid*, 82.

고르바초프(Mikhail   Gorbachev)   대통령과   중국의
덩샤오핑(鄧小平) 총리간에 역사적인 정상회담이 개최되자
중소대립이 완화되기 시작했다.   이로 인해 한국전쟁 이후
처음으로 북한이 중국을 더 필요로 하게 됐고 중국 지도부는
북한의 전략적 가치에 대해 재평가하기에 이르렀다. 소련이 1990 년
9 월 30 일에 한국과의 관계를 정상화 시킬 때 중국은 공식적인
입장을 표명하지 않았고 소련에 대한 북한의 강력한 비판을
동의하지도 않았다. 또한 중국은 1991 년에 한국의 유엔가입을
반대하지 않아 북한과 한국이 동시 가입했고 1992 년에는
한국과의 관계를 정상화 함으로써 실제로 'Two Korea' 정책을
추진하게 되었다. 이런 가운데서 중국 지도부는 여러 차례 북한과의
회담을 갖고 북한과의 군사적인 연대감에 변함이 없음을 강조했다.

2.3 탈냉전 시기

1991 년 12 월에 소련이 붕괴한 것을 시작으로 동유럽의
사회주의 국가들이 연속적으로 붕괴하고 있는 가운데 중국은
고립과 위협을 느끼고 있는 북한을 안심시키기 위해 양국간의
혈맹을 강조해 경제·군사적인 지원을 개시했다. 그러나 1991 년에
북한의 핵 프로그램에 대한 소문이 돌기 시작할 때 중국은 또
곤란한 상황에 처하게 되었고 모순되는 입장을 보였다. 한편으로
1991 년 11 월에 미 베이커(James Baker) 국무장관이 북한문제를
해결하기 위해 미·중·소·일 다자간 노력을 제안하자 중국은 북한에
대한 '국제적 압력을 바라지 않는다'고 하며 유엔 안보리에서
영국- 프랑스의 결의안 채택을 막았다.[23] 반면에 중국도 북한이
한반도를 불안정하게 만들 수 있는 핵 보유국이 되는 것을 바라지
않았다. 따라서 북한이 국제원자력기구(IAEA)의 핵시설 사찰을
거부하고 1993 년 3 월에 핵확산방지조약 (NFT)에서
탈퇴하겠다고 선포할 때 중국이 반대하는 입장을 표명했지만
그러나 유엔안보리의 결의안을 반대하지 않고 기권했다.

한반도와 동북아의 평화 및 세력균형을 중요시하는 중국은
유엔안보리에서   대북   제재를   반대하면서   북미간의   합의를
적극적으로 지지하며 북한을 지속적으로 설득시켰다. 결국 1994
년 10 월 21 일에 제네바 합의가 체결되었고 장쩌민(江澤民) 주석과
클린턴 대통령이 이 합의의 이행을 위해 서로 협력하기로 약속했다.
중국은 북한과의 형제관계를 강조했지만 1994 년 7 월 10 일에
있었던 김일성의 사망, 중국의 경제개발 및 부상하고 있는 국제적

---

[23] Ibid, 93

지위와 그에 따라오는 변화된 외교 전략·정책, 그리고 1990 년대 중반부터 한국전쟁과 관련 없는 중국의 새로운 지도부, 이른바 '제 4 세대'의 부상으로 인해서 북중관계는 변화할 수 밖에 없었다.

특히 전통적인 '우호인방'(友好隣邦)관계였던 북중관계는 개혁개방을 추진하고 있는 중국과의 관계가 전략적 이해관계에 따른 일반적 정상 국가 관계, 현실정치(realpolitik)에 바탕으로 된 실용주의 관계로 변화하기 시작했다. 1995~1997 년까지 기근으로 인한 '고난의 행군'을 겪고 있던 북한에게 무상원조를 하는 대신 '어려운 친구를 돕는다는 의미에서 특별히 싼 가격'(friendship prices)으로 식량을 판매하겠다고 발표했다.[24] 이 때 북중관계가 또 다시 급격히 악화되었고 1995 년부터 연례행사였던 북한 고위급 인사의 방중이 중단되었다. 그러나 중국은 변화하고 있는 국제 정세에 영향을 받아 북한과의 경제관계를 개선해야 한다고 판단했다. 그 이유는 1994 년 제네바 합의로 인해 미국과 한국이 북한에 원조를 제공하게 되었고 중국은 영향력을 다시 확보하기 위해 1996 년 5 월에 중국에 방문한 북한 홍성남 총리와 <北·中 경제 및 기술 합작협정>을 맺었다. 이 협정에서 중국은 향후 5 년간 북한을 원조하기로 약속했으며 또 그에 따라 아주 싼 값에 곡물을 파는 '우호 가격'의 재개를 발표했다.[25]

또한 중국은 그동안 북한 지도부에 대해 경제 개발을 적극적으로 추진하라고 요구하였다. 2000 년 3 월, 북한 외교부 장관 백남선이 중국을 방문했을 때 중국 국무원들은 백 장관의 방중 의미를 '한반도의 평화 및 안정을 구축하고 외국과의 교류를 통해 북한의 경제개발을 추진하는 계기'라고 말했다.[26] 그러나 여러 요인으로 인해서 북한의 경제개발은 소극적이었고 북한의 중국 의존도는 지속적으로 증가했다. 또한 북한을 국제사회에 참여시키려고 하는 중국 지도부의 노력은 북한의 도발적인 행동 때문에 여러차례 물거품이 되고 말았다. 중국이 6 자회담을

---

[24] 이 특별히 싼 가격, 이른바 "friendship prices"는 북한에게 원가격에 비해 더 저렴한 값으로 북한에게 판매하는 의미를 하고 있다. 예컨데 1996 년에 중국의 경제정치가 실용주의로 전환함으로써 북한에게 더 이상 대규모 곡물, 석유 등을 무료로 제공 못하게 됐다. 대신 북한이 국제 가격의 1/3 값으로 곡물 및 석유를 구입할 수 있으며 다른 소비재는 80% 할인 된 가격으로 구입할 수 있겠금 했다. Myong-Chul Cho, et al. *A Study on Economic Aid toward North Korea after resolving the Nuclear Crisis* (Seoul: Korea Institute for International Economic Policy, 2005). p. 117

[25] Lee, *Trends in Sino-North Korean Trade*, 4

[26] Anderson, Eric C. "Understanding China's Approach to North Korea." *Huffington Post.* May 2, 2010.

주최하고 중재 역할했음에도 불구하고 북한은 여러 차례 미사일 및 로켓 발사, 그리고 2차례에 걸쳐서 핵 실험을 강행했으며 중국 지도부의 체면을 깎아내렸다. 북한에 대한 중국 지도부의 인내심이 점점 없어지고 있다는 한 증거는 중국 주요 신문과 출판물에 북한을 비판하는 글을 허용하고 있다는 사실에서 추측할 수 있다. 북한 정보를 엄격하게 통제하는 중국정부가 비판적인 글을 조금씩 허용한다는 것은 몇 년 전 만에도 상상할 수 없는 일이었다. 따라서 중국 내에서 북한에 대한 다양한 입장들이 서서히 언론에서도 발표되고 있다.

III. 변화하고 있는 북한에 대한 중국정부의 입장: '동맹파' 대 '전략파'

　　　1990년대 중반 만해도 중국의 대북정책의 기반은 지도자 대 지도자(leader-to-leader) 외교와 한국전쟁 당시 함께 피를 흘린 북한 지도부와의 긴밀한 인간적 유대관계였다. 그러나 북한과 달리 이데올로기에 입각한 대외정책보다는 실용주의 외교정책을 전개하면서 북한에 대한 중국의 인식이 크게 변화하기 시작했다. 또한 그 동안 북한을 감싸고 돌던 중국내 구세대 지도자들('old guard')이 사망하고 한국전쟁을 기억하지 못하는 새로운 지도부가 등장하면서 북한에 대한 중국 지도부의 인식이 더욱 더 객관적·부정적으로 바뀌었다. 특히 북한에 대한 부정적인 시각은 2006년 10월 9일 제1차 핵 실험과 2009년 5월 25일에 제2차 핵 실험 계기로 더 뚜렷해졌다. 북한은 6자회담에도 불구하고 계속 핵 개발을 할 것으로 보이며 중국 내에 팽팽한 논쟁이 벌어지고 있다. 일반 중국인들의 대 북한인식도 변화하고 있으며 2006년 9월 미국의 퓨 연구소(Pew Research Center)가 공개한 중국 일반대중에 대한 여론조사 결과에 의하면 중국인들은 북한을 호의적으로 보는 이들이 있는가 하면 또 그 반대로 비우호적인 시각으로 보는 이들도 있었다.[27] 그러나 2009년 10월 제2차 핵 실험 이후 중국내에서 북한에 대한 부정적인 입장이 더 뚜렷해졌다. 북한이 제2차 핵 실험을 하고 나서 몇 주 흐에 한 Huangqiu Shibao 의 온라인 조사에 의하면 조사에 응한 중국인 3/4이 북한의 핵 도발이 중국에 부정적인 영향을 끼치고 동북다에 핵 무장 경쟁을 자극할 수 있다는 우려를 표시하였으며,[28] 북경 대학교

[27] "Publics of Asian Powers Hold Negative Views of One Another." http://pewglobal.org/reports/display.php?ReportID=255.

[28] North Korea Conducted a Nuclear Test: Web Inquiry," *Huanqiu Shidai*, http://survey.huanqiu.com/result.php?s=SFFzdXJ2ZX1fOTA0.

국제전략연구센터(CISS)의 주평(朱锋) 국장은 북한의 행동이 "중국의 안보 및 국가이익을 약화"시킨다고 강력히 비판했다.[29]

특히 중국 언론과 정책 분석가들은 북한이 핵실험을 통해 넘지 말아야 할 선을 넘었다고 하는 이야기도 나왔다. 중국 내에서의 이러한 논쟁은 대략 2 세력, 다시 말해서 '동맹파'(传统派)와 '전략파'(战略派)로 나눌 수 있다. 보수주의자와 매파(hawkish) 정책 입안자들로 구성되어 있는 동맹파는 '한반도에 대한 중국과 미국의 이해관계는 근본적으로 다르기 때문에 중국은 오랫동안의 동맹관계를 유지해 온 북한과의 관계를 우선순위에 두어야 한다고 주장한다. 이들은 북한이 중국과 미국 사이에서 직접적인 군사력 대치를 피하게 하는 '완충지대'가 되도록 해야 한다는 것이다.[30] 반면에 '전략파'는 주로 미국에서 공부한 학자들로서, 국제관계에 관련된 일을 하는 외교부 국무원, 혹은 새로 등장하고 있는 이른바 제 4 세대 정치인들이다. 이들은 중국이 미국과 더 협조하여 양국이 더 강력한 대북정책을 추진해야 한다고 주장한다.[31] 이들은 북한에 대해 '북한 부담론'을 주장하면서 국제공조를 우선시하고 실용주의적인 시각으로 북한문제를 다루려고 한다. 물론 양측 다 한반도의 비핵화란 공통 목적을 갖고 있지만 '동맹파'는 북·중간에 전통적인 동맹관계에 가치를 두고 있으며 오직 안정된 북한 체제를 통해 비핵화가 실현될 수 있다고 본다. 그러나 '전략파'는 6 자 회담과 국제사회와의 협력을 통해 중국이 국제사회에서의 위치가 향상되는 것을 희망하고 있으며 특별히 미·중 협력을 통해 국제질서를 유지하기를 바라고 있다.[32] 3.1 전통적인 '동맹파' 중국 지도부의 대북정책은 주로 전통주의·보수주의 선을 따라가며 정책과정에 큰 영향을 미치고 있다. 이 '동맹파'는 보수적 학자, 정책 분석가, 중국인민해방군과 북한에서 근무한 외교부 인맥으로 구성되어 있다. 이들은 미국을 중심으로 한 서방세계를 불신하고 있으며 한반도 문제에 관해서는

---

[29] Zhu Feng, "North Korea Issue Divides China," *MacArthur Foundation Asia Security Initiative Blog*, June 17, 2009

[30] 안인해. "북한핵실험이후: 중국의 대북정책 현황과 전망." 한국국제정치학회 학술대회 발표논문집. 2006.06. p. 35

[31] ICG. *Shades of Red: China's Debate over North Korea*, 5.

[32] "韩国 : 中国不许朝鲜拥核但对朝政策有矛盾" *"ROK: China doesn't allow a nuclear DPRK, but has internal conflicts on DPRK policy"*+, STNN, 15 May 2009 www.stnn.cc/pacific_asia/200905/t20090515_1029915.html.

제로섬 게임(zero-sum game)[33] 입장을 가지고 있다. 이러한 동맹파들은 미국이 북한과의 직접대화, 다시 말해서 북한의 체제 안전보장과 미북관계 정상화를 외면함으로써 결국 북 핵문제를 더 악화시킨 책임이 있다고 주장한다.[34] 뿐만 아니라 저들 동맹파들은 미국이 아시아에서 미국의 전략적 지위를 강화하고 다양한 방법으로 중국을 견제하거나 압박하기 위해서 북한을 자극하는 적대적인 정책을 계속 유지하는 것은 물론, 북한의 위협과 위기를 조작하거나 이용하고 있다고 비난한다.[35] 그래서 동맹파는 북한이 미국을 비롯한 주변 여러 나라들의 반대에도 불구하고 제 2 차 핵실험을 실시했을 때 북한을 비난하기 보다는 도리어 북한을 두둔하는 입장을 표명했다.[36] 중국의 동맹파들은 "북한이 핵을 개발했다고 해서 북한에 대한 중국의 대북정책이 변하면 안 된다"[37] 라고 주장한다. 특히 북중관계를 '특별관계' 아닌 '정상적인 쌍방관계'로 규정하는 것과 또 북한이 2009 년 4 월 5 일, 평화적인 목적으로 인공위성을 발사한 것에 대해 규탄하는

---

[33] 제로섬 게임: 게임 이론에서 참가자 각각의 이득과 손실의 합이 제로가 되는 게임.

[34] 안인해. "북한핵실험이후: 중국의 대북정책 현황과 전망." p.51.

[35] Swain, Michael. "China's North Korea Dilemma." *China Leadership Monitor*, No. 30. (Fall 2009). p. 8.

[36] Jin Linbo, "Crisscrosses and Conflicts of the DPRK-US Strategic Interests," *Liaowang*, August 17, 2008, in OSC CPP20080725710013. Jin 은: "북한이 핵을 포기하지 않는 좋은 이유들이 많다. 핵무기는 북한에게 있어서 정치적 안정, 다시 말해서 체제유지를 위해서도 중요할 뿐만 아니라 이미 피폐할대로 피폐해진 북한 경제를 유지하는 데에도 꼭 필요하다." *Liaowang* 은 신화사에서 나오는 외교 주간 잡지다. Shen Dingli, "DPRK's Walkout from the Six-Party Talks is its Realistic Inevitability," *Dongfang Zaobao* online, April 15, 2009, in OSC CPP20090416138003. Shen 은 "북한이 6자회담에서 나간 것은 불가피했고 언제든지 생길 일이었다. 그 이유는 간단하다. 북한은 다른 핵보유가들 처럼 핵은 국가안보에 근본적인 보장으로 보고있다. 북한은 동맹 혹은 안보 보장을 신뢰하지 않고 자기만에게만 신뢰한다. 북한은 현실적이다." 이러한 입장을 표현하는 다른 출처는:Shih Chun-yu, "DPRK Nuclear Issue Depends on Building of DPRK-US Mutual Trust," *Ta Kung Pao* Political Talk Column, July 19, 2007, in OSC CPP20070719710007; Wu Delie, "Who Is Responsible for the Situation on the Peninsula?" *Shijie Zhishi*, April 16, 2009, pp. 30-31, in OSC CPP20090515671005

[37] Wang Linchang. "The Tone of China's Policy toward North Korea Must not Change because it Conducted Another Nuclear Test." *Huanqiu Shiabao*. June 12, 2009. Open Source Center (OSC), CPP20090618710003.

유엔안보리 의장 성명에 대해서도 저들은 비판적인 시각을 갖고 있다. 그들은 미국과 협력하는 것을 반대하고 있지는 않지만 그러나 미국은 중국의 국익에 제일 큰 장애물이라고 생각하고 있다.

동맹파의 중요한 세력 가운데 하나는 중국 인민해방군(中國人民解放軍)이다. 해방군은 전통적인 북한과의 관계 때문에 대북정책을 보수적인 차원에서 접근하고 있으며 또 미국의 군사력과 목적을 의심한다. 세월이 많이 흘렀기 때문에 북한과 긴밀한 관계를 유지했던 군 지도부들도 이제는 거의 죽거나 사라지고 없지만 1990 년대 중반까지 만해도 한국전쟁에 참가한 해방군 장교들이 중국 지도부 내에 많이 있었다. 이러한 한국전 참전용사들은 중국공산당 내의 주요 결정기구들, 다시 말해서 중국 공산당 정치국과 중앙위원회에서 막강한 영향력을 갖고 있었다. 1988 년 9 월에 인민 해방군이 17 명을 새로 대장(dajiang/4 star)으로 진급시켰을 때 그 중에서 무려 13 명이 한국전쟁에 참전했던 군인들이었다. 이 뿐 아니라 한국전 참전용사들 가운데서 각료 13 명 (3 명은 국방장관), 참모 총장 2 명, 군사 지역 사령관 약 30 명이 배출되었다. 이 이외에도 많은 이들이 군대의 여러 분야에서 높은 지위를 차지했다.[38]

<표 1: 중국공산당 에 속한 한국전쟁 용사>[39]

		8th 중앙[a] (1956-58)	9th 중앙 (1969)	10th 중앙 (1973)	11th 중앙 (1977)	12th 중앙 (1982)	13th 중앙 (1987)
중앙 공식 의회원	전체의원	97	170	195	201	210	175
	한국전쟁 용사	7 (7.2%)	28 (16.4%)	34 (17.4%)	35 (17.4%)	32 (15.2%)	6 (3.4%)
정치국[b] 공식 의회원	전체 의원	20	21	21	23	25	17
	한국전쟁 용사	1	2	2	3	3	1

[a] 중앙: 중국공산당중앙의원회(中國共産黨中央議員會)

[b] 정치국: 중국공산당 중앙정치국 상임위원회 (中國共産黨中央政治局常務委員會)

---

[38] Lee, Chae-jin. *China and Korea: Dynamic relations*. P. 75-76.

[39] Tan Zheng, *Zhongguo renmin zhiyuanjun renwulu* (Biographical Directory of the Chinese People's Volunteers) (Beijing: Zhonggong dangshi chubanshe, 1992).

세월이 흐름에 따라 한국전쟁에 참전했던 용사들이나 또는
북한과 긴밀한 관계를 갖고 있던 해방군 지도자들이 이제는 죽거나
은퇴해서 얼마 남지 않았지만 그러나 중국 해방군은 북한의
지정학적 위치와 완충지대 역할 때문에 여전히 북한을 중요시
여기고 지원하는 보수적인 입장을 취하고 있다. 중국인민해방군
대학교 전략연구소의 판 제치안(Pan Zhenqiang) 소장(은퇴)은
다음과 같이 언급한 적이 있다:

우리는 미국이 어쩌면 북한 핵 문제를 진정으로 해결하고
싶어 하지 않을지도 모른다고 생각한다. 아니 어쩌면 미국은 북한
핵 문제를 장기화 시키고 싶어할 수도 있다고 생각한다. 왜냐 하면
한반도 내에서 북한의 핵 위협이 사라지게 되면 주한미군이 더 이상
한반도에 주둔해야 할 명분이 없어지게 되기 때문이다. 그런 점에서
우리는 한반도 문제에 대한 미국의 진정한 의도가 어디에 있는지를
묻고싶다. 미국이 한반도에 대해서 진정으로 바라는 것은 무엇인가?
저들이 말하는 것처럼 단순히 한반도의 비핵화인가, 아니면 미군이
계속해서 한반도에 주둔할 수 있는 명분을 유지하기 위해 지역
긴장을 계속해서 유지하는 것인가?[40]

중국 지도부 내에서 대 북한 관계를 중요시 여기고 있는
동맹파 핵심 간부로는 중앙대외연락부 부장을 역임하고 현재
외교담당 국무위원 겸 당 중앙 외사판공실 주임으로 있는
다이빙궈(戴秉國)를 들 수 있다. 중국의 대북정책은 당 중앙위에서
결정하고 있다는 점에서 외사판공실 주임을 겸하고 있는 다이
국무위원이 가지고 있는 대 북한 인식은 매우 중요하다. 그는
2005년부터 시작된 중·미 전략대화의 중국 측 대표를 맡아오면서
대미 관계에서 북한이 지니고 있는 전략적 중요성을 절실히 느낀
것으로 보이며, 대외연락부장 시절 김정일을 비롯한 북한
지도부와 쌓은 교분 때문에 다이빙궈는 중·북 친선관계를 지속해
나가야 한다는 입장을 보이고 있다.[41] 중국의 대외정책
결정과정에서 다이빙궈가 차지하고 있는 위상을 고려할 때, 적어도
그의 임기가 끝나는 2012년까지는 중국은 북한을 자국의 전략적
자산으로 간주하게 될 전망이 크다.[42]

중국 지도부내 '동맹파'들의 주장을 요약해서 다시 말하자면

[40] International Crisis Group. "China and North Korea: Comrades Forever?"
Crisis Group Asia Report, No. 112, February 1, 2006.

[41] 쉬상진. 중국의 대 북한 인식변화 연구: 북한전문가 심층 면담조사. 통일정책연구. 제
17권 1호 2008. p. 270.

[42] *Ibid*, 270.

다음과 같다:

1. 북한은 한국전쟁 당시 제국주의 미국과 대결하기 위해 대규모 중국 인민해방군이 희생해 가면서 구축한 '혈맹', 혹은 '순치상의'(치아를 보호해주는 입술)와 같은 존재로서 특별한 관계이다. 따라서 중국은 중요한 동맹국인 북한과의 관계를 악화시킬 수 있는 행동을 추진하면 안 된다.

2. 중국은 북한의 도발적인 행동을 유발할 수 있는 국제적인 압력을 방지하는 것에 주요 관심이 있다.

3. 북한의 정정(政情) 불안정을 방지하기 위해 중국은 지속적으로 북한에 대해 원조를 제공해야 한다.

4. 북한은 주한미군과의 중요한 완충지대 역할을 하고 있으며 전략적 부담('strategic liability')이라기 보다는 전략적 자산('strategic asset')이다.[43]

3.2 전략파의 등장

과거와 비교할 때 북한에 대한 중국의 인식은 커다란 변화를 보이고 있다. 2006 년 북한의 제 1 차 핵실험과 2009 년 제 2 차 핵실험을 계기로 해서 중국 내에서 북한을 비판하는 목소리가 더 커졌고 이 세력은 '실용주의적 전략파'로 규정되고 있다 (북한 행동에 대한 중국 대응을 자세하게 살피려면 부록 1 을 참고할 것). 앞에서 이미 언급하였듯이 전략파들은 어느 정도 미국과 비슷한 입장을 갖고 있으며 북중관계보다 미국과의 협력하는 것에 초점을 맞추고 있다.[44] 북한에 대한 전략파들의 부정적인 인식은 2006 년 7 월 북한이 제 1 차 핵 실험을 한 이후부터 더 분명해졌고 현재에 이르기까지 계속적으로 쌓여왔다. 특히 2009 년 7 월, 북한의 '인공위성' 발사 사건 이후로 북한에 대한 중국 전략파들의 분노와 불만은 더욱 분명해졌다. 북한이 제 1 차 핵 실험을 시행한 이후에 전략파 내에서는 북한에 대해 '어리석은,' '이성(理性)을 잃은', 심지어 '미친 짓'이란 강력한 비판이 쏟아져

---

[43] International Crisis Group. *Shades of Red: China's Debate over North Korea*, 7.

[44] 전략파의 다수는 주로 미중관계에 집중하는 학자들이다. 이들중에서 칭화 대학교 선쯔(Sun Zhe) 교수, 푸단 대학교의 랜 샤우(Ren Xiao) 교수, 중공중앙학교(中共中央學校)의 장리안귀(Zhang Liangui) 교수 (장 교수는 평양에 김일성 대학교에서 1964~1968까지 공부했음)가 대표적인 전략파들이다.*Shades of Red*, p. 5.

나왔다.[45] 뿐만 아니라, 이러한 북한의 행동을 가리켜서 '극단적인 모험주의,' '벼랑 끝 전술', '위험한', '말썽꾼'이라는 단어로 표현하고 있다.[46] 이러한 입장을 갖고 있는 이들은 다 다수가 미국에서 교육받은 학자들과 젊는 정치인들로 구성되어 있지만 이들은 '親美' 라기 보다는 애국주의자들이며 중국의 국익을 우선시하는 사람들이다. 중국 지도부 내에서 이러한 목소리들이 등장할 수 있었던 데에는 여러가지 이유들이 있다.

첫째는, 변화하고 있는 중국의 정치체제이다. 모택동과 덩샤오핑 집권 시기에는 중국의 외교안보정책은 최고지도자 한 사람이 결정할 정도로 과도하게 중앙에 집중되어 있었다. 이로 인해서 중국내에서 다양한 인식과 정책논의는 거의 없었다. 그러나 개방 이후 지방정부들이 어느정도 대외정책 결정과정에서 부분적인 영향을 행사하고 있을 뿐만 아니라 또 중국 사회과학원과 국제문제연구소 등 관변연구기관과 베이징대학교 등 학계 전문가들도 정기 또는 비정기 정책보고서 제출과 최고 지도자들과의 개인적 네트워크를 통한 정책건의를 통해 중국의 대외정책이 좀 더 합리적으로 결정되도록 하고 있다.[47] 특히 '공중외교'를 내세운 후진타오 주석은 외교부를 일반인에게 개방하고 일부 외교정보를 공개하며, 국제문제 전문가의 정책자문을

---

[45] "Beijing Expected to Adjust Its Policy toward the DPRK and Support Sanctions," *Ming Pao* online, October 10, 2006, in OSC CPP2006101071002C. "UN Sanctions Will 'Burst DPRK's Bubble' of Pride over Nuclear Arms," *Global Times* Editorial online, June 12, 2009, in OSC CPP20090618722005. Zhu Feng, "The DPRK Nuclear Crisis after the
Second Nuclear Test: The Six Party Talks and 'Coercive Diplomacy'," *Xiandai Guoji Guanxi*, July 20, 2009, pp. 44–50, in OSC CPP20090811671002.

[46] Cai Jian: "How Should China Respond to the Resurgence of the North Korean Nuclear Issue," *Shijie Zhishi*, May 1,
2009, pp. 27–29, in OSC CPP20090514671009; Shen Yi, "Cornered to the Wall, But It Will Return to the Six-Party Talks," *Wen Hui Bao* online, April, 16, 2009, in OSC CPP20090418066003; Zhang Zhixin, "The DPRK Insists on Having Its Own Way in Nuclearizing Itself," *Wen Wei Po* online May 27, 2009, in OSC CPP20090527710010; Chu Shulong, "The North Korea Nuclear Issue Calls for New Thinking and New Policy," *MacArthur Foundation Asia Security Initiative Blog*, September 3, 2009
http://asiasecurity.macfound.org/blog/entry/guest_post_chu_shulong_on_north_korea_policy/
[47] 신상진. "중국의 대북한 인식변화 연구: 북한전문가 심층 면담조사" p. 267.

대외정책 결정시 반영하기 위한 조치들을 취하고 있다.[48] 따라서 최고지도부뿐만 아니라 전문가집단, 그리고 대중들 사이에서도 외교안보문제에 대한 다양한 시각과 논의의 표출이 조금씩 가능해지고 있다.

이러한 정책결정과정의 변화와 중국의 변화된 외교정책이 서로 결합되었다. 후진타오 주석이 내새운 화해세계(和諧世界)와 화평발전(和平發展)은 중국이 평화적 부상을 통해 세계 패권을 추구하지 않을 것이며 또 국제사회로부터 신뢰를 받으며 국제적 지위·영향력을 향상하는 것을 의미하고 있다. 이에 따라 중국이 국제문제에 있어서 더 적극적인 역할을 추진해야 한다는 목소리가 커지고 있다. 2009 년 7 월에 후진타오 주석이 중국 대사들과 회의를 갖고 중국은 "앞으로 국제상황 및 국제문제에서 중국의 영향력을 더 키워야" 하며 "정치문제에 있어서 더 큰 영향력을 가져야 한다"라고 언급했다 (nuli shi woguo zai zhengzhishang geng you xingxiangli 努力使我国在政治更有形响力).[49] 이렇게 하기 위해 국제무대에서 중국의 '책임있는 강대국'론을 유지해야 하는 외교부에게 북한의 핵 실험은 곤란한 입장을 안겨주었다. 중국은 국제 강대국으로서 북한에 대해 책임있는 대응을 해야 하는 입장이지만, 그러나 자국의 전략적 이익, 안보 문제 때문에 적극적으로 북한의 핵문제에 대응하지 못하고 있는 큰 딜레마에 빠져있다.

전략파는 중국이 그동안 꾸준히 북한을 지지하고 지원해 줬는데 그 만한 이득을 얻어내지 못했다고 생각한다. 북한은 중국을 '모욕'(slap in the face)[50] 했을 뿐만 아니라 제 2 차 핵실험이 중국 국경에서 불과 100km 도 떨어지지 않은 곳에서 있었던 사실을 고려할 때 북한은 중국 안보에 위협적인 존재라고 인식하고 있다. 중국 현대국제관계연구원(CICIR)의 왕짜이방(王在邦) 부사장과 이준(李軍) 국장은 중국이 더 이상 북한의 '무원칙'한 행동을 무비판적으로 지지하면 안 된다고 하며

[48] 王逸舟."中國外交三十年: 對進步與不足的若干思考."中國外交. 2007 年第 12 期 (2007.12). pp. 4-5.

[49] Bonnie S. Glaser and Benjamin Dooley. "China's 11th Ambassadorial Conference Signals Continuity and Change in Foreign Policy." *China Brief*, vol. 9, issue 22 (November 4, 2009).

[50] Zhu Feng. North Korea Nuclear Test and Cornered China." *PacNet*, Pacific Forum CSIS. June 1, 2009.

"중국은 북한의 타당한 안보적 우려, 개발 관심과 모든 정당한 이익을 단호히 지지하지만, 북한이 완고하게 자기 멋대로 하는 행동을 통해 지역(한반도)내에서의 긴장을 고조시키는 것은 절대로 지지할 수 없다"고 썼다.[51] 또한 선쯔(孫哲) 교수는 "중국이 더이상 말썽꾼인 북한과 예전에 가지고 있던 정책을 유지해야 할 이유가 없다"고 지적했다.[52] 전략파'들의 핵심 주장을 다시 정리하자면:

1. 북한이 핵 실험을 중국 국경과 가까운 곳에서 하기 때문에 중국 국민들은 이 핵 실험으로 인해서 직접적이고도 즉각적인 피해를 받을 수 있다.

2. 북한은 중국의 국익을 무시하고 있을 분만 아니라 중국으로부터 원조를 받고 있음에도 불구하고 중국에 대해 불만을 표시하고 있다. 따라서 북한은 중국의 전략적, 경제적 부담이다.

3. 중국은 자국의 영향력, 다시 말해서 북한에 주고 있는 원조를 이용해서 북한의 정책을 전환시킬 수 있도록 노력해야 한다.

4. 중국은 6 자회담의 다른 참석국가들과 지속적으로 대화를 나누어 북한에 대한 영향력을 행사해야 한다.

5. 북한을 경제적인 원조를 통해 자기 편으로 매수하려는 정책은 장기적으로 볼 때 중국의 국익에 도움이 되지 않는 일시적인 유화정책에 불과하다.[53]

동맹파와 전략파 간의 이러한 논쟁이 앞으로 북한에 대한 중국의 대북정책 변화를 가져다줄 수 있는 기반을 마련해 주었다하더라도, 지금 당장 중국의 관심사는 북한의 비핵화와 핵 확산 방지보다는 한반도의 안정과 평화 유지에 더 있다.[54] 북한의 제 2 차 핵실험으로 인해서 중국이 지금까지 가지고 있던 한반도의 안정 및 비핵화라고 하는 국익이 충돌하기는 했지만 그러나 아직까지는 전략파의 견해보다는 동맹파와 그들이 갖고 있는 중국 국익에

---

[51] Wang Zaibang and Li Jun. "Searching for the Root of the DPRK's Second Nuclear Experiment, and Diplomatic Thoughts." *Xiandai Guoji Guanxi*. July 20, 2009. OSC, CPP20090811671001.

[52] Liang Chen. "China's Policy at Turning Point: Experts." *Global Times*. May 26, 2009

[53] ICG. *Shades of Red: China's Debate over North Korea*, 6.

[54] *Ibid*, 8

대한 견해가 중국의 정책결정기구 안에서 더 큰 영향력을 가지고 있다. 따라서 동맹파들의 입장과 중국의 대북정책을 이해하기 위해서는 중국이 추구하고 있는 대한반도 전략적 이익이 무엇인지부터 이해해야 할 필요가 있다.

IV. 중국의 대북정책 수립에서의 고려 요인

중국을 주의 깊게 바라보고 있는 많은 해외 관찰자들에게 있어서 중국의 대북정책을 이해하는 것은 대단히 어려울 수도 있다. 가끔 중국의 대북정책 우선순위가 서로 충돌될 뿐만 아니라, 중국 고위 관리들과 중국 의사결정 기구들의 모호함으로 인해서 어떤 정책이 더 우선순위에 있는 정책인지 쉽게 파악하기가 어렵다. 중국 분석가들조차도 중국의 대북정책이 어떻게 결정되고 또 무엇이 고려되고 있는지 잘 모른다고 한다. 오랫동안 중국을 관찰해 온 어느 중국분석가에 의하면 "원래 중국 지도부내의 결정과정은 아주 폐쇄적이고도 은밀한데, 북한문제에 대해서는 더욱 더 비밀스럽다"라고 말한다.[55] 그러나 지금까지 중국이 해온 정책의 우선순위 등을 살펴보면 최소한도 어떤 요인들이 중국의 대북정책 입안에 영향을 끼치는지 알 수 있다.

중국이 대북정책을 결정할 때 다음 세가지 분야를 고려해서 하고 있다: 첫째는 외교정책의 우선순위, 둘째는 국내 안정과 경제 정책, 그리고 셋째는 지역 안정이다. 이러한 요인들을 다 고려해서 생각해야만 중국이 왜 북한을 '포기'하지 않고 있는지 이해할 수 있다.

4.1 외교정책의 우선순위

중국의 외교정책은 더 이상 마르크스-레닌주의나 혹은 마오주의에 기반을 두고 있지 않다. 중국은 2005 년에 '평화발전'(平和發展)을 선포했고 세계 각국과 우호협력 관계를 발전시키는 전방위 외교를 추진하면서 다자주의 외교를 전략적으로 중시해 왔다.[56] 중국의 다자주의 외교는 1950 년에 표명했던 '화평공처오항원칙'(和平共处五项原則)[57]에 근거한 '내정

---

[55]
[56] ICG. "China and North Korea: Comrades Forever? p. 6
전병곤. 중국의 세계금융위기 인식과 대북정책: 지속과 변화. 중국학연구 제 50집. 2009.11.10
[57]
'和平共处五项原則'(화평공처오항원칙): 내용: 互相尊重主权和领土完整(mutual respect for territorical integrity and sovereignty), 互不侵犯(mutual non-aggression), 互不干涉内政(non-interference in each other's internal affairs), 平等互利(equality and mutual benefit), 和平共处(peaceful coexistence).

불간섭주의'(non- interference) 원칙에 기반하고 있으며 미국의 단일체제를 견제하는 한편, 중국의 '책임 있는 대국' 이미지를 구축, 발전 시키는 가운데서 자국의 영향력을 확보하는데 그 목적이 있다. 또한 중국은 1) 타당한 경제적, 정치적 세계 질서의 필요성; 2) 다른 나라에 대한 위협 혹은 무력행사 금지; 3) 모든 국가들의 평등; 4) 중국은 개발국들의 편을 들어 헤게모니, 혹은 초강대국 지위를 얻기 위한 행동을 절대로 하지 않는다 라고 하는 것을 강조하고 있다.[58]

중국은 1989 년 톈안먼 광장 사건 이후 미국과 유럽 국가들로부터 비판과 제재를 받은 경험이 있어, 중국은 모든 국가들이 자국의 정치체제와 발전모형을 스스로 결정할 수 있는 권리가 있다고 하는 사실을 강력하게 강조하고 있다. 중국은 '상호 불간섭주의' 원칙을 내세우면서 다른 나라에 대한 원조나 무역에 어떤 조건을 붙이는 것은 그 나라 내정에 대한 간섭으로 생각한다. 그래서 중국은 유엔 안보리에서 UN 이 어떤 나라에 대해 제재하는 것을 적극적으로, 그리고 지속적으로 반대해 왔다. 예컨데 2004 년 유엔안보리에서 수단의 다르푸르 지역에 대한 논쟁이 있을때 중국의 왕광야(王光亜) 상주대표는 "중국의 지속적인 입장은 제재가 복잡한 문제를 해결해주기 보다는 오히려 더 문제를 복잡하게 만든다"라고 말했다.[59] 그의 이러한 발언은 중국이 왜 북한을 강압하고 제재하는 것을 꺼려하는지 이해하는데 도움이 될 수 있다. 물론 중국이 유엔 결의안 1718 와 1874 를 동의했으나, 미국과 다른 국가들의 압력을 견뎌 내면서 유엔의 대북 제재 강도를 완화시켰다.

이뿐 아니라 과거에 중국이 미국을 비롯한 유럽의 여러 국가들과 일본으로부터 받은 정치, 경제, 군사적 압제 경험이 중국이 대외정책을 결정하는데 큰 영향을 끼쳤다. 중국은 국제관계에 있어서 강압이나 무력을 사용하는 것을 원칙적으로 반대하고 있으며 아시아-태평양 지역에서는 더 더욱 그렇다. 북한문제에 관해서 중국은 중국이나 혹은 국제사회가 북한의 체제를 변화시키기 위해 강압적인 방법을 취하게 되면 문제가 잘 해결되기

---

http://baike.baidu.com/view/1915.htm?fr=ala0_1.

[58] Wu Xinbo. "Four Contradictions Constraining China's Foreign Policy Behavior." *Journal of Contemporary China*. Vol. 10, No. 27, 2001.

[59] Permanent Mission of the People's Republic of China to the UN. "Explanatory Remarks by Chinese Permanent Representative Mr. Wang Guangya at the UN Security Council on Sudan Darfur Draft Resolution (18 September 2004). September 18, 2004. http://www.china-un.org/eng/hyyfy/t158034.htm.

보다는 오히려 더 안 좋은 방향으로 꼬이게 될 것이라고 생각한다. 한 중국 고위 관리는 북한을 변화시키기 위해 대북지원을 중지한다고 할지라도 북한을 변화시킬 수는 없을 것이라고 말하며 "북한은 자존심이 강한 국가이기 때문에 다른 나라가 강요하면 할수록 오히려 더 저항한다"라고 지적하고 있다.[60] 계속해서 북한을 압박하는 것은 결과적으로 북한 내부에 있는 극단적인 민족주의자들과 보수주의자들을 자극해서 북한체제를 더욱 강경하게 만들 뿐만 아니라 북한 내에 남한이나 미국에 대해 우호적인 생각을 가지고 있는 사람들의 입지를 더욱 더 어렵게 만들 뿐이라고 말한다. 따라서 대북 압박정책은 중국의 외교정책과 상반되는 것일 뿐만 아니라 효율성이 낮다고 판단하기 때문에 중국은 북한을 강력하게 압박하는 정책을 취하지 않고 있다.

중국의 국내 경제성장 문제 또한 중국의 외교정책 결정에 큰 영향을 미치고 있다. 점점 커지고 있는 중국의 국력과 유엔안보리 상임 이사국으로서의 거부권 사용을 이용해서 중국은 정치 체제에 상관 없이 모든 개발도상국들을 지지하고 협력하고 있다. 이러한 중국의 대외정책은 중국에게 커다란 경제적 이득을 가져다 주었다. 예컨대 우즈베키스탄의 독재자 이슬람 카리모프 대통령과 우호관계를 맺어 석유와 천연 가스 개발권에 대한 합의를 맺었고, 짐바브웨의 독재자 로버트 무가베 대통령을 지지해서 금과 백금을 확보했으며 지난 3 월에는 북한의 라진 항구 임대기간을 더 연장했다. 중국은 국제적인 비난을 받는 것을 무릅쓰고 경제적인 이득을 위해 국제사회에서 비난의 대상이 되고 있는 나라들을 지지하고 있으며 또 그 중에는 북한도 포함 되어있다.

하지만 최근에 들어서서 이러한 외교정책이 중국이 국제사회에서 '책임있는 역할'을 하려고 하는 노력과 상충되고 있다. 특히 계속되고 있는 북한의 미사일 발사, 핵 실험, 그리고 최근 천안함 격침 사건들은 언제까지나 중국이 북한을 감싸는 정책을 유지해야 하는가 하는 문제를 놓고 중국을 매우 곤란한 위치에 놓이게 했다. 북한에 대한 국제적 인식이 급격히 악화되고 있는 상황에서 중국은 북한을 무조건적으로 지지하기 어렵게 되었다. 과거에 중국은 자국의 국익을 위해서 그 동안 자기들이 대외에 천명해 왔던 자국의 '불간섭주의' 외교정책을 원칙을 스스로 위반한 적이 있었다. 결국 중국의 외교정책은 필요할 때

---

[60] ICG. *China and North Korea: Comrades Forever?* 18.

원칙보다는 실용주의를 선택할 수 있다.[61] 따라서 천안함 침몰 사건이 유엔 안보리의 의제로 상정되어서 다루어지게 될 때 중국이 지금까지 유지해왔던 정책을 선택하던지, 아니면 실용주의를 선택할 것인지의 여부가 매우 흥미로울 것이다.

4.2 국내 안정

중국이 대북정책을 수립하거나 추진할 때 가장 중요하게 고려하는 요소는 자국의 국내문제와의 연관성이다. 그 이유는 북한의 정치적, 혹은 사회적 변동이 국경을 마주하고 있는 중국에 직접적으로 영향을 미치게 되기 때문이다. 중국 공산당 정부가 가장 중요시 여기는 정책결정 우선순위 1 번은 중국을 제외한 대부분의 사회주의 국가가 몰락한 현재의 상황에서, 1989 년에 있었던 천안문 사태와 같은 민주화의 바람을 잠재우고 중국 공산당 체제의 정당성을 계속 유지해 나가는 것이다. 또 그렇게 하기 위해서는 자국 경제를 계속적으로 발전시키고 국내정치를 안정시키는 것이 절대적으로 필요하다. 중국은 현재 국내적으로는 복잡한 소수민족 분리주의자 문제, 도시와 농촌간의 발전 및 빈부격차 문제, 공산당 1 당 독재정치에 대한 불만 등 복잡한 국내 문제들을 안고 있다. 이런 상황에서 이런 문제나 불만들이 폭발되지 않게 하고 국내 정치를 안정시키려면 지속적인 경제성장을 유지하는 정책을 추진해야 한다. 그래서 중국 외교정책 전문가인 평화이동(Peng Huaidong)은 "중국 공산당 정부가 어떤 정책을 결정하거나 추진할 때는 그 정책이 국내의 정치적, 경제적 안정에 미치게 될 영향이 어떤 것인지 항상 우선적으로 먼저 고려되었고, 또 북한문제를 비롯한 대외정책을 결정할 떠도 그 정책이 중국의 국내 정치 및 안정에 어떤 영향을 미칠 것인지 항상 계산하고 있다"고 지적했다.[62]

난민의 물결: 안보 및 경제적인 영향

중국이 대북정책을 수립하거나 추진할 때 북한에서 정치적 변동이 일어나거나 경제적 몰락이 일어났을 경우, 그 상황이 북한과 직접 국경을 맞대고 있는 중국 동북지방을 비롯해서 중국 전체의 정치적 안정과 경제발전에 어떤 영향을 미치게 될 것인가에 대해서 생각하면서 결정하지않을 수 없다.

---

[61] *Ibid*, 10

[62] Peng Huaidong. "A Discussion of the Major Differences in the Chinese and Western Views of War. *Zhongguo Junshi Kexue*. No. 1, 1997. pp. 127-131 in David Shambaugh, *Modernizing China's Military* (London, 2004), p. 284

동북삼성 및 소수민족 자치구

<그림 2: 동북삼성 및 소수민족 자치구>

북한정권이 붕괴하게 될 경우, 제일 먼저 발생하게 될 급한 문제는 중국 국경을 너머 오는 수많은 북한 난민문제이다. 한국은행의 조사와 발표에 의하면 북한 전체 인구수 2 천 300 만 명 중에서 약 300 만 명 가량이 북한을 탈출할 것으로 예상하고 있다. 그 중 대다수는 한국으로 오겠지만 그래도 중국과 가까운지역에 살고 있던 상당수의 북한인들이 중국으로 가게 될 것이다.[63] 만일 남북 국경이 폐쇄될 경우 더 많은 수가 중국으로 갈 수 밖에 없다. 현재 연변지역 인구는 218 만 명 가량이고 그 중에 약 40%가 조선족이다.[64] 중국 정부가 긴급사태 대책을 마련했으나, 지역정부들이 대다수 난민들이 초래하는 인도적, 경제적 위기를 대처하기는 어려울 것이다.

중국 정부는 1952 년에 지린 지역에서 살고 있는 대다수 조선족을 위해서 연변조선족자치주(延邊朝鮮族自治州)을 만들었다. 이 지역에서 살고 있는 조선족은 대부분 본국의 문화적 정체성을 유지해왔고 5 세대들도 한국어를 모국어로 사용하고 있으며 5% 이하가 조선족이 아닌 다른 민족과 결혼하고 있다.[65] 이들은

---

[63] Na Jeong-ju. "3 Million NK Refugees expected in Crisis: BOK." *Korea Times*. January 27, 2007.

[64] Thompson, Drew and Carla Freeman. "Flood Across the Border: China's Disaster Relief Operations and Potential Response to a North Korean Refugee Crisis." *US-Korea Institute at SAIS*. April 1, 2009. p. 12;
"간도협약 100 년…간도 되찾기 운동 활발." 연합뉴스. 2009.09.04. http://news.naver.com/main/read.nhn?mode=LSD&mid=sec&sid1=100&oid=001&aid=0002847131

[65] *Ibid*, 8

한국인으로서의 민족 정체성을 유지하긴 했으나 대다수는 중국에 충성하며 한국의 통일문제에 대해서는 별로 관심이 없다. 그럼에도 불구하고 중국정부는 북한으로부터 급격한 인구 이동형상이 생기게 되면 저들의 생각이 바뀔 수 있을 것이라고 하는 우려를 가지고 있다. 예컨대 한국인의 정체성을 강하게 가지고 있는 북한 난민들이 중국에 대량으로 들어와 살게 되면 그 동안 잠재되어 있던 조선족들의 민족 정체성을 일깨워서 궁극적으로는 저들의 생각을 변화시킬 수 있다고 생각하고 있다. 이렇게 되면 연변 자치주를 비롯한 중국 동북 삼성(지린성[吉林省]·랴오닝성[遼寧省]·헤이룽장성 [黑龍江省])에서 한국인들에 의한 민족주의가 급증할 수 있으며 또 이것이 나중에는 중국정부로부터의 독립을 요구하는 국가분열 운동으로 발전할 수 있다.[66] 한민족 이외에도 중국에는 55 개의 소수민족이 있으며 각자의 독립을 요구하는 소수민족 봉기 문제가 중국정부가 국내적으로 안고 있는 제일 예민한 문제이다[67] 신장위구로자치구 (新疆维吾尔自治区)과 서장자치구 (西藏自治区) 에서 지속적으로 진행되고 있는 분리주의 운동, 그리고 대만에 대한 '하나의 중국'(One China) 정책 때문에 중국 정부는 영토 보전을 유지하는 것을 매우 중요시 여기고 있으며 소수민족들이 살고 있는 지역에서 일어날 수 있는 분리주의 운동들을 정당화시킬 수 있는 선례를 남기지 않기 위해서 매우 예민한 반응을 보이고 있다.

중국이 우려하고 있는 또 하나의 문제는 북한의 경제적 파탄으로 인한 대규모 난민들이 중국으로 밀려들어와서 초래하게 될 경제적 혼란의 문제이다. 1979 년 등소평이 개방정책을 실시한 이후 대부분의 중국지역에서는 경제가 발전한 반면, 북한과 국경을 맞대고 있는 지린성, 랴오닝성, 그리고 헤이룽장성의 경제는 계속 하락하고 침체해 왔다. 이러한 상황은 이 지역의 높은 실업률 발생과 더불어 사회적 불만과 불안의 요인이 되어 왔다. 최근에 들어와서 중국정부는 이 지역 문제의 심각성을 인식하고 2003 년 한 해만 해도 원자바오 총리가 이 지역을 세 번이나 방문해서 이 지역의 경제발전을 위해 여러 가지 경제정책을

---

[66] Sunny Lee. "Chinese Scholars Snub Western View on Post-Kim N. Korea. *The Korea Herald*. September 16, 2008.
http://www.koreatimes.co.kr/www/news/nation/2008/09/116_31114.html
[67] Cheng Li. "China's Northeast: From Largest Rust Belt to Fourth Economic Engine?" *China Leadership Monitor*, no. 9 (Winter 2004).

추진하고 있고, 또 후진타오 주석도 이 지역에 개인적인 투자를
하는 등 동북삼성의 경제발전을 위해서 여러 가지 애를 많이 쓰고
있다.[68] 뿐만 아니라 중국중앙은행들도 동북삼성 지역의
지방정부들에게 대출을 증가시켰고 2003 년에서 2004 년
사이에는 이 지역에 대한 외국의 직접투자가 78%나 급등했다.[69]
따라서 중국정부는 북한으로부터 대량으로 난민이 들어와서 이
지역에 갑작스러운 정치적, 사회적, 경제적 혼란이 일어나는 것을
원하지 않고 있다.

중국의 대북한 투자

중국이 대북정책을 세울 때 북한정권이 붕괴할 경우 동북삼성
지역이 입게 될 경제적 타격 이외에도 또 하나 고려해야 할 사항은
중국이 북한에 투자한 자본의 문제이다. 중국 광업회사들은
천연자원이 풍부한 북한과 광산채굴협력을 맺고 있다. 골드만
삭스의 통계에 의하면 북한이 가지고 있는 광물자원의 가치는 2008
년 국내 총생산액 (한국은행 통계에 의하면 약 247 억 달러)의 약
140 배라고 한다.[70] 그리고 또 한국산업은행에 의하면 중국
투자자들은 종전에 해오던 북한에 대한 소규모 상업성 투자보다는
안정적인 에너지 자원 확보를 위한 전략적 투자를 하는 쪽으로
방향을 바꾸고 있다고 한다.[71] 중국은 현재 북한에 대한 전체
투자액의 70%는 북한의 천연자원 개발에 투자한 것으로 보도되고
있다.[72]

북한 전문가 안드레이 란코프에 의하면 중국정부는 김정일이
사망한 이후에도 북한에서의 중국의 영향력을 계속 유지하기 위한
전략적 차원에서 중국회사들로 하여금 북한에 투자하도록
권장하고 있다고 한다.[73] 한 보고서에 따르면 북한에 대한 중국의

---

[68] Cheng Li. "China's Northeast: From Largest Rust Belt to Fourth Economic Engine?" *China Leadership Monitor*, no. 9 (Winter 2004).

[69] Three Characteristics in China's Utilization of Foreign Investment." *People's Daily Online*. January 18, 2005.

[70] Kwon, Goohoon. "A United Korea? Reassessing North Korea Risks." (September 21, 2009). *Global Economic Paper*. Goldman Sachs Global Economics, Commodities, and Strategy Research.

[71] China Investing Heavily in North Korean Resources—Report." *Chosun Ilbo*. April 12, 2007.

[72] China Feared Gobbling up Resources in North Korea." *Chosun Ilbo*. November 22, 2007.

[73] Andrei Lankov. "Bankrolling Pyongyang." *Wall Street Journal Asia*. July 4, 2006

투자액은 2002~2005 년 사이에 4.6%에서 43.7%, 약 10 배나 증가했다.[74] 또한 2008 년에 양국간의 투자가 약 279 억 달러이었고 이것은 2007 년에 비해 40%나 급증한 것이다.[75] 지난 5 월 3 일부터 7 일까지 김정일 위원장이 중국을 방문했을 때 양국 지도자 간에 구체적으로 어떤 이야기가 오갔는지 정확하게 알 수 없지만 어느 정도 추측할 수 있는 것은 경제적인 면에서 나진항 개발이나 중국에 대한 북한 천연자원의 수출문제 등 중국 동북지역과 북한간의 경제협력 방안이 논의되었을 가능성이 크다. 물론 중국이 북한에 대해서 하고 있는 투자나 무역액수는 한국과 하고 있는 투자나 무역액수에 비하면 아주 적은 것이기는 하지만 그러나 중국정부는 여전히 이미 자기들이 북한에 투자한 것들을 보호하는 일에 관심이 많다.

<그래프 1: 중국의 공식 대북 투자 현황(단위: 백만 달러)

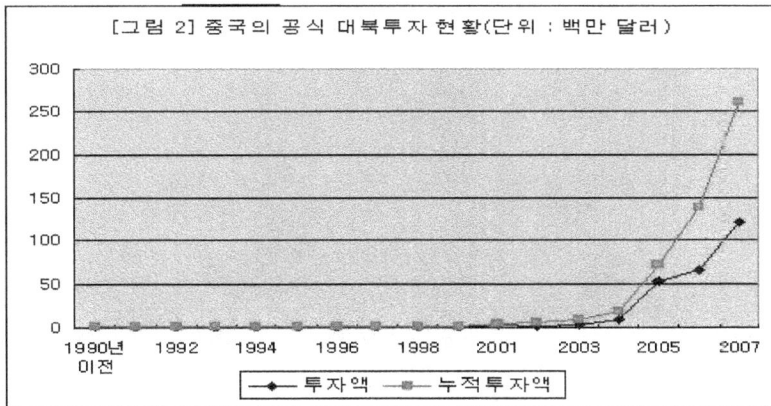

[그림 2] 중국의 공식 대북투자 현황(단위 : 백만 달러)

자료출처 : 「중국대외경제무역연감」, 「중국상무연감」

중국정부는 북한 내에 투자한 것뿐만 아니라 한국의 대(對)중국 투자도 고려하지 않을 수 없다. 현재 중국은 한국의 가장 큰 무역 파트너이고 직접투자(FDI)의 제 1 의 대상국이다.[76] 2003 년부터 중국은 한국이 수출을 가장 많이 하는 나라가 되었고 2008 년도에는 한국이 미국, 일본과 홍콩 이어서 중국의 네번째 무역

---

[74] China Feared Gobbling up Resources in North Korea." *Chosun Ilbo.*

[75] Keating, Joshua E. "Beijing's Most Embarrassing Allies." *Foreign Policy*. May 24, 2010.

[76] Savage, Timothy. "Big Brother is Watching: China's Intentions in the DPRK." *China Security*, Vol. 4, No. 4 (Autumn 2008). p. 54

파트가 되었으며 2007 년에 비해 무역 액수가 무려 16.2%나 증가했다.[77] 경제적인 차원, 다시 말해서 중국의 경제발전을 위해서도 한반도의 안정 및 평화유지는 중국에게 매우 중요하다. 북한이 붕괴한 후 한반도가 통일되면 지금까지 중국에 진출해 있던 많은 한국 기업들이 북한으로 이동하게 될 것이고 이것은 중국 경제성장에 큰 타격을 줄 것이 분명하다. 이 뿐 아니라 또 중국은 한반도 통일에 따르는 통일 비용의 일부를 분담해야 할 것이고 이것은 또 중국 경제 성장에 부정적인 영향을 줄 것이다. 결국 안보뿐만 아니라 경제적 차원에서도 한반도는 중국에게 매우 중요한 곳이기 때문에 한반도 정세에 대해서 중국 정부는 민감하게 반응할 수 밖에 없다.

북한의 완충지대 역할

중국정부가 대북정책을 추진할 때 또 하나 고려하고 있는 것은 북한의 완충지대 역할이다. 북한은 현재 중국과 미국, 그리고 일본 사이에서 이 두나라와 직접적인 충돌을 막아주는 자동차 범퍼와 같은 완충제 역할을 해 주고 있지다. 그러나 만일 북한정권이 붕괴하게 될 경우, 중국의 안보환경은 크게 달라지게 될 것이다. 대부분의 사람들은 한반도의 통일은 남한에 의해 될 것으로 보고 있다. 그렇게 되면 한국에 주둔하고 있던 미군이 38 선 이북으로 이동해서 압록강이나 두만강을 끼고 중국군과 미군이 대치하는, 그래서 중국의 입장에서 볼 때는 대단히 불편하고 긴장되는 상황이 벌어질 수도 있다. 중국의 보수주의자들은 아시아에 대한 미국의 진의가 무엇인지에 대해서 강한 의혹을 품고 있다. 상하이국제문제연구원(SIIS)의 아시아 태평양 센터의 공캐유(Gong Keyu) 부사장은 한반도에서 북한의 역할은 "미국의 팽창주의를 막아주는 것"이라고 말했다.[78]

또한 북한의 완충지대 역할에 대해서 푸단 대학교의 션딩리(沈汀立) 교수는 "북한은 미국이나 일본의 침략으로부터 중국을 지켜주는 초소로서 수만명, 혹은 그 이상의 미국군대가 중국 가까이에 오지 못하게 막아주는 역할을 하고 있다"고 말한다.[79]

---

[77] US-China Business Council. US-China Trade Statistics and China's World Trade Statistics. http://www.uschina.org/statistics/tradetable.html.

[78] Gong Keyu. "Tension on the Korean Peninsula and Chinese Philosophy." *International Journal of Korean Unification Studies* 18. No. 1 (2009): 103

[79] Shen Dengli. "North Korea's Strategic Significance to China." *China Security*. Issue 4 (Autumn 2006): 20

따라서 중국의 입장에서 보면 독립국가이면서 또 중국처럼 사회주의 국가인 북한이 남한에 의해서 통일되거나 스스로 망하지 않고 그대로 존속하게 하는 것이 안보상 매우 중요한 문제이다. 2009 년 12 월에 한미연합사령부의월터 샤프(Walter Sharp) 사령관은 '주한미군이 38 선을 넘어서 전진배치될 수 있는 가능성이 있느냐'라고 하는 질문을 받았을 때 "그런 가능성이 있을 수 있다고 하는 사실도 배제하지 않겠다"라고 말했다.[80] 이러한 사실을 알고 있는 중국정부는 한국에 있는 주민미군의 존재에 대해 우려할 수 밖에 없다.

대다수 사람들이 중국은 지금 현재처럼 남북이 서로 갈라져서 대치하고 있는 상태를 계속 유지하기를 바라고 있다고 말하지만 '후진타오 주석의 개인참모'로 알려진 북경 대학교의 국제학과의 왕찌시(王缉思) 과장은 "지금까지 중국은 계속해서 한반도의 평화적인 통일을 지지해 왔다"[81]고 반박했다. 그러면서도 중국이 한국전쟁 당시 참전해야 했던 이유를 중국중앙위원에서 다음과 같이 설명했다:

미국과 싸우고 있는 [북한사람]들을 도와줘야 하는 것이 이웃나라인 중국이 해야 할 마땅한 일이었을 뿐만 아니라, 또 북한을 도와 미국의 북진통일을 막는 것은 중국인들의 이익과도 직접적인 관련이 있는 정당방위와도 같은 것이었다. 위기에 처한 이웃(북한)을 구해주는 것은 곧 우리 자신을 구하는 일이며 또 우리 조국을 지키기 위해서라도 우리는 북한을 지지하고 도와야 한다.[82]

이러한 말을 생각해 볼 때 중국은 친미적인 성격을 띤 남한 정부에 의해서 한반도가 통일이 되는 것을 원치 않는 것을 알 수 있다. 왜냐하면, 그렇게 되면 한반도 통일 이후에도 한반도에 주둔하게 될 미국 군대와 국경을 마주 대하게 되는 불편한 상황이 벌어지게 될 것이고 또 이것은 결국 중국의 안보문제에도 커다란 영향을 미치게 될 것이 분명하기 때문이다.

---

[80] Public comments made by Walter Sharp at "US-ROK Alliance—The Future." Military Strategy Forum, CSIS. December 14, 2009.

[81] Sunny Lee. "Chinese Scholars Snub Western View on Post-Kim N. Korea. *The Korea Herald*. September 16, 2008

[82] Sunny Lee. "Chinese Scholars Snub Western View on Post-Kim N. Korea. *The Korea Herald*. September 16, 2008.
http://www.koreatimes.co.kr/www/news/nation/2008/09/116_31114.html

대만 문제

완충지대인 북한이 사라지게 되면 직접적으로 영향을 받게 되는 것은 바로 중국의 대만 정책이다. 중국은 대만을 독립된 국가로 인정하지 않고 중국영토의 일부라고 하는 '한 중국'(One-China policy) 외교정책을 강력하게 내세우고 있으면서도 지금까지 무력을 사용해서 통일을 하지 못한 이유는 바로 대만 뒤에 버티고 있는 주한미군과 주일미군의 존재 때문이었다. 그래서 중국도 대만을 지원하고 있는 미국에 대항하기 위한 전략적인 지렛대로 북한을 이용하고 있다. 한반도 내에서 미국과 적대적인 관계를 유지하고 있는 북한 정권의 존재는 유사시에 주한미군이 대만을 돕기 위해 한반도를 떠나 대만 쪽으로 이동하는 것을 막아줄 수 있는 견제역할을 할 수 있다. 따라서 중국과 대만이 공식적으로 내전을 끝내고 평화협정을 맺을 때까지는(즉 중국에 의한 대만 통일을 의미) 주한미군의 이동을 견제해 주는 북한의 전략적 가치를 중국이 무시할 수 없을 것이다. [83] 션딩리(沈订立) 교수는 "설사 중국과 대만 사이에 군사적 충돌이 발생한다 할지라도 미국은 주한 미군이나 주일 미군을 대만 쪽으로 재 배치해서 대만을 돕기가 어려울 것이라고 말한다. [84] 다시 말해서, 최악의 경우 대만이 중국 본토로부터 '독립'을 선포하게 되고 또 이를 제지하기 위해 중국이 대만에 대해 무력을 사용한다 할지라도 미국은 남한 정부에 대한 북한정권의 안보위협 때문에 주한 미군을 빼돌려서 대만을 도울 수는 없을 것이라고 하는 이야기이다.

실재로 지금 당장 대만 해협을 끼고 중국과 대만 사이에 무력충돌이 발생한다 할지라도 주한미군이 실재로 한반도를 떠나 분쟁지역으로 가서 대만을 돕는 것은 매우 어려울 것이다. 2006년, 미국과 한국이 공동으로 발표한 성명에서 미국은 "한국이 아닌 다른 동북아시아 지역에서 무력분쟁이 발생한다고 할지라도 미국은 한국정부와 국민의 승인 없이 주한미군을 분쟁지역으로 이동시키지 말아야 한다고 하는 한국정부의 입장을 존중한다"고 말했다. 이 말은 설사 대만에 대한 중국정부의 [84] 무력적 침략이 발생했다 할지라도 대만을 지원하기 위해 주한 미군을 그쪽으로 이동시키지 않겠다고 하는 말이다. [85] 그럼에도 불구하고 중국은 한반도 이외의 다른 지역(예: 대만)에서 무력분쟁이

---

[83] ICG. *Shades of Red: China's Debate over North Korea*, 1

[84] ICG. *China and North Korea: Comrades Forever?* p. 13.

[85] "Korea, US Agree on Strategic Agenda, USFK Deployment Flexibility." *Yonhap News Agency*. January 19, 2006.

발생했을 경우, 미국은 2006 년도에 한국과 한 약속을 어기고 주한미군을 대만 쪽으로 이동시켜서 중국의 행동을 저지하는 일에 사용할 가능성이 있을 것이라고 하는 우려를 하고 있다.

4.3 지역 안정

중국정부는 동북아시아 지역의 정치적 안정을 대단히 중요시 여기고 있다. 그 이유는 동북아시아 지역이 정치적으로 안정되어야만 중국도 자신들이 바라는대로 평화적인 발전해 가는 '중국화평굴기' (中国和平崛起: Peaceful rise)와 세계 모든 나라들이 서로 조화있게 살아가는 '화해세계'(和諧世界) 이룩이라고 하는 장기적인 전략목표를 달성할 수 있을 뿐만 아니라, 또 국내적으로도 정치적 안정과 경제적 발전을 가져올 수 있기 때문이다. 이러한 중국의 목표는 동북 아시아 지역의 평화가 없이는 이루어 질 수 없다. 그래서 중국의 대북정책은 1) 한반도 비핵화, 2) 한반도의 평화와 안정 수호, 3) 대화와 협상을 통한 평화적 해결을 기본으로 하고 있다.[86] 북핵 위기 이후에도 중국은 지속적으로 이 입장을 공식적, 혹은 비공식적으로 표명했다. 그러나 이것은 외교적인 구호에 불과하고 중국이 실질적으로 바라고 있는 것은 '핵무기를 보유하지 않은, 그러면서도 친중성격을 가진 북한체제의 안정적 유지'라고 할 수 있다. 중국이 한반도의 비핵화를 원하는 이유는 핵무기를 가진 한반도 정부는 중국의 안정과 안보에 위협이 될 수 있을 뿐만 아니라, 또 지금 현재 동북 아시아의 세력 균형성을 중국에 불리한 방향으로 변화시킬 수 있기 때문이다.

핵 무장 경쟁 및 핵 확산

중국이 우려하는 것은 북한의 핵무장은 결국 한국과 일본, 그리고 대만 등이 자국의 안보를 위해 핵무장을 하도록 명분을 제공하게 될 것이고 또 그렇게 되면 동북 아시아 지역의 안정이 깨어지면서 긴장이 고조될 수 있다고 하는 것이다. 한국과 일본은 공식적으로 미국의 '핵 우산'에 보호되고 있지만 (그리고 대만도 비공식적이긴 하지만 미국의 핵우산 아래 있다고 할 스 있음) 한국도 2004 년 9 월까지 만해도 핵무기 개발에 사용될 수 있는

---

[86] Permanent Mission of the People's Republic of China to the United Nations Office at Geneva and Other International Organizations in Switzerland. "Chinese Foreign Minister Tang Jiaxuan Gives a Press Conference During the First Session of the 10th NPC (03/06/03)." April 19, 2004. http://www.china-un.ch/eng/ljzg/zgwjzc/t85885.htm

핵연료 농축 실험을 정부에서 '비밀'로 추진했었다.[87] 일본에서는 보수 강경파들이 일본의 핵무장을 금지하고 있는 '평화헌법'을 개정하고 '정상적인' 안보정책을 수립해야 한다고 주장하고 있는데, 북한이 미사일을 발사하고 핵 실험을 한 이후로 이들의 목소리는 더욱 더 커지고 있다.[88] 만일 주변 국가들이 핵 무장을 하게 되면 이것은 중국의 안보환경에 크게 부정적인 영향을 미치게 될 뿐만 아니라 또 핵무기 개발 및 보유를 고려하고 있는 다른 국가들에게 위험한 선례를 만들어 주어서 결국에는 국제 핵무기 확산 방지 노력에 큰 타격을 줄 것이다.

북한의 핵 프로그램이 실재로 어느 정도까지 진전되어 있고 또 지금까지 했던 핵 실험들도 소규모이긴 했지만, 그럼에도 불구하고 확실한 사실 한 가지는 북한이 핵무기나 그 제조기술을 테러단체나 혹은 호전적인 국가에게 팔 수 있다고 하는 것이다. 중국정부는 미국처럼 북한에 의한 핵 확산을 그렇게 심각하게 우려하고 있지 않다. 그보다는 북한에 의한 핵무기 확산이 중국과 미국의 관계에 어떤 영향을 미치게 될 것인가 하는 것에 대해서 더 관심이 많다. 만일에 북한이 핵무기와 관련된 자료나 기술 등을 테러단체나 혹은 호전적인 국가에 팔거나 넘기게 되면 이것은 곧바로 미국이나 혹은 국제사회로부터 북한이 아주 강력한, 그리고 체제 자체를 무너지게 하거나 동요시킬 수 있는 제재나 대응을 받을 수 있다.[89]

그리고 그로 인해서 한반도에 전쟁이 일어나게 되면 이것은 단순히 한국뿐만 아니라 중국정부에 대한 국내적, 국제적 신뢰도 큰 타격을 입게 될 것이다. 우선 중국이 그 동안 한국과 일본과 해오던 무역 거래량이 급격히 줄어들 것이고 이어서 동북아시아 지역에 대한 외국의 직접투자가 감소될 것이며, 또 이것은 그 동안 중국이 추구해 오던 중국의 경제적 성장과 국내 안정에 직접적인 타격을 줄 것이다. 어느 신화사 뉴스 기자가 말한 것처럼,

---

[87] Charles Scanlon. "South Korean in 'Secret' Nuclear Trial." *BBC News*. September 2, 2004. http://news.bbc.co.uk/2/hi/asia-pacific/3620566.stm.

[88] 그러나 아직 일본인의 대다수는 핵 무장을 반대하는 입장을 보이고 있으며 수십 년간 지속해 왔던 비핵 3 월칙을 유지하는 것을 원한다. 즉, 일본 영토 내에서 핵무기를 만들지도, 보유하지도, 들여오지도 않는 다고 하는 것이다.
Yomimuri Shimbun. November 2006 Opinion Polls, November 11 and 12, 2006, Mansfield Foundation Asian Opinion Poll Database.
www.mansfieldfdn.org/polls/2006/poll-06-18.htm.

[89] Bonnie Glaser. "China's Policy in the Wake of the Second DPRK Nuclear Test," *China Security*, vol. 5, no. 2 (2009), pp. 1–11.

"중국은 미국 혹은 북한을 도와주기 위해서 북한 핵 문제를 해결하려고 하는 것이 아니다. 다만 우리 중국은 우리 자신의 이익을 위해서 동북아 지역의 안정이 필요하기 때문에 북한의 핵 문제를 해결하려고 하는 것이다."[90]

중국의 포위

중국의 또 다른 안보적 관심은 미국에 의하여 중국이 포위당하는 것이다. 중국의 영토가 비록 거대하고 바다 경계선이 길다고 하지만 그러나 지도를 가만히 들여다 보면 중국은 한국, 일본, 대만, 호주, 태국, 필리핀, 그리고 인도 등 친미적인 성격이 강하거나 혹은 미국과 동맹국인 나라들에 의해 둘러싸여 있다.[91] 이런 상황에서 만일 북한이 붕괴된다고 하면 중국은 일본으로부터 시작해서 남중국해에 있는 여러 국가들, 인도, 그리고 아프간까지 이어지는 거대한 '초승달 모양'의 포위망에 에워싸이게 된다.[92] 이런 미국에 의한 중국 에워싸기 이론을 믿고 있는 상하이 국제 문제 연구원 上海国际问题研究院(SIIS)의 아시아 태평양 연구소의 공카유 부사장은 한반도에서 북한의 역할은 "미국의 팽창주의를 억제"하는 것이라고 주장한다. 미국이 군사적으로 중국을 포위하려는 의도를 중단하지 않는 한,[93] 중국은 북한과의 우호협력관계를 지속할 수밖에 없다. 현재 중국은 미중관계의 틀 속에서 대 북한 정책을 추진하는 측면이 강하다.

---

[90] ICG. *China and North Korea: Comrades Forever?* p. 12.

[91] Qin Jize and Li Xiaokun. "China Circled by China of US Anti-Missile Systems." *China Daily*. February 22, 2010 http://www.chinadaily.com.cn/world/2010-02/22/content_9481548.htm.

[92] Gong Keyu. "Tension on the Korean Peninsula and Chinese Philosophy." *International Journal of Korean Unification Studies* 18. No. 1 (2009): 103.

[93] Twining, David. "America's Grand Design in Asia." *The Washington Quarterly*. Vol. 30, No. 3 (Summer 2007). pp. 79-94; 尹承德, "美國亞太戰略新態勢," 國際問題研究, 2008 年第 1 期(2008. 1), pp. 1-6.

<그림 3: 중국을 둘러싼 미군 주요 배치 현황>[94]

더군다나 미국은 현재 북한의 위협을 대처하기 위해 일본과 탄도 미사일 방어 시스템(TMDS)을 개발하고 있다. 한국은 북한을 자극시킬 우려와 한중관계 악화에 대한 우려 때문에 미국 주도하에 진행되고 있는 미사일 방어 시스템 개발에 참여하지 않았고 그 대신 독자적으로 한국형 미사일 방어체계(Korea Air and Missile Defense: KAMD)를 개발하고 있다.[95] 그럼에도 불구하고 북한의 미사일 공격에 대비하기 위해 일본과 한국에서 개발되고 있는 MD 시스템은 동북아 지역의 전략적 판도에 커다란 변화를 초래하고 있으며 또 중국의 안보에도 불리한 영향을 끼치고 있다.[96] 이 미사일 방어 시스템의 개발목적은 물론 북한의 위협을 대처하기 위해서이지만 그러나 상황에 따라 중국에 대해서도 사용될 수 있는 가능성이 있다고 하는 사실을 배제할 수 없다. 상하이 국가방위연구소의 니러씨옹(倪乐雄) 군사문제 전문가는 미국의 동북아 미사일 방어 시스템은 '동 유럽에서

---

[94] 미군, 중국을 3 면서 포위." 조선일보. 2005.02.21.
http://news.chosun.com/svc/content_view/content_view.html?contid=20050221 70413

[95] Hyun-wook Kim. "Nuclear Posture Review and its Implications on the Korean Peninsula." *Asia Foundation Newsletter* (May 2010).
http://www.nautilus.org/fora/security/10028Kim.html.

[96] US Department of Defense. *Ballistic Missile Defense Review Report* (Washington, D.C.: Department of Defense,
February 2010), pp. 32-33.

미국이 러시아를 제재했었던 전략과 똑같다"라고 지적하고 있다.[97]

　　미국과 일본이 추진하고 있는 미사일 방어 시스템(MD)에 대해 중국이 지속적으로 반대하는 또 하나의 이유는 이 시스템 개발이 결국에는 중국의 대(對) 대만 정책에도 영향을 미치기 때문이다. 중국은 대만을 향해 겨누고 있는 자국의 탄도미사일이 대만의 독립을 막는 중요한 억제 역할을 하고 있다고 보고 있다.[98] 2009년에 중국은 약 1,500 기의 단거리 탄도 미사일(SRBM)을 대만에 향해 배치했는데 이것은 전년도에 배치했던 1,300 기에 비하면 무려 200 기 이상 늘어난 것이다.[99] 중국은 현재 대만이 일본, 한국, 아랍 에미리트 연합국(UAE)과 독일에 이어 다섯 번째로 미국의 패트리엇 미사일 방어 시스템을 수입했다고 하는 사실에 대해 매우 불안해 하고 있다.[100] 더군다나 만일 한국과 미국, 일본이 미사일방어 시스템을 성공적으로 개발해서 실전에 배치하게 되면 이 시스템은 또 대만의 안보를 위해서도 사용될 가능성이 있다.

　　이런 저런 점들을 다 고려해 볼 때 북한이 핵무기를 보유하지 않고 도발적인 행동을 취하지 않으면 미국은 동북 아시아 지역에 MDS 을 개발해서 설치할 명분이나 이유가 없어지게 될 것이고 또 이것은 중국뿐만 아니라 동북 아시아 지역의 안보 불안감을 많이 해소시켜 줄 수 있을 것이다.

결론

　　전쟁을 하지 않고 평화적인 방법으로 발전해간다고 하는 '중국화평굴기'(中国　和平崛起)와 화해세계(和諧世界) 달성이라고 하는 전략적 목표, '책임있는 국가'로서의 이미지 구축, 그리고 중국의 경제 개발과 성장을 위한 국내적, 동북아 지역 안정유지 등 큰 그림을 놓고 생각해 볼 때 중국은 한반도를 비핵화하는 것이

[97] Qin Jize and Li Xiaokun. "Tension on the Korean Peninsula and Chinese Policy." *International Journal of Korean Unification Studies*, 18

[98] ICG. *Shades of Red: China's Debate over China.* p. 20

[99] Ralph Jennings. "China Increases Missiles Pointed at Taiwan to 1,500." *Taipei Times*. February 15, 2009.
http://www.taipeitimes.com/News/front/archives/2009/02/15/2003436194.

[100] Bennett, John T. "Lockheed Expects Steady 2010 Missile Defense Sales." *Defense News*. January 7, 2010.
http://www.defensenews.com/story.php?i=4443971.

자국의 국익에 큰 도움이 된다. 북한이 핵무기를 보유하게 되면 이것은 한반도뿐만 아니라 동북 아시아 지역 여러 나라들의 안보 불안감을 증대시킬 뿐만 아니라 동북 아시아 지역에 미군이 주둔하고 있어야 할 필요성만 더 높여주게 되어 중국의 국익에도 손해가 될 뿐이다. 그럼에도 불구하고 중국이 북한정부가 핵무기를 보유하지 못하도록 좀 더 강력하게 요구하지 못하고 오히려 소극적으로 이 문제를 대하는 이유가 무엇일까?

V. 중국 대북정책의 한계 및 전망 5.1 중국 대북정책의 한계

중국은 대북 영향력이 가장 큰 국가이다. 미국은 북한의 유일한 우방이자 경제적 생명줄인 중국이 북핵 문제 해결을 위해 보다 적극적인 자세를 보여줄 것을 요구하고 있다. 사실, 중국은 1993 년 제 1 차 북핵 위기 때와는 달리 제 2 차 북핵위기에서는 중요한 역할을 담당했었다.

2003 년과 2004 년에는 중국이 미국과 북한 사이를 적극적으로 왔다 갔다 하는 왕복외교(shuttle diplomacy)를 함으로써, 2003 년 4 월 23~25 일에 있었던 북미대화를 가능하게 하였고, 주최국 역할을 하며 참석까지 하였다. 또한, 중국은 2003 년 8 월 27~29 일에 열린 제 1 차 회담부터 2007 년 9 월 27~30 일에 열린 제 6 차 회담까지 모든 6 자회담을 북경에서 개최하였다. 중국이 유엔안보리 대북제재 결의안 1718 과 1874 에 동의했을 때, 전문가들은 중국이 북한을 압박함에 있어서 더 적극적인 자세를 보여줄 것으로 기대했었지만 그러나 중국은 그렇게 까지는하지는 않았다.

오히려 중국은 대북 제재에 대해서 소극적인 자세를 보이고 있다. 대북 제제가 성공하기 위해서는 북한의 최대 무역 상대국이자 원조국인 중국의 참여가 매우 중요하다. 그러나 중국은 북한과의 일반적인 상업활동을 금지한다거나 북한 지도부와의 대화를 중지하고 싶지 않다고 강조하였다. 실제로, 최근 중국과 북한의 경제협력은 증가하였다. [101] 비록 중국 역시 한반도의 비핵화를 원하기는 하지만, 그러나 지나치게 북한을 압박하는 것은 매우 꺼린다. 왜냐하면 중국의 경제성장에 필수적인 국내적·지역적 안정 유지가 더 중요하기 때문이다. 따라서 중국은 북한체제의 몰락을 초래하고, 중국의 안보환경을 바꿀 수 있는

---

[101] The International Institute for Strategic Studies. "North Korea's Nuclear Test." Vol. 12, Issue 8. October 9, 2006.
http://www.iiss.org/publications/strategic-comments/past-issues/volume-12-2006/volume-12--issue-8/north- koreas-nuclear-test/.

행동은 피할 것이다. 어느 중국 전문가가 말한 것처럼 "미국은 지리적으로 멀리 떨어져 있지만 북한은 우리 옆에 바로 붙어 있는 인접국(隣接國)이며 따라서 한반도에 소요가 있게 되면 그것은 곧바로 중국에 엄청난 영향을 미치게 될 것"이기 때문이다."[102] 그렇기 때문에 중국은 북한문제를 다룸에 있어서 이러지도 못하고 저러지도 못하는 전략적 딜레마에 빠져있다. 만일 북한이 핵 보유국가로 인정을 받게 되면 이것은 곧바로 동북아 지역의 세력균형에 부정적인 영향을 끼치기 때문에 중국은 북한이 핵 보유국가로 인정받는 것을 반대하고 있다. 그렇지만 또 중국은 북한을 제재하는 것이 북한문제를 적절하게 다루는 방법도 아니라고 생각한다. 오히려 중국은 그런 제재조치가 북한을 자극해서 문제를 더 악화시키지 않을까 우려하고 있다. "중국의 입장에서 볼 때 최악의 상황은 그의 사회주의 동맹국인 북한이 구석으로 몰리는 느낌을 갖게 되어 무력행동을 취하거나 아니면 경제적 제재가 너무 완벽하게 시행되어 중국 근처에 또 하나의 몰락한 사회주의 국가가 생겨 중국의 내부정치에 불안적인 정치적·경제적·사회적 결과를 초래하는 것이다."[103]

중국사회과학원(中国社会科学院)의 왕린창 연구원도 "우리가 북한 핵 프로그램이 중국의 안보에 미치는 영향을 너무 과장하고 기존의 대북정책을 전환시킴으로써 북중관계가 악화시킨다면, 북한이 중국에게 위협 존재가 될 수 있다"고 경고했다.[104]

지금 중국은 북한에 대해 너무 압력을 주는 것을 꺼려하고 있다. 그 이유는 2006 년 10 월 9 일 제 1 차 핵실험 이후 중국의 강경한 대응에 대한 북한의 강력한 반발 때문이다. 북한이 핵실험을 한 직후, 중국은 이전과는 전혀 다른 정책결정을 내렸다. 그 보다 몇 달 전인 7 월에 북한이 미사일을 발사했을 때에만 해도, 중국은 북한의 유엔헌장 7 장 위반 문제에 대해서 일본과 미국의 강경한 대북제재 결의안을 반대해 가며 한층 완화된 대북 결의안을 주도했었다. 하지만 북한이 핵실험을 하자 중국의교부는

---

[102] China Asserts it has Worked to End nuclear Crisis." *New York Times*, 13 Feb 2003. P. A17.

[103] Samuel S. Kim. "The Making of china's Korea Policy in the Era of Reform" in David Lampton (ed), *The Making of Chinese Foreign and Security Policy in the Era of Reform, 1978-2000* (Stanford, 2001). P. 393.

[104] Wang Linching. "The Tone of China's Policy toward North Korea Must not Change Just Becase it Conducted another Nuclear Test." *Huanqiu Shibao*. June 12, 2009. Open Source Center (OSC), CPP20090618710003.

성명서를 발표하면서 북한이 '제멋대로(悍然)' 핵실험을 진행했다"며 북한을 강력하게 비난했다.[105] 게다가, 중국은 유엔 안전보장이사회에서 사상 처음으로 유엔 헌장 7 장에 따라 대북제재 결의안 1718 호 통과에 찬성표를 던졌다.[106] 월 스트리트 저널에 의하면 중국은행(Bank of China)의 단동(丹東)지부 관련자는 10 월 20 일, "기업 대 기업, 개인 대 개인 등 북한과의 모든 거래를 중단시켰다"고 밝혔다.[107] 또한 중국은 '대량살상무기 확산 방지 구상'(PSI)에는 참여하지 않았지만, 북한과 이란의 핵 물질이 과격·테러집단에 흘러 들어가는 것을 방지하기 위한 '글로벌 핵 테러 방지구상'(Global Initiative to Combat Nuclear Terrorism)[108]에는 참여하기로 결정하였다. 이러한 중국의 대응은 예상대로 북한의 강력한 비난을 야기하였고, 양국간의 공식대화가 중지되는 등 북중 관계는 냉각되었다. 북한은 중국의 대북압박에 대해 계속해서 부정적으로 반응하고 있으며, 이 사실을 잘 알고 있는 중국은 북한에 대해 압력을 가하는 것을 꺼리고 있다.

현재 중국은 국제사회로부터 '책임 있는 강대국'으로서 인접국인 북한을 설득시키도록 압박을 받고 있다. 중국으로서도 한반도 비핵화에 반대할 이유는 없다. 북한의 핵무장은 '국내 및 동북아지역 질서의 안정'이라는 중국 외교정책의 목표에도 부합하지 않기 때문이다. 그러나, 똑 같은 이유로 인해 북한을 강하게 압박할 수 없는 것도 사실이다. 그러므로 중국은 북한의 몰락이나 군사행위를 유발할 정도로 강력한 대북제재는 용인할 수 없다. 중국이 보다 강력한 대북정책을 추진하지 못하는 것은 바로 이 때문이다.

---

[105] Embassy of the People's Republic of China in the United Arab Emirates. "Statement of the Ministry of ForeignAffairs of the People's Republic of China." October 9, 2006. http://ae.china- embassy.org/eng/wjbfyrth/t275508.htm.

[106] 이 결의안에 따르면, 모든 유엔회원국은 북한의 불법적인 무기거래를 막기 위해 북한을 출입하는 화물(탱크, 전투기, 공격용 헬기, 핵과 미사일 등 대량살상무기, 사치품) 검색을 포함한 협력적 조치를 국제법, 국내 권한 및 법에 따라 실시하도록 명시하고 있다.

[107] 안인해. 북한핵실험 이후: 중국의 대북정책 현화과 전망. P.53

[108] 글로벌 핵테러 방지구상은 2006 년 7 월 16 일에 상트페테르부르크에서 열린 G8 정상회담의 참석한 부시 대통령이 제안하고 러시아도 공감함으로써 성사된 것으로 알려졌다. 글로벌 핵테러 방지구상은 76 개국이 가입한 PSI 를 보다 실효성 있게 운용하려는 목적에서 출발했다. 12 개국으로 출범했으며 현재 79 개국이 가입했고 4 개국이 공식 옵서버(official observer)이다.

5.2 중국 대북정책의 전망

이러한 한계 때문에 중국의 대북정책은 당분간 큰 변화를 보이지 않을 것이다. 중국의계산에 따르면, 압박을 받으면 받을수록 북한은 더 위험한 행동을 취해 결국 지역의 안정과 평화라는 중국의 기본적인 이익에 해를 끼치게 될 것이다. 서구 분석가들을 포함한 전략파들은 비핵화가 평화와 안정의 전제조건이라고 여기는 반면, 동맹파들은 평화와 안정이야 말로 비핵화를 위한 전제조건이라고 본다.[109]

한반도를 비롯한 동북아 지역이 불안정해 지는 것에 대해서 중국 지도부가 지극히 민감하게 반응하는 것을 볼 때, 중국은 전략파의 대북정책 보다도 동맹파의 대북정책을 더 선호하고 있음을 알 수 있다. 실제로 중국의 양지에치(楊潔篪) 외교부 부장은 2009 년 6 월 5 일에 미 국무부 제임스 스타인버그(James Steinberg) 부장관과의 회담에서, 중국의 대북정책은 변함이 없을 거라고 명확히 밝혔다.[110]

중국 정책입안자들은 전통적으로 위험기피적이고, 전례에서 벗어나려 하지 않으며, 사태를 관망하는 경향이 있다. 또한, 특정 상황과 관련하여 명확하지 않은 점이 있으면, 더더욱 행동하지 않는다. 그 누구도 정책변화로 인한 긴장고조나 충돌을 책임지고 싶어하지 않기 때문에, 정치 지도자들은 대개 정책변화 제안에 따르는 위험을 감수하려고 하지 않는다.[111] 따라서 북한에 대한 중국의 인식에 변화가 생긴다 하더라도, 이러한 인식변화가 실제적인 정책변화로 이어지기는 쉽지 않다. 중국의 정책입안자들은 중국의 국제적 위상 변화와 이에 걸맞는 역할에 대한 국제사회의 기대를 인식하고 있으나, 북한문제에 대해서 중국이 국제사회로부터 과도한 기대를 받는 것에 대해 몹시 부담스러워하고 꺼려하고 있다. 중국 지도부 내에 완전한 세대교체가 있기 전까지는, 젊은 전략파들이중국의

---

[109] 동맹파는 실재적인 평화(미북간의 관계 정상화) 그리고 안정성(즉, 미국의 안보 보증) 없이는 북한이 절대로 핵무기를 포기하지 않을 것으로 생각한다. 따라서 평화와 안정이 핵을 포기하기 위한 전제 조건이다. 더군다나 동맹파는 협상의 가능성을 묵살하기 때문에 평화와 안정 없이는 비핵화 추진이 불가능하다고 본다. ICG. *Shades of Red*, p. 8-9

[110] "杨洁篪称中国对朝政策不会作出重大调整" * "Yang Jiechi: China will not make any major change to its DPRK policy" +, *Jiefang Daily*, 6 June 2009, http://old.jfdaily.com/news/xwgj/200906/t20090606_663851.htm.

[111] ICG. *Shades of Red*, 9.

정책결정과정에서 더 큰 목소리를 내기도 어려울 것이다.

따라서 중국지도부는 북핵문제와 북중관계를 분리한 양면정책으로 북핵문제를 다루고 있으며, 앞으로도 이러한 접근법을 유지할 가능성이 크다. 중국은 2006 년에 두 문제를 연계했다가 북중관계가 악화되었던 경험을 교훈삼아, 이러한 양면정책을 추진하였다. 단기적으로 볼 때, 중국은 북한의 동맹국으로서의 역할과 국제사회에서 책임 있는 강대국이라는 역할을 모두 다 하려고 할 것이다. 다시 말해서 중국은 북한에 대해 제한적인 원조를 계속하면서 북한의 6 자회담 복귀를 유도하는 한편, 유엔안전보장이사회의 상임이사국이자 국제사회의 책임있는 강대국으로서 북한 체제를 위협하지 않는 수준의 제한적인 대북제재에 동의할 것이다.

중국은 지속적인 대화와 협의를 통해 한반도의 평화와 안정을 유지하고 충돌을 유발할 수 있는 관련 국가들의 행동을 방지하는 것이 그 어떤 정책 목적보다 우선한다고 계속해서 강조하여 왔다. 중국국방대학교의 연구자에 의하면 "한반도에 대한 중국의 최우선 전략적 이해관계는 한반도에서의 평화와 안정 유지"라고 언급했다.[112] 더군다나, 화폐개혁의 실패, 불확실한 김정일 국방위원장의 건강, 권력승계 문제, 그리고 최근 천안함 사건으로 인한 긴장 고조 등으로 인해 북한 체제의 불안정성이 증가하면서, 한반도의 비핵화를 위한 보다 강력한 대북 정책 추진에 대한 중국 지도부의 의지는 많이 줄어들었다. 중국은 북한의 안보 및 지정학적 가치를 충분히 알고 있으며, 또 향후 북한이 핵 실험을 할지라도 이것은 중국의 근본적인 대북정책을 변화시키지 못할 것이다.[113]

장기적으로, 중국은 북한의 경제개혁을 유도하기 위한 노력을 계속할 것이다. 북한의 경제발전이 장기적인 지역 질서 안정에 더 유익하다고 보기 때문이다. 중국 지도부는 그동안 북한이 '중국식 사회주의' 개혁을 추진하도록 설득하기 위한 노력을 계속하여 왔고, 김정일 위원장이 중국을 방문할 때마다 경제특구(SEZ)와 번성한 도시들을 보여주었다. 북한이 친중 성향 속에서 경제적으로 안정되고 개방되는 것이 중국의 국익에 가장 부합하는 모습이며,

---

[112] Xu Weidi. "Resolving the Korean Peninsual Nuclear Crisis and Moving the Korean Peninsula out of the Cold War." *Shijie Jingjiyu Zhengzhi* (Beijing). September 16, 2003. In FIBIS-CHI.

[113] "China's North Korea Policy Unlikely to Change: Maintaining the Status Quo on the Korean Peninsula is in Beijing's Best Interests." *Korea Herald*. October 26, 2006

이것이 바로 중국 정부의 목표이다.

중국의 대북정책 기본틀은 크게 변화를 보이지 않겠지만 이것을 변화시킬 수 있는 변수 하나는 바로 미중관계다. 클린턴 정권 때 미국은 중국을 포용하려는 정책을 추진했다. 이 정책의 논리는 국제사회에 '관련'(stake)있는 중국을 친미적으로 만들면 이것이 미국에게 더 유익할 것이란 계산 때문이었다. 또한 미국과 중국은 서로의 재일 큰 무역 파트너이며 양국간의 협력이 매우 중요하지만 미국은 실재로 중국이 '전략적 동반자'(strategic partner)라기 보다는 '전략적 경쟁자'(strategic competitor)로 보고 있다. 따라서 북한의 중요한 가치는 미국과 중국간의 완충지대 역할이다. 만일 미중관계가 크게 우호적이 되고 양국간의 안보 위협 인식이 완화되면 북한의 가치가 그만큼 떨어질 것이다. 푸단 대학교의 션딩리(沈订立) 교수가 지적한 것처럼 국제정치에서 이타주의란 것은 없으며 중국이 북한을 지원하는 것은 결국 중국을 도와주는 것이기 때문이다.[114] 따라서 미래에 북한이 전략적인 면으로 보나 안보적인 면으로 보나 별로 필요하지 않는 상황이 오게 되면 중국의 대북정책은 큰 변화를 보여줄 것이다.

VI. 결론

중국의 對한반도 정책은 1950 년대부터 큰 변화를 겪어왔다. 한국전쟁에서 중국은 북한을 군사적으로 도왔으며, 그 후로 북한과는 조·중 상호방위조약과 혈맹관계(血盟關係)를 유지해 오고 있다. 하지만 1992 년에 한·중관계 정상화 이후로 중국은 '두 개의 한국정책'을 수행해왔고 중국의 지속적인 경제적 발전과 이념에서 실용주의로 전환 된 외교정책 때문에 북중관계가 과거어 비해 어느정도 '냉각'되었다고 할 수 있다. 그러나 중국의 경제발전을 위해서 반드시 필요한 국내·지역적 안정과 북한의 완충지대 역할의 필요성 때문에 중국지도부는 북한을 아직 매우 중요하게 여기고 있다. 이처럼 북한이 차지하고 있는 전략 가치 때문에 중국의 엘리트들은 중국에 우호적이면서도 국경을 맞대고 있는 북한정권이 계속 유지되기를 바라고 있고, 또 그런 의미에서 중국은 북한 정권이 유지되는데 필요한 최소한도의 범위내에서 대북 경제원조와 정치,외교적 지지정책을 앞으로도 계속 유지해야 한다고 하는 입장을 보이고 있다.

중국 내에서 북한을 '전략적 부담'으로 바라보고 있는 전략파와 일반 중국인의 목소리가 커지고 있긴 하지만 그러나

---

[114] Shen Dingli, *North Korea's Strategic Significance to China*, 20.

이러한 북한의 역할과 전략적 가치 때문에 중국지도부는 북한을 계속 지지할 수 밖에 없다. 북한이 중국 최고지도부의 강력한 설득과 권유를 무시하고 핵무장의 길을 포기하지 않음으로써 중국의 체면을 훼손시키고 있음에도 불구하고, 중국이 북한과의 우호협력관계를 변화시키지 못하고 대를 이어 유지·발전시켜 나간다는 입장을 밝히고 있는 이유는 북한을 좋아해서가 아니라 북한이 가지고 있는 전략적 가치를 무시하기 어렵기 때문이다.[115] 이 사실을 잘 알고 있는 북한은 이러한 이점을 이용해서 미국이나 한국을 비롯한 세계 여러 나라들의 반대에도 불구하고 계속해서 핵개발 프로그램을 추진하고 있다. 만일 중국이 북한에 대한 지원을 끊게 되면 북한 내에서 대혼란이 일어날 것이고 또 그로 인해 일어나게 될 여러 가지 일들, 예컨대 북한의 대남 무력도발, 혹은 국경을 넘어 북한 주민이 대량으로 중국에 들어오는 일 등은 중국의 안정에 커다란 위협이 될 것이 분명하다. 따라서 자국의 안정적 발전과 성장에 정책적 목표를 둔 중국으로서는 이러한 불행한 사태가 발생하지 않게 하기 위해서라도 계속해서 북한을 계속 지원할 수 밖에 없는 입장이다.

　　이러한 자신들의 입장을 중국은 지난 5 월 3~7 일, 김정일 위원장의 방중 때 뚜렷하게 보여주었다. 후진타오 주석이 일주일 전 상하이에서 이명박 대통령과 정상회담을 가졌고 또 천안함 침몰사건에 대한 조사가 계속 진행되고 있는 상황에서 천안함 공격의 책임자로 지목되고 있는 김정일을 후 주석이 만났다고 하는 사실을 주목 할 필요가 있다. 중국정부는 내색은 하지 않아도 천안함 사건의 책임이 누구에게 있는지 잘 알고 있었을 것임에도 불구하고 이 일을 '불행한 일'로 규정했을 뿐 북한을 비판하지 않고 있다. 천안함 침몰 문제가 해결되지 않은 상황에서 김정일 위원장의 방중을 허용한 것에 대해 한국정부가 유감을 표시하자 중국 외교부는 5 월 6 일, "어떤 국가 지도자의 방문을 받아들이는 것은 중국의 범위에 있는 것"이라고 반박했다.[116] 장 중국외교 대변인은 "두가지 문제(김 위원장의 방문과 천안함 사건)는 별개의 문제"[117] 라고 말하며 중국이 북핵 문제에 대해서 보여주고

---

[115] 심상진. 중국의 대북한 인식변화 연구: 북한전문가 심층 면담조사. 통일정책연구. 제 17 권 1 호 2008. p.270.

[116] "中 김정일 방중허용은 내정문제." 조선일보. 2010.05.06.
http://news.chosun.com/site/data/html_dir/2010/05/06/2010050602155.html.

[117] *Ibid.*

있는 이중적인 입장을 그대로 보여주었다. 따라서 어떠한 중국문제 분석가들은 김정일의 방중이 오히려 양국간의 전통적인 우호관계의 이해관계를 한 층 더 강화시켰다고 판단하고 있다.[118]

중국 원자바오 총리가 5월 27~28일 한국을 방문해서 한국 및 일본과 정상회담을 가질 때 어느 정도 국제적 비난과 압력을 감안해서 "중국은 한반도의 평화와 안정을 파괴하는 행동을 반대하고 규탄한다"고 발언했다.[119] 그리고 지난 3월에 있었던 천안함 침몰 사건 이후 원 총리는 천안함을 침몰시킨 당사자들을 "일방적으로 감싸거나 보호하지도 않겠다"도 언급한 적이 있다.[120] 그러나 이 정상회담에서 원 총리는 "현재 가장 시급한 것은 이 사건으로 인한 부정적인 영향을 해소하고 긴장을 점차적으로 해소하며 특히 충돌을 피해야 한다는 것"이라며 "의사소통과 조율을 적절하게 하고 사태를 평화.안정에 유리한 방향으로 추진해 나가야 하며 이는 우리의 공고한 이익과 장래의 이익에 부합한다"고 말했다.[121]

이 같은 원 총리의 발언은 중국은 여전히 자국의 발전과 이익을 위해 사건의 책임 규명이나 처벌(=제재)보다는 한반도 내에서의 지역적인 안정을 더 중요시 여기고 있으며 또 이 사건의 책임자로 드러난 북한에 대한 강력한 대응에 반대한다는 입장을 분명히 보여주었다. 그래서 한국정부가 유엔안보리에서 북한에 대한 '제재 결의안'(sanctions resolution)이 아닌 북한의 행동을 비판하는 '일반 결의안'(normal resolution)을 요구하겠다는 입장을 표명했을 때 중국정부는 안도의 한 숨을 쉴 수 있게 되었다.[122] 지금 현재 언론보도에 의하면 중국은 안보리 차원에서의 대북 제재를 반대하기 때문에 완화된 '의장 성명'이 채택될 가능성이 더 높은 것으로 보고 있다. 만일 그렇게 되면 이것은 아직도 중국 내에서 전략파 의견보다는 동맹파의 이견이 더 우세함을 보여주는 것이 될 것이다.

---

[118]　Zhang Laingui. "Mixed Signals from Kim's Visit." *Herald Media*. May 14, 2010, http://biz.heraldm.com/common/Detail.jsp?newsMLId=20100514000371

[119] 119　Reuters. *China 'will not protect' Korea ship attackers*. May 28, 2010. http://news.bbc.co.uk/2/hi/world/asia_pacific/10181527.stm.

[120]　*Ibid*

[121]　"中 언론, 동북亞 평화.안정에 주목." 조선일보. 2010.05.30.http://news.chosun.com/site/data/html_dir/2010/05/30/2010053000852. html

[122] 122　Kim Yong Hun. "Next Steps on Cheonan Imminent." *Daily NK*. June 3, 2010. http://www.dailynk.com/english/read.php?cataId=nk00100&num=6454.

끝으로, 자국 내 많은 전문가들과 학자들의 비난과 주장에도 불구하고 중국 지도부의 대북정책은 여전히 과거처럼 북한에 대해 신중하면서도 한편으로는 달래고 또 한 편으로는 제한적인 압력을 가하는 외교정책을 유지할 것이다. 중국은 핵실험, 탄도 미사일 발사, 천안함 격침사건 등 북한의 도발적인 행동에 대해서 비록 직접적인 비난을 하지 않고 있으나 평화적 발전, 동북아 안정이라고 하는 중국 자신의 이익을 위해서 북한 당국과 계속 막후접촉을 통해 북한으로 하여금 국제질서에 따르도록 설득할 뿐만 아니라 또 북한 내에서 중국의 외교적 영향력을 부각시키기 위해 노력할 것이 분명하다. 어쨌거나 북한 문제 해결에 대한 중국정부의 태도는 결국 중국이 미국을 비롯한 서방 여러 나라로부터 중국이 과연 나라의 크기와 경제력에 걸맞는 세계의 지도자 국가로서의 역할을 수행할 수 있는 나라로 인정받을 수 있느냐, 없느냐 하는 것을 결정하는 시험대가 될 것이다.

참고문헌

"간도협약 100년…간도 되찾기 운동 활발." 연합뉴스. 2009.09.04.
http://news.naver.com/main/read.nhn?mode=LSD&mid=sec&sid1=100
&oid=001&aid=0 002847131

"미군, 중국을 3면서 포위." 조선일보. 2005.02.21.
http://news.chosun.com/svc/content_view/content_view.html?contid=2
005022170413

신상진. 중국의 대 북한 인식변화 연구: 북한전문가 심층 면담조사.
통일정책연구. 제17권 1호 2008.

안인해. "북한핵실험이후: 중국의 대북정책 현황과 전망."
한국국제제정치학회 학술대회 발표논문집. 2006.06.

전병곤. 중국의 세계금융위기 인식과 대북정책: 지속과 변화.
중국학연구. 제50집. 2009.11.10.

"中 "김정일 방중허용은 내정문제." 조선일보. 2010.05.06.
http://news.chosun.com/site/data/html_dir/2010/05/06/2010050602155.
html.

"中 언론, 동북亞 평화.안정에 주목." 조선일보. 2010.05.30.
http://news.chosun.com/site/data/html_dir/2010/05/30/201005300085
2.html.

최명해. 중국.북한동맹관계: 불편한 동거의 역사. 도서출판 오름. 서울.
2009.

"韩国：中国不许朝鲜拥核但对朝政策有矛盾" *"ROK: China doesn't
allow a nuclear DPRK, but has internal conflicts on DPRK policy"+,
STNN, 15 May 2009.

www.stnn.cc/pacific_asia/200905/t20090515_1029915.html.

王逸舟."中國外交三十年: 對進步與不足的若干思考."中國外交. 2007 年 第 12 期(2007.12). "杨洁篪称中国对朝政策不会作出重大调整" "Yang Jiechi: China will not make any major change to its DPRK policy"+, *Jiefang Daily*, 6 June 2009, http://old.jfdaily.com/news/xwgj/200906/t20090606_663851.htm.

"Amazing Yanbian Korean Autonomous Prefecture." *China Economic Review*. May 6, 2009. Anderson, Eric C. "Understanding China`s Approach to North Korea." *Huffington Post*. May 2, 2010. Andrei Lankov. "Bankrolling Pyongyang." *Wall Street Journal Asia*. July 4, 2006.

"Beijing Expected to Adjust Its Policy toward the DPRK and Support Sanctions," *Ming Pao* online, October 10, 2006, in OSC CPP20061010710020.

Bennett, John T. "Lockheed Expects Steady 2010 Missile Defense Sales." *Defense News*. January 7, 2010. http://www.defensenews.com/story.php?i=4443971.

Cai Jian: "How Should China Respond to the Resurgence of the North Korean Nuclear Issue," *Shijie Zhishi*, May 1, 2009, pp. 27–29, in OSC CPP20090514671009

Cheng Li. "China's Northeast: From Largest Rust Belt to Fourth Economic Engine?" *China Leadership Monitor*, no. 9 (Winter 2004).

Chin Chung. *Pyongyang between Peking and Moscow: North Korea's Involvement in the Sino-Soviet Dispute, 1958-1975* (Alabama, 1978).

"China Asserts it has Worked to End nuclear Crisis." *New York Times*, 13 Feb 2003. p. A17. "China Calls for Calm over North Korea." BBC News. October 4, 2006. http://news.bbc.co.uk/2/hi/5403572.stm.

"China Calls for Restraint on DPRK Launching Activity," Xinhua, April 5, 2009, in OSC CPP20090405968047. "China Feared Gobbling up Resources in North Korea." *Chosun Ilbo*. November 22, 2007.

"China Investing Heavily in North Korean Resources—Report." *Chosun Ilbo*. April 12, 2007.

"China's North Korea Policy Unlikely to Change: Maintaining the Status Quo on the Korean Peninsula is in Beijing's Best Interests." *Korea Herald*. October 26,2006.

"China says to Avoid More Tension regarding Cheonan Incident." *Arirang News*. May 30, 2010. http://www.arirang.co.kr/News/News_View.asp?nseq=103518&code=Ne2&category=2

China 'will not protect' Korea ship attackers. BBC News. May 28, 2010. http://news.bbc.co.uk/2/hi/world/asia_pacific/10181527.stm.

"Chinese Foreign Ministry Issues Statement on DPRK Conducting NuclearTest Again," Xinhua Domestic Service, May 25, 2009, in

OSC CPP20090525004009.

Chu Shulong, "The North Korea Nuclear Issue Calls for New Thinking and New Policy," *MacArthur Foundation Asia Security Initiative Blog*, September 3, 2009. http://asiasecurity.macfound.org/blog/entry/guest_post_chu_shulong_on_north_korea_policy/

CSIS. Public comments made by Walter Sharp at "US-ROK Alliance—The Future." Military Strategy Forum, CSIS. December 14, 2009.

Embassy of the People's Republic of China in the United Arab Emirates. "Statement of the Ministry of Foreign Affairs of the People's Republic of China." October 9, 2006. http://ae.china-embassy.org/eng/wjbfyrth/t275508.htm.

Glaser, Bonnie S. and Benjamin Dooley. "China's 11th Ambassadorial Conference Signals Continuity and Change in Foreign Policy." *China Brief*, vol. 9, issue 22 (November 4, 2009).

Glaser, Bonnie. "China's Policy in the Wake of the Second DPRK Nuclear Test," *China Security*, vol. 5, no. 5. (2009).

Glaser, Bonnie and Scott Snyder. "Responding to change on the Korean Peninsula: Impediments to US-South Korea-China Coordination." *Report of the CSIS Freeman Chair in China Studies*. May 2010.

"Greetings From Chinese Party And State Leaders," KCNA, July 10, 2006; "Chinese President Expresses Consolation To DPRK Leader Over Heavy Flood Losses," *Xinhua*, July 22, 2006, in OSC CPP20060722055016.

Gong Keyu. "Tension on the Korean Peninsula and Chinese Philosophy." *International Journal of Korean Unification Studies* 18. No. 1 (2009).

"Hu Jintao Meets DPRK Premier Kim Jong Il, Discusses Bilateral Ties," Xinhua Domestic Service, March 19, 2009, in OSC CPP20090319172008.

International Crisis Group. "China and North Korea: Comrades Forever?" *International Crisis Group Asia Report* No. 112, 1. February 2006.

International Crisis Group. *Shades of Red: China's Debate over North Korea. Crisis Group Asia Report*, No. 179, 2. November 2, 2009.

Jennings, Ralph. "China Increases Missiles Pointed at Taiwan to 1,500." *Taipei Times*. February 15, 2009. http://www.taipeitimes.com/News/front/archives/2009/02/15/2003436194.

Jin Linbo, "Crisscrosses and Conflicts of the DPRK-US Strategic Interests," *Liaowang*, August 17, 2008, in OSC CPP20080725710013.

Keating, Joshua E. "Beijing's Most Embarrassing Allies." *Foreign Policy*. May 24, 2010.

Kim, Hakjoon. *The Sino-North Korean Relations, 1945-1984*. Korean research Center: Seoul, Korea. 1985. Kim, Hyun-wook. "Nuclear Posture Review and its Implications on the Korean Peninsula." *Asia Foundation Newsletter* (May 2010). http://www.nautilus.org/fora/security/10028Kim.html.

"Kim Jong Il Meets Hu Jintao's Special Envoy in Pyongyang," *Xinhua*. October 19, 2006, in OSC CPP20061019150048.

Kim, Samuel S. "the Making of china's Korea Policy in the Era of Reform" in David Lampton (ed), *The Making of Chinese Foreign and Security Policy in the Era of Reform, 1978-2000* (Stanford, 2001).

Kim Yong Hun. "Next Steps on Cheonan Imminent." *Daily NK*. June 3, 2010.http://www.dailynk.com/english/read.php?cataId=nk00100&num =6454.

"Korea, US Agree on Strategic Agenda, USFK Deployment Flexibility." *Yonhap News Agency*. January 19, 2006. Kwon, Goohoon. "A United Korea? Reassessing North Korea Risks." (September 21, 2009). *Global EconomicPaper*. Goldman Sachs Global Economics, Commodities, and Strategy Research. Lee, Chae-Jin. *China and Korea: Dynamic Relations*. Hoover Press Publication. 1996.

Lee, Sunny. "Chinese Scholars Snub Western View on Post-Kim N. Korea.*The Korea Herald*. September 16, 2008. http://www.koreatimes.co.kr/www/news/nation/2008/09/116_31114.html

Liang Chen. "China's Policy at Turning Point: Experts." *Global Times*. May 26, 2009.

Li Liangdu. "Korean War: In the View of Cost Effectiveness." Consulate General of the People's Republic of China in New York. July 29, 2003. http://www.nyconsulate.prchina.org/eng/xw/t31430.htm

Myong-Chul Cho, et al. *A Study on Economic Aid toward North Korea after resolving the Nuclear Crisis* (Seoul: Korea Institute for International Economic Policy, 2005).

Na Jeong-ju. "3 Million NK Refugees expected in Crisis: BOK." *Korea Times*. January 27, 2007. "North Korea Conducted a Nuclear Test: Web Inquiry," *Huanqiu Shidai*, November 2006. http://survey.huanqiu.com/result.php?s=SFFzdXJ2ZX1fOTA0.

Peng Huaidong. "A Discussion of the Major Differences in the Chinese and Western Views of War. *Zhongguo Junshi Kexue*. No. 1, 1997. pp. 127-131 in David Shambaugh, *Modernizing China's Military* (London, 2004).

Permanent Mission of the People's Republic of China to the UN. "Explanatory Remarks by Chinese Permanent Representative Mr. Wang Guangya at the UN Security Council on Sudan Darfur Draft Resolution (18 September 2004). September 18, 2004. http://www.china-un.org/eng/hyyfy/t158034.htm.

Permanent Mission of the People's Republic of China to the United Nations

Office at Geneva and Other International Organizations in Switzerland. "Chinese Foreign Minister Tang Jiaxuan Gives a Press Conference During the First Session of the 10th NPC (03/06/03)." April 19, 2004. http://www.china- un.ch/eng/ljzg/zgwjzc/t85885.htm

Pew Global Attitudes Program. "Publics of Asian Powers Hold NegativeViews of One Another." Pew Research Center. September 21, 2006. http://pewglobal.org/reports/display.php?ReportID=255.

Qin Jize and Li Xiaokun. "China Circled by China of US Anti-Missile Systems." *China Daily*. February 22, 2010.http://www.chinadaily.com.cn/world/2010-02/22/content_9481548.htm.

Qin Jize and Li Xiaokun. "Tension on the Korean Peninsula and Chinese Policy." *International Journal of Korean Unification Studies*, 18.

Savage, Timothy. "Big Brother is Watching: China's Intentions in the DPRK." *China Security*, Vol. 4, No. 4 (Autumn 2008).

Scanlon, Charles. "South Korean in 'Secret' Nuclear Trial." *BBC News*. September 2, 2004. http://news.bbc.co.uk/2/hi/asia-pacific/3620566.stm.

Shen Dingli. "DPRK's Walkout from the Six-Party Talks is its Realistic Inevitability." *Dongfang Zaobao* online. April 15, 2009, in OSC CPP20090416138003.

Shen Dengli. "North Korea's Strategic Significance to China." *China Security*. Issue 4 (Autumn 2006): 20.

Shih Chun-yu, "DPRK Nuclear Issue Depends on Building of DPRK-US Mutual Trust," *Ta Kung Pao* Political Talk Column, July 19, 2007, in OSC CPP20070719710007

"Statement of the Ministry of Foreign Affairs of the People's Republic of China," Ministry of Foreign Affairs of the People's Republic of China, May 25, 2009, available at: http://www.fmprc.gov.cn/eng/.

Swain, Michael. "China's North Korea Dilemma." *Chinese Leadership Monitor*. No. 30 (Fall 2009).

Tan Zheng, *Zhongguo renmin zhiyuanjun renwulu* (Biographical Directory of the Chinese People's Volunteers) (Beijing: Zhonggong dangshi chu-banshe, 1992).

The International Institute for Strategic Studies. "North Korea's Nuclear Test." Vol. 12, Issue 8. October 9, 2006. http://www.iiss.org/publications/strategic-comments/past-issues/volume-12-2006/volume- 12--issue-8/north-koreas-nuclear-test/.

Thompson, Drew and Carla Freeman. "Flood Across the Border: China's Disaster Relief Operations and Potential Response to a North Korean Refugee Crisis." *US-Korea Institute at SAIS*. April 1, 2009.

"Three Characteristics in China's Utilization of Foreign Investment." *People's Daily Online*. January 18, 2005. Twining, David. "America's

Grand Design in Asia." *The Washington Quarterly*. Vol. 30, No. 3 (Summer 2007). pp. 79-94; 尹承德, "美國亞太戰略新態勢," 國際問題研究, 2008 年第 1 期(2008. 1).

"UN Sanctions Will 'Burst DPRK's Bubble' of Pride over Nuclear Arms," *Global Times* Editorial online, June 12, 2009, in OSC CPP20090618722005.

US-China Business Council. US-China Trade Statistics and China's World Trade Statistics. http://www.uschina.org/statistics/tradetable.html.

US Department of Defense. *Ballistic Missile Defense Review Report* (Washington, D.C.: Department of Defense, February 2010).

Wang Linchang. "The Tone of China's Policy toward North Korea Must not Change because it Conducted Another Nuclear Test." *Huanqiu Shiabao*. June 12, 2009. Open Source Center (OSC), CPP20090618710003.

Wang Zaibang and Li Jun. "Searching for the Root of the DPRK's Second Nuclear Experiment, and Diplomatic Thoughts." *Xiandai Guoji Guanxi*. July 20, 2009. OSC, CPP20090811671001.

"Wen Jiabao Holds Talks With DPRK Premier, Touches on Six-Party Talks," Xinhua Domestic Service, March 18, 2009, in OSC CPP20090318004011.

Wu Delie, "Who Is Responsible for the Situation on the Peninsula?" *Shijie Zhishi*, April 16, 2009, pp. 30–31, in OSC CPP20090515671005.

Wu Xinbo. "Four Contradictions Constraining China's Foreign Policy Behavior." *Journal of Contemporary China*. Vol. 10, No. 27, 2001.

Xu Weidi. "Resolving the Korean Peninsula Nuclear Crisis and Moving the Korean Peninsula out of the Cold War." *Shijie Jingjiyu Zhengzhi* (Beijing). September 16, 2003. In FIBIS-CHI.

Xu Yan. *Korean War: In View of Cost-Effectiveness*. October 21, 2003. Consulate-General of the People's Republic of China in New York. http://www.nyconsulate.prchina.org/eng/xw/t31430.htm

Zhang Laingui. "Mixed Signals from Kim's Visit." *Herald Media*. May 14, 2010.http://biz.heraldm.com/common/Detail.jsp?newsMLId=20100514000371

Zhu Feng, "North Korea Issue Divides China," *MacArthur Foundation Asia Security Initiative Blog*, June 17, 2009. http://asiasecurity.macfound.org/blog/entry/north_korea_issue_divides_china/.

Zhu Feng. North Korea Nuclear Test and Cornered China." *PacNet*, Pacific Forum CSIS. June 1, 2009.http://csis.org/files/publication/pac0941.pdf.

Zhu Feng, "The DPRK Nuclear Crisis after the Second Nuclear Test: The Six Party Talks and 'Coercive Diplomacy'," *Xiandai Guoji Guanxi*, July 20, 2009, pp. 44–50, in OSC CPP20090811671002.

한반도 평화협정에 대한 북한의 주장과 함의: 제 2 차 북핵위기 전·후 비교

맹주현 (Diana Maeng)

MA, Korean for Professionals, University of Hawaii at Manoa, 2010
BBA, Finance, University of Hawaii at Manoa, 2008

NORTH KOREA'S ASSERTIONS ON THE PEACE AGREEMENT AND ITS IMPLICATIONS: COMPARING BEFORE AND AFTER THE SECOND NORTH KOREAN NUCLEAR CRISIS

The Armistice Agreement was signed on July 27, 1953 which officially stopped the Korean War. However, despite the signing of this agreement the two Koreas are still technically at war and the terms and conditions of the armistice were not properly adhered. Since the armistice, there were frequent armed conflicts due to the ongoing arms race between North and South Korea and this military confrontation intensified over the years. As a result, the security situation on the Korean peninsula is unstable and the possibility of recurrence of war is still present. Various measures have been proposed in the past to establish a peace regime and replace the current armistice, but these efforts were not successful in achieving peace on the peninsula. Since 1974, North Korea has consistently advocated signing a peace treaty with the United States. Prior to this assertion, North Korea has only claimed a peace treaty with South Korea.

On August 4, 2009, former U.S. President Bill Clinton visited North Korea. Shortly after President Clinton's visit, Stephen Bosworth, Special Representative for North Korea Policy visited Pyongyang. Since these visits, progress in U.S.-DPRK relations was expected and allowed favorable conditions for resuming the stalled six-party talks. However, North Korea proposed peace negotiations with the United States on January 11, 2010 as one of the preconditions for returning to the six-party talks. This paper will attempt to analyze North Korea's hidden intentions for proposing peace negotiations as their precondition for returning to the six-party talks. Also, the change in North Korea's peace agreement assertions will be examined by comparing their claims before and after the second North Korean nuclear crisis.

Based on the analysis, a notable change in North Korea's claims on the peace agreement was shown. Before the outbreak of the second nuclear crisis, North Korea's assertions on the peace agreement did not include establishing a peace regime in resolving the nuclear issue.

However, after the second nuclear crisis, there was a change in their position. Establishing a peace regime on the Korean peninsula was incorporated into resolving the nuclear problem. North Korea's ultimate goal for proposing peace negotiations with the United States is to secure regime security and acquire economic aid through U.S.-DPRK normalization. North Korea views signing a peace treaty with the United States will not only lead to U.S.-DPRK normalization but also officially end the Korean War. Therefore, North Korea views the peace agreement as a method to get the process started for establishing a peace regime on the Korean peninsula.

I. 서론

1. 연구 목적 및 문제 제기

한국전쟁은 1953년 7월 27일 정전협정의 체결 이후 공식적으로 중단되었지만, 이 협정은 전쟁을 중지하는 미봉책에 불과했고 제대로 준수되지도 않았다. 정전협정 체결 이후 남북한 사이에 잦은 무력충돌과 지속적인 군비경쟁으로 인해 군사적 대결이 심화되어 왔다. 그 결과, 한반도는 지금도 전쟁 재발의 위험이 상존하고 있는 불안정한 안보상황에 놓여 있다. 그 동안 남북한은 정전체제를 평화체제로 전환하기 위해 여러 가지 조치들을 제시해 왔지만 평화를 이룩하는 데 성공하지 못했다. 정전협정 체결 이후 남한과 평화협정 체결을 주장하던 북한은 1974년부터 정전협정의 '실질적 당사자'인 미국과 평화협정 체결을 지속적으로 주장해 왔다. 시기별로 구분해서 보면 북한의 입장은 상황에 따라 변화해 왔다는 것을 확인할 수 있다.

2009년 8월 4일 클린턴 전 미국 대통령과 12월 9일 보즈워스 미 국무부 대북정책 특별대표의 방북 이후 북·미 관계의 진전이 전망되었고, 교착상태에 빠져있던 6자회담 재개에 우호적인 여건이 조성되었다. 2010년 1월 11일 북한은 외무성 성명을 통해 "평화협정 체결을 위한 정전협정 당사국간의 회담"을 공식 제의함에 따라 최근 6자회담 재개의 조건과 평화협정에 대한 논의의 관계에 주목하게 되었다. 그러나 북한은 6자회담 복귀의 전제조건으로 평화협정체결에 대한 논의를 제의하고 국제사회의 대북제재 해제를 요구했다.

그렇다면 이러한 전제조건을 내건 북한의 의도는 무엇인지 분석할 필요가 있다. 과연 북한은 평화협정을 진정 맺고 싶은 것인지 의문이 생긴다. 본 연구는 북한의 평화협정체결 주장의 변천사를 고찰하고 그 속에 숨어 있는 북한의 의도를 중심으로 분석·비교해 보고자 한다. 본고의 핵심은 2002년 10월 미국이 밝힌 북한의 농축우라늄 프로그램 사건으로 촉발된 제2차 북핵위기 이후 북한의 평화협정체결 주장의 함의와 2005년 9.19 공동성명의 중요성을 규명하는 것이다. 그 이유는 9.19 공동성명 이전까지는 북한의 평화협정 체결 주장에 대해 핵무기 보유를 전제로 비핵화와 연결시켜서 접근하지 않았고, 9.19 공동성명 이후부터 핵 문제 해결에 평화협정의 필요성이 처음으로 제기 되었기 때문이다. 마지막으로 북한의 대미 평화협정체결 주장과 대미협상 전략의 연관성을 분석해 보고자 한다.

　　본 연구는 정전협정 이후 북한이 남북 평화협정 체결 제의를 주장하기 시작한 1962년 10월부터 현재 대미 평화협정 체결 제의에 이르기까지 연구의 시간적 범위를 확대하여 기존의 연구를 보완할 것이다. 시간적 범위를 크게 제2차 북해위기 이전과 이후로 구분하여 북한의 대미 평화협정 체결 주장의 변화요인과 변천과정을 살펴보고 제의의 진의를 알아보고자 한다. 본 연구는 총 5장으로 구성되었다. 제I장은 문제제기 및 연구목적을 제시하였고, 제II장에서는 평화체제 및 평화협정에 대한 정의와 기존의 연구들을 정리하였다. 제III장에는 북한의 대미 평화협정체결 제의의 변천과정을 역사적으로 고찰하였다. 제IV장은 본 연구의 결론 부분으로서 북미 평화협정 제의의 특징을 논의하고 평가하여 북한이 얻고자 하는 것을 파악해 볼 것이다.

II. 이론적 배경 및 선행연구 검토

1. 이론적 배경

　　그 동안 한반도 정세는 정전체제에 입각하여 규정되어 왔다. 정전체제는 법적으로 한반도가 준전시상태임을 나타내며 정전기간이 확정되지 않았으므로 임의로 전쟁을 다시 시작해도 무방하다는 것을 의미한다. 그러므로 현재의 정전상태를 평화체제로 전환하는 것은 남북한 양자에게 당연한 과업이며 안보상 성사시켜야 할 과제이다. 기존의 연구들의 경우 북한의 평화협정체결 주장에 대한 역사적 고찰을 자세히 기술한 사례는 많지만 최근의 상황을 반영한 연구는 거의 없다. 한반도 평화체제의 개념과 평화협정 체결 당사자 문제에 대한 이해는 본 연구의 논리적인 발판으로서의 역할을 한다. 그러므로 이 장에서는 평화체제의 개념 및 평화협정 체결 당사자에 대해 다루고 앞선 연구들의 성과를 정리해보고자 한다.

1.1 평화 및 평화체제의 개념

　　일반적으로 평화란 분쟁의 반대되는 개념으로 "평온하고 화목한 상태" 혹은 "전쟁 없이 세상이 잘 다스려지는 상태"로 정의된다.

또한 평화를 "특정한 시기와 장소에 무력 충돌이 없는 상태"로 정의하기도 한다. 그러나 요한 갈퉁(Johan Galtung)은 평화를 소극적인 평화와 적극적인 평화로 구분하였다. 소극적 평화는 단순히 "전쟁이 없는 상태"를 뜻하고 적극적 평화는 전쟁을 발생하게 하는 원인까지 제거된 상태를 의미한다. 이러한 평화의 개념을 한반도에 적용할 경우 남북한이 상당히 다른 관점을 갖고 있음을 알 수 있다. 소극적인 의미에서 남한이 정의하고 있는 한반도 평화란 한반도에서 전쟁이나 무력 충돌이 없이 국내적, 국제적으로 사회가 평온한 상태를 일컫는 것이며, 적극적인 의미에서는 전쟁의 원인이 제거되는 것으로 북한의 대남 적화통일 정책의 포기를 뜻한다. 이에 비해 북한의 평화개념은 소극적인 의미에서는 '조선반도에서 군사적인 행동이 중지된 가운데 평화상태를 회복'한 상태를 의미하며, 적극적인 의미에서는 한반도에서 '주한미군이 철수되고 남조선이 진정으로 해방된 상태'라고 정의하고 있다. 남북한의 한반도 평화에 대한 서로 상이한 개념은 한반도 평화체제 구축을 어렵게 만드는 요소로 작용하고 있다.

평화개념과 비교하면 평화체제는 이보다는 더 큰 의미를 갖고 있다. 평화체제는 평화가 지속될 수 있는 공식적인 제도적 틀을 의미하며, '전쟁의 법적 종결 및 전쟁방지와 평화유지를 위한 제도적 장치'를 의미한다. 평화협정은 평화체제라는 제도적 틀의 한 부분에 해당한다. 한국전쟁이 정전협정 체결로 인해 중단된 이후 60년 동안 한반도에 전쟁이 다시 발발하지 않았다는 의미에서 "평화"상태를 유지해 왔다고 말할 수는 있으나, 평화체제가 존재했다고는 할 수 없다. 휴전상태가 가진 불안정한 체제보다는 전쟁이 재발할 수 있는 요소들을 제거하고 한국전쟁의 종결을 가져다 줄 수 있는 평화체제로 전환하는 것이 바람직하다.

평화체제의 본질에 관한 주요한 논쟁은 평화체제 구축을 통해 달성되어야 할 목표에 중점을 두는 것과 평화체제를 지향하는 상태를 이루기 위한 과정에 초점을 맞추는 것의 두 가지이다. 두 견해를 모두 고려해 보면 평화체제 구축을 하기 위해 "제도적 장치"를 마련함으로써 정전상태를 평화 상태로 전환하고, 상호 적대적 관계를 초래했던 긴장요인들을 해소함으로써 항구적 평화정착을 실현해야 한다는 것이다. 따라서 한반도 평화체제는 3가지 요소로 구성되었다. 이는 정전협정을 평화협정으로 대체하는 것이고, 남북한 간에 군사적 긴장완화와 신뢰구축을 이루는 것이고, 마지막으로 북핵문제의 평화적 해결과 북미, 북일 관계 정상화이다.

평화체제라는 개념은 2005년 제4차 6자회담에서 9.19 공동성명이 채택되면서 등장하였다. 9.19 공동성명은 한반도 평화체제 구축 문제가 국제적인 틀에서 논의될 수 있는 기반을 마련하였다. 6자회담의 진전 상황에 따라 '적절한 시점'에 한반도 평화체제 구축을 위한 논의가 시작될 것임을 예고했다. 이 내용은 6자에 의해 합의된 바와 같이 "직접 관련 당사국들은 적절한 별도 포럼에서 한반도의 항구적 평화체제에 관한 협상을 가질 것"이라고 공약하였다. 그러나 몇몇 전문가를 제외하고 평화체제 개념의 적절한 정의나 구성 요소를 밝힐 수 있는 전문가들이 부족하다. 그러므로 받아들일 수 있는 평화 체제의 정확한 정의는 너무 주관적이고 모호하다. 즉 평화체제라는 개념의 중요성에도 불구하고 그 구체적 내용은 정의되지 못한 것이다. 하지만 평화체제의 본질과 형태에 대한 논의는 존재한다. 로버트 저비스(Robert Jervis)를 비롯한 몇몇 전문가들에 따르면 평화체제란 안정적이고 지속적으로 평화상태를 형성할 수 있는 제도적 장치를 의미한다. 다시 말해서 한반도 평화체제는 기존의 정전체제를 대체하는 동시에 한반도 평화의 여건을 창출하고 궁극적으로는 남북한 통일을 성취하는 것까지 포함하는 포괄적 개념이라고 할 수 있다. "남북한 간의 군사적 대결상태를 종식시킬 뿐만 아니라 적대적인 관계를 협력적인 관계로 전환시켜 평화를 정착·유지시키기 위한 원칙, 규칙, 규범 등 제도적인 틀을 마련하고 국제적으로 보장하는 체제 구축"으로 정의했다.

　　일반적으로 평화체제에는 소극적 의미의 평화체제와 적극적 의미의 평화체제 두 가지가 있다. 소극적 의미의 평화체제는 갈등을 규제하는 형태로 정전협정, 신뢰구축, 군비통제, 군축 등을 통해 분쟁당사국과 분쟁을 규제하는 체제를 뜻한다. 적극적 의미의 평화체제는 갈등을 타결하는 형태로서 평화협정체결을 통해 분쟁을 일시적, 또는 영구적으로 중단하는 체제를 일컫는 말이다. 현재 한반도는 정전협정을 통해 분쟁을 규제하고 있으나 신뢰구축이나 군비통제 그리고 군축단계에 이르지 못함으로써 소극적 의미의 평화체제도 형성되어 있지 않은 상황이다. 그리고 평화협정이 체결된다고 해도 평화체제가 바로 구축되는 것은 아니다. 그 이유는 평화협정은 평화체제로의 전환을 위한 하나의 수단일 뿐이기 때문이다. 진정한 평화체제가 형성되려면 군비축소와 신뢰구축의 실천을 거쳐 군사적 불안이 완전히 사라져야 가능하다는 것이다.

1.2 평화협정 체결 당사자

　　북한은 실질적인 한국전쟁의 대상이 미국이고 한국이 평화협정 체결 당사자가 될 수 없다고 주장한 바 있다. 이 논리의 명분으로는 정전협정에 서명한 유엔군 총사령관 마크 클라크 (Mark Clark) 미

육군중장, 조선인민군 사령관 김일성, 중국인민지원군 사령관 팽덕회가 실질적 당사자이고 남한은 주한미군의 지배하에 자주성이 없기 때문이라고 한다. 그 이유로는 남한의 전시작전통제권을 미국이 갖고 있으므로 사실상 한국은 자주성이 없고 미국이 강점하고 있는 상황이기 때문이라고 한다. 하지만 정전협정에 서명한 사람이 미 육군중장이라는 근거로 한국이 아닌 미국이 정전협정 당사자라는 북한의 주장은 국제법상의 근거와 타당성이 없다. 그 이유는 다음과 같다.

첫째, 북한의 남침으로 야기된 한국전쟁의 대상은 대한민국이며, 남북한이 주된 교전 당사자였고 다수국가가 전쟁에 참가하였다는 사실이다. 패트릭 노턴(Patrick Norton)에 따르면 유엔군으로 한국전쟁에 참전해 싸운 국가들은 한국과 미국을 포함해 19개국이나 된다. 그래서 사실상 한국 전쟁에서 싸웠던 19개국들 모두 교전국으로써 전쟁의 마지막 정치적 해결에 참여할 수 있는 자격이 있다. 그리고 다수국가가 참전했을 경우 양측의 연합군 대표가 정전협정을 체결하는 것이 보편적인 현상이다. 그러나 한국전쟁의 경우 한국과 미국과는 달리 북한과 중국은 별도로 단일지휘체계를 구상하지 않기 때문에 정전협정에 각자 서명하게 된 것이다. 그 외에도 남북기본합의서에서 평화협정의 당사자가 남북한임을 문서로 약속한 바 있으므로 북한은 사실상 한국을 당사자로 인정했다고 볼 수 있다. 그러므로 평화협정에서 '한국배재론'과 한국전쟁을 미국과의 전쟁으로 간주하는 북한의 주장은 잘못된 것이다.

둘째, 법적으로 조약당사자와 조약서명자의 의미를 구별해 보면 당사자는 조약에 의해 구속을 받게 되는 국가이고 서명자는 이런 당사자를 대표하여 조약을 서명하는 사람이다. 그러므로 당사자와 서명자의 국적은 별개라도 상관이 없다는 것이다. 따라서 정전협정의 서명자와 평화협정의 당사자가 반드시 일치하지 않아도 되는 것이다. 그래서 미국은 단지 한국을 대표하여 정전협정에 서명한 것뿐이며 정전협정의 당사자는 한국이라는 것을 의미한다.

셋째, 북한이 주한미군과 작전통제권 문제를 거론하는 것은 한국에 대한 내정간섭이다. 한미 연합군사령부가 보유하고 있는 전시작전통제권을 제외한 모든 작전통제권은 한국군이 갖고 있으므로 미국이 한국을 강점하고 있고 한국은 자주성이 없기 때문에 평화협정 체결 당사자가 될 수 없다는 북한의 주장은 잘못된 것이다. 이 근거는 남북기본합의서에서 평화체제 전환문제에 대해 남북 당사자 원칙을 천명한 바 있다는 데에서 찾을 수 있다. 앞서 논의한 것과 이를 감안할 때 북한이 한국을 배제한 채 대미 평화협정을 주장하는 것은 모순이다. 그리고 이러한 북측의 주장들은 평화협정체결 논의에서 남한을 배제하고 이른바 '통미봉남'의 전략을 펼치려는 의도로 파악된다.

2. 선행연구 검토

대부분 북한의 평화협정체결 제의에 대한 기존의 연구들은 제2차 북해위기 이전에 북한의 평화협정체결 제의내용의 변화과정을 시기적으로 구분하여 고찰하였다. 그러나 제2차 북해위기 이후에 초점을 맞추어 북한의 평화협정체결 제의내용을 정리하고 분석할 필요가 있다. 아래에 정리된 선행연구들은 미국을 대상으로 한 분석 내용이다. 본 연구의 바탕이 된 선행연구들은 북한의 대미평화협정체결 주장을 대내적 관점을 중심으로 한 논의와 대외적 관점을 중시한 것으로 양분할 수 있다. 이 선행연구들은 최근의 경향을 파악하지 못했다는 것이 아쉬운 점이다. 본 연구에서는 최근의 경향을 포함하여 이 부분을 보완할 것이다.

이석수(1999)는 북한의 대미평화협정 주장의 내용을 분석하고 평가하는 것을 1차적인 목표로 하였다. 부차적으로는 북한의 대미평화협정체결 주장에 대한 한국의 정책대안의 방향을 도출하는 것이다. 이 연구는 북한의 평화협정체결 제안의 내용과 추진방법을 3단계로 시기를 구분하여 살펴보았다. 그리고 북한의 평화협정제안 내용의 변화과정을 자세히 고찰하였고 북한의 의도와 문제점을 잘 지적하였다. 그렇지만 이 논문의 한계점은 1999년에 쓰인 글이므로 그 이후에 일어난 사건들이 포함되어 있지 않았다는 것이고 이 부분이 보충되어야 한다.

김창준(2003)은 북한의 대미 외교정책의 핵심이 되고 있는 평화협정체결 주장과 국교정상화와의 관계를 살펴보았다. 이 연구는 정전협정 체결 이후 북한이 제시한 평화협정의 역사적 변천과정을 자세히 규정하고 분석하였다. 그러나 2003년 이후의 변화 과정을 포함하지 못 했으므로 다른 선행연구와 유사한 한계점을 갖고 있다.

이상현(2006)은 앞의 연구와 유사한 점이 많다. 이 논문은 평화체제 논의가 본격화되면 한미동맹의 위상 변화는 불가피하므로 이에 대비해야 한다고 말했다. 저자는 한반도 안보구조에서 한미동맹은 지난 60년간 필수적인 역할을 하였고 한반도의 긴장이 완전히 해소되기 전까지는 한미동맹은 한국 안보의 중요한 역할 담당을 계속할 것이라고 하였다.

이인호(2008)는 한반도 평화체제 논의의 배경을 부시 행정부 시기에 있었던 사건 위주로 잘 정리하였다. 이 논문의 특징 중 하나는 한반도 평화체제에 대한 관련국(6자)의 입장을 제시하였다는 것이다. 그리고 저자는 한반도 평화체제에 관한 논의가 본격화 되면 한반도 안보 및 한미동맹 재조정과 관련된 사안들이 현안으로 떠오를 것으로 보았다. 그 이유는 한반도에 평화체제가 구축되면 한미동맹의 의미와 기능은 당연히 변할 수밖에 없기 때문이다. 그러므로 이러한 맥락에서 종전선언과 평화협정의 체결 및 평화체제 구축에 따른 한미동맹 관계의 쟁점에 대한 검토와 대비책을 마련해야 한다고 하였다.

이수석(2002)은 북한의 평화협정체결 주장에 중점을 두기보다는 북한의 정책 중심으로 한반도 평화체제 수립 가능성에 대해 연구를 하였다. 본 연구는 한반도 평화체제 제의에 대한 북한의 의도, 입장 그리고 제의과정을 고찰하였다. 현 정전체제가 평화체제로 전환하기 위해서는 평화협정이 체결되어야 가능한 것이라고 하였다. 이 연구는 평화체제에 관한 주요 쟁점을 잘 파악하여 북한의 평화체제 제의과정과 의미를 분석하였다는 것이 장점이다.

James L. Schoff(2009)는 한반도 평화체제의 개념을 북한의 비핵화를 조장할 수 있다는 관점에서 접근하여 보았다. 이 글은 한반도 문제에 있어서 미국의 입장을 잘 반영하였고, 미국이 추진해야 할 정책과제와 회피해야 할 정책방향을 구분하여 제시하였다. 저자는 미국의 대북정책의 주요 목적은 북한의 핵포기, 즉 한반도 비핵화라고 하였다. 오바마 정부가 출범한지 벌써 1년이 넘었지만 기대했던 6자 회담 재개가 지연되고 아직까지 바람직한 대북정책을 내놓지 못하고 있는 실정이라고 지적했다. 또한 북한이 정전체제를 평화체제로 전환해야 한다는 입장을 밝히고 평화협정체결을 제의하자 6자회담이 재개되면 평화협정이 주요 의제 중 하나로 거론될 것으로 내다보았다.

III. 제2차 북핵위기 이전 변화 과정

1. 1974년 북미 평화협정 체결 제의의 대두

제3장에서는 북한의 평화협정체결 제의의 역사적 변천을 살펴볼 것이다. 먼저 제2차 북핵위기 이전의 역사적 변천 과정을 소개하고자 한다. 북한은 1954년 6월 15일 제네바 정치회담에서 최초르 남북 평화협정 체결을 제의했다. 북한은 "외국군대의 철수와 남북군대의 축소"를 조건으로 "전쟁상태를 평화상태로 전환시킬" 협정을 남북 정부가 체결할 것을 주장하였다. 그 당시 한국전쟁 이후 전후 복구가 북한의 최우선적 과제였기 때문에 내부체제를 강화하기 위해 방어적 차원에서 평화협정을 제의한 것으로 보인다.

북한의 한반도 평화문제에 대한 구체적인 주장은 1962년 10월

23일 최고인민회의 제3기 1차 회의에서 김일성 주석의 연설에서
나타났다. 북한은 주한미군 철수를 전제로 남북평화협정 체결을
제의 하였다. 여기서 북한이 통일을 달성하기 위해 남북한
평화협정의 체결 제의 내용은 다음과 같다. "남한에서 미군철수,
남북한 간 평화협정체결 및 무력 감축 (각각 10만 또는 그 이하로
축소), 경제문화의 교류협조, 남북교류를 효과적으로 실시하기 위한
경제위원회 조직, 연방제의 강조"등이다. 이 시기에 북한이 먼저
남북한 평화협정체결 제의를 한 이유는 남한에 비해 우세한
군사력과 경제력을 보유하고 있었기 때문이다. 그 이후 평양과
서울은 1972년 7월 4일 남북관계를 개선하고 통일문제를 협의하기
위한 회담을 개최하였다. 이 회담의 성과는 남북한이 한반도의
평화적인 조국통일을 염원하는 차원에서 의견을 교환하고 서로의
이해를 증진시키는 데에 있었다. 그래서 남북 사이의 오해와 불신을
풀고 긴장 고조를 완화시키며 신뢰 분위기를 조성하기 위해 7.4
남북공동성명을 채택하였다. 1973년까지 여러 차례 남북
평화협정체결을 주장하였으나 북한의 평화협정체결 주장은 변화를
보이기 시작했다. '미합중국 국회에 보내는 편지'를 통해 남한이
아닌 미국을 대상으로 평화협정체결을 제의했다. 북한이 북·미
평화협정을 제기하게 된 계기는 당시 닉슨 독트린과 파리협상으로
주월미군의 완전철수가 가시화되자 북한 지도부가 동아시아
지역에서 미군이 감소하게 될 점을 감안하여 미국의 대한반도정책의
변화를 예상했던 것으로 보인다. 그 이후 북한은 한반도 적화통일에
최대 걸림돌을 주한미군으로 인식하여 주한미군 철수에 주력하기
시작했다. 그 외 남한의 모든 군사통치권을 미군이 갖고 있다는 판단
아래 평화협정에 관한 문제는 미국과 직접 체결해야 한다는 논리
때문에 북한의 평화협정체결 주장이 변화를 보였던 것이다. 1974년
이후 북한의 한반도 평화체제 구축 방안은 선 대미 평화협정체결, 후
남북통일 문제 논의라고 정리할 수 있다. 즉, '先미군철수,
後평화협정'에서 '先평화협정, 後미군철수'로 순서가 바뀌게 되었다.
1974년부터 지금까지 북한은 북·미 평화협정체결 제의를
간헐적으로 주장해 왔다. 북한은 미국과의 관계개선보다는 한반도
공산화 통일을 위한 주한미군 철수라는 목적을 달성하기 위한
노력의 일환으로 대미 평화협정 체결을 제의한 것이다.

2. 1992년 남북 기본합의서의 채택

탈냉전시기에 접어들면서 북한은 북미 평화협정 체결을 전제로
미국과의 관계개선을 추진하였다. 1972년 닉슨의 방중으로 시작된
미소, 미중 긴장완화 및 국제사회의 화해분위기로 인해 북한의 대미

외교정책을 관계개선 전략으로 수정하는 등 변화의 움직임을 보였던 것이다. 냉전시기에 북·중·소 북방 삼각동맹과 한·미·일 남방 삼각동맹으로 형성되었던 동북아 지역구조는 구소련 및 동구권 붕괴로 균형을 잃었다. 동북아 냉전구조의 한 축이 무너지고 1989년 12월 25일 냉전종식 선언이 발표되면서 북한의 위상은 위축되었다. 또한 북한의 체제보호막 역할을 해 온 소련은 1992년 그리고 중국은 1990년에 한국과의 국교를 수립하면서 북한의 외교적 고립은 심화되었다. 이런 상황에 직면하자 북한은 체제유지를 위해 냉전종식 이후 유일한 초강대국으로 등장한 미국과의 관계개선에 주력해 왔다. 이는 북한의 체제 안정을 보장할 수 있는 방법으로 북미 관계 정상화를 인식하기 시작했기 때문이다.

외교적 고립과 경제난에 봉착하게 된 북한은 남북총리들회담에 응할 수밖에 없었고 1991년 9월 30일 남북한은 유엔에 동시 가입하고 동년 12월 13일 남북기본합의서에 합의하였다. 남북기본합의서에 서명한 이후 북한은 남북한 사이에 이미 불가침 및 화해 협력에 관한 합의가 이루어진 것으로 간주하기 시작했다. 북한의 의도는 남북 기본합의서가 채택되었으므로 유엔과 북한간의 비정상관계도 청산되었으므로 정전체제의 평화체제 전환 및 유엔사 해체, 대미 평화협정체결, 주한미군 철수를 더욱 적극적으로 주장하게 된 것으로 보인다. 그래서 북한은 대미 평화협정체결을 보다 적극적으로 주장하였고 이를 통해 한반도 평화체제 수립이 완결될 수 있다는 논리를 펼쳤다.

북한의 주장을 이해하기 위해서는 남북기본합의서에 합의된 내용을 살펴볼 필요가 있다. 1992년 2월 19일 채택 발효된 남북기본합의서의 핵심 내용은 7.4 남북공동성명에서 합의된 조국통일 3대 원칙을 재확인하고 평화통일을 성취하기 위해 최선을 다할 것을 합의했다는 것에 중점을 두었다. 남북한 사이에 정치, 군사적 대립을 해소하여 민족 화해를 이룩하고 무력 충돌이나 침략을 막고 교류와 협력을 통해 이익과 번영을 도모함으로 평화를 보장한다는 의미를 갖고 있다. 그리고 평화 상태가 이루어질 때까지 정전협정을 준수한다는 내용도 명시했다. 합의된 내용만 확인할 경우 이미 남한과는 불가침 선언을 했으므로 미국을 대상으로 평화협정체결을 고집하는 북한의 주장을 이해할 수 있지만 남북기본합의서가 준수되었다고 하기는 어렵다. 이 근거는 남북기본합의서에서 합의된 바와 달리 북한의 정전협정의 무력화 노력에서 찾아볼 수 있었고, 남북기본합의서는 북한의 협조가 없었으므로 이행되지 못한 채 사장되었다.

3. 1995년 정전협정 무력화 및 잠정협정 체결제의

앞에서 살펴본 바와 같이 북한은 1974년 이전까지 남한과의 평화협정 체결제의를 지속적으로 제기하다가 그 이후부터는 '실제적 당사자'론에 의거하여 대미 평화협정체결을 주장하였다. 그리고 1990년대 북한은 평화협정체결을 적극적으로 제의하면서 정전협정의 무력화를 다음과 같이 기도하였다. 1991년 3월 한국군 장성(황원탁 소장)이 유엔군사정전위원회 수석대표로 임명되자 북한은 본회의 참석을 거부하면서 군사정전위원회의 및 중립국감독위원회의를 무력화하는 조치를 취했다. 이는 북한이 주장한 유엔사 해체 및 주한미군 철수가 전혀 이뤄지지 않자, 북한은 1993년 4월 3일 중립국감독위원회 체코대표부 철수 및 1994년 4월 28일 북한측 군사정전위 대표를 일방적으로 철수시켰다. 그리고 1994년 5월 25일 군사정전위를 대신할 새로운 협상기구로 '조선인민군 판문점 대표부'를 설치하였다. 그 이후 동년 12월 15일 중국군 대표를 철수시키고 1995년 2월 28일 폴란드 대표를 철수시킴으로써 정전협정의 양대 기구인 군사정전위원회와 중립국 감독위원회를 사실상 무력화시켰다고 볼 수 있다.

이 와중에 1993년 북한 핵문제가 국제사회의 최대현안으로 부각되면서 북한은 대미 평화협정 체결을 본격적으로 주장하기 시작했다. 북한은 외교부 성명을 통해 또 다시 북미 평화협정 체결을 제의(1994.4.28) 하였고 정전기구를 대체할 '새로운 평화보장체계 수립'을 위한 대미협상을 제기하였다. 북한은 1993년 3월 핵확산금지조약 (NPT) 탈퇴 선언과 국제원자력기구 (IAEA)의 핵사찰을 거부하는 등 이른바 "벼랑 끝 외교 (crisis-driven brink-manship policy)"를 통해 미국과의 직접협상을 유도했다. 이러한 결과로서 1994년 10월에 북한은 핵개발을 동결하는 대신 미국으로부터 경수로 건설을 제공 받고 북미 관계 정상화를 추진한다는 주요 내용이 담긴 '제네바 기본합의서'를 이끌어냈다. 이렇게 보면 북한의 대미 평화협정 체결주장의 근본적인 목표는 북미 관계정상화를 통한 체제보장이며 이를 통한 경제적 이익을 추구하기 위한 것으로 판단된다.

그 뒤로 2년 후 북한은 1996년 2월 22일 외교부 대변인 성명을 통해 '북미 잠정협정'체결을 제의하고 잠정협정의 이행을 감시할 북미 공동 군사기구를 설치하기 위한 북미 협상을 요구하였다. 북한은 평화협정이 체결되기 전까지 정전협정을 대신할 과도기적 조치로 잠정협정 체결을 제안한 것이다. 북한이 계속 주장해오던 대미 평화협정 체결주장을 미루고 잠정협정의 체결을 요구한 까닭은 실제로 북미 평화협정 체결 주장이 현실성이 없다고 판단하고 미국을 협상테이블로 이끌어내기 위한 의도에서 나온 것이라고 추측할 수 있다. 이는 북한이 잠정협정 체결 제의를 했을 때 전제조건으로 주한미군 철수를 언급하지 않았다는 것이 이후 북미 평화협정 체결 또는 관계개선을 위한 전략이 깔려 있음을 확인할 수 있다. 북한은 잠정협정 체결 제의를 통해 북미간 군사-채널을 확보하고, 미국과의 관계개선을 추진하고 적대관계의 해소에 비중을 두고 있었다. 그러나 군사정전위원회의 기능을 무시하고 새로운 공동 군사기구를 설치하자는 주장은 사전에 제의한 평화협정의 내용과 차이가 별로 없다. 하지만 북한의 잠정협정 체결 주장에 대해 미국은 평화협정 체결 문제는 남북 당사자가 해결할 문제이고, 평화협정이 체결되기 전까지는 현 정전협정을 유지해야 한다는 입장을 견지하였다.

북한의 정전체제 무력화와 공세적 대미평화협정체결 제의로 인해 수세적 입장에 놓여 있던 남한은 미국과 공동으로 1996년 4월 16일 4자회담을 제의하였다. 북한은 한미 양국의 4자 회담 제의에 대해 처음에는 거절을 하였으나 경제적 지원을 보장받고 주한미군 철수 논의를 보장할 것을 요구하면서 회담제의를 수락하고 예비회담을 거쳐 5차례의 본 회담에 참석하였다. 북한은 시종일관 북미 평화협정 체결과 주한미군 철수를 주장하는 바람에 4자회담은 성과를 거두지 못했다. 북한은 한반도의 긴장완화를 위해서는 주한미군 철수가 선행되어야 한다고 하였다. 그리고 새로운 평화체제를 구축하기 위해서는 북미 평화협정을 체결해야 한다는 입장을 분명히 밝혔고 계속 일관된 입장을 고수하고 있다. 그러나 한미 양국은 북한의 입장과 상이한 입장을 견지하고 있다. 한국은 평화협정체결의 당사자 문제에 있어 남북한이 당사자임을 주장했고 미국 역시 한반도 평화체제 구축 문제에 대해선 '남북한 당사자 해결 원칙'이라는 한국의 입장과 같이 해 왔다.

4. 2000년 6.15 남북 정상회담과 붓이 행정부의 출범

남한의 김대중 대통령과 북한의 김정일 국방위원장은 2000년 6월 15일 평양에서 분단 후 최초로 역사적인 정상회담을 가졌다. 6.15 남북정상회담을 계기로 북한은 남한과 적극적인 관계개선에 나섰고 남북관계는 물론이고 북미 사이에도 화해 무드가 조성되었다. 그 이후 동년 10월 12일 조명록 국방위 제1부위원장이 특사로 방미 당시 합의된 '북미 공동코뮈니케'가 발표되었다. '북미 공동코뮈니케'를 통해 평화협정체결을 위한 4자회담의 유용성에 대한 견해를 같이 하였고, 북미간의 관계의 전면적 개선을 위해 심도 있게 검토 하는 기회를 마련하였다. 북미 양국은 남북정상회담 이후 한반도에 환경이 변화되었다는 것을 인정하면서 한반도에서 긴장상태를 완화하고, 정전협정을 평화가 보장되는 체계로 대체하여 한국전쟁을 종식시켜야 한다는 입장에 동의하였다.

그러나 2001년 1월 20일 붓이 행정부의 출범 이후 북미관계가 긴장상태에 접어들면서 남북관계도 경색국면에 처하게 되었다. 하지만 남한 및 미국과의 관계개선을 통해 경제발전을 추구하려는 북한의 정책에는 변함이 없었다. 클린턴 행정부에서 부시로 정권이 교체되면서 북미간에 불신이 생겼다. 그 이유는 부시 행정부 출범 이후 미국이 클린턴 행정부와 북한이 합의한 '북미 공동코뮈니케' 등을 이행하지 않고 핵, 미사일, 재래식 무기, 인권 등을 포괄적으로 원점에서 다시 협상하자고 요구함으로써 북미관계가 악화된 것이다. 그리고 부시 정부는 북한이 남북정상회담 이후에도 여전히 대규모 군사훈련을 지속했고, DMZ 인근에 수많은 병력을 배치해 놓았었다. 반면, 김정일 국방위원장의 서울 답방이 실현되지 않았고 남북정상회담의 합의사항들이 제대로 이행되지 않았으므로 미국은 북한의 변화를 의심하게 되었다.

부시 정부가 주장한 북한의 재래식 군사력 감축에 대해 북한은 강력하게 거부감을 표시하였다. 북한은 미국의 주장에 대해 "공화국을 암살하려는 계획"으로 해석하고 미국이 수용할 수 없는 주한미군 철수로 대응하였다. 미국의 대북 적대시 정책은 북한을 불안하게 하였고 미국은 2001년 9.11테러 사건 발생으로 내부 사정이 불안정한 상태에 처해 있었다. 2002년 1월 30일 붓이 대통령이 북한을 '악의 축'(Axis of Evil)으로 규명함으로써 북미관계는 돌이킬 수 없게 악화되었다. 이러한 양국의 관계 악화는 제2차 북핵위기로 이어졌다.

IV. 제2차 북해위기 이후 변화 과정

1. 2002년 10.25 외무성 성명: 북미 불가침조약과 평화체제 수립

2002년 10월 3일에서 5일까지 미 국무부 켈리 (James Kelly) 차관보의 방북을 계기로 제 2차 북핵위기가 부각되었고 북미간 첨예한 대결을 초래했다. 북한은 켈리 특사의 방북으로 인해 북미대화 재개를 기대했던 것으로 보인다. 그러나 북한의 기대와는 달리 켈리 특사가 방북 하여 고농축우라늄(HEU)핵무기개발문제를 제기하고 대북 강경정책을 전달하였다. 켈리 특사는 북한의 강석주 외무부 제1부상과의 면담에서 핵무기 개발을 위한 우라늄농축 프로그램을 보유하고 있다는 사실을 증명하는 정보를 제시하자 북한은 핵 프로그램 보유를 시인한다는 발언을 했다. 켈리 특사는 북한이 '북미 기본합의'는 물론 여타 협정들을 위반하면서 핵무기 개발을 위한 우라늄농축 프로그램을 수년간 보유해 왔다고 지적했다. 이러한 북한의 발언은 북미관계뿐만 아니라 한반도와 동북아, 그리고 전 세계의 안보에 위협으로 인식되었다. 그러므르 켈리 특사는 "미국의 우려사안이 해결되지 않는 한 북미대화는 재개될 수 없고, 남북관계는 물론이며 북일 관계도 파국상태에 들어가게 될 것"이라고 선언했다.

북일 관계에 대한 언급은 2002년 9월 17일 북한과 일본기 사상 첫 정상회담을 가졌고, 회담 개최 후 '북일 평양선언'이 발표됨에 따라 국교정상화의 조짐을 보여주었다. 양 정상은 북일 간의 "불미스러운 과거를 청산"하고 "결실 있는 정치, 경제, 문화적 관계를 수립하는 것이 쌍방의 기본 이익에 부합되며 지역의 평화와 안정에 크게 기여한다는 인식"을 함께 하였다. 그리고 북일 양국은 "국교정상화를 빠른 시일 안에 실현시키기 위해 모든 노력을 기울이기로 했으며, 조선반도 핵 문제의 포괄적인 해결을 위하여 해당한 모든 국가적 합의들을 준수할 것을 확인했다." 이 회담에서 일본인 납치 문제에 대한 북한의 유감과 재발방지의 약속이 거론되었고 일본의 안보를 위협하는 핵에 대한 협력과 미사일발사 유보라는 합의상항이 포함되었다. 그 이후 북일 국교정상화회담은 2006년 2월에 베이징에서 개최되었지만 일본인 납치 문제 등 핵심 현안들에 대한 입장 차이를 좁히지 못하고 결렬되었다.

이러한 북한의 대내외적 노력에도 불구하고 켈리 방북 이후 북미 대립국면은 격화되었다. 미국의 북핵 관련 발언과 대북 강경정책에 대한 위협감을 느낀 가운데 북한은 2002년 10월 25일 외무성 대변인 담화를 통해 북핵문제 해결을 위해서는 체제보장을 전제로 한 '북미 불가침조약'체결을 제의하였다. 담화 내용을 구체적으로 살펴보면 북한은 미국의 가중되는 핵압살위협에 대처하여 자주권과 생존권을 지키기 위해 핵무기는 물론 그보다 더한 것도 가지게 되어 있다는 것이 명백하며 미국이 불가침조약을 통해 북한에 대한 핵불사용을 포함한 불가침을 법적으로 확약한다면 북한도 미국의 안보상 우려를 해소할 용의가 있다고 밝혔다. 북한이 대북 핵불사용을 포함한 불가침을 법적으로 보장해 줄 것을 제의한 것은 부시 행정부의 대북정책의 조정이 완료된 것으로 인식했기 때문이다. 그리고 당시 북한은 7.1 경제관리 개선조치를 채택하여 대내 경제개혁과 신의주(9.12), 금강산(10.23)과 개성(11.13)을 비롯한 특구 확대지정으로 대외 경제개방 등으로 전향적인 태도를 내보였다. 북한은 이러한 개혁 개방 조치를 통해 자신이 변화하고 있다는 이미지를 부각시켜서 교착상태에 빠져있던 북미관계를 개선하고자 하는 의지를 표현했고, 이에 반대되는 미국의 대북 강경정책은 북한에게 충격을 가져다 주었다. 북한은 2002년 12월 12일 미국의 중유 제공 중단에 대응하여 핵동결 해제와 핵시설 가동 재개를 선언했고, 2003년 1월 10일 국제 원자력기구(IAEA)의 대북 결의에 대응하여 NPT 탈퇴를 선언하는 등 미국에 대해 강경하게 대응하였다.

북한의 핵개발 시인 이후 다시 불거진 북핵 문제는 중국의 중재 하에 2003년 8월 베이징에서 6자회담이라는 국제적 틀에서 논의되기 시작했고 북한은 제1차 6자회담에 임하게 되었다. 6자회담은 기존에 회담에 비해 다소 긍정적인 결과를 산출하였다. 우선 북핵 문제를 평화적으로 해결하기 위한 다자틀이 구축되었다. 그리고 일방적인 선언이 아닌 의사교환을 통해 한반도 비핵화라는 궁극적 목표와 '단계적, 동시 또는 병행 해결'의 원칙에 참여 국들이 합의했다는 점이다. 그러나 북한이 요구한 미국의 대북적대시정책 철회가 이루어지지 않고, 협상의 의지를 보이지 않은 채 북한의 선 핵포기만을 주장하고 핵뿐만 아니라 미사일과 인권, 마약, 위조지폐, 테러 등까지 거론하자 북한은 붓이 정부를 비난했다. 이어서 북한은 또 다시 '벼랑끝 전술'을 구사했고 6자회담은 북미간의 의견을 좁히지 못했으므로 원하던 성과를 거두지 못했다.

따라서 2004년 4월 제2차 6자회담이 열리게 되었고 북한은 미국에게 다음과 같은 내용을 요구했다. '선 대북 적대시정책 포기'시 핵무기 계획을 포기할 수 있으나 미국에 대한 불신 때문에 '말 대 말' 공약보다는 '동결 대 보상'이 필요하다고 강조하였다. 또한 미국의 '대북 불침공 및 체제전복 불추구'의사를 문서화할 것을 요구했고, 고농축우라늄은 없으므로 평화적 핵은 CVID (Complete Verifiable and Irreversible Dismantlement) 핵폐기에 포함될 수 없다고 주장하였다. 이에 미국은 고농축우라늄을 포함한 선 CVID가 전제되어야 대북안정보장, '동결 대 상응조치' (에너지 지원, 테러지원국 명단 삭제 등), 북미 관계정상화 등이 가능하다는 입장을 표명했다. 그리고 미국은 북한의 정권교체가 목표가 아닌 핵무기 해체 및 대량살상무기확산을 막는 것이라고 강조하면서 북미관계 정상화를 위해 미사일, 생화학무기, 테러, 인권문제 등이 포괄적으로 해결되어야 한다는 주장도 함께 하였다. 그러나 제2차 6자회담은 'CVID범위'와 핵폐기 조건 (미국은 先핵폐기, 북한은 안정보장과 동시 폐기) 등 핵심쟁점에 대해서 구체적인 합의를 도출하지 못함으로써 차후 6자회담에서 해결해야 할 과제로 남게 되었다. 동년 6월에 제3차 6자회담이 개최되었지만 핵문제 해결을 위한 접근

방식에서 북미 상호 이견 차이로 별 성과 없이 결렬되었다.

2. 2005년 7.22 외무성 성명: 북해해결 노력 및 평화체제 구축의 병행 등장

그 이후 북한은 2005년 7월 22일 외무성 대변인 담화를 통해 대미 평화체제수립에 대한 제의를 하였다. 이 담화에 담긴 북한의 제의 내용은 "조선반도에서 정전체제를 평화체제로 전환하게 되면 핵문제의 발생근원이 되고 있는 미국의 대조선적대시정책과 핵위협이 없어지는 것이 되며, 그것은 자연히 비핵화 실현으로 이어지게 될 것이다"라고 순서를 제시한 바 있다. 그리고 "평화체제 수립은 조선반도의 비핵화 목표를 달성하기 위해서도 반드시 거쳐 가야 할 일정"이라고 주장하였다. 다시 말해서 북한은 평화체제를 먼저 수립한 다음 북·미관계정상화를 이룩하고, 마지막 단계로 한반도비핵화를 이루어 나갈 계획을 밝혔다.

미국의 대북정책은 2005년 제4차 6자회담의 9.19 공동성명 발표에서 확고한 변화를 보였다. 붓이 대통령의 제 2기 출범부터 미국은 새로운 대북 전략을 모색했고, 적극적인 협상을 추진했다. 미국은 북핵문제의 정면 해결은 불가능하며 한국전쟁의 종식이 북핵문제 해결에 도움이 될 것으로 판단하였다. 당시 미 국무부 자문관으로 재직하던 젤리코 (Philip Zelikow)가 미국이 북핵문제 해결을 위한 평화협정 체결문제를 동시에 논의하는 '포괄적 새로운 대북 접근법 (A Broad New Approach)'이라는 보고서를 제출하였다. 이 '젤리코 보고서'는 단순히 핵 비확산을 위한 목적이 아니라 한반도 평화체제 구축을 통해 화해와 평화에 중점을 둔 미국의 새로운 대북정책이었다. 이 전략의 핵심은 지금까지 전혀 시도되지 않았던 새로운 기획으로 동북아 지역을 둘러싼 강대국들인 중국, 일본, 러시아의 공동 노력으로 북한 문제를 접근한다는 것이다. 이는 과거의 미국이 주도하는 동북아 협력구도 안에서 북한 문제를 해결할 수 있다는 인식의 전환을 뜻한다. 다시 말해서 '젤리코 보고서'는 대북 평화협정 체결을 통해 동북아 국제정치 구도를 변화한다는 발상이며 냉전의 유산을 청산하는 분수령으로 이해된다.

2005년 9월 19일 제 4차 6자회담에서 이른바 9.19 공동성명을 통해 북핵 문제에 대한 일정한 합의를 하였다. 한반도 평화체제 구축을 위한 지금까지의 접근 방식은 미국의 '선 비핵화, 후 평화체제' 논리와 북한의 '先 체제보장, 後 비핵화' 논리로 평행선을 그어 왔다. 그러나 9.19 공동성명이 채택된 후 한반도 비핵화와 평화체제 구축이 병행 추진되는 것에 주목하기 시작했다. 관련 당사국은 "동북아의 항구적인 평화와 안정을 위해 공동 노력할 것을 공약"했고, 이를 위해 "직접 관련 당사국들은 적절한 별도 포럼에서 한반도의 항구적 평화체제에 관한 협상을 가질 것"을 약속했다. 9.19 공동성명이 채택되기 이전에는 북한의 핵무기 보유를 전제로 하여 비핵화와 연결시켜 접근하지 않았었다. 9.19 공동성명의 중요성은 북핵 문제 해결을 위해 평화협정의 필요성이 제기되고, 한반도 평화체제 구축 문제가 국제적인 틀에서 논의될 수 있는 기반이 마련되었다는 것이다. 9.19 공동성명에 합의함으로써 미국은 처음으로 한반도 평화체제 및 평화협정에 관해 공식적인 입장을 밝혔고, 북한은 공식적으로 핵폐기를 포함한 한반도 비핵화를 위한 실제 행동조치에 동의하였다.

2006년 11월 18일 APEC 하노이 한미정상회담에서 붓이 대통령은 "북한이 핵을 포기하면," 한국전쟁의 "종전선언과 평화조약을 체결할 용의가 있다"는 검토의사를 표명하였다. 9.19 공동성명의 연장선상에서 나온 붓이 대통령의 '종전선언' 발언은 2006년 4월에 미중 정상회담에서 붓이 대통령이 후진타오 중국 국가주석에게 북한에 대해 평화협정을 제안한 이후 중단되었던 6자 회담 협상을 재개하는 등 한반도 평화체제 구축 논의로 이어질 수 있게끔 하였다. 이러한 미국의 노력은 북미 양자 간 직접협상을 회피하고자 다자간 협상 틀인 6자회담을 통해 북핵 포기를 위한 다자 간 설득과 압력을 기대하였기 때문인 것으로 보인다. 그러나 오직 6자회담의 틀 내에서만 북미 양자회담이 가능하다는 입장을 주장하던 미국은 2006년 11월 베이징에서 비밀리에 이루어진 북미 전격 회동이나 2007년 1월 베를린 회동 등을 통해서 미국 대북정책의 신축성 있는 모습을 보이기 시작했다. 두 차례 북미 양자 접촉을 통해 북한이 진정한 핵폐기를 위해 취해야 할 초기 조치와 미국의 상응조치에 대한 합의가 우여곡절을 겪은 끝에 이루어졌다. 이는 제2차 북핵위기가 처음 발발한 후 4년 4개월 만에 2007년 2.13 합의라는 외교성과를 낳았다.

2007년 2.13 합의는 6자 회담 제5차 회의에서 9.19 공동성명 이행을 위한 북한의 핵포기의 초기조치에 대한 합의문이다. 2.13 합의의 가장 큰 성과는 2006년 7월의 미사일 발사와 10월의 핵실험으로 가파르게 상승하던 한반도의 긴장지수가 일단 주춤하게 되었다는 사실이다. 이 합의의 핵심 내용은 북한이 핵시설을 폐쇄하고 불능화할 경우 미국을 포함한 참가 5국은 이에 상응하여 중유와 경제지원 및 북미, 북일 관계정상화 등을 추진할 것을 재확인한 것이다. 이 합의는 9.19 공동성명 이후 교착되었던 북한의 핵폐기 이행을 위한 행동조치를 6자 회담 참가국들이 공동으로 착수했다는 것에 의미가 있다. 그리고 1994년 10월의 제네바 북미 기본합의문의 '동결 대 보상'의 주고받는 거래 방식을 되살렸다는 것에 의의를 찾을 수 있다. 또한 9.19 공동성명에서 합의하고 있듯이 북한의 핵해결 진전에 따라서 한반도 평화체제 논의를 위한 6자회담과 별도의 새로운 다자협력 틀을 발족할 가능성을 제시하고 있으므로 2.13 합의는 한반도 평화체제 구축을 위한 과정에 진입함을 의미하였다.

　　2.13 합의의 내용을 간략하게 정리해보면 다음과 같다. 우석 초기단계 조치로서 3월 13일 (30일 이내) 이전까지 5개 실무그룹 (한반도 비핵화, 북미관계 정상화, 북일관계 정상화, 경제 에너지 협력, 동북아 평화 안보체제)의 가동을 개시하는 것이다. 또 4월 13일 (60일 이내) 이전까지 북한은 5MWe 원자로와 재처리시설 등 영변 핵시설들을 패쇄 봉인하고 IAEA 사찰관의 감시 검증 활동을 재개하도록 조치하였다. 그리고 핵포기 대상으로 신고해야 할 모든 핵 프로그램의 목록에 대한 협의를 시작하였다. 다음단계 조치로는 북한의 모든 핵프로그램에 대한 완전한 신고를 완료하고, 5MWe 원자로와 재처리시설 등 현존하는 모든 핵시설에 대한 불능화 조치를 실시하는 것이다. 이에 대한 보상은 중유 95만 톤과 상당의 경제지원을 실시한다는 것이다. 그러나 2.13 합의가 만들어지고 8개월이 지나서야 합의 이행이 시작되었다. 그 이유는 2.13합의 이행의 발목을 잡아온 북한의 마카오 BDA (Banco Delta Asia) 자금 송금 문제가 해결되면서 한반도 비핵화 및 평화체제 구축을 위한 움직임이 가시화되기 시작했기 때문이다.

　　이러한 흐름 속에서 한반도 평화체제 논의가 급물살을 타게 된 계기는 2007년 9월 27~30일까지 개최되었던 제6차 6자 회담 2단계회의와 10월 2~4일에 개최된 제2차 남북정상회담이었다. 그 이후 제6차 6자회담에서 채택된 10.3 합의는 9.19 공동성명과 2.13 합의에 따른 비핵화 2단계 행동을 위한 공동성명으로 발표되었다. 10.4 남북정상회담의 핵심 의제는 한반도 평화체제와 관련된 논의로 집중되었다. 이 회담에서 노무현 대통령과 김정일 국방위원장은 10.4 공동선언에서 "남과 북은 현 정전체제를 종식시키고 항구적인 평화체제를 구축해 나가는 데 인식을 같이 하고 직접 관련된 3자 또는 4자 정상들이 한반도지역에서 만나 종전을 선언하는 문제를 추진하기 위해 협력"해 나가기로 하였다. 그리고 "남과 북은 한반도 핵문제 해결을 위해 6자 회담 9.19 공동성명과 2.13 합의가 순조롭게 이행되도록 공동으로 노력"하기로 하였다. 이 뜻은 북핵 문제의 해결은 6자회담에서 해결하되 종전선언과 평화체제에 대한 논의에서는 남북한이 이니셔티브를 쥐겠다는 주장으로 해석된다고 할 수 있다. 그러나 10.4 공동선언의 내용에서 평화체제 구축과 종전선언을 "추진하기 위해 협력해 나가기로 하였다"라는 말은 구체적인 내용 없이 그 과정을 위해 노력하겠다는 것으로 사실상 큰 의미는 없다고 판단한다. 노무현 정부는 평화협정과 분리된 개념으로서 종전선언의 가능성을 공론화하고, 핵불능화 이후 조기 종전선언을 주장하며, 조기 종전선언이 한반도 평화와 비핵화를 촉진시키는 데 기여할 것으로 판단했다.

2008년 이명박 정부가 출범한 이후 남북관계는 경색국면에 접어들었다. 현재 북한에 대한 식량 및 비료 등 인도적 지원은 거의 이루지지 않는 상태이며 이명박 정부는 이전 노무현 정부와는 달리 대북 강경정책을 펴고 있다. 이로 인해 2007년 이후 2.13 합의와 10.3 합의 내용의 비핵화 이행 조치는 2단계에서 머물고 말았다. 그리고 남북관계가 악화되면서 남북정상회담도 없었으며 북핵 문제를 해결하기 위한 진전도 없었다고 해도 과언이 아니다.

3. 2010년 1.11 외무성 성명: 한반도평화협정 논의의 재등장

2009년부터 재등장 한 북한의 한반도평화협정 논의 경과를 살펴보고자 한다. 북한은 오바마 행정부가 출범 직후인 2009년 2월에 방북한 보즈워스 특사에게 자신들의 핵무기 보유의사를 피력하였다. 북측은 핵무기 포기의 대가로 기존의 대북 적대시정책 외에 한국에 대한 미국의 핵우산 제거, 한미동맹 종료(미군철수 의미) 등 미국이 수용하기 어려운 조건을 제기했다. 북한은 오바마 행정부가 출범하자 미국의 대북 정책이 확정되기 이전에 핵무기 보유를 확고히 하려는 의도로 파악된다. 그 이후 북한은 2009년 4월 5일에 장거리로켓발사 및 5월 25일에 제2차 핵실험을 감행하여 핵무기 보유전략을 구체화하였고, 유엔안보리 대북제재 결의 1718호에 강하게 반발하였다. 그리고 2009년 8월 클린턴 전 대통령의 방북 이후 북미 양자회담을 적극적으로 모색하는 가운데 북핵 문제가 해결되려면 북미 사이에 평화협정을 체결해야 한다고 주장하기 시작했다.

이어서 2009년 9월 28일 북한의 유엔총회 박길연 외무성 부상 연설에서 한반도 비핵화, 정전협정의 평화협정 전환, 북미 불가침조약 체결 요구 등 북한의 평화노력을 강조하였다. 그리고 북한은 2009년 11월 14일 노동신문 논평을 통해 한반도 핵 문제를 발생시킨 장본인은 미국이라고 밝혔고, 평화협정 체결의 시급성을 제기했다. 2009년 12월 11일 북한 외무성 대변인은 기자회견을 통해 12월 8일에 보즈워스 특사의 방북 당시 평화협정 체결과 북미 관계정상화, 경제 및 에너지 협조, 한반도 비핵화 등 포괄적으로 논의했다고 공개했다. 2010년 1월 11일 외무성 성명을 통해 "평화협정 체결을 위한 정전협정 당사국간의 회담"을 공식 제의하였다. 그 이후 북한은 김계관 외무성 부상의 방중을 통한 북중 회담에서 그 동안 6자 회담 재개의 전제조건으로 내건 대북체제 해제 및 평화협정 체결문제 등을 제기 함으로써 기존의 입장을 재확인 하였다. 앞에서 제시된 북한의 한반도평화협정 논의 경과를 살펴본 결과 북한은 일관된 주장을 견지해 왔다는 것을 볼 수 있다.

V. 한반도 평화협정 논의에 대한 분석 및 평가

북한이 대미 평화협정 체결을 계속 주장하는 의도를 파악해보고자 한다. 이를 위해 앞에서 제시된 내용을 중심으로 북한의 대미 평화협정체결 주장을 평가하고, 그 변화요인을 분석해 보고자 한다. 분석의 틀은 북한의 대미 평화협정 체결주장을 강사자, 추진방식, 전제조건, 목표 등으로 나누어서 살펴볼 것이다. 이러한 분석과 평가를 통해 북한이 진정 미국과 평화협정을 체결을 원하고 있는 것과 얻고자 하는 것이 무엇인지 알아보고자 한다.

북한의 평화협정 제의는 형식과 내용면에서 다양한 변화 양상을 보였다. 그러나 1974년 3월 북한이 대미 평화협정 체결을 처음 제의한 이후 2010년 현재까지 이 기조는 변함없이 지속되고 있다. 북한이 3자회담을 제의하고, 4자회담과 6자회담에 호응하며 한반도 평화체제 구축 논의에 참여하지만, 북측이 추구하는 핵심 사항은 대미 평화협정 체결이다. 이는 평화협정 체결 당사자에 대한 북한의 주장에서 찾아볼 수 있다. 북한은 1974년에 '실제적 당사자'론을 이유로 평화협정 체결 당사자를 남한에서 미국으로 전환한 이후 지금까지 대미 평화협정을 주장하고 있다. 하지만 북한이 한국을 배제한 채 대미 평화협정체결을 주장하는 것은 모순이라고 판단한다. 그 이유는 남북기본합의서에서 남북 당사자 원칙을 천명하여 남한을 평화협정 당사자로 인정한 것과 다름이 없기 때문이다. 그 외 9.19 공동성명이나 2.13 합의는 남한을 포함한 5자와 함께 채택하였으므로 북한도 남한이 한반도 문제의 당사자라는 사실을 인정하였다. 이러한 이유로 한반도 평화협정은 남한을 배제한 채 체결할 수 없는 것이다.

1970년대 이후 북한이 제기한 평화협정 체결의 당위성과 내용은 전반적으로 비슷하지만 북한체제가 처한 내외 상황과 관련시켜 볼 때 평화협정을 제기한 전략적 의도 및 추진 방식은 시대별로 달라졌다. 냉전시기 때 북한의 대미평화협정 체결 주장의 목표는 남한을 대상으로 주한미군 철수를 통한 한반도 적화통일이었다. 주한미군 철수문제는 북한의 대미정책의 가장 중요한 목표 중 하나이다. 그 이유는 북한은 주한미군을 조국통일의 근본적 장애물로 평가하기 때문이다. 1974년 이후 북한은 지속적으로 주한미군 철수를 대미 평화협정 체결의 선결 조건으로 주장해 왔다. 그 당시 북한은 미국과의 관계개선보다는 한반도 통일을 위한 주한미군 철수라는 목적을 달성하기 위한 노력의 일환으로 대미 평화협정 체결을 제의한 것이다. 1980년대 말을 비롯해 1990년대 초반에는 동구권 사회주의체제 붕괴로 인해 북한은 외교적 고립에 직면하게 되었고, 북한은 체제유지를 위해 미국과의 관계개선에 주력했다. 그러나 한국과 미국은 동북아에서의 주한미군 주둔의 필요성을 강조하면서 북한의 평화협정 체결제의를 거부하고 있는 실정이다.

북한은 사회주의 체제를 유지하면서 경제발전을 이루는 데에 관심을 갖고 있다. 1994년부터 시작된 식량난을 비롯하여 경제 악화로 인해 체제유지가 힘든 상황이 지속되었다. 그래서 김일성 사망 이후 국내외적 위기에 대처하기 위해 북한은 군대를 우선시하는 선군정치를 채택하였다. 그러므로 체제유지 및 경제개발의 목표를 실현하기 위해서는 대외관계 개선이 이루어져야 한다. 이는 미국을 비롯한 서방국가는 물론이고 남한과의 평화공존 정책이 필요한 것이다. 그래서 북한은 1996년 2월 22일 잠정협정 체결제의를 통해 추진 방식에 변화를 보였다. 2000년 붓이 정부 출범 이후 핵문제로 인해 미국과 대립이 지속되는 국면에서 돌파구를 마련하고자 2003년 4월 27일 노동신문을 통하여 북미불가침 조약 체결 제의를 요구하였다.

북한은 기본적으로 북미 평화협정을 통해 한반도 평화체제를 구축하려고 한다. 1990년대부터 한반도 비핵화를 달성하기 위한 수단 및 전제조건으로서 평화협정체결 문제를 요구해왔다. 특히 1994년 김일성 주석 사망 후, 그리고 1998년 김정일 국방위원장의 공식출범 이후 시작된 대내외 환경의 변화는 북한 외교의 질적인 변화를 불가피하게 만들었다. 1990년대부터 시작된 북한의 극심한 이른바 3난 (경제난, 식량난, 에너지난)을 해결하기 위해 미국 및 일본과의 관계개선은 김정일 정권의 대외정책의 최대목표가 되고 있다. 북한은 북미, 북일 국교 정상화를 통해 얻을 수 있는 지원은 북한의 경제위기 및 체제위기를 포괄적으로 해결할 수 있는 대안으로 인식하고 있다. 그래서 이러한 북한의 입장을 고려했을 때 북한은 남한과의 협상보다 미국과의 협상을 지향하며 '통미봉남'의 전략을 구사하고 있다고 해도 과언이 아니다. 북한은 미국의 대북 적대시 정책의 포기를 요구하면서 북미 간 불가침조약이 체결되면 북한의 안보 우려의 문제를 해결할 수 있다는 입장을 견지하고 있다. 그러나 미국은 북한이 핵개발을 먼저 포기한 후에 북미 대화가 재개될 수 있다는 입장을 표명하였다.

　　제2차 북핵위기가 2002년에 발생한 이후 북한과 미국이 첨예하게 대립하던 국면은 2003년 8월에 베이징에서 개최된 제1차 6자회담을 계기로 해결의 실마리가 보이기 시작했다. 다섯 차례의 6자회담을 거쳐 2005년 9.19 공동성명과 2007년 2.13 합의라는 중요한 성과를 거두었고, 북미 양자는 단계적 해법을 제시했다. 이는 북핵문제의 해결이 대화를 통해 이뤄질 수 있는 가능성을 높였다. 북한은 상호적인 4단계 해법을 제시했고 미국 또한 상호적인 3단계 해법을 제시하였다. 양측의 입장을 검토해보면 최종목적지는 동일하나 순서와 시작 및 완료 시기 면에서 상이한 입장을 견지했다. 이는 양국의 신뢰구축 형성이 미흡했던 결과로 북핵문제가 해결되지 못하고 있기 때문인 것으로 판단된다.

　　현재 김정일 정권의 핵심 목표와 대내외정책의 초점은 체제유지에 맞추어져 있다. 극심한 식량난을 비롯해 북한 주민들의 기본 욕구가 충족되지 못할 정도의 심각한 경제상황에 처해있다. 이는 체제 안정성을 위협하는 요소가 된다. 북한의 외교정책은 체제보장이라는 국가목표 아래 수립된다. 따라서 북한의 대미 외교 및 대남정책의 최대목표는 체제 안정성을 확보하는 것이다. 외부로부터의 경제지원과 미국으로부터의 체제보장 확보를 외교 전략으로 추진하고 있다. 결론적으로 북한의 대미 평화협정체결 주장의 논리는 궁극적으로 북미 관계정상화를 통해 체제안정 보장 및 경제 지원을 얻고자 하는 것이다.

　　여기서는 북한의 평화협정 주장에 대한 진실을 파악하기 위해 북한의 2010년 신년공동사설과 1.11 외무성 성명의 내용을 분석했다. 김근식(2010)은 1.11 외무성 성명을 통해 평화협정 회담을 공식 제의한 북한의 입장을 놓고 많은 전문가들이 북한의 숨은 의도를 분석하고 있다고 하였다. 이러한 북한의 입장은 충분히 예상되었던 것으로 "북한은 연초 신년공동사설에서 '대화와 협상을 통한 한반도 평화체제와 비핵화 실현'의 입장을 밝힌 바 있다."라고 지적했다. 또한 '적대적인 북미관계 종식'과 '남북관계 개선'의 의지를 내보였다. 북한은 지난 해 북미 협상을 시작하면서 이미 비핵화와 평화체제 논의의 병행 방침을 여러 차례 강조해 왔다고 하였다. 그리고 김정일 위원장은 원자바오 총리의 6자 회담 복귀 요구에 대해 북미 협상이 북·미간 적대관계를 평화적 관계로 전환할 수 있다면 양자회담 이후 6자회담에 복귀하겠다는 원칙을 밝힌 바 있다. 이러한 이유로 김근식은 북한이 다시 재개되는 북핵 협상에서 비핵화와 평화체제 과정이 동시에 논의되고 실천되어야 한다는 입장을 수차례 밝혀왔으며, 1.11 외무성 성명은 이를 공식적으로 확인한 것이라고 하였다.

김정일 위원장은 붓이 행정부 8년 동안의 협상은 일방적으로 비핵화 논의만 지속된 불평등한 협상이었다고 평가하고 있다. 실제로 2007년 2.13 합의 이후 북미간의 논의는 북한의 비핵화에 집중되었다. 다시 말해서 북한이 핵시설을 동결하고 불능화, 신고, 검증, 폐기하는 등의 비핵화 과정만 집중적으로 거론되었고, 북한이 원하는 한반도 평화체제 논의는 시작도 못했다. 그러한 차원에서 북한에게 핵문제는 단순히 핵을 포기하는 것만을 의미하지는 않는다고 했다. 북한에게는 핵폐기와 더불어 북미관계 정상화 즉 미국의 대북 적대시정책의 철회가 동시에 이루어져야 핵문제가 풀릴 수 있다고 하였다. 그리고 한반도 평화체제 즉 평화협정체결 제의는 북한이 요구한 북미관계 정상화 즉 미국의 대북 적대시정책의 철회를 구체적으로 확인할 수 있는 가시적 보장으로 보고 있다고 하였다. 2010년 1월 11일에 발표된 외무성 성명 평화협정제의는 기존 평화협정 주장과 달리 한반도 평화체제 논의를 북핵문제 해결 과정과 연결시켰다는 점이 북한의 주요한 입장 변화를 나타냈다고 한다. 과거의 평화협정 주장과 비교하면 평화체제 구축은 북핵 문제 논의와 전혀 별개로 분리되어 논의되어 온 반면 북한은 북미관계 정상화의 담보로서 평화협정과 평화체제 구축을 연계시킨 것이다.

2009년 12월 8일 보즈워스 특사의 방북을 통해 북미는 비핵화와 평화체제 프로세스의 병행 논의에 대해 일정한 의견교환을 이룬 것으로 보였다. 그러나 북한이 6자 회담 복귀의 전제조건으로 요구하는 평화협정 문제에 대한 논의와 국제사회의 대북제재 해제는 2005년 9.19 공동성명에 나와 있듯이 비핵화 진전이 있을 경우 별도의 포럼에서 논의를 검토할 수 있다는 것이 한·미간의 기본 입장이다. 그리고 중국을 비롯한 다른 6자 회담 참가국들도 이 내용에 합의한 사항이라는 것을 고려했을 때 단기간 내에 북한의 6자 회담 복귀 전제조건으로 평화협정을 다루기는 어려울 것으로 전망된다. 그 이유는 2008년 이명박 정부의 출범 이후 남북관계는 경색되었고 비핵화의 진전이 없었으므로 평화체제를 논의할 수 있는 별도의 포럼이 개최되지 못하고 있기 때문이다. 현재 북한에 대한 식량 및 비료 등 인도적 지원은 거의 이루지지 않는 상태이며 이명박 정부는 대북 강경정책을 펴고 있다. 북한은 이에 대응하여 금강산의 남측 소유 부동산을 몰수하였고 개성공업지구 운영의 중단 등을 비롯해 남북 교류와 협력을 단절시키려는 의도를 보이고 있다. 2010년에 들어 남북관계의 개선과 6자회담에 긍정적 신호를 이어가기 위한 노력 와중에 2010년 3월 26일에 천안함 침몰 사건이 발생하였다.

이러한 상황에 발생한 천안함 사건은 남북관계의 골을 더욱 깊게 하는 복병으로 작용했다. 그 이유는 천안함 사건이 발생한 이후 침몰 원인과 북한 연루설이 언급되었고, 최근 2010년 5월 20일 민군합동조사단 발표에 의해 북한의 소행이라는 것이 발표되자 곧 재개될 것 같았던 6자 회담 재개 가능성이 급격히 희박해졌다. 그러므로 북한의 6자 회담 복귀 전제조건, 남북 교류·협력의 전면 중단까지 예상할 수 있는 남북관계 악화, 예상하지 못했던 천안함 침몰 사건 등은 평화협정 체결을 어렵게 만드는 요소들이다.

VI. 결론

논문의 서론에서 제시한 북한의 평화협정 체결 주장의 시기별 변천 과정과 의도를 정리하여 연구의 결론을 내리고자 한다. 본 연구는 북한의 평화협정 체결 주장의 변천 과정을 역사적으로 고찰하였고 북한의 의도를 중심으로 분석해 보았다. 구체적으로 제2차 북해위기 이전과 이후로 구분하여 북한의 평화협정체결 주장이 어떻게 변화하였는지 확인하는 것을 연구 목적으로 하였다.

먼저 시기별로 보았을 때 1974년까지는 북한의 평화협정체결 제의 대상은 남한이었다. 그러나 1974년부터 현재에 이르기까지 북한은 미국을 대상으로 평화협정체결 제의를 주장해왔다. 북한의 평화협정체결 주장의 변화요인들은 시기별 국제정세의 흐름에 따라 변해왔다. 특히 1980년대 말 동구권 사회주의 붕괴 이후 유일한 초강대국으로 부상한 미국을 대상으로 평화협정체결 제의를 주장해 왔다. 1993년부터 북핵문제가 국제사회에서 최대현안으로 지목되면서 제1차 북핵위기가 시작됐다. 이를 계기로 북한은 핵을 대미협상을 하기 위해 활용하였다. 하지만 제2차 북핵위기가 발생한 이후 북핵문제를 바라보는 시각에 변화가 있었다. 이는 북핵문제를 해결하는 데에 있어서 평화협정의 필요성이 제기되었다는 데에 있다. 그리고 2005년에 채택된 9.19 공동성명 이전까지는 북한의 핵무기 보유를 전제로 비핵화와 연결시켜서 접근하지 않았다. 즉 9.19 공동성명을 계기로 북핵문제를 해결하기 위한 견해는 획기적인 전환을 맞이하게 되었다.

2002년 10월 3일 켈리의 방북을 기점으로 제2차 북핵위기가 발생한 지도 거의 8년에 접어들었지만 아직까지 북핵문제 해결의 조짐은 보이지 않고 있다. 오바마 행정부의 출범 직후 북한은 두 차례의 핵실험을 감행했고 핵실험을 하기 두세 달 전에는 두 번의 미사일 실험을 했다. 그리고 북한은 2006년 7월의 미사일 발사와 10월의 핵실험을 수단으로 핵협상과 미사일회담 등 미국과의 양자 협상을 유도했다. 그 결과 상당한 정치적 목적과 경제제재 완화 및 경제원조라는 목적을 달성하였다. 앞의 사례를 통해 북한의 대미 평화협정 체결주장의 궁극적인 목표는 미국을 자극하여 양자회담을 수용하게 한 후 북미관계 정상화를 통해 체제보장 및 경제적 지원을 획득하기 위한 의도를 확인할 수 있었다.

북한의 평화협정 체결의도에 진정성이 있는 것인가에 대해 많은 의문이 제기되었다. 하지만 북한은 평화협정체결을 통해서 얻을 것이 많다. 우선 북미 평화협정이 체결되면 북한은 북미·북일 관계 정상화를 이룰 수 있다. 이를 통해 북한의 체제 안전이 보장되며, 관계 정상화를 이루게 되면 미국과 일본을 비롯한 국제 사회로부터 경제적 지원을 쉽게 받을 수 있다. 위에 모든 내용을 살펴보면 궁극적으로 북한이 대미 평화협정체결 제의를 통해 체제보장(regime security)과 통일을 이룩하기 위한 것으로 판단된다. 이명박 정부 출범 이후 북한은 몇 번이나 남북 대화(dialogue)를 시도했던 것으로 평가되지만 2007년 이후 남북정상회담은 성사되지 못했다. 북핵문제를 비롯한 한반도 문제는 대화를 통해서 해결해야 할 것이다. 현 정부는 북한과 대화 없이는 남북관계는 계속 악화될 것이며 교류·협력은 물론이고 이해관계를 형성할 수 없다는 것을 인정하여 적극적으로 대화에 나서야 할 것이다.

한반도 평화협정을 체결한다는 것은 한국전쟁의 법률적·공식적 종식을 뜻하므로 그 다음 단계인 한반도 평화체제 구축을 본격적으로 시작할 수 있는 하나의 수단인 것을 의미한다. 하지만 현재 비핵화의 미완성 및 군사적 긴장완화와 신뢰구축이 이루어지지 못한 상황에서 과연 평화협정이란 '종이 한 장'의 신뢰성을 가지고 현재 110만 명의 군인을 10만 명으로 줄일 수 있을 것인지도 의문이 남는다. 57년 간 군사적 대립을 유지해 온 양국이 전쟁을 법적으로 종결한다고 해서 평화체제 구축이 자동적으로 이루어지는 것은 아니기 때문이다. 그러나 한반도 평화협정의 체결은 반드시 남북한 통일의 실마리를 마련해 줄 것이다.

한반도 평화체제 수립은 장기간의 긴장완화상태와 신뢰구축을 거쳐 군비통제와 군축 등 평화정착의 실질적 과정의 최종 단계를 의미한다. 한반도 평화체제를 구축하기 위해 제임스 셔프(James Schoff)는 북한의 대미 평화협정체결 제의 주장과 양자회담을 요구하는 상황에서 미국이 섣불리 대응해서는 안 된다고 경고했다. 한반도 문제는 남북한이 주체적으로 해결해야 할 민족적 문제이기도 하지만 동시에 미국, 중국, 일본, 러시아 주변 국가들의 국가 이익이 걸려있는 국제적 문제이기도 하다. 그리고 북한의 핵문제는 한반도 주변 국가들과 입장을 조율하여 북한의 요구에 맞서야 한다고 권고하였다. 그러므로 북핵문제를 비롯한 한반도 평화협정과 평화체제에 대한 논의는 6자 회담 틀에서 해결해야 할 과제로 남아있다.

본고에서 제2차 북해위기 전·후를 비교 분석한 결과 북한의 한반도 평화협정에 대한 주장에 변화 양상을 보였다. 우선 제2차 북해위기 이전 북한의 평화협정에 대한 주장은 핵문제 해결 노력과 평화체제 구축 노력을 연관시키지 않고 따로 다뤘다. 그러나 제2차 북해위기 이후 북한은 '한반도 평화체제의 당위성'을 핵문제 해결을 위한 환경조성과 직접 연관시키기 시작하였다는 것이 가장 큰 특징이다. 그리고 한반도 평화협정에 대한 북한의 주장을 살펴본 결과 세 가지 전환점이 드러났다. 첫 번째 전환점은 1974년부터 남북 평화협정 체결에서 북미 평화협정을 주장한 것이었다. 두 번째 전환점은 2002년부터 북미 평화협정 체결 주장을 견제하였지만 핵문제와 평화체제 문제에 대한 논의는 따로 다루었던 사건이다. 세 번째 전환점은 2005년에 9.19 공동성명을 기점으로 핵문제와 평화체제 논의를 묶어서 북미 평화협정 체결을 주장하였을 때이다. 최근 천안함 침몰사고 발생 이후 한반도에 긴장의 고조와 대결의 심화는 결국 남북간 충돌로 이어질 확률이 높아졌다는 것을 의미한다. 한반도에서 군사적 충돌이 상존하고 있는 한 한반도 평화체제를 구축하기는 어려울 것이다. 천안함 사건이 발생하기 이전에는 남북정상회담과 6자 회담 재개 가능성은 장밋빛 전망이었다. 그러나 현재로써는 천안함 사건이 북한의 소행이라고 밝혀지면서 한미를 비롯한 주변국들의 대응을 기다리고 있는 상황이며 6자회담의 재개는 더욱 불투명해졌다. 6자회담이 재개된다 하여도 핵문제만 논의될 가능성이 높고 한반도 평화체제 구축이나 평화협정 체결에 대한 내용은 거론되지 않을 것으로 전망된다.

참고 문헌

김근식, 「북한의 핵 프로그램: 논리와 의도 및 선국시대」, 평화문제연구소, 통일문제연구 2005년 하반기호(통권 제44호), pp. 197-217.

김근식, 「북한의 평화협정 주장에 대한 진실 혹은 거짓」(2010).

김창준, 「북한의 대미평화협정체결 제의의 변천과정에 관한 연구」(2003),

백승주, 「북한의 2010 평화협정 제의 관련 '행동순서'별 의도 분석 및 대응방향」, KIDA 동북아안보정세 분석, (2010.1.18)

백승주, 한국과 국제정치, 「한반도 평화체제: 남북한의 구상과 정책 비교검토」, (서울: 경남대 극동문제연구소, 2006) 22권 제1호, pp. 257-287.

이인호, 「한반도 평화체제 구축에 따른 한.미동맹관계의 쟁점과
대책」, (2008), pp. 3-13.

이석수, 「북한의 대미평화협정 주장과 평가」, 국방연구
(안보문제연구소), 42권 제2호 (1999), pp. 5-24.

이수석, 「한반도 평화체제 수립 가능성에 관한 연구: 북한의 정책을
중심으로」, 세계지역연구논 총, 제18집 (2002.7), pp. 73-
87.

이수혁, 통일전략포럼 자료집, 「북핵문제의 현 주제와 전망」,
경남대학교 극동문제연구소, (2010.3), pp. 6-7.

유성희, 「평화 및 평화체제의 개념 연구」, 인문사회논총 제13호
(2006), pp. 101-109.

조민, 「한반도 평화체제와 통일전망」 (서울: 도서출판 해남, 2007),
pp. 30-46.

조선 외무성 성명 평화협정회담을 제의, 「조선중앙통신」, (2010년
1월 11일).

조선 외무성 대변인 담화, "조미사이의 불가침조약체결이
핵문제해결의 합리적이고 현실적인 방도", 「조선중앙방송」,
(2002년 10월 25일).

조선민주주의인민공화국 외무성 대변인 담화, "조선반도에서
정전체제를 평화체제에로 전환 하게 되면 그것은 바로 비핵화
실현으로 이어지게 될 것이다", 「노동신문」, (2005년 7월
23일자).

조성렬, 「한반도평화협정 논의의 재등장 배경과 향후
전망」 제주평화연구원, JPI 정책포럼 (2010 2월), pp. 2-19.

주시후, 「북한의 이해」, 한국학술정보, (2008), pp. 87-88.

전재성, 한국과 국제정치, 「한반도 평화체제: 남북한의 구상과 정책
비교검토」, (서울: 경남대 극동문제연구소, 2006) 22권 제1호,
pp. 33-66.

정규섭, 북한은 왜 대미 평화협정을 고집하나, 민병천 편저, 「남북간
쟁점 감상법: 북한주장 무엇이 문제인가?」, (서울: 사단법인
북한연구소, 2008), 초판 1쇄, pp. 77-87.

허문영 외, 「한반도 비핵화와 평화체제 구축전략」, 통일연구원
KINU 연구총서 (2007), pp. 35-5-, 60-73, 77-86.

Choi, Sang-Hun. "North Korea Calls for Peace Treaty Talks with U.S."
New York Times January 12, 2010.

Schoff, James L. "Broaching Peace Regime Concepts to Support North Ko-
rean Denuclearization." Northeast Asia Peace and Security Network-
Special Report. (November 2009): 1-15.

한미 동맹간의 분열: 한국 내 대미인식의 변화와 그것이 한미관계에 미치는 영향

남윤상 (YOON SANG NAM)

MA, Korean for Professionals, University of Hawaii at Manoa, 2009
BA, Economics & East Asian Studies, UCLA, 2003

SCHISM OF KOR-US ALLIANCE: CHANGE IN RECOGNITION OF US IN KOREA AND ITS INFLUENCE ON KOR-US RELATIONSHIP

This paper overviews the change in Korea's recognition of US in its history from 1945 through 2002. A series of historical incidents which affected Korean people's feelings toward US were examined. Specifically the political meaning behind the apex of anti-US protests, the candlelight vigil in 2002 was analyzed. Based on the change of Korea's perception toward US, policy recommendations were made for the US and Korean governments.

1. 서론

2002 년 6 월, 한국은 그 어느 때 보다도 뜨거운 여름을 맞이하게 된다. 한국이 2002 한일월드컵의 성공적인 개최와 월드컵 사상 최초 아시아 4 강 진출이라는 쾌거를 이루어낸 것이다. 이를 통해 전세계인들의 눈은 온 나라를 붉은 물결로 가득 채운 한국민의 응원과 어디에서도 볼 수 없었던 그들의 강한 응집력에 주목하게 된다. 2002 한일월드컵은 아시아의 변방 국가로만 인식되었던 한국이 국제 무대에서 자신감을 갖게 된 계기였을 뿐만 아니라, 온 국민을 하나로 모으는 힘을 보여주었다는 점에서 상당한 의미가 있다. 경제위기, 실업문제 등 갖가지 사회문제 속에서도 붉은 물결을 통해 희망을 얻은 한국민들은 그 해 겨울, 다시 한 번 강한 구심력을 발휘하였다. 온 국민을 분노케 했던 2002 년 '미군 장갑차에 의한 여중생 압사사건' 때문이었다. 이른바 '촛불시위'로 불리며 한동안 논란의 중심에 있었던 이 사건은 한국 사회, 종교, 정치 등 각종 단체의 적극적인 참여와 인터넷, 휴대폰 문자 메시지를 통한

전국적인 확산을 보이는 등 이전까지의 반미감정과는 비교할 수 없는 대규모의 반미시위였다.

2002 년 11, 12 월 두 달에 걸쳐 지속된 촛불시위의 열기는 TV, 인터넷과 같은 정보통신매체를 통해 한국을 온통 떠들썩하게 만들었다. 그들은 한미주둔군지위협정(Status of Forces Agreement; SOFA)의 전면 개정을 강력히 주장했으며 촛불을 쥔 두 손은 대중의 힘을 믿어 의심치 않았다. 그러나 SOFA 개정의 목적이 무산됨에 따라 시위는 '속 빈 강정'이라는 평가를 받기도 했다. 2002 년 촛불시위는 대규모의 움직임이었던 만큼 그 결과에 대한 실망과 좌절이 고스란히 극심한 반미감정으로 퍼져나갔다. 한국인들의 이러한 심리를 반영하듯, 시위가 계속되던 그 해 12 월 대선 과정에서는 어느 후보가 반미 발언을 하면 그것이 득표에 중요한 요인이 될 수 있었다. 이는 대미관계에 대해 소신을 밝히는 이미지를 심어주었던 노무현 후보자의 당선이 그 당시 고조된 국민의 반미감정과 상당한 관계가 있었음을 보여준다.

역사적인 측면에서 살펴봤을 때 민주주의 국가로서의 한국 대중은 그 규모와 영향력에 있어서 이렇다할 성과를 내지 못한 게 사실이었다. 그런데 사실상 처음으로 온 국민이 단결한 이 촛불시위의 목소리에 우리는 귀 기울일 필요가 있다. 그들을 움직이게 한 원동력은 과연 무엇이었는가? 그 여론의 바탕이 된 대미인식은 무엇인가? 해방 직후부터 맺어진 한미관계는 이러한 한국인의 대미인식에 어떠한 영향을 끼쳤는가? 이 글에서는 대미인식이 왜 중요한지, 그리고 오늘날의 대미인식을 이해하기 위해 한미관계의 역사와 역사의 흐름에 따라 변화된 대미인식을 살펴볼 것이다. 또한 대미인식의 전환점이 된 2002 년 촛불시위의 상황적 배경과 의의에 대해 알아볼 것이다.

I. 대미인식, 그리고 여론이 왜 중요한가?

현실주의적 시각으로 볼 때, 국가의 대외정책 결정과정에서 지배적인 역할을 하는 것은 국익이라고 볼 수 있다. 이는 국가가 대외정책결정과정에서 그 나라의 여론에 의존하기 보다는 국가의 안보, 정치, 경제 등에 관련된 이해관계에 따라서 국가의 정책을 결정한다는 것이다. 그렇다면 한미관계를 이해하는 데 있어서 한국 내의 대미인식과 이를 잘 나타낸 갖가지 사건들에 대한 여론을 이해하는 것은 과연 중요한 일인가?

설문조사를 통해 미국에 대한 분노를 표현하는 것, 포털사이트에서 미국을 비난하는 것, 그리고 대규모 촛불시위를 벌이는 것과 같은 사건들은 한국인의 부정적인 대미인식을 잘 드러내고 있지만,

이러한 결과가 주한미군 철수와 한미동맹관계의 중단을 초라 한다는 것은 여론과 대외정책의 관계를 지나치게 단순화시키는 것이다. 한국 내 반미감정이 최고조에 이르렀던 2002~2003년에 실시된 설문조사에 따르면 한국인의 대다수가 주한미군 주둔과 한미동맹 관계의 지속성을 오히려 지지하고 있었다 [1].

그러나 한국 내 대미인식의 변화를 한미관계의 중요요소로 고려하지 않는 것은 매우 위험하다. 미국산 쇠고기 수입재개에 따른 광우병 논란에 있어 한국 내 반미감정이 잠정적 수입중단에 큰 요인이었던 것에서 알 수 있듯이, 한국 대중의 반미감정이 형식(form)적인 변화(동맹관계의 중단이나 주한미군 철수 등)를 가져오지 않는다 해도 한미동맹관계의 기능(function)적인 부분에서 충분히 장애가 될 수 있기 때문이다. 앞으로 한국 내 반미감정이 더욱 심화된다면 한국과 미국 군인 간의 협조가 제대로 이루어질 수 있을까? 미국이 일방적으로 자국의 이익위해 한국경제를 희생시킨다고 생각한다면 한미 FTA는 과연 순조롭게 진행될 수 있을까? 이로써 한국 내 여론과 이에 기반이 되는 대미인식은 한미관계에 큰 영향 끼친다는 것을 알 수 있다.

민주주의 국가에서 대중의 힘이 지도자의 뜻과 상관없이 정책을 결정하는 일는 비일비재하다. 2004년 스페인 대선에서 볼 수 있듯이 대중의 과열된 감정은 그 나라의 지도자를 바꾸는 결과를 초래하기도 한다 [2].

그렇다면 한국은 어떠한가? 한국의 경우 한미관계어 있어 여론은 큰 영향력을 행사한다. 이는 한국사회의 두 가지 특징을 통해 확인할 수 있다.

첫째는 한국 민주주의의 연령이다. 한국과 같이 乙 군사독재정권 이후에 탄생한 젊은 민주주의 국가에서는 독재정권의 탄압으로 억압당했던 국민의 감정이 국가나 인권에 관한 사건들을 통해 폭발할 수 있다. 시민들은 새로운 공민권을 이해하기 시작하고 자신의 권리를 주장하는 것에 자신감이 생기면서 손가락으로 막은 호스 안의 물이 터져나오듯이 억눌린 감정을 격하게 분출한다. 여기에 새로운 자유와 성장하는 민중의 힘에 탄력받은 언론이

---

[1] 이내영, 정한울. <u>동맹의 변화와 한국인의 대미인식</u>. 한국국제정치학회, 2005.
[2] 2004년 3월 마드리드 동시다발 테러사건 직후, 당시 호세 마리아 아스나르 총리는 ETA ('바스크의 조국과 해방')로 불리는 스페인 내 민족분리주의 조직에 책임을 지고 미국의 이라크 전쟁을 적극 지지한 일이 있었다. 총선 직전에 테러사건이 사실상 이슬람 테러집단에 의한 것임이 알려지기 시작하면서, 이 사건은 시민들의 분노를 일으켜 예상외로 사회노동당 후보자 호세 루이스 로드리게스 사파테로가 당선되었다.

민중의 목소리를 증폭시키는 역할을 한다. 이러한 현상은 특히 1980년대 격렬했던 반미운동에서 더욱 두드러진다.

둘째는 한국사회의 감정주의와 집단주의이다. 사실상 어느 나라에서나 개인이 자기 행동과 생각을 그가 속한 집단에 맞춰야 한다는 압력을 느끼는 경향이 있다. 그 중에서도 한국은 이러한 집단주의적 압력이 특히 강해서 국민으로 하여금 집단주의적 성향을 요구한다. 심리학자 기에르트 호프스티드(Geert Hofstede)가 실시한 조사에 따르면 53개 국가 중 한국이 '국가 개인주의' 랭킹에 43위를 차지함으로써 한국사회의 강한 집단주의적 경향을 보여주었다. 따라서 한국사회에서 어떠한 감정이 크게 떠오르면 그 감정은 일반적인 다른 국가들에 비해 빠르고 급격하게, 그리고 깊게 확산된다 [3]. 이러한 한국사회의 특징과 한·미 사회가 직면하는 정치·경제 등의 문제들을 고려하면 대미인식이 왜, 어떻게 변화하고 있는지, 그리고 이 변화가 한미동맹관계에 어떤 영향을 미치고 있는지를 이해하는 것은 상당히 중요한 과제이다.

II. '대미인식'과 '여론'은 무엇인가?

대미인식이 한미관계에 미치는 영향을 연구하려면 먼저 '대미인식'이 무엇이며 그것이 '여론'과 어떤 연관성이 있는지, 그리고 어떻게 구별되는지를 살펴 볼 필요가 있다. 먼저 심리학에서 인식이란 '사물을 인지(認知)·식별(識別)하고, 기억·사고(思考)하는 작용 및 그 결과'이므로 한국 내 대미인식은 '한국인의 미국에 대한 인지와 식별, 기억·사고하는 작용과 그 결과'라고 할 수 있다 [4]. 그리고 정치학에서 여론은 '사회성원 전원에 관계되는 일에 대해서 사회적으로 제시되는 각종 의견 중에서 대다수의 지지를 받고 있다고 인정되는 의견'을 의미한다 [5].

더 나아가면 한국 내 대미인식은 다음 두 가지 특징을 지닌다. 첫째로 대미인식은 한국인이 미국을 어떻게 보고 인지하는가를 결정짓는 것이므로 미국 관련 역사·문화·정치·경제 등 다양한 분야의 요소를 포함한다는 보편성의 특징이다. 둘째는 쟁점을 중심으로 급격히 변화하는 여론과 달리, 대미인식은 무수한 요소를 포함하는 것인 만큼 변화의 속도와 정도에 한계가 있으며

---

[3] Hofstede, Geert. Culture's Consequences: Comparing Values, Behaviors, Institutions and Organizations Across Nations. 2nd ed. Thousand Oaks, CA: Sage Publications, 2001.

[4] "인식". 두산백과사전. <http://100.naver.com/100.nhn?docid=129534>

[5] "여론". 두산백과사전. <http://100.naver.com/100.nhn?docid=111767>

설사 점차적으로 변화한다 하더라도 그 기본 바탕은 고수되는 경향을 보이는 내구성의 특징이다.

대미인식이 포괄성과 내구성의 특징을 지닌다면 여론은 그 반대로 특정성과 상대적 변덕성의 특징을 가진다. 여론은 특정한 일에 대한 대중의 의견이므로 그 자체가 쟁점중심적이며 그 특수한 일에 대한 논란이 어떻게 전개되느냐에 따라 급속히 변화할 수 있다.

대미인식과 여론의 차이가 이러하다면 그 둘 간의 연관성·관계성은 무엇인가? 여기서는 미국의 정치학자 허버트 므클로스키(Herbert McClosky)가 말하는 '태도'와 '성격'을 보는 것이 유익하다. 외교정책 결정에서의 국내적 요소를 설명하는데 므클로스키는 한 사회의 '태도'(attitude)와 '성격'(personality)의 역할을 부각시킨다. 태도와 성격의 차이에 대해 므클로스키는 '태도는 보통 특정한 부류의 물체(object)와 연결되어 있다' 그 했고, 반면에 성격은 여러 부류의 물체나 행동을 포괄할 수 있으며 이러한 물체들은 명백한 관련성이 없어도 된다'고 하였다. 그리고 '성격은 더 일반적(general)이면서 성격이 대개 태도의 기반이 되고 그것이 추진하는데 원동력을 제공하는 측면에서 더 근본적(fundamental)이나 유전적인(genotypic) 말'이라고 하였다[6].

대미인식은 여기서 므클로스키가 말하는 성격과 같이 더 일반적이고 근본적인 것으로 한국 내 미국 관련 여론의 기반이 되고 여론을 형성하는데 원동력을 제공한다. 다시말해서 한국 내 대미인식이 한·미간 문화·정치·경제·사회 관련 이슈에 대한 여론의 토대가 된다. 이것은 각 이슈에 대한 여론이 형성될 때 한국인에게 내재된 대미인식이 큰 역할을 한다는 것을 의미한다. 따라서 한미관계에 있어 어느 사건이 한국사회의 주목을 받으면 그 사건에 대한 대중의 의견 형성 과정에서 대미인식이 일차적인 영향을 미치게 된다.

III. 대미인식의 변화

대미인식이 점차 변화하므로 2002 년 미군 장갑차 사건을 계기로 폭발한 반미주의를 이해하려면 우선 한미관계사를 통해 대미인식의 역사적 변화를 살펴보아야 한다. 현재 한국인의 대미인식에 있어 1945 년 해방 이전의 한미관계사가 큰 영향을 미치지 않는다고 보아 이 글에서는 1945 년부터 2000 년대의 한미관계사를 대미인식의

---

[6] McClosky, Herbert. "Personality and Attitude Correlates of Foreign Policy Orientation." edited by James Rosenau, <u>Domestic Sources of Foreign Policy</u>. New York: The Free Press, 1967.

역사적 변화를 중심으로 하여 시대별로 설명하고자 한다. 이로서 각 시대의 정치, 경제, 사회 등 크게 세 분야에서 한국인이 미국이라는 나라를 어떻게 인식했는지를 검토하고자 한다.

가. 해방자와 후원자로서의 대미인식: 1945 년 ~ 1949 년

1941 년 12 월 7 일 일본 해군기들이 미군 태평양 사령부가 자리잡은 하와이주 오아후 섬의 진주만을 기습했다. 그 때까지 공식적 직접 참전을 피한 미국이 그날 대일전쟁을 선포하여 결국 1945 년 8 월 15 일 일본 제국의 항복과 그것에 따른 한국의 해방을 불러왔다. 따라서 미국은 한국인에게 고욕만 담긴 만 35 년간 일제 강점기의 중단을 이끈 나라로서 해방 초기 한국인들의 미국에 대한 지배적인 인식은 단순하고 이상적인 '해방의 은인'이었다.

정치, 경제 분야에서 보았을 때 미국은 한반도를 일본제국으로 부터 해방시킨 해방자이자, 신생독립국가가 필요한 경제원조를 제공한 후원자였다. '해방군'으로 한반도에 진주한 미군과 소련군은 미소공동위원회를 열어 한국의 미래에 대한 협의를 했으나 합의를 이루지 못하여 결국 남한과 북한은 각각의 단독정부를 수립할 수 밖에 없었다. 이어서 미국은 남한의 후견국으로서 1948 년 12 월 12 일 대한민국정부를 국제연합(United Nations; UN)이 승인하는 유일한 합법정부로 출범시키고 새로 수립된 대한민국정부가 필요한 경제원조와 자문을 제공했다. 또한 미국은 각종 교환 프로그램을 통해 행정, 군사, 교육 등 여러 분야에서의 엘리트와 잠재적 엘리트들을 미국에 유학시켜 교육하고 훈련을 지원하는 등 남한의 절대적인 후원국가로서의 입지를 굳혔다.

사실상 35 년 동안 식민지지배를 받은 사회에서 독립정부를 세운다는 것은 쉬운일이 아니었다. 게다가 신정부수립과 함께 처음으로 산업시대에 살아남을 수 있는 근대적 민족국가 (nation state)를 형성하고 발전하는 것은 더욱 어려운 일이었다. 그러므로 근대국가 경영의 경험이 없는 한국정부와 국민은 미국의 정치제도와 행정체계를 비롯한 경제, 교육, 사회, 문화 등 각 분야의 제도를 모형으로 삼을 수 밖에 없었다. 따라서 이 시기의 많은 한국인들은 미국을 정치, 경제, 사회, 문화 등 모든 분야에서 '선진국'으로 여기고 한국인들이 미국의 여러 제도와 문화적 산물을 배워야 할 '문명국'으로도 인식했다. 그러므로 1940 년대 한국인들의 대미인식은 '해방자'와 '후원자' 그리고 '한국이 쫓아야 할 모델'이라는 등 긍정적인 것이었다.

하지만 한국 내 대미인식이 만장일치로 긍정적이었다고 할 수는 없다. 미국이 일본을 물리쳐 준 은인으로서 환영받았던 해방 직후에도 대미인식에는 미묘한 양면성이 있었으며, '해방자', '후원자'와 일치되지 않는 인지요소들로 대미인식은 끊임 없는 '인지부조화'를 경험해야 하였다 [7].

　한국인들의 부정적 대미인식의 역사적 요인을 짚어 보자면 첫째로 한반도의 미·소 신탁통치에서의 미국의 역할에 대한 실망과 분노이다. 미군은 해방 직후인 9 월 8 일 한반도에 진주하였을 때 한국주민으로부터 열렬한 환영을 받았다. 일제 식민지지배로부터 자주권을 잃은 한국인들이 미국이 일본군의 무장해제를 완수한 뒤 35 년만에 한반도에서 한국 정부를 수립할 수 있게 해줄 것이라고 생각했던 것이다. 하지만 1945 년 12 월 소련에서 개최된 모스크바 3 상회의에서 미국·영국·소련이 전후의 한국을 일정기간 동안 신탁통치할 것을 합의하였다. 많은 한국인들은 미국을 포함한 연합국들이 한국인을 스스로 독립된 나라를 경영할 능력이 없는 국민으로 인식한 것이 아닌가 하는 의심과 분노를 느꼈다 [8].

　두번째, 미군정은 한국을 관리하는 데 있어서 일본의 총독부 관리들에게 의존하여 한국인들에게 부정적 인식을 심어주었다. 미군정은 해방 직후에 한국말, 사회, 문화 등 한국 국내 사정을 잘 모르는 상태에서 한국인들이 일본인들에 대해 폭력적인 보복 등으로 심한 무질서와 혼란을 일으킬 것을 우려하였다. 따라서 미군정실시의 편의를 위해 일본인 관리들을 그대로 고용하는 조치를 취하였는데 일제 강점기 동안 일반 한국인들에 있어서 증오의 대상이였던 일본 및 친일 한국 관료·경찰 등을 그대로 고용하는 것은 많은 한국인들의 기대를 져버릴 수 밖에 없는 정책적 실패였다.

　한국인들에게 미국에 대해 부정적 인식을 심어 주게 된 세번째 요인을 꼽아 보자면 미국의 한국 정치 조직에 대한 불인정일 것이다. 미국은 상해임시정부를 비롯한 한국인들의 모든 기존 정치조직을 인정하지 않고 그 역할을 부정하는 태도를 보임으로서 많은 한국인들에게 의구심과 실망감을 자아 내었던 것이다. 미군정 당국은 임시정부의 대통령이었던 이승만을 환국시켰을 때 임시정부요인으로서가 아니라 개인자격으로 입국한다는 서약을 받았고 김구 등 임시정부요인들의 귀국을 지연시키는 등으로 해방된 조국이 임시정부의 정통성을 이어받아 조속히 독립국가로 재출발할 것을 희망했던 많은 한국인들의 기대를 좌절시켰다.

　하지만 이러한 부정적인 인지요소에도 불구하고 1945 년부터 1949 년까지 대다수의 한국인들은 미국을 '해방자'와 '후원자'로

---

[7]　임희섭. "해방후의 대미인식." 유영익 외. 한국인의 대미인식. 민음사, 1994. pp. 225~278.
[8]　임희섭. "미국은 우리에게 무엇인가." 사상. 겨울호 (통권 제 47 호). 사회과학원, 2000. p. 35.

인식함으로써 전체적인 대미인식은 긍정적이었다고 할 수 있다 [9]. 여기에 오랫동안 일제의 잔혹한 식민지지배를 받은 한국인들의 해방에 대한 경감과 행복 그리고 위에서 본 정치·경제·사회적으로 긍정적인 인지요소들이 몇 안되는 부정적 인지요소 보다 두드러졌다는 것이 낙관적 대미인식을 구축하는 데 결정적인 역할을 하였다.

따라서 1945~1949 년의 한국 대중의 긍정적인 대미인식은 미군정의 신탁통치와 강압적인 정책에도 불구하고 큰 반대여론 없이 미국에 의존할 수 있게 했다. 한국 대중의 첫 대미인식은 이처럼 강렬하게 각인되어 몇 십년간 긍정적인 대미인식을 지속가능케 하였고, 이에 따라 미국과의 긴밀한 관계를 지지하는 한국 내 여론이 형성되었다는 것에서 중요한 의미를 지닌다.

나. 혈맹으로서의 대미인식: 1950 년대

한국전쟁에서의 미국 참전 그리고 그에 따른 한미간 공식 동맹관계 수립으로 1950 년대 대부분 한국인들의 미국에 대한 인식이 더욱 긍정적으로 발전되었다. 이 시기에 북한의 침공으로 초토화된 한국을 구조하고 전후 복구를 완수하는 데 큰 역할을 한 미국은 대부분의 한국인들에게 있어서 정치·경제·사회 등 모든 분야를 총 망라하여 '우리를 돕는 혈맹' 이었다.

정치·안보 차원에서 보면 1950 년부터 1953 년까지의 한국전쟁에서의 미국참전과 그에 따른 많은 미군의 희생이 대미인식을 형성하는데 지배적인 역할을 하였다. 1950 년 6 월 25 일 북한이 38 선을 넘었다는 소식에 미국 대통령 해리 트루먼은 유엔을 소집하고 미군 주도 하에 유엔군을 한반도에 투입, 북한군을 격퇴할 결의를 선언했다. 이로써 미국은 한국이 어려움을 겪었을 때 제일 먼저 한국의 자유를 수호하고 공산군을 격퇴하기 위하여 참전한 우방국으로서 한·미간의 혈맹관계 결속을 이끌었다 [10]. 결국 1953 년 휴전협정이 체결될 때 까지 미국은 33,000 명 이상의 희생자를 내면서 한국을 북한의 남침으로부터 방어해주었기 때문에 이때부터 한국인들은 미국을 '혈맹'으로 인식하게 되었다는 것이다 [11].

또한 휴전협정체결 약 2 개월 후인 1953 년 10 월 1 일 한미상호방위조약이 체결됨에 따라 대미인식은 큰 변화를 맞이하게 되었다. 휴전협정의 체결을 반대하고 북진통일을 주장했던 이승만

---

[9] 황우권. 미국을 다시 본다: 한미관계와 커뮤니케이션. 이진출판사, 2002. pp.111~112.
[10] 김원모. 한미 외교관계 100 년사. 철학과 현실사, 2002.
[11] 차상철. 한미동맹 50 년. 생각의 나무, 2004.

한국 대통령은 휴전에 동의하는 대가로 ㅁ국에게 한미상호방위조약의 체결을 요구하였다. 이에 미국이 이를 승낙함으로써 미군의 한국주둔, 한국군의 현대화를 위한 군사원조, 침략에 대한 공동방위 등을 내용으로 하는 한미상호방우조약이 체결되었다. 이로써 미국이 한국과 공식적으로 맺은 동맹관계는 현재까지 56 년 넘게 유지되어 왔으며 이 결연 관계가 오늘날 한국인의 대미인식을 형성하는 데 있어서 근간을 이루었다 해도 과언이 아니다.

경제 분야에서의 1950 년대 한국인의 대미인식을 보면 미국은 군사원조뿐만 아니라 경제원조까지도 제공하였기 때문에 대부분의 한국인들은 미국에 대해 '가장 가까운 우방이고 혈맹'이라는 인식을 가졌다.

그리고 사회, 문화 측면에서 미국은 여전히 '세계에서 가장 부강하고 선진적인 문화를 가진 나라'라는 인식의 틀을 지니게 되었다. 이 시기에 미국은 한미간의 역사적 관계나 미군과 직접적인 접촉을 통한 '혈맹'이라는 다소 정치적인 인식 외에도 극장에서 상영되었던 미국영화, 미군방송, 한국언론, 텔레비젼 프로그램 등 대중매체를 통해서 '문화선진국'이라는 인식을 한국대중에 형성하고 있었다. 이와 같은 여러 대중매체를 통해 형성된 한국인의 미국관은 '민주주의가 발달한 나라' 혹은 '평등한 기회의 나라' 등과 같은 긍정적인 것이 대부분이었다 [12]. 이 시기에 널리 퍼지기 시작한 '미제는 똥도 좋다'라는 금언 아닌 금언은 미국을 '세계에서 가장 부강한 선진국'으로 여기는 대미인식이 당시 한국사회에 얼마나 일반적이며 강했는지를 보여준다.

그러나 이 시기에도 한국인들의 미국에 대한 인식에 있어 부정적 인지요소들이 전혀 없었던 것은 아니었다. 전쟁 중과 전쟁 후에 한국인들은 많은 미군들과 접촉을 갖게 되었는데 그 직접적인 접촉을 통해 경험하는 미국인과 미국문화는 긍정적이면서도 때로는 부정적이었다. 어느 전쟁에서나 부정 행위를 하는 해외주둔군들이 있기 마련이고 미군 역시 예외는 아니었다. 일부 미군들은 한국인들에 대해 강대국 군인으로서의 우월감을 가지고 대하였고 미군들의 한국인을 대상으로 한 범죄행위도 적지 않았다. 따라서 1950 년대에 일반 한국인들은 미군과의 접촉이 잦아짐에 따라 "GI 문화'에 대한 부정적 인식이 점차 증가하였다.

그럼에도불구하고 한국 내에서 부정적인 대미인식을 가진 이들이 소수에 불과했던 이유는 무엇보다도 한국전쟁 발발 당시

---

[12] 임희섭. "미국은 우리에게 무엇인가." 사상. 겨울호 (통권 제 47 호). 사회과학원, 2000. p. 37

한국인들이 느낀 구원자로서의 미국의 결정적인 역할 때문이었다. 한국전쟁의 경험은 한국으로 하여금 미국과의 긴밀한 관계 유지 및 한미동맹 강화의 필요성을 절실하게 느끼게 해 준 사건이었다.

다. 대미인식의 다면화: 1960~1970 년대

1960 년대에 들어서면서 한미관계가 정치, 경제, 문화 등 여러 분야에서 전환기를 맞아 한국 내 대미인식도 점차 변화하게 되었다.

우선 정치적인 측면에서 보았을 때 1960 년대 한국정부와 미국정부간의 관계가 여러 변수로 인해 불편해져 한국인들의 대미인식이 다면화 되었다. 미국은 1959 년 4 월 19 일 학생데모 이후 한국 대통령 이승만 하야에 큰 역할을 하고 학생·시민 운동으로 집권한 장면 정권을 지지하였다 [13]. 따라서 1961 년 5 월 16 일 쿠데타를 통한 박정희 정권이 미국의 지지를 받지 못하면서 시작된 한미간의 '불편한 관계'는 박정희 정권 내내 지속되었다. 특히 1972 년에 박정희 대통령이 유신헌법을 선포하고 유신정권에 대한 미국의 의회와 여론을 호전시키기 위해 로비 활동을 벌인 이른바 '박동선 사건'을 전후해서 한미간의 정치적 관계는 더욱 '불편한 관계'로 전락하였다. 그러나 미국은 한국의 내정에 개입할 수 없었을 뿐 아니라 당시 미·소 냉전 중에 있었기 때문에 박정희 정권의 강경한 반 공산주의 입장을 고려하여 유신정권을 인정할 수 밖에 없었다. 그 결과 박 정권에 반대하는 민주세력은 쿠데타나 유신선포 등에 미국이 소극적으로 대응하는 데 대해 불만을 가진 반면 그 반대로 정치를 잘 모르는 일반 대중 가운데는 한미 양국 정부간의 불편한 관계로 인해 오히려 미국에 대한 배신감을 느끼는 사람들도 적지 않았다. 이 시기의 불편한 한미간의 정치적 관계는 많은 한국인들로 하여금 양국간의 혈맹적 관계에도 불구하고 미국 역시 자국의 국익에 따라 행동한다는 사실을 새삼스럽게 인식하게 해주었다고 할 수 있다 [14].

---

[13] 1959 년 4 월 19 일에 이승만 대통령의 자유당 정권이 실시한 1959 년 3 월 15 일 부정선거에 항의하는 시위가 학생들을 중심으로 서울시내에서 시작 되었다. 이 사건에 대해 미국정부는 '한국에서 일어난 시위운동이 최근 실시된 선거와 자유민주주의에 위배되는 억압적인 조치들에 대한 대중의 불만을 반영한 것'이라고 4 월 19 일에 선언하고 4 월 26 일 주한미국대사와 주한미사령관이 이승만 대통령을 방문하여 이대통령의 사임이 정치적 위기를 마무리하는데 필요한 조치가 될 것으로 본다는 미국의 입장을 표명하자 그날 이대통령이 라디오 연설을 통하여 대통령 하야를 발표하였다.

[14] 황우권. 미국을 다시 본다: 한미관계와 커뮤니케이션. 이진출판사, 2002.
임희섭. "미국은 우리에게 무엇인가." 사상. 겨울호 (통권 제 47 호). 사회과학원, 2000.

<표 1 주한미군 병력 규모>

주한미군 병력 규모

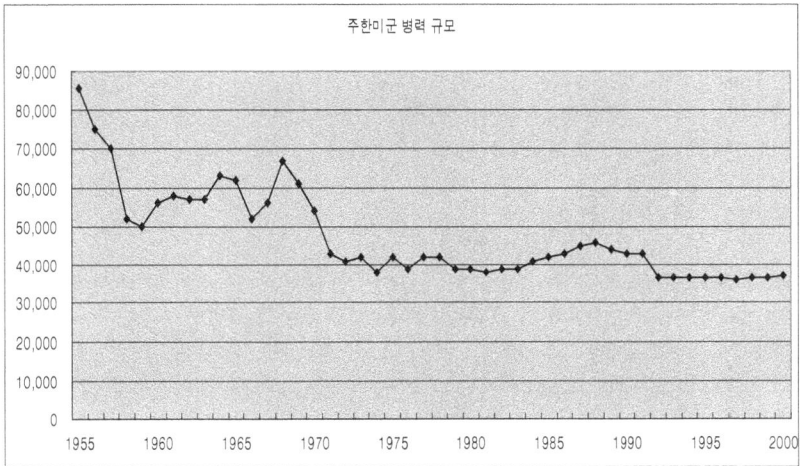

그리고 안보·군사적인 측면에서 보자면 이 시기에 한국의 대미의존도가 여전히 높았던 것은 사실이나 한국에 대한 미국의 군사 지원은 사실상 점차적으로 감소하는 추세에 있었다. 한국전쟁 당시 주한미군의 병력규모가 325,000 여명이었으나 전쟁 직후에 100,000 이하로 크게 줄고 1970 년대에 들어서면서 주한미군의 수는 계속 감소하였다 (<표 1 주한미군 병력 규모> 참고). 1956 년부터 1969 까지 50,000 명에서 70,000 명까지의 수준으로 유지되었던 주한미군은 1970 년에 43,000 여명으로 줄어들었으며 1979 년에 39,000 여명으로 감소하였다. 또한 1970 년대부터 미국의 군사원조액도 점차적으로 감소하여 그 결과 한국측의 방위비 부담률은 계속 증가하게 되었다[15]. 특히 1970 년대에는 주한미군의 감축문제, 방위비 분담문제, 월남파명문제 등과 관련하여 미국과 한국 사이에 협상이 반복되었는데 그 과정에서 각자의 국가적 이익을 둘러 싼 첨예한 대립으로 인해 때로는 양국간에 불편한 관계가 조성되기도 하였다. 그러므로 이와 같은 군사 및 안보 관계에서의 변화는 양국관계를 원조국과 피원조국의 관계에서 협력과 동맹의 관계로 전환시키고 있었다고 할 수 있다.

[15] "The Role of Foreign Aid in Development: South Korea and the Philippines". Congressional Budget Office Memorandum. Congressional Budget Office, 1997.

1960~70 년대에는 특히 경제적인 측면에서 기존의 '후원자-수혜자' 관계로서의 한미관계에 상당한 변화가 일어나기도 하였다. 한국이 1962 년 제 1 차 경제개발 5 개년 계획에 착수한 이래 매년 10%를 넘는 고도성장을 해 나아감에 따라 자연히 미국의 한국에 대한 경제원조가 점차적으로 감소하게 되었다. 1961 년에는 경제원조가 한국의 대미수입에서 차지하는 비중이 63%였으나 1971 년에는 2.1%로 감소하였고 1972 년부터는 사실상 경제원조가 끊어지게 되었다. 그 반면에 한국의 대미수출은 1961 년에는 6 천 8 백만 달러에 불과하였으나 1967 년에는 1 억 달러를 넘어섰고 1972 년에는 7 억 달러를 초과했다. 또한 한국의 전체 수출에서 대미수출이 차지하는 비율도 1961 년에는 17.6%에 불과하였으나 1970 년에는 50%수준으로 높아졌고 1982 년에는 대미무역에서 처음으로 흑자를 기록하게 되었다. 따라서 한국과 미국의 경제적 관계는 일방적인 원조제공과 수혜의 관계에서 점차적으로 동등한 입장에서의 상호적인 교류 관계로 전환 되어 온 것이다.

문화적인 측면에서는 이 시기에 보다 많은 한국인들 특히 한국의 엘리트 계층이 직접 미국에 가서 미국의 사회와 문화를 체험하는 기회가 많아졌으며 여러 가지 매체를 통해서도 미국과 미국문화에 대한 보다 풍부하고 객관적인 지식과 정보를 획득할 수 있게 되었다. 이 시기에는 미국 유학생의 수도 급격하게 증가하였으며 미국 여행자와 미국 이민 역시 증가하는 모습을 보였다 [16]. 또한 적지 않은 수의 정부관료, 언론인, 군사요원들이 미국에서 단기연수를 받음으로써 한국의 엘리트 계층이 미국 유학이나 방문을 통해 미국에 대해 보다 깊이 있고 객관화된 인식을 가진 인사들로 매꾸어 지게 되었다고 할 수 있다. 그러나 이 시기에 일반 대중들의 미국문화 접촉 통로는 대체로 주한미군이나 영화 등의 대중매체에 한정되어 있었다.

이상과 같은 정치, 군사, 경제, 문화 등 여러 분야에서의 한국과 미국의 관계는 점차 일방적인 후원자와 수혜자의 관계를 벗어나 어느 정도 호혜적인 교류의 관계로 전환되기 시작하였으며 그 결과로 한국인의 대미인식의 틀과 내용도 점차로 객관화되고 보다 심화됨으로써 미국에 대한 과장되고 피상적인 인식의 틀로부터 벗어날 수 있게 되었다고 볼 수 있다.

하지만 이처럼 새롭게 나타난 객관화된 대미인식이 그대로 반미감정으로 발전하지는 않았다. 대부분의 한국인들은 국가의 이익을 고려하여 미국과의 긴밀한 관계를 강하게 지지했다. 물론

---

[16] Region and Country or Area of Birth of the Foreign-Born Population: 1960 to 1990. U.S. Census Bureau, 1999.

이것은 그 전까지 미국을 혈맹국가라고 여겼던 정도로 감정적이지는 않았지만, 국제사회에서 한미관계의 중요성을 대중이 인식한 모습이었다. 한편 당시 한국 여론은 월남전 파병에 대해 그다지 호의적이지는 않았다. 그러나 객관화된 대미인식에서 비롯된 한미관계의 중요성과 긍정적 대미인식이 있었기에 한국군의 월남전 파병은 가능할 수 있었던 것이다. 또한 한국군의 월남전 파병은 한미동맹을 유지함에 있어 큰 역할을 하였다.

라. 대미인식의 전환: 1980 년대

1980 년대 대미인식은 전환점을 맞이하게 되었다. 1979 년 박정희 대통령 시해사건으로 빚어진 정치적 혼란 속에서 군정종식과 민주정치의 회복을 기대하고 있던 한국인들의 민주화열망은 전두환의 군사 쿠데타로 인해 크게 좌절되었다. 이 과정에서 한국인들은 광주민주화운동을 무력으로 진압하고 재등장한 군부정권을 미국이 별다른 견제없이 신속하게 지지한 것에 대해 원한에 가까운 깊은 비판의식을 갖게 되었다. 그리고 마침내 군부정권의 재등장과 관련된 미국에 대한 비판적 인식이 공개적으로 그리고 충격적으로 표현된 것은 1982 년의 부산 미국문화원사건과 1985 년의 서울 미국문화원 방화사건이었다. 이 때 사건을 주도했던 좌파세력과 학생들은 미국이 광주학살사건을 묵인한 것에 대해 강하게 반발하여 한국 내 미국의 존재를 반대하였다. 이러한 이유로 이들은 당시 한국의 각 대도시에서 미국 문화를 홍보했던 미국문화원을 불로 태웠다. 특히 서울 미국문화원사건에서는 '미국은 군부독재 지원을 철회하라', '광주학살 책임지고 미국은 공개 사과하라'는 등의 구호가 나오면서 학생 및 재야 운동권의 일부에 의한 적극적 반미운동이 처음으로 표면화되기 시작하였다.

경제적 측면에서는 위에서 본 바와 같이 1960~70 년대 한국경제의 고도성장으로인한 결과로 1982 년 대미수출입에서 한국이 처음으로 흑자를 기록하게 되자 1980 년대부터 미국이 한국에 시장개방압력을 가하기 시작하였다. 따라서 미국의 통상압력에 굴복할 수 밖에 없었던 한국 정부는 1980 년대 중반 이후부터 수세적 입장에서 시장개방을 추진하게 되었다. 그렇지만 이는 한국사회 일부에서 반미감정을 일으키는 요인이 되기도 했다. 특히 농산물 수입개방압력 등이 대부분의 한국인들에게 '냉혹하고 무자비한' 압력으로 인식되면서 일반 대중들 사이에서도 이른바 '반미감정'이 확산되는 결과를 가져왔다.

사회 분야에서의 대미인식 역시 큰 차이를 보였다. 위에서 본 1980 년대 정치적 환경에서 좌파적 성향이 강한 젊은 세대

사이에서는 한·미관계의 역사에 대한 전통적 해석과 다른 '비판적' 해석이 거의 여과 없이 수용되고 있었다. 이와 같은 '비판적'해석은 오늘날 흔히 '수정주의적'해석이라고 하는데 그 몇 가지 예로는 1) 미국은 1882 년에 한국과 체결한 한미수호통상항해조약 제 일조의 거중조정(good offices)조항에도 불구하고 일본이 한국을 식민지화하려는 책동을 막는 데 도움을 주지 않았을 뿐 아니라 1905 년에 일본과 태프트-카츠라 비밀조약을 체결하여 일본의 한국식민지화를 양해한 것, 2) 한반도의 분단을 초래한 책임이 있는 것, 3) 미군정기에 보수적인 우익세력이 정권을 잡도록 지원한 것, 4) 경제원조로 한국을 경제적으로 미국에 종속시킨 것, 5) 한국의 군사독재정권을 지원하여 한국을 지배하거나 한국에서의 영향력을 유지한 것 등이 있다 [17]. 수정주의적 해석은 전통적 대미인식과 전면 충돌하여 그 등장 자체가 1980 년대 이후 한국 대학생들의 미국관을 형성 했다고 해도 과언이 아니며 지금도 한국 젊은 세대에 적지 않은 영향을 주고 있다고 할 수 있다.

그러나 1980 년대 한국의 젊은 세대, 특히 대학생들의 '비판적인' 대미인식이 일반 한국 국민 대다수의 대미인식을 그대로 대변하는 것이었다고 할 수는 없을 것이다. 대부분의 일반 한국인들은 대학생들과 비교했을 때 여전히 전통적으로 우호적이었던 대미인식의 틀에서 크게 벗어나지 않았던 것으로 보인다. 위에서 본 부정적 정치·경제·사회적 요소로 적지 않은 한국 국민들이 민족적 상처를 입음으로써 미국이 한국인들에게 '오래된 친구에 의한 배신감'을 느끼게 한 것은 사실이지만, 그와 같은 민족적 감정이 곧 반미의식이라고 할 수는 없기 때문이다. 그 때까지도 한국인들의 대미인식은 대부분 '전통적인 혈맹 혹은 우방의식에 바탕을 둔 친미의식'이나 '국익을 바탕으로 한 호혜적인 관계를 전제로 하는 현실주의적 우호의식'이었다 [18].

1980 년대 등장한 반미감정은 재야세력과 좌파학생들 사이에서 강하게 나타났으나 사실상 한국사회 전반에서는 그 범위가 여전히 극소수에 불과했다. 이에 따라 당시의 반미감정은 한미관계에 실질적인 영향을 미치지 못했다. 오히려 대부분의 한국인들은 미국문화원 방화사건에 충격을 받아 반미세력을 극단주의자로 인식하게 되었다. 따라서 전체적인 양상은 전부터 이어져 내려온 긍정적 대미인식이 여전히 강했으며 한미동맹관계는 대체로 원활하게 진행되었다.

---

[17] 황우권. 미국을 다시 본다: 한미관계와 커뮤니케이션. 이진출판사, 2002.

[18] 임희섭. "미국은 우리에게 무엇인가." 사상. 겨울호 (통권 제 47 호). 사회과학원, 2000.

마. 탈냉전, 남북화해시대의 대미인식: 1990 년대

1990 년대에 한국이 새롭게 접하게 된 내외환경의 변화로 인해 대미인식은 부분적인 변화를 경험하게 되었다.

정치 분야에서 한국은 오랫동안의 군부 권위주의 정권의 시대를 마감하고 1993 년 김영삼 전 대통령의 당선으로 문민정부의 출범을 실현하게 되었으며 1997 년에 해방 후 처음으로 선거에 의한 평화적 정권교체를 실현함으로써 정치적 민주화에 큰 진전을 이루었다. 이는 한국인의 대미인식과 관련하여 이중적인 의미를 지닌다. 한편으로는 그동안 미국이 권위주의 정권을 지지해 왔다는 민주화운동 진영내의 미국에 대한 부정적 인식이 완화되는 계기가 마련되었고 반면에 민주화운동 진영내의 '급진적' 이념지향을 지닌 인사들이 문민정부와 국민정부에 부분적으로 참여함으로써 정부의 대외정책에서 미국과 갈등을 일으킬 수 있는 요소가 증가 되었다는 것이다.

그 대표적인 예로 대북정책을 들 수 있다. 1993 년 김영삼 대통령 취임사 중에 '우방보다는 민족이 우선이다'는 구절에서 알 수 있듯이, 한반도 분단 문제에 있어 1990 년대부터는 미국에 의존하는 정책에서 벗어나 한국이 독자적으로 대북정책을 추진하려는 의도가 보이기 시작 하였다. 이 의도는 김대중 정권의 이른바 남북화해정책으로서의 '햇볕정책'에서 더 명백하게 나타났다. 이 정책은 그 당시 미국 대통령 빌 클린턴 정권의 포용정책(engagement policy)과 같이 북한의 개방을 우도하여 한반도의 평화유지체제를 강화하려 했다는 점에서 미국의 대 북한 정책과 공통점을 갖는 것처럼 보이지만 한편으로는 남북문제에 관해서 미국의 영향력과 한국의 자주성 사이에 미묘한 긴장관계를 유발 할 수 있는 여지를 담고 있는 것이기도 했다.

둘째로 1990 년대에 진행된 세계적 냉전체제의 종식도 한국인의 대미인식에 지대한 영향을 끼쳤다. 소련과 동유럽에서의 사회주의 국가들의 붕괴와 독일의 통일 그리고 중국과 베트남의 시장경제 도입 등은 사실상 냉전체제를 종식시켰다. 이 중대한 변화는 한국 내 대미인식에 있어 두가지의 큰 변화를 가져 왔다. 한편으로는 사회주의의 역사적 실험에서의 실패가 한국 내의 급진적인 좌파운동 진영에 적지 않은 타격을 주어 미국에 대한 반제-반미운동이 크게 약화되는 계기를 마련해 주었다. 다른 한편으로는 냉전의 종식이 진보적인 민족주의자들로 하여금 한반도에서 더 이상 전쟁의 위험이 존재하지 않는다는 믿음을 심어 주게 됨에 따라 주한미군의 존재는 한국의 안보를 위한 것보다 미국의 세계지배전략의 일환일 뿐이라는 주장을 강화시키게 되었다.

경제와 사회의 측면에서는 1997 년 한국이 경험한 갑작스러운 외환위기와 국제통화기금 (International Monetary Fund; IMF)의 관리체제 그리고 경제위기를 전후해서 직면한 세계화의 물결과 신자유주의의 확산 등이 한국인들의 대미인식에 커다란 영향을 미쳤다. 김영삼 정부는 경제협력개발기구 (Organization for Economic Cooperation and Development; OECD)에 가입하면서 '세계화'를 주요정책목표로 삼을 것을 선언하였으나 외환위기와 경제위기에 지친 많은 한국인들에게 있어서 세계화란 또다른 고통스러운 변화의 추세일 뿐이었다. 한국인들의 눈에 1997 경제위기를 계기로 세계무역기구 (World Trade Organization; WTO) 나 IMF 등의 국제기구에 의해 이끌어지는 정치 경제적 세계화는 미국을 비롯한 몇몇 선진국들에 의해 주도되고 있는 경제적 착취로 보일 뿐이었다. 이런 부정적 관점은 결국 세계화가 국제, 국내를 막론하고 경제적 부익부-빈익빈과 그에 따른 사회적 불평등의 심화를 가져올 것이라는 반 세계화적 인식을 한국인들의 가슴에 심어주기에 이르렀다. 특히 진보 진영에는 1997 년 경제위기와 IMF 관리체제로 인한 일반인의 경제적 피해가 미국의 자본주의적 제국주의의 분명한 증거라는 보다 급진적이고 과격한 사상이 뿌리를 내리게 되었다. 따라서 1990 년대 후기의 경제위기가 특히 진보적인 지식인들이나 노동계 그리고 일부 시민운동 참여자들 사이에 새로운 형태의 비판적 대미인식 혹은 반미의식을 일으키는 중요한 요인이 되었다 [19].

따라서 앞에서 언급한 정치, 경제, 사회적 이슈들로 인해 전체적인 대미인식은 전통적인 긍정적 대미인식에서 점점 멀어졌다. 탈냉전시대의 한국인들은 한미관계가 더이상 국가생존에 있어 필수적이라고 생각하지 않았다. 그러나 IMF 경제위기는 고속성장과 경제발전에서 비롯된 한국인의 자긍심을 어느정도 약화시키는 계기가 되었다. 한국은 여전히 외부의 원조가 필요한, 그래서 완전한 독립국가로서 세계무대에 자립하는 것이 여전히 현실적으로 어렵다는 것을 실감했던 것이다. 결과적으로 이 시기의 대미인식은 긍정과 부정의 여론이 복합되어서 한미관계의 발전과 약화에 실질적인 역할을 하지는 못했다.

[19] 임희섭. "미국은 우리에게 무엇인가." 사상. 겨울호 (통권 제 47 호). 사회과학원, 2000.

IV. 2002 년 촛불시위: 제 2 대미인식 전환점

가. 2000~2002 년 반미감정 대중화의 분위기 조성

위에서 본 바와 같이 한국 사회에서 대미인식은 1945 년 해방 이후부터 2000 년까지 55 년동안 점차적이지만 큰 변화를 경험하였다. 정치·경제·사회 등에 걸친 각 분야에서의 한미 관계가 발전하면서 한국인들의 다양한 대미 인지요소들이 여러각도에서 복합적으로 상호작용을 하였고, 그 결과 한국인들의 미국에 대한 지배적인 인식의 틀 두 가지가 새로 구성되었다고 볼 수 있다. 첫째는 보수적·전통적 인식의 틀로 미국을 북한의 위협을 견제하고 동맹국가로서 한국과 여러 분야에서 협력하는 존재로 인식하는 매우 긍정적인 틀이다. 반면에 진보·비전통적 인식의 틀은 미국을 남북통일에 장애가 되고 미국의 이익을 위해 한국을 종속시키는 존재로 인식하는 것이다.

진보·비전통적 인식의 틀은 일찍이 1980 년 광주사건을 계기로 형성되어 그 역사가 깊지만 1990 년대까지만 해도 이러한 미국에 대해 비판적인 인식은 아직도 좌파운동 진영, 즉 대학생과 반미주의자에 국한되어 있었다. 하지만 2000 년부터 2002 년 여름까지 일어난 일련의 사건들과 장기적인 사회적 변화들로 인해 위에서 언급한 진보·비전통적 인식의 틀이 조금씩 다중으로 확산되었고 결정적으로 2002 년 미군 장갑차 사건과 그에 따른 대규모 촛불시위가 이 진보·비전통적 인식의 틀을 한국 사회 전반에 걸쳐 걷잡을 수 없이 전파 시키는 결과를 가져왔다.

이러한 패러다임의 전환을 이해하기 위하여 2000 년부터 2002 년까지의 대미인식에 큰 영향을 미친 사건들을 정치·경제·사회 등 분야별로 살펴보고, 한국사회의 세대변화가 대미인식과 한미관계에 어떠한 영향을 미쳤는가를 알아보고자 한다.

먼저 정치 분야에 있어서 2000 년부터 2002 년까지의 짧은 기간 동안에 한미관계는 매우 큰 변화를 경험하였다. 1998 년에 새로 출범한 김대중 대통령 정권은 대북화해협력정책인 소위 '햇볕정책'을 실시하여 2000 년 6 월 평양에서 남북정상회담이 개최되었다. 그 당시 미국 대통령 빌 클린턴은 진보적 외교정책을 실시하여 한국은 미국과 크게 충돌하지 않았으나 2000 년 남북정상회담은 결국 대미인식의 악화라는 결과를 낳았다. 이는 2000 년 남북정상회담과 그에 따른 6·15 선언이 북한에 대한 한국과 미국간의 의협인식 차이를 표면화했기 때문이다. 1991 년 소련의 해체와 그에 따른 전세계적 사회주의 국가들의 붕괴로 1990 년대 한국인들의 북한에 대한 위협인식은 이미 어느정도 약화되고 있었다. 또한 당시 북한이 경험한 식량난에 대한 이미지와 동영상이 한국내에 방송되어 많은 한국인들은 북한을 분노의 대상으로 여기기 보다는 오히려 연민의 대상으로 인식하여 1990 년대의 대북 위협인식은 점차 약화되고 있었다 [20].

이러한 배경을 근거로 2000 년 남북정상회담은 많은 한국인들에게 있어서 북한의 존재를 '적대의 대상'에서 '협력의 대상'으로 변화시키는 전환점을 마련하였다. 2000 년 남북정상회담은 1948 년 한반도 분단 이후로 남북한 두 나라의 대표가 처음으로 만난 회담인 만큼 2000 년 남북정상회담은 한국인들에게 감동적이고 뜻깊은 역사적인 사건이었다.

위에서 본 바와 같이 2000 년 남북정상회담 이후 한국 내 북한에 대한 위협의식은 크게 약화되었으나 2001 년 9 월 11 일 테러사건으로 오히려 미국인들의 외부로부터의 위협인식은 대폭 증가하였다. 2002 년 1 월 29 일 미국 대통령 조지 W. 부시는 연두교서에서 '테러를 지원하는 정권'을 언급하면서 이라크, 이란 그리고 북한을 '악의 축'에 포함시켜 한미간의 상호 상반된 대북인식을 부각시켰다. 남북평화통일을 희망하는 많은 한국인들에게 부시 대통령의 '악의 축' 발언은 화해의 방향으로 가는 남북한관계를 무시하고 남북관계정상화에 장애가 되는 하나의 상징이 되었다. 미국과 한국의 이해관계가 본격적으로 분리되기 시작한 것이다. 더구나 북한을 미국의 적으로 규정함으로써 미국정부가 한국정부의 남북화해정책에 대해 직접적인 부정을 표하는 것으로 간주되어 많은 한국인들은 부시 대통령의 '악의 축' 발언을 모욕적으로 받아들였다.

그리고 이 시기에 또 다른 사건이 많은 한국사람들에게 미국의 일방주의적 성격을 부각시켰다. 2000 년 7 월 환경운동 전문 시민단체 녹색연합 기자회견에서 발표된 이 사건은 용산미군기지에서 근무하는 미육군 민간부 군무원이 시신처리 방부제로 사용하는 [20] 박스 분량의 포름알데히드 180 개 병을 싱크대를 통해 하수구에 버리도록 지시했다는 내용이었다. 이 사건은 한국신문에서 '미군, 한강에 독극물 방류" 등의 자극적인 헤드라인으로 알려져 많은 주목을 받았다 [21]. 검찰과 법무부는 2001 년 3 월에 벌금 500 만원으로 약식 기소하였고 4 월 5 일 법원이 직권으로 맥팔랜드를 정식재판에 회부하였다. 이에 주한미군은 독극물이 3 개의 폐수처리장을 거쳐 한강에 흘러가

---

[20] 심양섭. 한국의 반미, 대안은 있는가. 삼성경제연구소, 2005. pp. 27-28.
[21] 최원석. "'미군, 한강에 독극물 방류'". 조선일보. 2000.7.14.

독극성이 없다고 주장하며 "한미주둔군지위협정상 공부수행중에 발생한 사건에 대한 재판권은 미군측에 있다'며 맥팔랜드에 대한 한국의 사법권 행사에 대해 거부의사를 밝혔다 [22]. 이 사건으로 인해 반미감정이 고조되어 한미 SOFA 협정 개정 요구의 목소리가 커졌고 많은 한국인들은 한미간 불평등과 미국정부의 일방주의적 태도에 반감을 느끼게 되었다. 이 일은 심지어 사건 발발 6 년 후에 한국 인기 영화의 소재가 되기도 하였다 [23].

경제 분야에서의 한미 무역마찰은 대중의 관심을 끌게 됨과 동시에 대미인식을 악화시키는 요인으로 작용하였다. 먼저 1999 년에 한국에서 큰 이슈가 되었던 미국의 스크린 쿼터 폐지 요구가 2002 년 1 월에 재등장하였다. 당시 한미투자협정 협상중인 미국 무역대표부 부대표가 한국정부가 스크린 쿼터제를 일부 개정하겠다고 밝혀 스크린 쿼터가 한국사회에서 큰 이슈로 떠올랐다 [24]. 최민식과 같은 한국의 인기 배우들이 이 사건에 적극적인 의사를 표명하면서 대중이 한미무역 마찰에 관심을 갖게되는 계기를 마련하였다. 2008 년에 미국산 쇠고기 수입이 큰 사회적 이슈로 떠올랐을 때 많은 사람들이 반대의 이유로 한우라는 한국문화재의 보존을 내세운 것에서 알 수 있듯이, 스크린 쿼터 마찰은 그 이후 미국의 시장개방 요구를 한국문화에 대한 공격으로 간주하게 한 사건이며 대미인식의 악화에 적지 않은 영향을 주었다고 볼 수 있다.

2002 년 미군 장갑차 사건으로 인한 제 2 대미인식 전환은 반미의식이 이미 대중화된 만큼 2000 년부터 2002 년까지 나타난 사회 분야에서의 변화가 특히 두드러졌다. 우선 동계올림픽 남자 쇼트트랙 결승 경기에 대한 논란은 대미인식에 있어서 감동이 얼마나 큰 역할을 수행하고, 대미인식이 형성되는 데 서로 전혀 상관없는 요소들이 복합적으로 상호작용될 수 있는지를 명확하게 보여주는 사건이다. 한미 양국의 선수가 출전한 쇼트트랙 남자 1500m 결승전에서는 경기 내내 접전을 벌이던 끝에 마지막 한 바퀴를 남겨놓은 상태에서 미국의 오노 선수가 한국의 김동성 선수를 앞서 승리하였다. 그러나 당시 김동성 선수를 뒤따라오던 오노가 놀란 듯한 표정을 지으며 두 손을 살짝 들어 결국 김동성

---

[22] Kirk, Jeremy. "USFK Negotiates with S. Korea on Punishment in Formaldehyde Dumping." Stars and Stripes. 2001.5.24.

[23] 봉준호 감독의 2006 년 영화 《괴물》에서 한강에 나타난 괴물은 이 사건의 미군이 한강에 버린 발암물질 때문에 돌연변이가 생겼다고 나온다. 봉준호 감독은 이 사건에서 영화의 동기를 얻었음을 밝히기도 했다.

[24] 최우석. "방한 무역대표부 헌츠먼 부대표 '스크린 쿼터 개정 한국정부 시사'. 조선일보. 2002.1.25.

선수는 상대방을 방해한 반칙으로 실격처리가 되었다. 동계올림픽 쇼트트랙 경기는 한미 정부간의 관계와 아무런 관련이 없으나 대다수의 한국인들이 김동성 선수의 실격이 부정하다고 보아 이 사건으로 인한 반미감정은 하루사이에 지나치리만치 고조되었다 [25]. 한국사회를 잘 모르는 사람은 이 사건으로 말미암아 초래되는 중대한 사회적 영향에 대하여 희의적일 수 있으나, 어느 한국 사회학자가 '9·11 공격사건이 미국인의 참으로 허황한 자부심에 상처를 입혔다면, "오노 사취사건"은 우리의 젊은 세대의 확실한 근거를 가지고 있는 자부심에 상처를 입혔다'고 할 정도로 2002 년 동계올림픽 쇼트트랙 사건은 반미운동의 대중화에 큰 영향력을 행사했다고 분명히 말할 수 있다 [26].

또한 2002 년 한일월드컵의 개최로 한국사회는 또 한번의 큰 변화를 겪게된다. 이것은 한국 내 대미인식에 간접적이지만 큰 영향을 주었다고 할 수 있다. 한국이 사상 최초의 4 강 아시아국가가 된 만큼 2002 한일월드컵은 국가차원에서 한국인에게 자부심과 자신감을 심어준 국제적인 사건이었다. 따라서 이 시기에 자라나는 세대에게 2002 한일월드컵은 한국이 더이상 약한 나라가 아닌 국제무대에서 크게 성공할 수 있는 국가로 인지하게 하는 요소가 되었다 [27]. 따라서 젊은 세대 한국인들은 기성세대들 보다 한국을 유능한 국가로 인식하여 동맹으로서의 미국에 대한 필요성을 덜 느끼게 되었다.

그리고 젊은 세대는 2002 년 월드컵을 계기로 정보통신기술을 적극활용하여 대규모 모임을 조직하는 방법을 배우고 그에 따른 권능의 증가(empowerment)를 피부로 느낄 수 있었다. 특히 한국 축구 국가대표팀 응원 단체인 '붉은 악마'가 주도한 대규모 응원 모임은 한국의 젊은 세대로 하여금 인터넷·휴대전화 등 정보통신기술의 전달력(communicative power)과 조직력 (organizational power)의 힘을 깨닫게 하였다. 이는 훗날 2002 년 미군 장갑차 사건에 대한 촛불시위를 조직하는데 큰 영향을 주었다고 할 수 있다.

---

[25]
  2002 년 2 월에 26 만여명이 참가한 설문조사에서 응답자 96%가 '부당하다'고 응답하였다.
  - 민학수. "웃기는 판정' '오노의 금은 가짜' NYT 등 세계 언론도 꼬집어". 조선일보. 2002.02.22.

[26] 홍성태. 반미가 왜 문제인가. 도서출판 당대, 2004.

[27] Bak Sang-Mee. "South Korean Self-Identiity and Evolving Views of the United States." Strategy and Sentiment: South Korean Views of the United States and the US-ROK Alliance. ed. Derek J. Mitchell. Center for Strategic and International Studies, 2004.

나. 2002 년 미군 장갑차 사건과 대미인식의 변화

위에서 볼 수 있듯이 2000 년부터 2002 년까지 3 년여 기간에 걸친 여러 정치·경제·사회적 이슈들의 복합적인 상호작용은 2002 년 미군 장갑차 사건에 대한 대중적 반미운동이 발발할 수 있는 토대를 마련하였다.   다음으로 사건의 전개와 그것이 대미인식에 미친 영향을 살펴보고자 한다.

i. 사건과 시위 전개과정

2002 년 6 월 13 일 당시 중학교 2 학년이었던 신효순, 심미선은 양주시 지방도에서 갓길을 걷다가 주한미군 전투력 훈련을 위해 이동 중이던 부교 운반용 장갑차에 깔려 현장에서 숨졌다. 미국 측은 "이번 사고는 결코 고의적이거나 악의적인 것이 아닌 비극적인 사고"임을 강조하였으나 한국언론에서는 사건의 원인에 대한 공방이 계속 되었다.   유족들이 6 월 28 일 차량 운전병과 관제병, 미 2 사단장 등 미군 책임자 6 명을 업무상 과실치사 혐의로 의정부지청에 고소하고 미측의 재판권 포기를 요청하여 한국 법무부는 7 월 10 일 사상 처음으로 미측에 재판권 포기 요청서를 보냈다.   그러나 미국측은 공무수행중에 일어난 사고 이기 때문에 한미 SOFA 협정에 따른 미국의 1 차적 재판권을 포기하지 않겠다고 주장하여 결국 11 월에 동두천 캠프 케이시 내 미 군사법정에서 열린 군사재판에서 배심원단은 기소된 미군 2 명 모두에게 무죄 판결을 내리고 사건 관련 미군들은 한국을 떠나 귀국하였다.
이에 따라 서울시내에 대규모 촛불시위가 발발하였다.   2002 년 11 월부터 12 월까지 약 2 개월에 걸쳐 전국적으로 수만명이 참여한 이 촛불시위는 한국 내 대미인식의 커다란 전환점이라고 볼 수 있다.

ii. 대미인식과 한미관계에 미친 영향

11 월~12 월 2 개월에 걸쳐서 진행된 이 촛불시위는 성질상(qualitatively)   그리고   양적으로(quantitavely)   다른 반미감정이 표현되는 사건들과 현격히 달랐다.   우선 진보적 성향이 강한 한국인들에 의해 시작되었다는 점에서 기존의 반미 시위와 비슷하다도 볼 수도 있겠지만 2002 년 촛불시위는 이 1980 년대나 1990 년대 반미운동과 달리 소수의 좌파가 아닌 대중의 압도적인 참여와 지지를 받았다는 것에 그 특수성이 있다.   그리고 2002 년 촛불시위는 한국역사 내내 있어왔던 과거의 무수한 반미운동들과

도저히 비교할 수 없을 정도로 전무 후무한 규모의 최대
반미운동이었다 [28].

V. 촛불시위의 의의

앞에서 본 바와 같이 2002 년 촛불시위는 규모와 성격상 최대의
대중화된 반미시위였다. 그렇다면 이 사건은 한미관계에 있어서
어떠한 의미를 가졌는가? 우리는 2002 년 촛불시위 이후의
한미관계에 대해 다음의 세 가지 현상을 예측할 수 있다.

첫째, 한미동맹관계는 과거에 행해졌던 수준의 밀도 높은 긴밀한
관계가 될 수 없다. 한국은 경제성장, 세계화 (예: 2003 년 중국과의
무역규모가 미국과의 무역규모를 넘어섰다는 점) 등의 과정을 통해
미국으로부터 독립되면서 절대적인 긍정적 대미인식에서 긍정과
부정이 섞인 복합적인 대미인식으로 바뀌었다. 2002 년 촛불시위는
한국의 미국 의존도가 매우 약화되었고 한국인들의 의식도 그렇게
자리잡았음을 분명히 드러낸 사건이다.

둘째, 한국 대중의 북한에 대한 위협인식이 급격히 감소하여
한미간의 대북 위협인식으로 인한 긴장이 계속 될 것이라고 예측할
수 있다. 이 위협인식 차이는 한미동맹관계의 기반인 북한의 공격적
움직임 억제에 대한 목표를 흔들리게 하여, 동맹관계를 근본적으로
약화시킬 수 있다. 북한이 한국을 공격함으로 인해 한국 내
대북위협인식이 낮아지거나 북한이 핵무기 개발 프로그램을 완전히
폐지하여 미국 내 대북위협인식이 낮아지지 않은 이상 이 위협인식
차이는 앞으로도 계속 될 것이다.

마지막으로 2002 년 촛불시위 이후, 미국이 위험하고 일방적인
태도를 보이는 점, 이를 잘 드러내는 사건, 그리고 한미간 갈등 등
최소한 이 3 가지 요인만 존재한다면 또 다른 대규모 반미시위를
예측할 수 있다. 최근 발생한 사건 중에서 이 3 가지 요인은 미국산
쇠고기 수입 논란에서 볼 수 있었고 예측대로 한미관계 악화가
우려될만한 대규모 촛불시위가 또 다시 발생하였다.

그렇다면 2002 년 촛불시위로 인해 악화된 한미관계를 개선 할 수
있는 방법은 무엇인가? 지금까지의 대미인식은 한미관계에
부정적인 영향을 더 많이 주었으므로 양국 정부는 적극적으로 한국
내 부정적 대미인식을 개선하도록 노력해야 한다.

한국정부는 1) 대외정책, 특히 미국과 관련된 정책을 대중에게
잘 설명하여 이해를 도와야 한다. 2) 그 중에서도 특히 민감한

---

[28] Lee, Nae-Young. "Changing South Korean Opinions on the US and the US-ROK Alliance." America in Question: Korean Democracy and the Challenge of Non-Proliferation on the Peninsula Workshop, 2005.

이슈에 대해서는 여론을 잘 파악하고 고려해 정책을 결정해야 하고.
3) 한미관계를 정치화 시키지 않아야 한다.

　　미국정부는　　1)　　대미인식의　　근본적　　변화를　　인정하여
민간외교(public diplomacy)를 통해 미국의 전체적인 이미지를
향상시켜야 한다.　2) 특히 민감한 이슈와 관련된 정책에 대해서는
한국의 반응이 감정적일 수 있다는 것을 고려해 언어와 톤을 잘
생각하여 미국의 입장을 설명해야 한다.　3) 이미지와 톤을 떠나
정책의 내용을 결정하는 과정에서 한국 내 여론을 예상하여 그
정책이 실현 가능한 것인지를 미리 고려하고 결정해야 한다.

북한 핵문제에 대한 김대중 정부 햇볕정책의 영향

박성진 (Samuel Pak)

MA, Korean for Professionals, University of Hawaii at Manoa, 2009
BA, Biology, University of Hawaii at Manoa, 2001

INFLUENCES OF KIM DAE-JUNG'S SUNSHINE POLICY ON NORTH KOREA'S NUCLEAR ISSUES

This paper analyzes the implementation and impact of Sunshine Policy by Kim Dae-jung administration vis-à-vis North Korea's nuclear program. During the Kim Dae-jung administration, inter-Korean relations have improved dramatically compared to previous administrations facilitated by increased number of official meetings between two governments and numerous cultural and humanitarian projects. Furthermore, inter-Korean economic trade volume and unconditional aid to North Korea have increased exponentially. While one of many goals of improved inter-Korean relations was to ease military tensions in Korean Peninsula, the end result was North Korea admitting to a secret uranium enrichment nuclear program in 2002. By analyzing inter-Korean trade data from 1998 to 2002 and evidences of North Korea's secret nuclear program development during the same period, this paper examines Sunshine Policy's unintended result of aiding North Korea's nuclear program.

1. 서론

2009 년 8 월 18 일 김대중 전 대통령이 서거했다. 한국 근대역사에서 이승만의 독재정권이나 박정희, 전두환 등의 군사정권들과 맞서 투쟁을 벌였던 민주주의 투사였을 뿐 아니라 한국 역사상 최초로 노벨평화상을 수상한 위대하고 존경받아야 할 인물이다. 그러나 김대중 전 대통령이 한국역사에 남긴 뚜렷한 유산중의 하나는 김대중 정부의 정체성을 상징하는 햇볕정책이라고 볼 수 있다. 김대중 정부의 대북정책으로 불리는 햇볕정책은 이전 역대 정권들의 대북정책들과 비교해서 톡톡하고 획기적인 정책으로서, 북한의 조기붕괴 가능성이 낮고 자체의 힘으로 변화하기 어려운 체제라고 가정하고 남북 협력과 교류의 증가가 북한의 개방 및 체제 개혁을 가져올 것이라는 믿음에 기반하고 있는 정책이라고 할 수 있다. 즉, 김대중 정부는 한국전쟁 이후 역대 한국정권들이 내세우고 세뇌시켜왔던 북한에 대한 적대심을

배제하고 같은 피를 나누는 한 민족으로 인식을 전환함으로써 비록 다른 체제와 이념속에서 살고 있지만 지속적인 교류, 협력, 지원, 대화를 통해 북한내의 변화와 더 나아가 남북관계의 우호적 발전이 평화로운 통일을 가져 올 것이라는 생각을 가지고 있었다고 할 수 있겠다. 2000 년 6 월 13 - 15 일에 개최된 역사적인 남북정상회담은 햇볕정책이란 대북정책의 절정이라고 볼 수 있다. 역사상 최초로 양국 국가 원수들이 같이 한 회담으로써 6.15 남북공동선언을 통해 남북관계의 개선을 가져왔을 뿐 아니라 다각적인 분야에서 교류가 증대되기 시작한 계기가 되었다.

그러나 햇볕정책이 가져온 한반도 긴장 완화 상태속에서도 북한의 군사적 위험은 증가해왔음을 주목할 필요가 있다. 햇볕정책이 대두한 이후에도 북한의 대남정책을 살펴보면 궁극적으로 북한의 헌법에 나타나듯이 남한에 대한 군사적 적대심이 남아있다. 즉, 북한의 대남정책은 한반도의 공산화이면서 이 정책을 포기했다는 조짐이나 증가는 한번도 보이지 않는다. 이러한 북한의 대남정책은 남북한간 갈등을 부각시키고 동북아안보차원에서 갈등의 소지가 되고 있다.[1] 더 나아가 김대중정부의 임기기간동안 1994 년 미국과의 기본합의를[2] 체결했음에도 불구하고 2002 년 핵무기개발을 시인[3]한 것을 보면 북한은 햇볕정책의 교류 증가를 악용하여 비밀리하에 핵개발을 했음을 알 수 있다. 그러나 김대중 정부의 햇볕정책은 경제, 문화, 인도적인 차원을 강조한 나머지 군사적인 측면, 특히 북한의 핵개발이 가져오는 북한의 혁위협에 대해 대응하지 못하였을 뿐만 아니라 대북지원송금과 민간인 차원의 교류 증가를 통해 북한의 핵무기 개발에 직간접적인 요소가 되었다.

기존에 김대중 정부를 평가할 때 햇볕정책이 북한의 혁문제를 야기했다는 견해는 다양하다. 정경환[4]은 김대중정부의 대북정책이 외형적으로 볼 때 역사적인 남북정상회담과 다양한 채널과 분야에서 교류를 통해 이전 정부들과 비교할 수 없을 만큼 많은 성과가 있었음을 인정하면서도 북한이 그동안 남북한간에 끊임없는 긴장을 조성하고 핵무기 개발을 추진한 결과를 보면 김대중 정부의

---

[1] 송대성. "동북아 안보와 북한 ." *경제와 정책*. 9. (2001): Print.
[2] CRS Report RL33590, *North Korea's Nuclear Weapons Development and Diplomacy*, by Larry A. Niksch (September 9, 2009)
[3] Center for Defense Information. "North Korea's Nuclear Program: Analyzing Confessional Diplomacy" (August 28, 2002)
http://www.cdi.org/nuclear/nkorea.cfm
[4] 정경환. "김대중정부 대북정책 평가와 향후 과제." *통일전략*. 2.2 (2002): 79-103. Print.

대북정책이 많은 역할을 하였다고 주장한다. 구체적으로 김대중 정부의 대북인식은 북한이 지니고 있는 체제적 본질을 도외시한 채 단순히 교류협력이 증진되면 북한의 변화를 가져올 것이라는 심각한 오류를 범하고 있다고 지적한다. 또한 김대중 정부가 햇볕정책을 정치적 목적화하여 비판과 반대를 봉쇄하고 대북정책에 대한 비판세력을 반통일세력 내지 수구세력으로 매도했다고 비판한다.

염동용[5]도 김대중 정부의 햇볕정책의 공과였던 남북간의 접촉 증대, 물적 교류 증대, 이산가족 교류 지원등을 인정하면서도 김대중 정부의 대북정책이 북한의 전략전술을 정확히 파악하는데 실패하고 결국 햇볕정책으로 인해 북한의 군사적, 경제적 역량을 강화시켰다고 주장한다. 구체적으로, 경제 파탄에 빠져있던 북한은 햇볕정책 이래 경제를 재건하고 그것으로 북한의 혁명역량, 즉 북한자체의 과도한 재래식 군사력을 강화시켰다는 것이다. 또 2002 년 북한 당국자가 핵개발을 하고 있다고 방북하고 있던 미 대통령 특사 켈리차관보 (Special Envoy James Kelly) 에게 시인한 것은 김대중정부의 대북정책의 결정적인 실패였다고 주장하고 있다.

또한, 북핵문제의 부각은 햇볕정책의 역할이 미약하다는 논의도 있다. 김근식[6]은 북핵위기는 포용정책의 실패를 의미하는 것이 아니라 오히려 남북간, 북미간 포용정책을 일관되게 추진하지 않은 결과라고 하고있다. 결국, 북핵문제는 근본적으로 북미 대결의 산물이자 결과이기 때문에 한국의 대북포용정책의 탓이 아니라 북미관계에서 미국의 대북 정책이 포용이 아닌 봉쇄와 압박으로 정착되면서 발생한 위기라고 주장한다. 특히 1994 년 북미 제네바합의 이후, 김대중 정부의 햇볕정책과 미국의 대북포용정책에 따라 남북, 북미 관계가 대화로 지속되면서 관계 정상화의 길을 가고 있었지만 2000 년 부시정부의 출범과 함께 무시, 제재, 고립등의 강경한 대북정책이 북한의 핵개발을 저지시키지 못하고 북한을 핵개발을 초래했다고 한다.

본 연구는 기존의 대다수 연구들에 비해 햇볕정책의 구성과 추진에 있어 대북 경제 교류 증가가 북한의 핵개발을 지원했음을 밝히는데 목적이 있다. 이를 위해 북한의 핵무기 개발의 역사와 현황, 햇볕정책과 구체적인 대북지원을 살펴본 후 남북교류현황에 대한 자료를 분석하여 김대중정부의 대북지원이 북한의 핵개발에 어떠한 직간접적인 역할을 했는지 알아보고자 한다. 특히, 햇볕정책시기에 북한이 비밀리 핵개발을 추진한 증거를 제시함에

5 염동용, "김대중정부의 대북정책 평가." 통일전략. (2002): 55-77. Print.
6 김근식,"대북포용정책과 강경정책의 효과 비교: 1,2 차 핵위기를 중심으로."
한반도와 동북아 평화: 참여정부 출범 4 주년 기념 심포지움. (2007): 35-65. Print.

따라 김대중정부의 대북지원이 결국 북한의 핵위기를 초래했다고
주장하고자 한다.

I.   북핵의 핵개발 현황

북한은 지난 2009 년 5 월 25 일 핵실험을 실시함어 따라
핵위기를 다시 가져오면서 국제적인 관심사에 올랐다.   가장 최근
핵실험은 지난 2006 년 10 월 9 일 1 차 핵실험에 비해 위력이
5~20 배 정도 커진 것으로 추정되었다.[7]   한국 정부 당국자도 이날
"오전 9 시 54 분 함북 길주군 풍계리를 진앙지로 진도 4.4 의
인공지진이   감지됐다."고   밝히면서   북한의   핵실험   발표를
인정하였다.   유엔 안전보장이사회는 북한의 2 차 핵실험을
만장일치로 강력하게 비난하였고 이 불법 실험에 따른 결의안을
제출할 것이라고 밝혔다.[8]   2차 실험 3주 후인 6 월 12 일에 유엔
안전보장이사회는 최근 북한의 핵실험은 유엔 안보리 결의안
1695 호와 1718 호를 위반함으로써 만장일치로 결의안 1874 호를
채택하였다.[9]   이 결의안을 채택함으로서 유엔 안전보장이사회는
북한에 대한 대북 무기금수, 금융제재, 화물검색 조치들을
확대하였다.   구체적으로 살펴보면 우선 무기금수 대상을
대량파괴무기 (Weapons of Mass Destruction) 에 포함되는 핵과
미사일, 그리고 기존에 중화기에만 제재되었던 것을 대부분의
무기로 확대했다. 화물검색에 대한 조치도 선박이 금수대상 품목을
수송하는 것으로 의심되면 그 선박에 대해서는 검색할 수 있도록
하였다. 또한, 금융제재를 대폭 확대하였는데, 기존에는 핵, 미사일
개발과 관련된 개인 및 기관의 금융자산만을 동결했으나 강화된
결의안은 인도주의적이거나 개발 목적 등이 아닌 모든 금융지원을
차단했다.   북한은 외무성을 통해 유엔 안전보장이사회의 결의
1874 호에 강력히 반발하면서 우라늄농축 작업 착수, 새로 추출한
플루토늄의 전량 무기화, 봉쇄시 군사적 대응 등 3 개 대응 조치를
선언했다.[10] 또한, 북한은 "핵포기란 절대로, 철두철미 있을 수 없는
일로 되었다." 라고 선언함에 따라 북한의 핵위기는 계속 지속될
것으로 보인다.

---

[7] "북, 2 차 핵실험 ⋯1 차 (2006 년 10 월)보다 훨씬 강했다." *조선일보* 26 05 2009,
Print.
[8] http://www.nti.org/e_research/e3_north_korea_nuclear_test.html
[9] UN Security Council Resolutions 검색 날짜 10 월 28 일 2009 년
http://www.un.org/Docs/sc/unsc_resolutions09.htm
[10] "북, 유엔결의 반발⋯ 우라늄 농축 등 선언." *한겨례* 13 06 2009, Print. 북한
외무성 성명 전문 참조. http://www.hani.co.kr/arti/politics/defense/360249.html

이전부터 북한은 핵개발에 대한 의혹을 국제사회로부터 받고 있었다. 최근 공개된 CIA 자료에 따르면 북한은 1960 년대에 소련으로부터 핵기술과 용변에 설치된 4-MWe 원자로를 소련에게 지원받았다.[11] 이 자료는 미래의 북한 핵무기 개발에 대한 잠재적인 가능성을 언급했으나 당시 북한의 국내 전력 공급의 어려움을 인정하고 뚜렷한 핵무기 개발에 대한 증거가 포착되지 않았기 때문에 큰 문제는 되지 않았었다.

북한의 핵개발 프로그램은 소련부터 소형 원자로의 지원으로 시작됐지만 자주적으로 추진되었다. 북한의 핵개발의 핵심그룹은 석탄을 원료로 한 비날론이라는 합성섬유를 개발하여 세계적으로 명성을 얻은 이성기 박사와 한국전쟁 전 일본에서 화학과 물리학을 전공했던 남한 출신 과학자 두명, 그리고 모스코바 대학에서 핵물리학을 전공한 북한 출신 과학자 두명이 주축이 되고 있다.[12] 이런 자주적이고 독자적인 핵개발의 추진으로 인해 고도의 기밀유지는 어렵지 않았다. 이런 이유로 현재까지도 북한의 핵개발의 대한 여러 의문들이 있을 뿐 만 아니라 구체적인 기술력을 추측할 수 밖에 없는 것이다.

그러나 1980 년대 후반부터 북한의 핵개발이 확대되면서 북한의 핵개발에 위험성을 주변국가에게 제시했다. 북한은 국내의 전력난을 해소하기 위해 소련으로부터 민간용 원자력 발전소를 요청했고 소련은 1985 년 12 월 북한이 핵확산금지조약(Non-Proliferation Treaty)에 가입한다는 조건으로 경수로 4 기를 제공하기로 했다.[13] 그로 인해 북한은 사찰의 주체인 국제원자력기구 (IAEA: International Atomic Energy Agency)와 핵 사찰 및 서명을 위해 18 개월의 기한을 허용받았지만 IAEA 측의 협정문서 양식의 실수로 인해 18 개월의 협상시한을 추가로 받았다. 1991 년 5 월 미국은 북한이 1987 년부터 영변의 시설 개발을 통해 1990 년대 중반쯤이면 플루토늄 생산을 통한 무기화를 할 수 있다는 우려를 중국에게 전달했다.[14] 그러나 중국은 벌써 북한의 핵시설

---

[11] CIA Declassified Document "A 10-Year Projection of Possible Events of Nuclear Proliferation Concern" (May 1983)
http://www.gwu.edu/~nsarchiv/NSAEBB/NSAEBB87/nk02.pdf

[12]
[13] 어버더퍼, 돈. 『두개의 한국』 Ed. 이종길. 서울: 길산, 2002.p. 379-380
[14] 돈 어버더퍼, p. 381
Department of State Talking Points Paper for Under Secretary of State Bartholomew's China Trip, ca. 30 May 1991. Subject: *North Korean Nuclear Program (For China)* [FOIA-Declassified 2002]
http://www.gwu.edu/~nsarchiv/NSAEBB/NSAEBB87/nk15.pdf

지원을 두번이나 거절했기 때문에 북한의 자주적인 프로그램을 억지할 수 있는 상황이 아니였다. 미국과 IAEA 의 북핵시설에 대한 사찰 압력이 강해지자 북한은 미국이 남한에 핵무기 배치한 상황에서는 절대로 사찰에 동의할 수 없다고 주장했다. [15] 이 주장에는 일리가 있었다. 1957 년 아이젠하워 대통령의 승인 하에 핵탄두 장착이 시작됐고 1970 년대 초 월남전쟁에 따른 남한의 위험성을 고려하여 남한에 핵무기 배치가 대폭 증강했다. [13] 결국 북한의 요구에 의해 1991 년 9 월 27 일 부시 대통령은 남한에 배치되었던 핵무기 철수를 발표하였다. 같은해 12 월에는 남북기본합의서 [17] 를 타결짓고 북한은 1992 년 1 월 IAEA 와 핵안전협정(Safeguards Agreement)을 체결하였다. [18] 그러나 1992 년 후반기에 북한의 플루토늄을 처리한 양이 북한이 제시한 보고서와 일치하지 않다고 영변에 위치한 처리 시설 2 개의 사찰을 요구했다. 그러나 북한은 IAEA 의 특사찰을 거부하면서 1993 년 3 월 12 일 핵확산금지조약에서 탈퇴 입장을 밝혔다.

북한의 핵확산금지조약 탈퇴 협박을 통해 미국과 북한의 강경한 태도와 협상의 진도가 없자 한반도의 전쟁 위험성이 고조되었다. 그러나 1994 년 북한의 김일성은 전 미국 대통령 카터 (Jimmy Carter)를 초청하여 핵시설의 동결을 약속했다. 이런 약속을 받아드린 클린턴 행정부는 유엔의 안전보장이사회에 상의하려 했던 대북 경제재제를 포기하고 북한과 협상자리에 마주 앉게 된다. 결국, 1994 년 10 월 21 일 북미기본합의서 (Agreed Framework)[19] 가 체결되고 북한에게 경수로와 인도적 지원, 중유 공급을 보장하는 대신 북한의 핵시설 동결을 가져오게 된다. 북미기본합의서의 체결에 따라 북핵위기는 모면했지만 당시 미국의 CIA 가 제출한 보고서와 한국 국방부에 따르면 북한은 1994 년 핵시설 동결 전 10 에서 30 킬로의 플루토늄을 추출한것으로 보인다. 핵무기 하나에 5 킬로 정도의 핵이 필요한것을 감안하면 적어도 1 개에서

---

[15]
[16] 돈 어버더퍼, p. 384
　핵무기 전문가인 윌리엄 어킨 (William Arkin)이 입수한 미국 정부의 문서에 따르면 72 년 남한에 배치된 핵탄두는 총 7 백 63 개로 사상 최고 규모였다. 돈 어버더퍼, p. 384
[17]　이 합의서는 중요 내용은 남북한은 '핵무기를 실험, 제조, 생산, 도입, 처리, 저장, 배치, 그리고 사용'하지 않고 '핵 재처리 시설과 우라늄 농축 시설도 보유'하지 않기로 약속했다. 돈 어버더퍼, p. 394
[18]
　CRS Issue Brief for Congress IB91141, *North Korea's Nuclear Weapons Program*, by Larry A. Niksch. March 17, 2003, p.8.
[19]
　Son, Kye-Young. *South Korea Engagement Policies and North Korea*. New York: Routledge, 2006. 144. Print.

6 개의 핵무기를 만들 수 있는 핵을 그 당시에 보유하고 있다고 추정할 수 있다.[20]

II. 햇별정책의 배경과 성과

1998 년에 출범한 김대중 정부는 이전 정권들과 대비되는 획기적인 대북정책을 추진하였다. 공식명칭은 대북화해협력정책(Engagement Policy)이지만 소위 햇별정책(Sunshine Policy) 이나 대북포용정책이라고도 불린다. 햇별정책의 기본 가정은 북한의 심각한 경제난 등으로 체제위기를 격고는 있으나 단기간내에 붕괴될 가능성이 적고 붕괴를 촉진하기보다는 확고한 안보를 바탕으로 북한이 스스로 변화할 수 있는 여건과 환경을 조성해 나가는 것이 가장 현실적인 대안이란 것이다.[21] 따라서 북한과의 협력과 지원, 교류의 증가로 평화적인 통일을 목적으로 하는 정책이었다. 사실 햇별정책은 이미 김대중이 대통령직에 임기하기 전부터 언급한 바가 있음으로 이전부터 대북정책에 대한 새로운 개념을 갖고 있었다. 1994 년 9 월 미국의 헤리티지 재단(Heritage Foundation)에서 김대중 전 대통령은 이솝우화에 나오는 바람과 햇별이야기를 인용하면서 미국이 북한과 같이 고립되고 폐쇄적인 국가를 다루기 위해서는 바람보다는 햇별이 효과적이라고 추천한바 있다.[22] 즉, 김대중 대통령은 이미 대북정책은 관계 완화와 협력을 통한 온건한 입장으로 이루어져야 한다고 믿고 있었다.

김대중의 온건한 대북 자세로 태어난 햇별정책은 다음의 대북정책 3 원칙을 표방했다.

1. 한반도의 평화를 파괴하는 어떠한 무력도발도 결코 용납하지 않는다.
2. 북한을 해치거나 흡수할 생각이 없다.
3. 남북간의 화해와 협력을 가능한 분야부터 적극적으로 추진해 나갈 것이다.

이 원칙들에 입각하여 김대중 정부는 햇별정책의 추진과제로 정부차원에서는 통일이 아닌 화해와 협력을 강조하고 상호주의를 견지하며 인내를 가지고 북한의 개방을 유도하는 것이었다. 민간차원에서는 정경분리 원칙에 따라 남북경협 활성화를 추진하는

20
   Wolfsthal, Jon. "Getting Back to Go: Re-establishing a Freeze on North Korea's Plutonium Fuel Cycle." *Nautilus Institute* (2003): n. pag. Web. 10 Nov 2009. <www.nautilus.org/fora/security/0236A_Wolfsthal.html. >.
21
22 통일부, 『 통일백서 』 제 2 장, 제 2 절, 1998.
   김대중 , . *한국과 아시아: 에세이, 연설문, 토론문 모음집*. 서울 : 아태평화재단 , 1994. 33. Print.

것으로 민간차원의 경협이 정치적인 상황에 입각되지 않고 시장경제원리에 따라 시행되는 정책을 조성하는 것이었다. 인도적 차원에서는 북한의 식량문제를 해결하기 위해 식량과 대북지원금을 추진하고 남북이산가족문제를 해결하기 위해 남북 당국간회담이나 적십자회담을 통해 이산가족 교류 지원을 시행하기로 했다. 또한 대북 경수로 지원사업 추진은 북한의 핵개발 저지를 위한 것인 만큼 성실히 추진해 나간다는 입장이었다. 이런 배경하에 햇볕정책의 성과는 많았다.[23]

A. 남북정상회담과 남북대화 추진

2000 년 6 월 13 일부터 15 일 개최한 남북정상회담은 최초로 양국 정상이 만나 대화를 나눈 역사적인 행사였다. 김대중 대통령은 평양을 방문하여 김정일 국방위원장과의 회담을 통해 민족화해와 통일 문제, 긴장완화와 평화정착 문제, 남북간 교류협력을 활성화하는 문제, 이산가족문제 해결 등의 과제를 표명했다. 두 정상의 합의를 바탕으로 채택된 6.15 남북공동선언은 남북간의 자주적인 통일 방안, 인도적 문제 해결, 경제협력 발전, 문화 교류 협력, 당국사이의 대화 개최 등을 합의하였다. 남북정상회담을 통해 한반도의 전쟁재발 방지와 평화정착에 대한 공감대를 형성하여 구체적인 사업을 협의해 해결해 나가기로 합의하고, 이산가족 문제를 단계적으로 해결해 나가고, 화해와 협력의 시대를 여는 계기가 되었다. 또한, 양국사이에 다양한 분야의 남북대화가 개최되어 남북정상회담이후 2003 년 1 월까지 총 60 차례의 회담이 열렸다.

B. 금강산 관광사업

금강산 관광사업은 남북경제교류에서 가장 꾸준하게 지속된 사업이었다. 이 사업은 1998 년 10 월 현대아산과 북한 조선아세아태평양 평화위원회가 "금강산관광사업에관한계약서"를 체결하고 1998 년 11 월 18 일 "금강호"를 첫 출항시킴으로써 시작되었다. 한국내에 많은 관심을 통해 1999 년과 2000 년에는 3 개의 관광호가 추가로 투입되어 2000 년에는 월평균 15,000 여명의 관광객들이 금강산을 방문했다. 그러나 2001 년부터는 단조로운 관광일정, 편의시설 부족으로 관광객이 월평균 3,000 여명으로 감소하였다. 또한 현대그룹이 어려움에 처하면서 금강산관광의 사업환경이 어려움에 부딪쳤다. 현대는 북한과의 협상을 통해 매월 1,200 만불씩 지급하던 관광대가를

---

[23] 이 글에서 제시하는 성과는 통일부에서 출판한 "국민의 정부 5 년: 평화와 협력의 실천"을 종합한 것임. www.unikorea.go.kr

관광활성화시까지 관광객수에 따라 지급하는 방식으로 변경하고
한국정부도 관광사업의 지원을 위해 2002 년 1 월 31 일 관광공사에
대출한 남북협력기금 900 억원의 대출조건을 완화하였다.   또한,
3 월 28 일에는 학생, 교사, 이산가족, 국가유공자, 장애인,
통일교육강사 등의 금강산 관광경비의 일부를 남북협력기금에서
지원하기로 발표하면서 지원대상자들의 관광객이 늘어났다.   현대는
단체관광객들의 증가를 고려하여 "금강빌리지," "온천빌리지" 등의
단체용 숙소를 확충하고 여름철에는 야영장과 해수욕장을 개장함에
따라 2002 년에는 2001 년에 비해 관광객들이 46.4%로 증가한
84,727 명의 관광객들이 금강산을 방문했다.

<그림-1> 주요 남북 협력 사업 지역

*출처: 통일부, 통일백서 2003

C. 개성공단

개성공단 개발은 1999 년 10 월 1 일 정주영 현대그룹 명예회장의 방북시 김정일 국방위원장이 현대의 서해안공단 조성사업에 관심을 보이면서 시작되었고 김정일 위원장이 현대의 사업계획에 원칙적으로 동의하면서 합의서를 채택하였다. 개성공단 개발사업은 한국토지공사와 현대아산이 공동으로 추진함으로서 우선 1 단계로 100 만평 규모의 시범공단을 북한의 개성시와 판문점 평화리 일대에 조성하는 것을 목표로 삼았다. 개성공단의 추진으로 남북경제협력 활성화가 장기적으로 남북경제공동체 실현을 가져올 수 있을 것으로 기대하고 있다.

D. 이산가족 상봉

이산가족 상봉은 정부차원에서 2000 년 6 월 남북정상회담 이후 5 차례의 이산가족 방문단 교환을 통해 5,400 여명의 가족과 친척들이 상봉하였다.

- 제 1 차: 2000 년 8 월 15 일 ~ 8 월 18 일 (1,170 여명)
- 제 2 차: 2000 년 11 월 30 일 ~ 12 월 2 일 (1,220 여명)
- 제 3 차: 2001 년 2 월 26 일 ~ 2 월 28 일 (1,240 여명)
- 제 4 차: 2002 년 4 월 28 일 ~ 5 월 3 일 (849 여명)
- 제 5 차: 2002 년 9 월 13 일 ~ 9 월 18 일 (875 여명)

또한, 정부는 민간차원의 이산가족교류를 촉진하기 위해 "이산가족교류 촉진 지원계획"을 2000 년 3 월에 발표하여 행정, 재정적인 지원을 지속적으로 추진하였다.

E. 인도적 대북지원

인도적 차원의 대북지원은 북한 동포를 돕는다는 인도주의적 의미는 물론 남북한 화해협력관계를 증진시킨다는 의미가 있다. 김대중정부 출범이후 2002 년 말까지 정부와 민간 차원에서 총 4 억 6,280 만 달러의 인도적 대북지원이 이루어졌다. 정부 차원에서는 2 억 7,208 만 달러가 지원되었고 민간 차원에서는 1 억 9,072 만 달러가 지원되었다. 정부차원의 지원분야는 긴급구호성 식량지원과 북한의 농업생산성을 증대하기 위한 비료지원으로 구성되있다. 민간차원의 지원은 정부지원과 상호 보안관계를 유지하면서 보건의료분야, 취약계층 지원 등으로 구성되어 있다. 지원방식은 남북관계 개선이라는 측면을 고려해 직접지원 방식으로 추진했다.

III. 북한핵개발과 햇볕정책의 관련성

햇볕정책 이행 후 많은 성과에도 불구하고 안보문제는 여전히 남아있고, 특히 북한은 핵개발을 포기하지 않았을 뿐만 아니라 햇볕정책의 경제적 지원으로 비밀리에 고농축우라늄 (Highly En-riched Uranium) 프로그램을 개발하고 있었다. 이미 언급했듯의, 북한의 자주적인 핵개발 프로그램은 구체적인 증거를 포착하기 불가능하게 만든다. 그러나 미국정부의 정보부 기관들의 비공개된 조사들과 보고서들을 통해 북한의 행동과 핵개발 관련된 장비 수입등을 통해 북한의 핵보유나 능력 (nuclear capabilities)을 추측할 수 있다. 또한, 햇볕정책으로 인한 남북경제교류 증가와 자료를 분석함으로써 북한의 핵개발과 햇볕정책의 경제지원이 직간접적으로 연관되었다는 것을 밝히고자 한다.

A. 햇볕정책 후 남북 교역규모 증가

북한은 1990 년대에 들어와서 경제적 어려움을 격게된다. <표-1>에서 보는 바와 같이 경제 성장률 (Gross Domestic Product) 이 1990 년대부터 지속되어 1998 년까지 마이너스 성장률을 보였다.

<표-1> 북한의 경제성장률 변화

	1990	1992	1994	1996	1998	1999	2000	2001	2002
경제성장률	-3.7%	-6.0%	-2.1%	-3.6%	-1.1%	6.2%	1.3%	3.7%	1.2%

*출처: 통일부, 북한이해 2008, p. 133

그러나 1999 년에는 전해보다 7.3%나 높은 6.2%의 성장율을 보이고 그 해를 전환점으로 2002 년까지 플러스 성장률을 보이고 있다. 이런 북한의 성장률 변화는 햇볕정책에 일관한 경제교역 증가가 상당히 영향을 미쳤으며 북한은 파탄에 빠졌던 경제를 재건할 수 있는 기회를 갖게 된 것이다.

북한은 일제시대에서의 해방 후 1980 년대 후반까지 공산국가들과의 무역이 대세였다. 그 동안 북한의 공산국가들의 무역의존도가 3 분의 2 였던것 만큼[24] 1980 년대 후반 공산체제의 붕괴는 북한의 경제상황에 큰 타격을 주었다. 북한은 1990 년까지만 해도 소련과의 교역이 전체 교역의 53.1%를 차지하고 중국은 11.5%,

---

[24]
Lee, Young-Hoon. "An Analysis of the Effect of North Korea's International and Inter-Korean Trade on Its Economic Growth." *Bank of Korea*. (2005): 3-4. Print.

일본과는 11.4%를 차지했었고 한국과의 교역 비중은 0.5%밖에
차지하지 않았다. 그러나 소련의 붕괴에 따라 러시아와의 교역은
1990 년 53.1%에서 2000 년 2%로 급락하고 반면에 중국과의
교역은 1990 년 11.5%에서 2002 년 25.4%로 증가했다. 또한,
일본과의 교역은 1995 년 25.9%로 최상까지 증가했었지만
2002 년에는 12.7%로 하락했다. 한국과의 교류는 김대중정부의
출범해온 1998 년부터 2002 년까지 변동을 보였지만 2002 년에는
22.2%까지 증가했다. 이런 남북 교역 증가는 북한의 경제 회복에 큰
역할이 되고 북한의 경제 성장이 꾸준히 플러스 성장을 유지하는
요인이었다.

<표-2> 북한과 한국, 중국, 일본과의 교역 비중 [25]

The Proportion of North Korea in Korea, China & Japan's Trade (%)

		1999	2000	2001	2002
Inter-Korean Trade	inter-Korean trade / total trade of South Korea	0.13	0.13	0.14	0.20
	inter-Korean trade / total trade of North Korea	18.39	17.76	15.08	22.12
North Korea-China trade	North Korea-China trade / total trade of China	0.10	0.10	0.14	0.12
	North Korea-China trade / total trade of North Korea	20.42	20.38	27.59	25.44
North Korea-Japan trade	North Korea-Japan trade / total trade of Japan	0.05	0.05	0.06	0.05
	North Korea-Japan trade / total trade of North Korea	19.32	19.37	17.76	12.74

Source: Total trade amount of respective countries & North korea's trade amount are based on statistics from KITA and KOTRA, respectively

남북간의 물자교역은 1988 년 "7.7 선언'과
"대북한경제개방조치"에 따라 시작되었다. 초기에는 2 천만달러도
못 미쳤지만 1990 년 8 월 "남북교류협력에 관한법률"이 제정되면서
교역량이 1991 년서부터 1 억달러를 넘었다. 1995 년부터는

<그림-2> 연도별 남북교역액 변동추이

단위(백만불)

연도

*출처: 통일부, 통일백서 2003

25
  Lee, Young-Hoon. p.10.

북미기본협정을 통해 북한핵위기를 모면하면서 북한산 철강금속류의 반입증가와 경수로건설사업의 시작에 따라 공사물자의 반출이 증가하면서 남북교역 규모가 1997 년에는 3 억달러를 돌파하였다. 1998 년에는 한국의 금융위기로 인한 경제침체에 따라 교역액이 전해에 비해 하락했지만 1999 년부터 급증의 시세를 보이면서 2002 년에는 6 억달러의 규모를 돌파했다.

<표-3> 연도별 남북한간 교역수지

(단위 : 천달러)

연도	반입	반출	계	교역수지		비 고
1989	18,655	69	18,724	-18,586		-
1990	12,278	1,188	13,466	-11,090		-
1991	105,719	5,547	111,266	-100,172 (	-100,172)	
1992	162,863	10,563	173,426	-152,300 (	-152,300)	
1993	178,167	8,425	186,592	-169,742 (	-169,742)	
1994	176,298	18,249	194,547	-158,049 (	-158,049)	
1995	222,855	64,436	287,291	-158,419 (	-169,414)	1991~2002 연평균
1996	182,400	69,639	252,039	-112,761 (	-127,016)	-44,333
1997	193,069	115,270	308,339	-77,799 (	-133,049)	(-122,806)
1998	92,264	129,679	221,943	37,415 (	-40,629)	
1999	121,604	211,832	333,437	90,228 (	-53,929)	
2000	152,373	272,775	425,148	120,402 (	-61,315)	
2001	176,170	226,787	402,957	50,617 (	-110,639)	
2002	271,575	370,155	641,730	98,580 (	-197,419)	
합 계	2,066,292	1,504,613	3,570,905	-561,676 (	-1,503,349)	

* ( )내는 경수로 물자, 대북 무상지원, KEDO 중유, 협력사업용 물자 등 비거래성 반출입 금액을 제외한 실질교역수지임.

**출처: 통일부, 통일백서 2003

1997 년 이전까지는 남북교역이 남한의 반입 위주로 이루어졌으나 1998 년부터는 반출 위주로 전환하였다. 그 이유는 1995 년부터 경수로건설사업의 중유 및 인도지원물자의 반출이 늘어나기 시작했고 금강산 관광사업, 비료지원, 경의선●동해선 철도●도로연결공사에 관련된 자재장비와 식량차관 등을 추진하면서 비거래성 교역이 큰 비중을 차지했다. 실질적인 교역수지를

살펴보면 1998 년부터 2002 년까지 경수로 물자, 대북 무상지원, 협력사업용 물자 등의 비거래성 교역을 제외하면 4 억 6,393 만 달러의 교역 적자를 보이고 있다. 즉, 북한은 남한과의 교역을 통해 1989 년부터는 총 15 억 335 억만 달러의 흑자를 보고 있고 햇볕정책 이후인 1998 년부터는 4 억 6,393 만 달러의 교역 흑자를 보고 있다.

<표-4> 거래성과 비거래성 교역 수치 [26]

(Unit : $m)

	1990	1991	1992	1993	1994	1995	1996	1997	1998	1999	2000	2001	2002	2003
commercial	13.5	111.2	173.4	166.6	194.6	276.3	237.6	250.3	143.7	189.0	239.6	236.3	343.0	408.6
non-commercial	0	0	0	0	0	11.0	14.3	58.1	78.2	144.4	185.5	166.7	295.8	315.5
total	13.5	111.3	173.4	166.6	194.6	287.3	252.0	308.3	222.0	333.4	425.1	403.0	641.7	724.2

Source: KOTRA

<표-5> 비거래성 교역 수지 [27]

(Unit : $m)

	Inflow						outflow	total
	LWR(light water reactor)	assistance to the North	heavy oil by KEDO	Mt. Geumgang project	other cooperative projects	total		Growth rate of total trace amount (%)
1995	–	0.2	10.8	–	–	1.0	–	11.0
1996	–	1.0	12.8	–	–	14.3	–	14.3	30.0
1997	17.8	8.4	29.0	–	–	55.3	2.8	58.1	327.3
1998	4.0	15.6	19.8	37.6	1.2	78.1	0.1	78.2	30.0
1999	14.4	43.4	39.5	40.6	6.3	144.3	0.1	144.4	84.7
2000	35.6	104.5	11.7	14.6	17.2	183.6	1.9	185.5	28.5
2001	33.7	110.6	3.5	5.8	10.4	164.0	2.7	166.7	10.1
2002	58.6	213.2	2.0	11.9	11.7	297.4	1.4	298.8	79.2
2003	23.7	270.7	0.0	16.1	5.0	315.5	0.2	315.7	5.6

Source: Ministry of Unification

[26] Lee, Young-Hoon. p. 14.

[27] Lee, Young-Hoon. p. 17.

남북간의 교역은 대체적으로 거래성과 비거래성 교역으로 나눌 수 있다. <표-4>를 보면 거래성 교역은 1998년부터 2002년까지 증가하는 추세를 보이고 있다. 더불어 비거래성 교역도 1998년부터 급증하기 시작하여 2002년에는 비거래성 교역이 전체 교역의 47%를 차지하였다. 이 비거래성 교역의 증가는 결국 한국정부는 경제적인 교류에서 거의 반이 대북지원이란 것을 알 수 있다. 비거래성 교역을 좀 자세히 관찰하면 인도지원물자가 1999년부터 급증하고 반면에 KEDO 를 통한 중유 공급과 금강산사업은 하락하였다. 2002년에는 전체 비거래성 교역 중 인도지원물자가 72%나 차지하였다.

총체적인 김대중정부의 햇볕정책 추진 이후 남북교역관계를 보았을 때 다음의 특징들을 볼 수 있다. 첫째, 1998년부터 2002년까지 북한의 대남교역 비중은 변동을 보였지만 20%가량의 비중을 유지하고 2002년에는 22.2%정도이다. 즉, 남한은 북한의 교역국가들 중 중국 다음으로 가장 교역액이 많은 국가이다. 둘째, 남북교역액의 변동추이를 연도별로 보면 1998년 2억 2천달러에서 2002년에는 6억 4천달러로 급증하여 햇볕정책의 정경분리 정책이 이전 한국정부들과의 효율성에 차이가 보였다. 셋째, 교역수지중 비거래성 교역, 즉 금강산사업의 활성화, 비료지원, 경수로 물자, 대북 무상지원의 비율이 1998년부터 급증하여 2002년에는 전체 교역의 47%를 차지하였다. 이것을 통해 한국은 김대중정부 기간동안 4억 6천만달러의 교역 적자를 낳고 있는 것을 보여준다. 결론적으로 북한은 다른 국가들과에 비해 한국과의 교역이 가장 큰 흑자를 보고 있고, 또한 한국과의 교역중 비거래성 교역이 큰 비중을 차지함으로 외자의 가장 큰 근원이 되고 있다.

또 하나의 문제점은 현대그룹의 대북송금대역이다. 남북경제교류의 압장을 섰던 현대그룹은 남북정상회담 개최전 북한에게 4억 5천만 달러를 송금했다. 더 놀라운 사실은 총액 중 1억은 한국정부 대신 송금한 것이다.[28] 그 이유는 북한이 정상회담 이전에 송금을 요구했으나 한국정부는 1억달러의 현찰을 비밀리 마련할 수가 없었다. 한국정부는 현대그룹의 정주영 회장에게 정부 대신 송금을 요청했고 그 대가로 현대가 미래에 차관을 획득하는데 도움을 줄 것을 약속했다. 또한 현대는 금강산관광의 사업을 승인받은 대가로 북한에 6년간 약 9억 4천 2백만 달러를 제공하기로 하였다.[29]

---

[28] Son. p.115.

[29] Son. p. 84.

B. 햇볕정책 시 북한의 비밀 핵개발

북한의 남북경제교류로 인해 경제성장을 이루지만 결국 경제 완화로 비밀리에 HEU 핵개발을 추진하고 있었다. 1999 년 11 월 5 일 미국회내에 공화당 의원들로 구성된 북한 자문 위원회는 (North Korea Advisory Group)은 당시 국회의장 데니스 해스터트(Dennis Hastert) 에게 "현재 북한이 미국 안보에 5 년전보다 더 위협을 갖고 있는가?"라는 질문에 대한 보고서를 제출했다.[30] 이 보고서는 미국의 대북정책이 북한의 포괄적인 위협에 효율적으로 대응하지 못할뿐더러 1994 년 이후 위협의 강도가 높아졌다고 전했다. 그 이유들은 다음과 같다.

a. 식량공급 불투명성

미국은 유엔의 세계식량기구(WFP: World Food Program) 와 민간단체협회(PVOC: Private Voluntary Organization Consortium)는 북한내의 식량공급이 제대로 전달되고 있는 감시가 어려운 실정이라고 보고했다. 이 기구들의 지속적이고 신뢰있는 보고에 따르면 지원식량이 필요한 지역으로 공급되지 않고, 군인, 통금지역(closed regions), 불필요한 수납자 (unintended recipients)에게 전환(diversion)되고 있다고 한다. 식량공급이 되는 지역은 국제기구에게 통제지역인 구역에서 이루어지고 있으며 북한의 통제로 인해 식량공급이 제대로 되고 있는 확인이 불가능하다고 관계자는 보도했다.

b. 중유공급 감시 한정됨 (limited fuel monitoring system)

북한의 전력공급체계(electric power system)의 한계의 따라 중유 공급의 감시도 불가능하다고 지적했다. 북한내의 자주 정전으로 중유를 감시하는 미터기나 기구들을 실시할 수 없게 됨에 따라 중유도 전환되는 실정임을 추측할 수 있다. 예를 들어, 1999 년 1 월부터 4 월까지 지속되었던 정전기간동안 북한은 최고기록의 중유를 소모했다. 이 예는 중유의 전환을 의미하는 것이다.

c. 북한의 대살상무기 (WMD) 프로그램

북한은 1994 년 미북기본합의 (Agreed Framework) 협정 이후 영변과 태천에 위치한 핵시설들은 동결된 것으로 보이나, 여러 미 첩보 기관들의 수집한 정보에 따르면 북한이 핵개발을 위한

30
Report prepared by U.S. House of Representatives. *North Korea Advisory Group, Report to the Speaker*, November 1999.
http://www.gwu.edu/~nsarchiv/NSAEBB/NSAEBB87/nk21.pdf

활동들이 지속되는 것으로 보인다고 보고했다.[31] 현재까지 확실하게 포착된 증거는 2002 년 이후 북한은 8,000 여개의 플루토늄 봉을 전부 혹은 어느정도 처리한 것으로 나타났다.[32] 그러나 더 위험한 것은 고농축우라늄 프로그램이었다. 특히 이미 동결된 플루토늄 생산이 아닌 고농축우라늄 핵개발이 포착되면서 북의 핵개발을 우려했다. 고농축우라늄 핵무기 프로그램[33]은 플루토늄 핵개발과 달리 증거 포착이 어렵고 작은 시설로 가동할 수 있을 뿐만 아니라 핵무기로 전환하기가 상대적으로 쉽기 때문이다.[34] 또한 북한 지역에는 2 천 6 백만톤의 우라늄을 갖고 있으며, 그중 4 백만톤은 실용적으로 추출할 수 있다.[35] 이 증거로 부시 행정부는 켈리 차관보의 방북을 통하여 북한에게 증거를 제시했고, 북한 외교관 강석주는 놀랍게도 핵개발에 대해 시인했을 뿐 아니라, 더 나아가 북한은 더 위력있는 핵무기로 무장하고 있다고 밝혔다. 이후 미국의 강력한 압박에도 불구하고 북한은 핵시설의 동결을 거부하고, 1994 년 동결되었던 영변의 핵시설을 재가동했다. 또한 IAEA 감사관들을 추방하면서 공식적으로 2003 년 1 월 30 일 핵확산금지조약에서 탈퇴하면서 2 차 핵위기가 한반도에 초래하였다.

북한이 HEU 핵프로그램을 추진하고 있다는 증거는 많다. 2002 CIA 가 국회에 제출한 비밀서류에 따르면 북한은 1994 년 이후 고농축우라늄 핵개발을 비밀리로 지속해왔다고 국회에게 보고했다.[36] 더 나아가 최근 포착한 증거에 따르면 농축우랴늄 프로그램을 2000 년부터 시작했다고 지적했다. 2001 년에는

---

[31] CRS Issue Brief for Congress IB91141, *North Korea's Nuclear Weapons Program*, by Larry A. Niksch. March 17, 2003, p.1

[32] Harrison, Selig. "Did North Korea Cheat?." *Foreign Affairs*. 48.1 (2005): 109. Print.

[33] 고농축우라늄 시설의 포착이 어려운 점은 이란의 핵시설을 예로 볼 수 있다. 북한과 비해 상대적으로 개방된 이란에서도 우라늄 핵개발이 공개된 이유도 미국이나 세계의 첩보 기관들이 밝힌것이 아니라 이란의 야당들이 집권당의 핵개발을 언급하면서 문제가 대두됐다. Seife, Charles. "North Korea's Not-so-Hidden Agenda Raises the Ante." *Science* 30 05 2003 : 1358 . Print.

[34] McGoldrick, Fred. "Forcing the North Korean Nuclear Genie Back into the Bottle: Can it be done." *Nautilus Institute* (2003): n. pag. Web. 5 Nov 2009. <http://www.nautilus.org/fora/security/0229A_McGoldrick.html>.

[35] Son. p.147

[36] Untitled CIA classified report for Congress regarding North Korea's possible possession of nuclear weapons and uranium-enrichment program. (November 2002) http://www.gwu.edu/~nsarchiv/NSAEBB/NSAEBB87/nk22.pdf

농축우랴늄 시설에 필요한 관련재료를 수입하고 시설이 2000 년 중반쯤 완공될 경우 무기화 할 수 있는 농축우랴늄을 일년에 2 개이상 생산할 수 있다고 밝혔다. 북한의 핵개발에 대한 의혹이 강해진것은 2002 년 6 월 CIA 가 당시 비공개한 보고서에 따르면 파키스탄의 핵개발 프로그램의 지휘자였던 압둘 콰디어 칸(Adbul Qadeer Khan)박사는 북한에게 원심기 원형(centrifuge prototype)과 청사진(blueprint)을 제공했다고 나타났다.[37]
2004 년의 칸박사는 파키스탄 당국의 심문과정에서 1980 년대 후반부터 북한과 농축관련 거래를 시작했으나 장비와 물자는 1990 년대 후반부터 본격적으로 보내기 시작했고 원심분리기 설계도면과 원심분리기 본체, 농축에 필요한 물품구매목록 등을 전달했다고 진술하였다.[38] 또한 북한은 2003 년 초 독일에서 우라늄 농축에 필요한 알류미늄관 200 톤 수입을 시도하려다 독일에게 적발된 것을 보면 북한의 HEU 프로그램을 적극적으로 추진하는 것을 알 수 있다.

햇볕정책과 북한의 핵개발의 연관성을 종합해보면 다음과 같다. 김대중정부는 남북간의 경제교류협력을 활성화하여 파탄 되고있는 북한의 경제난을 극복하게 도와준다. 이미 지적했듯이 북한의 경제 성장률은 햇볕정책 추진 후 플러스성장을 보이고 있다. 또한, 북한의 무역 상대 국가들이었던 공산국가들의 붕괴에 따라 경제난을 겪고 있었던 북한은 김대중정부 출범에 따라 꾸준히 교역이 증가하면서 2002 년에는 22.2%의 북한교역을 차지하면서 중국 다음 두번째의 교역 국가로 발전했다. 남북교역액도 햇볕정책후 급증하여 1998 년에 2 억달러에서 2002 년에는 6 억달러의 규모를 돌파했다. 구체적인 남북간의 교역을 보면 결국 북한은 1998 년 이후부터 4 억 6,393 만 달러의 교역 흑자를 보고 있다. 결국 한국은 북한의 가장 큰 외자의 근원이 되고 있는 것이다. 더 나아가 현대그룹이 비밀리에 현찰 4 억 5 천만달러를 북한에게 남북정상회담 개최 전 송금한 사실은 북한에게 어떠한 도움이 되었을 지 예측할 수 있다.

그러면 햇볕정책의 남북경제교류 활성화는 북한의 핵개발에 어떤 역할을 하였는가? 북한의 고립된 사회와 여건을 고려할 때, 햇볕정책의 대북지원과 북한의 핵개발의 뚜렷한 연관성을 찾기는 어렵다. 하지만 햇볕정책 추진 이전 북한의 경제상황을 고려해

---

[37] Harrison. p. 108

[38] Sanger, David. "Pakistani tells of North Korean nuclear devices." *New York Times* 14 04 2004 , Print.

봤을때, 북한이 경제적 지원이 없이 자금이 많이 필요한 핵개발을 추진한다는 것은 받아들이기 어렵다.

또한 이미 제시한 바와 같이 북한의 핵개발 증거는 뚜렷하다. 즉, 1994 년 북미기본협정을 통해 핵시설과 핵프로그램을 동결함에도 불구하고 북한은 비밀리하에 고농축우라늄 핵개발을 추진하고 있었던 것이다. 이미 1994 년 전 플루토늄 처리를 통해 핵무기 보유에 대한 의문도 있었지만 북한은 포착하기 어렵고 작은 시설로 가동하기 쉬운 HEU 핵프로그램을 추진하였고 북한 지역에 풍부한 우라늄 광산을 추출하면서 핵무기 개발을 추진해 온 것이다. 파키스탄과의 핵거래를 통해 북한은 국제사회의 관심사, 특히 미국의 눈길을 피하려고 했으나 결국 미국이 제시한 HEU 핵프로그램 증거에 시인하였다. 실제로 금강산 관광사업의 대가로 현대가 지급한 돈 9 억 4 천 2 백 달러의 상당부분이 북한 군대의 현대화와 군 장비 구입에 사용되었을 것이라는 미국 첩보부의 보고서를 [39] 보면 한국의 지원액의 상당량이 북한의 군사력 강화, 특히 핵개발에 악용된다는 증거다. 이런 증거들은 정확한 북한측의 통계가 부족함에 따라 단정할 수는 없지만 유력한 증거라고 볼 수 있다.

북한은 경재재제와 국제의 비난을 감수하면서도 핵개발을 지속하는 이유는 대다수 핵무기 보유국가가 핵을 보유하려고 했던 목적들과 유사하다. [40] 즉, 국방을 위해서는 핵무기 보유가 효율적인 것을 인정하기 때문이다. 북한은 강대국인 미국이 언제든지 북한에게 선제공격을 가할 것이라고 주장해왔다. 그것을 저지하기 위해 재래식 군사력을 강화하는 것 보다 핵무기로 무장함에 따라 미국의 침략 가능성을 약화시키려는 것으로 보인다. 현재 양국의 정상화가 되지 않은 상황에서 어느정도 북한의 대미 위협성을 느끼는 것은 공감이 가는 부분이다.

이런 주장을 토대로 햇별정책을 우호적으로 보고있는 김근식은 [41] 북한의 안보불안 측면에서 남북한 군사적 대치와 미군의 핵공격의 우려가 북한체제에게 항상적인 위협으로 작용하고 있다고 지적한다. 따라서 북한은 안보위협을 해결하기 위해 미국과의 타협을 시도하였고, 결국 북핵문제는 핵을 카드화하여 미국으로부터

---

[39] 신진, . "김대중 정부의 햇별정책과 구조적 한계." *국제정치논총* . 43.1 (2003): 310. Print.

[40] Hymans, Jacques. "North Korea: Threat or Challenge?." *a paper presented at the Dayton Council on World Affairs*. (2003): Print.

[41] 김근식. p.39.

주권보장과 생존을 동시에 보장받으려는 북한과 핵비확산이라는 국제규범을 고수하고 불량국가 북한을 근본적으로 전환시키려는 미국 사이의 오랜 대결관계의 산물이라고 주장하고 있다. 특히 김대중정부의 대북포용정책은 북한의 핵실험을 근거로 실패한 정책이 아니라 미국의 대북 정책이 포용이 아닌 봉쇄와 압박으로 정착되면서 발생한 북미관계 문제라고 지적한다. 더 나아가 실질적으로 김대중정부의 대북 포용이 북한의 협조를 가져오고 미국 클린턴 정부의 대북포용과 협상의 노력이 북한의 순응을 가져왔으며 오히려 김영삼정부와 부시정부의 강경과 압박이 북한의 더 큰 강경과 대결을 야기했다고 한다.

　　그러나 이 논리의 큰 오류는 김대중정부의 경제협력추진이 북한에게 가져온 영향을 과소평가하는 것이다. 즉 북한의 비밀리하에 추진되었던 HEU 프로그램은 미국정부의 협상과 노력을 보여준 클린턴 행정부 시기때와 강경노선을 구사하던 부시정부하에 추진된 핵개발이었던 것이다. 미국과 한국의 대북정책 노선과 상관없이 북한은 핵개발을 지속적으로 추진한 것이다. 결국 김대중정부의 온건한 대북포용정책은 북한의 핵개발을 지원했을 뿐만 아니라 미국의 대북강경정책을 낳은 것으로 볼 수 있는 것이다. 따라서 북핵문제가 현재의 상황이 된 토대를 마련한 정책은 김대중정부의 햇볕정책이 상당한 영향을 미쳤다고 볼 수 있다.

V. 결론

　　김대중의 햇볕정책은 남북교류의 협력을 통해 한반도가 갇혀있던 냉전시대의 구조에서 벗어나 화해와 협력으로 북한의 변화를 유도하려는 획기적인 정책이었다.
햇볕정책의 목적은 북한 체제의 개혁과 개방을 유도하고 남북간의 화해와 협력을 통해 평화체제를 정착시키고 평화공존의 가능성을 높여 궁극적으로 평화적인 통일을 이루는 것이다. 이런 목적을 달성하기 위한 노력은 충분하였던 것 같다. 일관성있는 정책에 따라 정치적인 대화와 장관급 회담의 증가를 통해 양국 정권간에 유화한 자세를 가져왔을 뿐 아니라 정부의 기본적인 대북자세와 정책의 변화를 통해 민간차원의 경제교류를 적극적으로 지원했다. 금강산사업을 통한 방북한 국민들은 늘어났고 개성공단의 기초사업을 통해 궁극적인 남북경제교류의 활성화를 가져왔다. 이산가족상봉을 적극적으로 추진하여 많은 가족의 만남을 가져왔다. 더우기 2000 년 남북정상회담의 개최는 역사적인 양국의 정상 만남을 가져오며 한반도의 평화와 온 국민들의 희망인 통일이 눈앞에 다가온 것처럼 느끼게 만들었다. 그러나 그런 성과와 국민들의 희망에도 불구하고 햇볕정책의 경제적 지원은 결국 북한의 핵개발을 지원하게 되었다.

김대중 정부는 1999년부터 북한의 HEU 핵개발의 노력에 대한 정보를 미국과 같이 공유하고 있었다. 2002년 미국이 구체적인 증거를 제시했음에도 김대중 정부는 남북관계의 변화를 추구하지 않았다. 결국 햇볕정책의 추진과제 중 상호주의를 견지해야 할 상황에 대처하지 못하고 결국 인내만으로 북한의 변화를 기다리고 있었다. 즉 탄력적인 상호주의를 고수하였지만 제대로 적용되지 않은 것이다. 근본적으로 핵개발을 지원하게 된 것이 교류협력정책을 추구한 햇볕정책이란 것을 깨닫지 못한 것이다. 그 이유는 김대중 정부의 대북 평가가 현실적이지 않고 너무 이상적인 시각으로 바라본 것에 기인하는 것이다. 궁극적으로 한반도는 핵위기 속에서 구속되어 해결의 실마리를 찾지 못하고 있는 것이다.

합리적인 대북정책은 팃포탯(tit-for-tat) 전략을 구사해야 한다. 즉, 김대중 정부의 무조건 퍼주기나 북한의 위협적인 태도에 묵인하는 태도가 아닌 잘못된 행동에는 그에 따른 불이익을 제공하고 협조에는 그만큼 대가를 제공하는 전략을 펴야 한다. 그 동안 북한이 조성한 현실적인 안보 위협을 인식하고 그 위협의 원인이 경제적인 이유라는 것을 깨달아야 한다. 햇볕정책에 따라 북한의 경제 파탄이 완화되고 경제적 지원이 없었으면 핵개발이 이루어졌을까하는 의문이 간다. 핵개발에 대한 의지가 아무리 강하다해도 자본이 없으면 이루어질 수 없는 것이다. 결국 북한은 햇볕정책이란 경제적 지원을 얻기 위해 인도적, 정치적인 lip service를 보여주면서 결국 햇볕정책의 자본을 통해 핵개발을 지속한 것이다.

북한의 핵무기 개발과 그것을 통해 한반도에 위기가 고조되는 것을 막아야 한다. 그러기 위해서는 북한과의 관계에서 좀 더 적극적이고 강력하게 핵개발의 위험성이 한반도의 평화와 궁극적으로 공존에 어려움을 가져온다는 것을 강조하기 위해 남북경협 및 대북 경제협력과 연계시켜서 북한에게 압력을 가해야 할 필요가 있다. 앞에서 언급했듯이 김대중 정부의 햇볕정책을 통해 대북지원과 교류를 증가했음에도 불구하고 북한의 대외정책의 변화없이 군사적 위협이 이전처럼 지속되고 있다는 것은 햇볕정책의 비효율성을 보여준다. 한국 정부의 대북정책은 일관성있는 상호주의에 견지하여 북한과의 협조를 제도화하고 당근과 함께 채찍도 망설임없이 활용한다는 태도를 보여야 향후 남북관계의 발전에 도움이 될 것으로 보인다.

참고문헌

김대중. 『한국과 아시아: 에세이, 연설문, 토론문 모음집 』서울 :
   아태평화재단 , 1994. 33. Print.

김근식. "대북포용정책과 강경정책의 효과 비교: 1,2 차 핵위기를
   중심으로." *한반도와 동북아 평화: 참여정부 출범 4 주년 기념
   심포지움.* (2007): 35-65. Print.

김용복. "김대중정부의 대북정책과 남북관계: 쟁점과 평가." *동북아
   연구.* 8.0 (2003): 97-117. Print.

신진. "김대중 정부의 햇볕정책과 구조적 한계." *국제정치논총* . 43.1
   (2003): 295-316. Print.

송대성. "동북아 안보와 북한." *경제와 정책.* 9. (2001): Print.

염동용. "김대중정부의 대북정책 평가." *통일전략.* (2002): 55-77.
   Print.

어버더퍼, 돈. 『두개의 한국』Ed. 이종길. 서울: 길산, 2002.

유호열. 『북한의 사회주의 건설과 좌절 』서울: 생각의 나무 ,
   2004 . Print.

정경환. "김대중정부 대북정책 평가와 향후 과제." *통일전략.* 2.2
   (2002): 79-103. Print.

정해구. "김대중정부의 대북정책과 남북 경제협력: "현대" 사례를
   중심으로." *북한연구학회보.* 9.2 (2005): 215-234. Print.

<www.nautilus.org/fora/security/0236A_Wolfsthal.html. >.

통일부, "국민의 정부 5 년: 평화와 협력의 실천," 통일부, 2003

_____, "북한의 이해 2008," 통일부, 2009

_____, 『 통일백서 』 통일부, 1998.

_____, 『 통일백서 2003 』 통일부, 2003.

"북, 유엔결의 반발… 우라늄 농축 등 선언." *한겨레* 13 06 2009,
Print.

"북, 2 차 해실험 …1 차 (2006 년 10 월)보다 훨씬 강했다."
조선일보 26 05 2009, Print.

Harrison, Selig. "Did North Korea Cheat?." *Foreign Affairs*. 48.1 (2005):
   Print.

Hymans, Jacques. "North Korea: Threat or Challenge?." *a paper presented
   at the Dayton Council on World Affairs*. (2003): Print.

Kang, In-Duk. *Peace and Prosperity Policy and Peace Regime on the Ko-
   rean Peninsula: The Limits of Coercive Diplomacy in Korean Peninsu-
   la* . Seoul: IEAS , 2005 . Print.

Lee, Young-Hoon. "An Analysis of the Effect of North Korea's International-al and Inter-Korean Trade on Its Economic Growth." *Bank of Korea* . (2005): Print.

McGoldrick, Fred. "Forcing the North Korean Nuclear Genie Back into the Bottle: Can it be done." *Nautilus Institute* (2003): n. pag. Web. 5 Nov 2009.
<http://www.nautilus.org/fora/security/0229A_McGoldrick.html>.

Son, Kye-Young. *South Korea Engagement Policies and North Korea*. New York: Routledge, 2006. Print.

Sanger, David. "Pakistani tells of North Korean nuclear devices." *New York Times* 14 04 2004, Print.

Seife, Charles. "North Korea's Not-so-Hidden Agenda Raises the Ante." *Science* 30 05 2003 : 1358 . Print.

Wolfsthal, Jon. "Getting Back to Go: Re-establishing a Freeze on North Korea's Plutonium Fuel Cycle." *Nautilus Institute* (2003): n. pag. Web. 10 Nov 2009.

제한적 합리적 선택론에 입각한 북한의 탈냉전시대

케빈 세파트 (Kevin Shepard)

MA, Korean for Professionals, University of Hawaii at Manoa, 2009
PhD, North Korean Studies, Kyungnam University, 2009
MA, International Policy, University of Sydney, 2001
BS, Economics, Excelcier College, 1999

NORTH KOREA'S POST-COLD WAR U.S. POLICY AND BOUNDED RATIONALITY

The rationale behind North Korean policies toward the United States has remained a mystery to, and a thorn in the side of, politicians and scholars, alike. When assessing Pyongyang's foreign policy, it is necessary to recognize the unique mechanisms through which, and the environment within which, these policies are made; one need not agree with a decision to find it rational.

This dissertation defines rationality in the context of North Korea's policy regarding the United States at the end of the Cold War. Bounded Rational Choice Theory helps to shed light on Pyongyang's unique foreign policy-making environment. North Korean decision-makers are rational in the same sense as those in other states in that they act optimally in pursuit of their goals. Rationality *in the context of North Korea*, however, is unique due to the combination of factors influencing the evaluation and subsequent ordering of those goals in Pyongyang. Even in socialist regimes, individual, domestic interests play a role in policy making, despite their totalitarian nature. Strict control mechanisms in North Korea even further discourage high-level discourse and 'inter-office' cooperation. This has led to contradictory policies, but analysis of the role of socio-cultural and structural factors impacting North Korean decision-makers still evidences rationality.

Specifically, it is evidenced that North Korean decision-makers seek to maximize utility, but that their interests do not align perfectly with those of the state. Compared to either other democratic or socialist governments, a Pyongyang decision-maker faces greater domestic political hazard of appearing either strong or wrong, places relatively high value on experience due to the paucity of information and discourse; and operates only within the realm of a *Juche*'-appropriate 'win-set'.

Understanding these bounds within which North Korean decision-makers must operate, the influences on their judgment of risk and reward, and their prioritization of interests allows us to better predict future DPRK strategy, as well as Pyongyang's reaction to policies of the U.S. and actions of the international community.

1. 서론

본 논문은 북한의 탈냉전시대 대미정책내에 있는 합리성을 밝힘으로써 북한의 대미 정책 결정 과정을 해명하는 데에 기여하고자 한다. 이 연구 분야에서 철저한 분석은 아직 많이 찾아 볼 수 없다. 선행 연구는 현실주의적 입장으로 접근해서, 북한이 비일관적인 정책을 추구하는 것처럼 나타냈다. 그러한 이유로서 서양학자들은 북한 외교 정책의 기준이 없다고 결정하거나, 또 미국의 대북 정책 또는 정책 이외의 협상 방식에 대해 충분하게 연구하지 못했다. 그러나 국내 원인도 국외 원인처럼 중요하며 북한이 핵 프로그램과 선군정책이란 탈냉전시대 외교정책과 특히 대미정책을 추구하기 때문에 현실주의적 모델이 잘 맞다고 가정하기 쉽지만 그런 것은 밖에서 보기 때문이다. 다른 입장으로, 정치 결정자들의 개인적 시각에서 본다면 북한의 대미 정책에는 사리에 맞는 점이 있을 뿐만 아니라 다른 '불합리적'으로 평가된 행동도 이미 계획 되어 있음을 알게 된다.

연구의 배경

북한은 외교정책을 원래의 목적에서 조금씩만 바꾸어 왔다. 북한은 정당성, 안정성과 통일에 중점을 둔 것으로 보인다. 이것을 인정하지 않기 때문에 어떤 사람들은 북한의 정책과 행동을 오해하여 '불합리적' 또는 '별난' 것이라고 한다. 고병철(B. C. Koh)은 이를 이해하기 위해서는 심리학적인 환경은 이데올로기와 역사를 포괄해서 노르마(norm)와 일체감(identity)을 인정해야한다고 주장한다.[1]

탈냉전시대에도 북한은 여러가지 전술을 바꾸기는 하였지만 기본적으로 같은 목적을 갖고 있었다. 소련과 중국의 원조가 10년 전부터 점차 줄어들고 있고 사회주의망이 붕괴했을 때 북한의 병참선과 무역망도 붕괴해서 북한은 취약한 처지에 있었다. 1990년대 중반의 식량위기와 세계적 원조 이전에도 북한의 개발 시도를 볼 수 있지만 냉전시대 시각을 완전히 벗어나지는 못했다.

1990년 초반에 북한의 대미정책은 변화됐다. 1989년 사회주의망의 붕괴 후 2년동안 북한은 한국을 독립적인 나라로 인정하여 유엔에 가입하고 일본과 미국과의 관계를 정상화 하기로 했다. 북한은 정당성을 중요하게 생각한다는 점을 -특히 한국과 비교하여- 각 연구자들이 인정하고 당시에 북한 국내 엘리트층의

---

[1] Koh Byung Chul (ed.), *North Korea and the World: Explaining Pyongyang's Foreign Policy*, (Seoul: Kyungnam University Press. 2004).

사회적, 관계적인 특징, 정책입안자들의 개인 이익과 목적들, 그리고 결정 체계와 과정을 고려하여 북한의 외교정책을 재평가할 때, 이 정책이 별난 것이 아니라 이익을 추구하는 합리에 따라 나타난 것임을 알 수 있게 된다. 북한은 자국 태도를 주관적 프리즘(attitudinal prism)을 통해 평가해 왔는데, 적극적인 행동에 대해서는 적극적으로, 부정적 행동에 대해서는 부정적으로 대처해 왔다. 중요한 것은 북한을 꾀짜 변수로 무시하기 보다는 북한 정책 입안자의 결정을 제한하는 요소를 찾아서 그들의 입장을 인정해야 한다.

연구의 목적과 한계점

본 연구의 주목적은 북한의 탈냉전시대 대미정책 원인의 제한적 합리성을 밝히고자 하는 것이다. 북한외교정책을 북한 정책 입안자의 시각으로 접근하면 북한 정권에 이데올로기, 정권과 결정체계, 그리고 태도의 프리즘이 미친 영향을 인정하게 됨으로써 북한의 탈냉전시대 대미정책을 제한한 합리론과 맞출 수 있게 된다. 본 논문에서 필자는 1990년대 초기의 북한의 대미 정책을 중심에 두고 분석하고자 한다.

선행 연구와 연구 방법

북한외교론 연구에서는 주로 2 개의 결함이 있다. 하나는 현실주의적 접근이고 다른 하나는 관련된 '경상 (鏡像) mirror imaging' 추세이다. 북한 연구에서는, 냉전시대 러시아 연구의 결함이 된 Kremlinology 에 "그들은 우리와 같은 사고 방식이 있다"라는 것을 재생산해서는 안된다고 생각한다. 이 두 결함이 북한에 대한 부족한 소식과 정보 때문이지만 현실주의적 접근이 변화되어 노르마들을(norms) 포괄하는 입장으로, 증거를 재분석하고 국내 원인과 정책 입안자의 합리적 제한의 영향성을 인정한다면 평양 외교정책의 원인을 아는 것이 가능하다.

노벨상 수상자 허버트 사이먼(Herbert Simon)에 따르면 "'합리적'이란 용어가 '어떤 상황에서는 구체적 목적에 맞춰졌던 행동'이다." 그러나 정치학 문제에 사용하면 합리의 제한을 고려해야하며 "선택하는 기관의 목적, 정보, 상황에 대한 시각, 그리고 그의 가지고 있는 정보로부터 결론을 끌어내려는 [북한 정책 입안자들의] 노력을 알아야 한다."[2]

---

[2] Herbert A. Simon, "Human Nature in Politics: The Dialogue of Psychology with Political Science," *The American Political Science Review*, Vol. 79, No. 2 (Jun. 1985), p. 294.

북한 정책 입안자들이 어떤 합리성의 제한을 당하고 있는 것인가? 라는 문제를 살펴보기 위해 북한의 엘리트층의 특징을 분석하고자 한다. 고병철에 따르면 외교 분야를 국내와 국외로 분리하고 심리분야를 개인적 태도의 프리즘 (attitudinal prism)과 엘리트 시각 (elite images)으로 분리할 수 있다.[3] 이 부분적 한계는 현실주의에 중점을 둔 경제, 군사, 그리고 정치 원인으로 분리된다. 북한에서 이 프리즘 통해서 정책 입안자들이 국내외 상황을 보고 평가한다. 북한에는 북한에서만 유일하게 볼 수 있는 사회적, 이론적, 역사적, 그리고 체계적 원인들이 있기 때문에 북한에서만 사용할 수 있는 프리즘이 있다.

특수한 사회 원인, 이데올로기, 그리고 역사는 이 프리즘에 영향을 미친다. 사회 체제, 역사, 공동 가치, 성격, 태도, 사회적 위치와 정당성의 일체 등 원인들을 분석한 연구가 있다(Koh, Suh, 고우환, 정구섭).[4] 그리고 주체사상, 일본 식민지 상태, 소련의 후견 상태, 6.25 전쟁 패배, 사회주의망의 붕괴, 한국과 경제적 경쟁 불가능 등 국가 정당성과 안정성의 중요성에 대한 입장에 거대한 영향에 대해 살펴본 연구가 많이 있었다(Kim, Sung Chull; Kim, Tae-Seo; Koh, Byung Chul; Kurata, Hideya; Chong, Bong-uk; Cumings, Bruce).[5]

---

[3] Koh, "North Korea and the World."

[4] Ibid; Suh Dae-sook, "The Organization and Administration of North Korean Foreign Policy," in Robert A. Scalapino and Hongkoo Lee, eds. *North Korea in a Regional and Global Context.* (Berkeley: Institute of East Asian Studies, University of California, 1986); 정구섭, "김정일 시대의 외교정책: 지속과 변화," *김정일 체제와 북한의 진로*, 북한연구학회 1999 년 하계학술회의 논문집 제 1 권, 1999 년 6 월 25 일.

[5] 경남대학교 극동문제연구소, *북한현대사 I* (서울: 한울 아카데미. 2004); Kim Sung Chull, "Adaptive Process of the North Korean Political System in Times of Regime Crisis," *The Korean Journal of National Unification*, vol. 6, 1997; Kim Tae-Seo, "Changes in the North Korean Power Structure, and the Kim Jong-Il Regime on a New Track," *East Asian Review*, vol. X, no. 4, 1998; Koh Byung Chul, "Trends in North Korean Foreign Policy," *Journal of Northeast Asian Studies*, vol. XIII, no. 2, 1994; Kurata Hideya, "The International Context of North Korea's Proposal for a 'New Peace Arrangement': Issues after the U.S.-DPRK Nuclear Accord," *The Korean Journal of Defense Analysis*, vol. VII, no. 1, 1995; Chong Bong-uk, *North Korea, The Land That Never Changes: Before and After Kim Il Sung,* (Seoul: Naewoe Press, 1995); Congressional Research Service, Korea: "Procedural and Jurisdictional Questions Regarding Possible Normalization of Relations with North Korea," Washington D.C.: The Library of Congress, November 29, 1994; Bruce Cummings, *Divided Korea: United Future?* (New York: Foreign Policy Association, 1995).

이 원인들은 정책 전문가들의 태도와 성격에 영향을
미친다. Herbert McClosky 의 성격과 태도 정의를 사용하고자
한다. 태도는 어떤 것을 평가 또는 대응하는 성향이 있어, 이 성향은
경험에 따라 만들어진다. 성격은 여러가지 면에서 대응하는 경향이
있다. McClosky 는 태도와 성격에 대한 조사에서 고립주의와
침략성의 관계를 밝혔다. 또, 독재주의적 추세를 가진 사람들의
적개심, 파라노이아, 염세, 독재주의, 두려움, 분노 등의 위험적
성격을 가지고 있다고 했다. 이 조사에 따르면 이런 성격은
고립주의적 경향이 있다. 어떤 사람이 독재주의적 정권 속에서
성공하려면 이러한 성격이 필요할 것으로 보인다.[6]

이제까지 설명을 요약하면, 북한의 사회적 특징과 체계를
분석한 연구와 그의 외교정책을 살펴본 연구가 있지만 특징과
체계를 바탕으로 외교정책 결정 과정 모델을 구성해본 연구는
부족하다고 할 수 있다. 본 연구는 McClosky 와 고병철의
분석방법으로 북한 대미 정책 입안자의 합리성을 제한하는 원인을
모색하고 북한의 대미 외교정책을 Simon 의 제한 합리적 이론의
입장으로 평가하고자 한다.

북한의 대미정책 결정 과정

이 부분에서는 북한의 외교정책 결정 과정의 이해를 돕고자 그
체제의 특성을 분석하고자 한다. 이를 통해 결정자의 이익, 성격,
그리고 의견을 이해하도록 한다. 북한의 대美 외교정책 결정 과정에
영향을 미친 요인들은 대미 정책 과정에 있는 것만은 아니고
그렇다고 북한에서만도 있지 않다. 그렇지만 이러한 요인들이
북한의 대미 정책에는 직접적으로 영향을 미친다. 그리고 그것이
여러가지 방법으로, 여러 차원에서 영향을 주게 된다. 어떤 요인들은
단지 결정자의 선택권이나 이슈에 관한 범위를 제한하며 다른
요인들은 결정자의 그런 이슈들과 선택들에 대한 시각을 형성한다.

이것은 위험성과 보상, 가능성과 정당성에 대한 평가에 영향을
미친다. 다른 요인들은 결정자의 우선시 과정에 영향을 미친다. 정권
사상과 기존의 정권, 정당의 정책은 주로 공식적 국익을 정의하지만
결정자는 국익을 개인적이고 전문적인 이익과 비교하여 차이를
줄이도록 최소한의 필요 조건을 추구한다.

---

[6] Herbert McClosky, "Dimensions of Tolerance," Russell Sage Foundation,
1983.

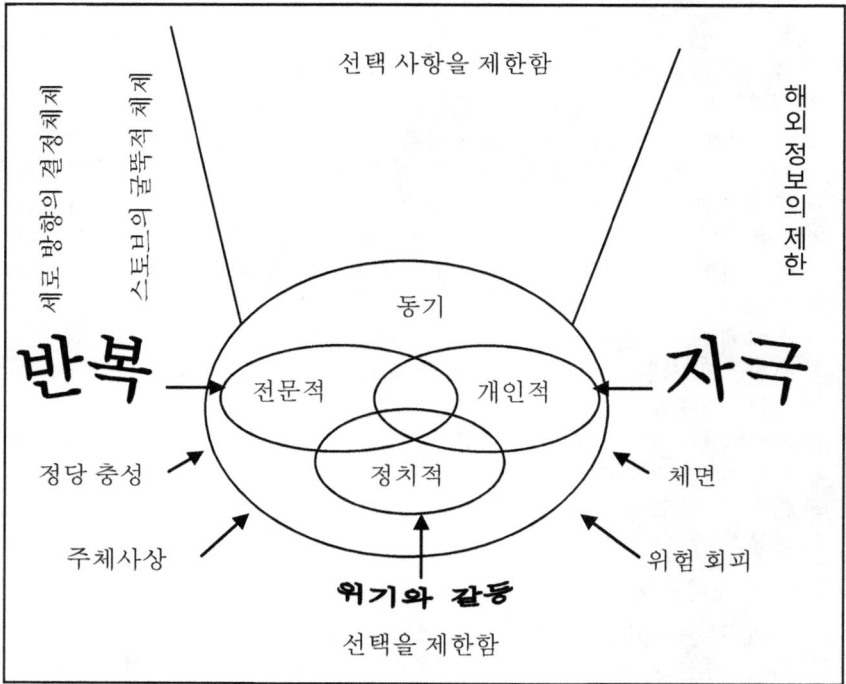

동기

전문적　개인적

정치적

반복　→

→　자극

세로 방향의 결정체제

스토브의 골목적 체제

선택 사항을 제한함

해외정보의 제한

정당 충성

주체사상

체면

위험 회피

위기와 갈등

선택을 제한함

<표 1. 북한 외교정책에서의 영향 차원>

이 사실은 다른 국가에서보다 북한에서 더 명백하다. 왜냐하면 북한에서는 고위층 논의와 정부를 평가하고 피드백을 주는 비정부적 기관이 사실상 없기 때문이다. 중국과 소련을 포함한 다른 국가들에서는 이러한 논의와 평가가 개인적, 국가적 이익에서의 차이 문제 해결 과정에 유리하다.

소련과 중국의 엘리트는 이익을 추구하도록 논의와 설득을 할 수 있으며 북한 결정자는 개인적이나 국가적 이익을 추구하기 위해 와전, 오보 등에 상대적으로 더 의존해야 한다. 이러한 행동은 국익에 손해를 입힌다. (표 1)은 북한에서의 외교결정과정의 요인과 영향력의 범위를 보여준다.

　　위에 설명한 McClosky 의 연구를 비롯하여 수많은 북한의 독재, 고립된 정권, 그리고 그 정권의 정책결정과정에 관한 경험이 많은 탈북자들의 증명에 따라 평양에서 정책결정자들의 일반 성격은 어느 정도의 적개심이 있고 이로 인해 파라노이아, 염세, 독재주의, 우유부단함에 대한 비난, 그리고 약자를 굴욕적으로 다스린다.

이 이론은 Victor Kuznetsov 의 소련 엘리트의 성격 묘사로 뒷받침 된다. Ralph Hassig 은 Kuznetsov 의 묘사가 북한 엘리트에 작용했으며, 북한 엘리트가 "대체로 표면상 편파적으로 교육되고, 냉소적이고, 위선적이며 제멋대로의 사람이다"라고 평가한다.[7]

남한으로 온 탈북자들의 증거를 근거로 보면, 김정일의 성격은 "기본적 나르시스즘", "거의 모든 것과 모든 사람들을 개인주의적인 입장에서 본다"라고 할 수 있다.[8]

안잔일, 현성일, 최성, 김동수 등 전 북한 정책 결정자등의 증명은 McClosky, Hassig, 그리고 Kuznetsov 의 엘리트 이미지를 확증한다.[9] 게다가 최진욱은 북한에서 고위층 정치적 기관들이 다른 사회주의 국가들보다 적게 논의되고 있다고 평가하는데, Katherine Verdery 는 더 약한 정권들이 더 강하게 제한한다고 하는 분석결과를 나타내었다. 그에 따라 북한에서는 정권이 더 약해질 때 그에 따른 더 강한 제한 수단이 필요하게 됨에 따라 경쟁적으로 무장 해야하는 것을 고무시켜 왔다.

그래서 조직적, 사회적, 그리고 문화적 요인들이 북한 결정자들을 제한한다고 할 수 있다. 조직적으로, 피드백과 논의가 없는 상태는 결정자의 들을 수 있는 정보도 제한한다고 할 수 있다. 이렇게 제한된 정보는 선택권을 압박하며 시사에 대해 더 적게 이해하게 하고 어떠한 결정과정에서 오산의 가능성을 높인다. Verdery 의 연구에 따라, 상대적으로 평양의 정치적으로 약한 상태는 북경이나 모스크바보다 그 가능성이 더 사실적이라고 할 수 있다.

북한 정책 결정자들의 정보 부족은 그 정권의 제대로 된 체제와 함께, 받을 수 있는 정보의 가치를 증가시키고, 결정자들이 상대적으로 자기들의 국내적 위치를 강화하기 위해 정보를 수집(horde) 하게 된다. 다른 사회주의 국가들은 북한만큼 정부를 제한하지 않았다.[10] 탈냉전시대에서 남은 사회주의 국가들 중에

---

[7] Ralph C. Hassig, "The Well Informed Cadre," in Hassig (ed.), *North Korean Policy Elites*, p. III-5.

[8] Jerrold M. Post and Alexander George, *Leaders and Their Followers in a Dangerous World,* (Cornell: Cornell University Press, 2004), pp. 249-255.

[9] 안잔일 (편), *10 년 후의 북한,* (서울: 인간사랑, 2006); 현성일, *북한의 국제전략과 파워 엘리트* (서울: 선인출판사, 2007); 최성, *북한정치사: 김정일과 북한의 권력 엘리트* (서울: 풀빛출판사, 1997); 김동수, *북한의 대국제기구 외교정책 변화 연구* (경남대학교북한대학원 석사 논문, 2004).

[10] 1990 년대 쿠바의 관광산업이 거의 20%로 증가했고 이제는 '쿠바 경제의 받침'이다. *Havana Journal,* http://havanajournal.com/travel/entry/the-state-of-cuban-tourism

북한만 유독 정부를 제한할 뿐만 아니라 북한만 북한내 관광을 국가 예산에 포함시키지 않는다. [11]

그것뿐만 아니라 국내 요인들은 결정자들이 위험을 꺼리고 보수주의적이며 변화에 대해 신중하게 행동하는데 영향을 미친다. 틀린 행동뿐만 아니라 다른 행동에 대해서도 중대한 위험이 따른다. 정치적으로 성공하는 북한 결정자들은 관망하는 기회주의자이다. 그들은 김정일에게 충고할 때에 김정일이 벌써 아는 사실들 중 가장 유리한 바를 선택하는 사람이다. 김용남 최고인민회의 상임위원장이 대표적인 예이다.

사회-문화적 요인들은 북한 결정자의 체면을 강조하게 한다. 이렇듯 국내에서, 그리고 다른 국가들과 함께 논의하면서 북한 결정자의 체면을 세우기 위해 노력하는 것을 볼 수 있다. 이 사회-문화적 요인들은 권위에 도전하지 않고 지휘계통을 강조하게 하고 상사와 다르게 생각하는 사람을 심하게 처벌하게 한다. 북한 결정자들은 주권과 자주 (주체 사상)를 우선시하고 국외 세력에 대해서도 의심하며 다른 국가들의 의도도 쉽게 믿지 않는다. 또, 결정과정에서 환경이 촉진하는 경쟁은 고립주의자의 적개심, 편집병, 그리고 염세를 부채질하게 된다. 이로 인해, 정부의 부족과 함께, 협력을 좌절시키며 관계 부처의 협동적 준비나 제안의 기회를 제한한다. 탈냉전시대에 대부분 북한 협상은 국내-외 변수에 대응하기 위해 북한의 반일(反日)주의와, '고래싸움에 새우등 터진다'는 식의 위기적인 분위기를 한반도에서 조성해 왔다.

지난 60 여 년 동안, 북한은 국제사회에서 남한과의 유일한 적법성을 위해 경쟁하고 있으며 냉전의 종전이 그 사실을 바꾸지는 않았다. 이로 인해 북한 결정자는 북한의 이론과 중요성에 대해 더 과대하게 생각하고 있다고 예측할 수 있다.

이런 요인들이 국내외 정치적, 사회적 관계에 북한 결정자가 국익과 개인적 이익을 위해 위험 회피적이고 (risk averse), 보수적이며, 의심적인 최소한의 현상유지를 우선시하게 한다. 그는 애매하거나 장기적인 협약을 회피하고 앞에서의 담보를 필요로 한다.

-with-statistics/ 2009 년 11 월 10 일에 접근; 냉전의 종전부터 1994 년까지 중국의 관광이 18.8 억 달러부터 73.23 억 달러로 증가했다.
http://www.cnto.org/chinastats.asp#4 2009 년 11 월 10 일에 접근;라오스는 '관광산업이 정부의 경제적 도구들 중 하나'라고 공식적으로 발표했다.http://www.latalaos.org/show_content.php?newsid=5 2009 년 11 월 10 일에 접근.
[11] 북한에서는 관광산업이 있기는 하지만 관광자들이 심하게 통제되고 북한 공무원인 '안내인'들이 북한 인민과 접근을 적극적으로 제한한다.

자신의 삶을 위해 개혁적 제안을 회피하고 대신에 현실적인 업적을 추구한다. [12]

그 결정자들이 충의를 보여주기 위해 다른 당국자들에게 도전함과 동시에 자신보다 힘이 더 세거나 보다 지위가 높은 당국자가 자신을 적으로 보지 않도록 동질화되어야 하는 양분법을 이해한다. 북한에서 혁명 정신은 격려되지만 김정일의 혁명에 관련해서만 격려되며 결정자들이 정당의 강령에 대해 충의를 표한다.

이로 인해 결정자들이 국가 자율을 우선시하고 국내-외 관계들의 균형성을 기본으로 추구한다. 유일한 정책이나 전략을 제시하기 전에 고위층으로부터 허락 여부를 재확인하며 김정일 정권과 직접 관련되지 않은 목적에 찬성하는 관계나 정책을 보여주지 않으려 한다. 게다가, 행동을 저해하는 '비자극 (disincentive)'들이 개인과 전문적 위험감을 주입하며 정보부족문제가 의심과 이기주의를 촉진하고 북한 정권이 전체적으로 나르시스즘을 야기하는 환경을 부추긴다.

이 요인들은 결정자가 정권보다 덜 유식하고, 더 적게 권한을 부여받고 더 위험 회피적인 결정자이게 만든다. 지도권은 국익을 결정하며 그 국익이 더 보수적이면 결정자가 국익과 더 일치될 수 있다. 북한이 제 3 세계 국가와 비동맹 국가들과 협력하거나 남한과 미국에게 벼랑끝정책을 이용할 때 이러한 상태를 볼 수 있다. 그러나 북한 정권이 더 불안한 관계를 추구할 때 결정자들이 국익을 채우는 것보다 국익을 최소한의 필요 조건으로 추구하고, 결정자는 국익과 국내 정치적 위험, 개인적 위험을 저울질한다. 탈냉전 초기에 북한의 대미정책이 포용으로 변화되었을 때 그러한 행동을 볼 수 있었다.

그래서 합리적인 북한 결정자는 대미 외교정책결정을 최적화할 때 다른 정부 기관에게 조언을 구하지 않고 가장 믿을 수 있는 (제한된) 정보를 기본으로, 김정일이 받아들일 수 있는 자주성과 북한의 주권을 강조하고 미국의 목적에 도움이 되지 않은 제안을 제시한다. 이로 인해 간부들이 제안을 지지하고 계속 고위층의 귀에 들어 가게 된다. 북한의 대미 정책은 미국이 주목하도록 하기 위해 군사충돌 경험에 의존하고 있다. 대미 군사갈등의 성공적 경험과 결정자의 국내 이익 추구 때문에 새로운 대미 전략을 모색할 때 결정자는 벼랑끝정책을 이용하여 균형성을 맞추기 위해 노력,

---

[12] Seong-Chang Cheong, "Kim Jong Il's Military-First Politics and a Change in the Power Elite," in Haksoon Paik (ed.), *North Korea in Distress: Confronting Domestic and External Challenges* (Seoul: The Sejong Institute, 2008).

그리고 마지막 순간에 태도를 바꾸는 계획이 위험하지 않다고 믿는다.[13]

그리고 워싱턴과 협상하는 데에 있어서 북한은 어떤 프로그램 등을 양보하지 않으려면 그 프로그램을 드러내지 말아야한다. 푸에블로호 사건을 제외하면 북한은 개개의 프로그램이나 사건을 이용하여, 미국과의 이해관계를 만들도록 했을 때마다 마지막 순간에 그 프로그램이나 사건에 대해 양보했었다.[14]

그리고 그 제안을 제시할 때 정부 하부층에서는 전에 지지했던 정책을 뒤집을 수 없으며 전 정책의 실패를 인정하지 못한다. 북한 결정자들은 현실적 결과를 모색하는 동시에 미국의 대북 영향을 최소화하는 전략을 제안하며 미국이 양보하거나 타협하면 이를 믿지 못한다. 그리고 워싱턴과 평양이 평등한 정부라고 강조한다.

북한 결정자는 개인적, 전문적 위치를 위해 어떤 제안이 사상과 정권의 정책에 잘 맞도록 정리하며, 그 결과가 국익을 위해 가장 좋은 제안이지 않을 수 있지만 비합리적이기 보다는 국익이 아닌 개인 이익을 중심으로 된 제안이라고 할 수 있다. 북한정책결정과정에서 합리성은 국익을 최적화하는 보상이 국내 정치적 위험성보다 더 커질 때만 추구하는 것이라고 할 수 있다.

Andrew Scobell 이 '경상주의란 술책에 빠지고 평양에서 있는 정치가와 워싱턴이나 런던에 있는 정치가가 비슷하게 생각한다고 하면 김정일이 미쳤다라고 결정할 수 있다'라고 주장한다. 문맥에 넣었던 제한한 합리론을 통해 북한의 탈냉전 초기 대미정책은 Scobell 의 주장한 바를 뒷받친다. 국제무대에서 북한 결정자들의 행동이 비합리적으로 보일 수도 있지만 북한의 국내 정치체제와 정세의 문맥에 따라 결정자 자신의 입장으로 보면 평가의 기준이 합리적이라고 할 수도 있다.[15] 김정일을 비롯하여 북한 결정자들의 행동은 합리적일 뿐만 아니라 성공적이라고도 평가할 수 있다. 북한의 우선 순위을 고려하면 김정일 정권이 15 년 동안 유지되어 왔고 '고난의 행군'과 체제적 경제위기들을 극복하면서 훨씬 더 많은 세력, 영향력, 그리고 재산을 가진 주변국가들과의 세력을 균형시키고 식료품, 돈, 연료 등의 지원을 상대적인 양보 없이 받게 되고 있다. Han S. Park 에 따르면 "대상이 아닌 다른 것으로

---

[13] 이러한 인식은 걸프전쟁 이후에 변화되었고 벼랑끝전술이 어느정도 더 위험한 전략으로 평가 받고 있다.

[14] 사실상 북한은 미국을 푸에블로호로 유혹하지 않았다고 할 수 있다; 승무원을 협상 카드로 사용했고, 후에 그 승무원들을 석방시켰다.

[15] Andrew Scobell, *Kim Jong Il and North Korea: The Leader and the System* (Strategic Studies Institute monograph, March 2006), p. 12.

개념이 정의되고, 행동이 기술되는 개념적 제국주의보다 더 위험하고 비생산적인 바가 없다'라고 주장한다.[16] 이러한 주장은 과잉적이라고 할 수도 있으나 '경상주의는 최소한 비생산적이고, 반생산적이나 위험적인 상태가 될 수도 있다.

Park 이 주장한 바와 같이 북한의 행동은 비민주주의와 불쾌한 것이기 때문에 비합리적이라고 평가 하는 것은 부적절한다. 동의하지 않는 것은 그 것이 비합리적이나 이상한 것이라고 평가하는 근거는 아니다. 이런 바를 인정하고 북한 결정자의 실존에 대한 시각과 결정 과정의 환경을 이해하는 것은 효율적인 대북 정책 마련이 불가피하다.

북한 결정자에게 미친 체제적이고 환경적인 영향의 분석 결과는 북한 정권이 평양의 입장에서 침입 가능성이 있는 프로그램이나 지원을 거부하며 외교정책 결정 과정에 2 가지 요인 즉, 결정적이고 상호적으로 보강하는 요인을 부각시킨다. 북한에서의 위기감은 해외국가들의 간섭에 대한 고민으로 보여진다. 이 고민은 북한의 외교관계 역사에 뿌리를 내리고 국내정책을 근거화하기 위해 북한정권이 이러한 위기감을 의도적으로 격려한다. 이를 위해 김정일 정권은 정보 접근 수단을 강하게 제한하여 정책에 대한 반대하는 기회를 제한하지만 이로 인해 결정자들이 모든 선택 과정과 북한의 국제사회에서의 위치에 영향을 미칠 수 있는 해외 사건들을 평가하는 능력에도 제한을 가한다.

해외에 개방하는 것은 정권을 반대할 가능성이 있는 결정자들이 북한 교육과 국유의 매체 왜곡을 직접 보게 되는 것이며 국내 안정성을 위협하는 것이다. 다른 사회주의국가들과 유사한 부분은 북한에서 강제적이고 사상적인 국내 통치 수단을 이용한다는 것이다. 그러나 평양은 상대적으로 약한 국가이며 모스크바나 북경보다 이런 수단이 더 필요한다.

이런 요인들은 기본적이나 북한 결정자의 합리성을 이해하기 위해 그 요인들은 부족하다. 국외 위협, 탈냉전시 저항력성, 그리고 국가사상에 뿌리 깊은 자주성에도 불구하고 많은 서양 학자들이 예측한 바와 달리 북한 정권은 고립화되지 않으려고 했고 대신에 외교적, 경제적 관계들을 가능한 한 확대하려고 했다.

탈냉전시 구성주의, 신자유주의, 신현실주의 조차 이러한 외교정책의 합리성을 어느정도 인정한다. 북한식 상황을 살피는 전략, 국내적으로 균형시키려는 정책, 그리고 국익면에서 최소한의

---

[16] Han S. Park, "North Korean Perceptions of Self and Others," *Pacific Affairs* (Vol. 73, No. 4, Winter, 2000-2001), p. 516.

필요 조건을 추구하면서 개인과 전문적 이익을 보호하는 것이 성공한 북한 결정자의 수단이다.

탈냉전시의 불균형이 북한의 국외 세력과의 부정적인 경험과 미국과의 협력 교훈과 결합하게 될 때 김정일은 주체사상에 더 의존하게 되었다. 이로 인해 북한은 개방을 시도하면서 방어적 자세를 유지해야 했다. 선택권이 제한되어 북한 정권은 자국의 생존을 위해 국내 균형이 가장 유리한 전략이었다.

다른 면에서 북한 결정자의 가장 유리한 전략은 김정일의 주체사상에 대한 가르침을 파악하여 어느 한계 안에서 안전하게 제시할 수 있을지 추론한 후에 안정된 선택들 중 자신의 개인 위치나 자신의 국, 부, 과 등의 권력에 유리한 선택을 제시하게 된다.

북한 외교정책 결정의 합리성을 제한하는 요인의 차원

여러 요인들로 평양의 결정을 설명할 수 있으며 북한 외교정책 결정과정을 이해할 수 있도록 이 요인들을 다음과 같이 네 가지 차원으로 나눌 수 있다.

1) 약함 (Weakness): 북한이 상대적으로 약한 군사적, 외교적 태도로 미국을 강압할 수 있는 기회와 수단이 심하게 제한된다. 군사적으로 북한은 미국을 직접 위협하지 못하고, 영향을 미치지 못하여 경제적 제재 등의 경제적 처벌을 하지 못하고, 동맹국들 통해 외교적으로 미국이나 유엔이 양보하게도 하지 못한다. 북한의 협상 공구 가방에 가장 힘이 센 도구는 미국을 한반도에서 난처하게 하거나 또는 정치적으로 불리한 사건에 끌어들 일 위협이다. 약점으로 인해 압도적으로 국내를 강제하고 이론적인 통치 수단을 이용하며 합리적 선택권에 체제적인 사회-문화적 제한을 한다.

2) 국내 '윈셋 (win set)': 2단계 게임 (two-level games)에 대한 연구들 중 많은 것이 북한 외교에 영향을 미치지 못한다. 왜냐하면 대부분 연구는 국내 정치를 정의할 때 Robert D. Putnam의 연구와 유사하게 "국내 단체들이 자기의 이익을 추구하기 위해, 그리고 정부가 유리한 정책을 통과하게 하기 위해 영향을 미치는 것"으로 정의한다.[17] Robert Strauss는, "나는 무역 특사 재직중에 해외 무역협상자들만큼 국내 국회의원들과 시민 (산업과 노동)과 협상해야 했다"고 설명했다."[18] 북한은 유일하게 특수 이익 집단이

---

[17] Robert D. Putnam, "Diplomacy and domestic politics: the logic of two-level games," *International Organization* (41, 3, Summer 1988), p. 434.
[18] Robert S. Strauss, "Foreword," in Joan E. Twiggs, *The Tokyo Round of Multilateral Trade Negotiations: A Case Study in Building Domestic Support for Diplomacy* (Washington, D.C.: Georgetown University Institute for the Study of Diplomacy, 1987).

없고 특별 의제를 위해 정권에 영향을 미치는 야당도 없다. 더군다나 평양이 인민들에게 정책이나 지시를 내리는 과정에 특별한 장애가 없다. 다른 사회주의 국가에서는 비정부적 기관들이 존재한다. 거기에서 정권의 행동을 반대하지는 못하지만 최소한 중요한 피드백과 뒷받침을 제공하며, 평양에는 이러한 기관들이 없다는 것은 정권의 이슈들, 선택권, 그리고 결과를 온전하게 평가하는 능력을 제한한다는 것을 의미한다. 그러나 협상방법과 정책실시전략에 대하여 영향을 미칠 수 있는 국내 청중이 있다. 그들은 당국자들, 관료자들, 그리고 엘리트들이고, 이들은 정치에 영향을 미칠 수 있고 평가할 수 있으며 목적 달성 시도의 실패나 정당의 강령으로부터 벗어나는 경우, 그들은 서슴지 않고 결정자의 탓으로 돌린다. 이런 행동을 평가하는 데 청중이 '프리즘'을 통해 보는 것인데 그 프리즘은 위에 살펴본 사회적, 문화적, 동기적인 요인으로 빛깔을 낸다. 그로 인해 결정자의 국내 '윈셋'과 국내-외 협상과 논의 능력을 제한한다.

그런 요인들은 북한 매체의 외교정책에 대한 보도에 더 평양의 자주성을 강조하는 경향으로 보여진다. 정책 결정과정뿐만 아니라 김일성과 김정일의 여러 연설과 사설에서도 외교정책의 주체성을 강조하고, 성공적 협상을 보도할 때에도 볼 수 있다.

   북한의 대표적 신문이 1994 년 제네바협의의 성공적인 협상을 보도했을 때, 미국과의 논의가 '미국과 자주적으로, 독립적인 태도로, 다른 사람의 조화나 충고에 의존하지 않게'됐으며 제네바협의는 '우리 자주 외교정책의 결과…미국은 우리 요청을 마침내 받아들렸다'(*로동신문*, 1994 년 12 월 1 일). 탈북자와 전 북한 육군이었던 장송산은 "북한 정권이 정책방향을 바꾸어서 미국과 협상을 모색하기 시작했을 때 군대안에서의 혼란이 기억난다. 군인들이 배웠던 선전과 반대의 정권입장이었다고 생각했으나 한 육군신문이 '우리는 미국한테 빌지도 않고 악수도 시도하지 않는다'라고 설득했다"고 했다.[19] 이러한 유연성에 대한 저항은, 한편으로 전략적 강경과 벼랑끝전술 때문이고 다른 한편으로는, 북한 정권이 받아들일 수 있다는 결과의 결핍 때문이다.

   북한 지도자들이 국내 윈셋을 결정하는 데 주체사상을 정의함으로써 김정일이 받아들일 수 있는 행동의 한계를 정리하는

---

[19] "North Korean Army Intensifying Anti-U.S. Indoctrination- While Talks with U.S. Underway," in Chong (ed.), *North Korea: The Land That Never Changes*, p. 132.

것이다. 게다가 국내 관료적 경쟁이 남의 대항자들에게 남을 반사회주의적이나 이론적으로 약하다고 보이는 동기가 되며, 결정자들은 자신들이 강하게 보호할 수 있는 정책만 제시하게 된다.
3) 역사: 위에 언급한 북한의 상대적 약함과 심하게 제한된 국내 원셋 때문에 북한 결정자들은 약한 태도나 미국에 관한 친근감을 보여주는 것에 대해 신중해야 한다. 이 사실은 최소한 6.25전쟁의 1953년 7월 27일의 휴전조약부터 있어 왔다.

그 때부터 1994년의 경수로에 관한 협의까지 북한 교육, 매체 등의 선전은 끝이 없이 미국을 의심할 만하다고 주장했다. 동시에 미국이 북한의 거의 모든 협상 시도를 거부하는 것도 북한의 선전을 뒤받침했다.

냉전시 전후 북한은 벼랑끝전략을 통해서만 미국과 협상할 수 있어 왔다. 그리고 이러한 전술이 미국의 여당이나 정권과 무관하게 반복적으로 성공했기 때문에 평양의 결정자들은 이러한 교훈을 바탕으로 대미 벼랑끝전술의 결과가 양국협상을 통해 양보를 받을 기회가 되어왔다. 북한은 협상의 제 1 목적을 달성하면서 동시에 워싱턴을 포용하고 서울을 외면함으로써 한국 정부의 괴뢰정권이란 이미지를 강조하여 국제사회에 상대적인 외교적 위치를 상승시킬 수 있다. 게다가 벼랑끝전술은 '저위험 (low-risk)'이라고 평가할 수 있다. 휴전 이후에 미국은 한번도 무력으로 대응하지 않았다. 이러한 역사로 비추어 볼 때 벼랑끝전술이 아닌 다른 전략을 택하는 것은 비합리적으로 보인다.
4) 정권 체제: 김정일의 상→하 '스토브의 굴뚝 (stovepipe)'정권체제, 엄격한 정보 분배 통치, 그리고 자극/비자극 체계는 그의 유일한 지도체제 유지에 기여하고 있다. 그러나 그렇게 함으로써 협력을 낙담시키고 의심을 격려하고 위험감과 위기감을 주입하여 결정자의 선택권과 결정권을 심하게 제한한다. 정권 체제 선택은 다른 요인들보다 외부 관찰자의 비합리적이거나 예측하지 못한 행동에 대한 비판을 하게 한다.

그러나 북한에서는 공식적 정권체제보다 비공식적 체제가 결정 과정에 더 많은 영향을 미친다. 이 부분이 개인적 경쟁과 전문적이나 정치적 위치를 위한 행동에 관한 부분이다. 위에서 살펴보았다시피 북한 결정자는 국익을 개인적, 전문적 이익 모두 동시에 추구하며 정권의 비공식적 체제가 그런 개인적과 전문적인 이익에 매우 강하게 영향을 미친다.

북한의 비공식적인 지휘계통은 "김정일에 따라 통치권을 가진다"고 할 수 있다.[20] 김정일과 고위층 엘리트들이 통치권을 유지하기 위해 동지들에게 혜택과 자극을 제공한 반면에 제압, 위험, 조작과 모욕을 이용한다. 특별한 허락부터 공개처형까지 김정일이 사용하지 않은 자극과 비자극이 사실상 없다.[21]

자극체제도 공식적이고 비공식적인 부분들로 나눌 수 있다. 북한의 공식적, 적극적 자극 체제가 '아주 발전되어 왔다'고 평가할 수 있다. 충의를 촉진시키기 위해 상, 선물, 메달, 칭호 등을 제공하는 체제가 발전됐으며, 상이 없는 북한 인민들이 다른 인민들에게 비난 받을 만큼 그 체제가 커져 왔다.[22] 즉, 충의를 확보하도록, 선물을 주는 문화가 김정일의 엘리트층과의 파워 관계에 중요한 부분이다.[23] 고위층 당국자들이 호화 자동차와 아파트를 선물로 받고 김정일이 가장 믿는 몇 명은 개인, 비공식 모임에 되어 이런 파티들에서 세력적 관계와 인맥을 찾고 정치 활동에 영향을 미칠 수 있다. 김정일은 '정치적, 도덕적과 물질적 자극을 균형있게 하기 위해 '나는 정치적, 도덕적인 자극을 강조해야 하고 이를 물질적인 자극으로 뒤받침해야 한다고 생각한다'고 말했다.[24] 이를 북한의 충의를 강조하기 위한 선전과 그를 보상하기 위한 선물과 상을 주는 것에서 찾아 볼 수 있다.

그러나 북한이 공식적 비자극 체제는 자극 체제 못지 않게 발전했다. 그것이 행정적, 법적, 그리고 정치적 벌로 나눌 수 있다. 김정일은 결정자들을 위협하는 것부터 해고하거나 칭호를 벗기는 벌을 포함하여 가족과 함께 추방하거나 사형조차도 서슴치 않았다. 김정일의 측근에 있었던 리통호 보좌관이 생일 파티에서 '지도자를 모독함'으로 사형 당했으며 홍선호 동지를 비롯하여 김정일의 유년 시절에 대해 아첨하지 않는 이야기를 함으로써 당에서 추방

---

[20] Kenneth Gause, "The North Korean Leadership: System Dynamics and Fault Lines," in Kongdan Oh Hassig (ed.), *North Korean Policy Elites* (Alexandria: Institute for Defense Analyses, 2004)" p. II-63.

[22] Post and George, *Leaders and Their Followers in a Dangerous World*, p. 250.

Hyun, *North Korea's National Strategy and Power Elite*, p. 211; 북한의 "한 녀학생의 일기"라는 영화가 (칸 국제 영화제, 2007) 이러한 것을 보여준다. 주연 배우가 아버지의 상이 없는 상태에 대해 부끄러워하면서 한 동기는 자신의 아버지의 명예 박사학위에 대해 자랑하고 있다.

[23] Scobell, *Kim Jong Il and North Korea*, p. 24; Ralph Hassig and Kongdan Oh, *North Korea Through the Looking Glass*, (Washington D.C.: The Brookings Institution), p. 88.

[24] 김정일, "정치도덕적 자극과 물질적 자극에 대한 올바른 리해를 가지는 것에 대하여," *김정일 선집 1* (평양: 조선로동당출판사, 1992), p. 221.

당했다. [25] 1990 년대 초반에 북한의 수용소 죄수들 중 "김일성의 김정일 계승 계획에 반대하거나 비판하는 죄수"가 10 여% 차지했으며 [26] 1993 년에 김일성-김정일 계승 계획의 안정성을 확보하기 위해 1 만 5 천여 명이 수용소에 강제로 가게 되었다. [27]

어느 결정 과정에서 무엇이 합리적으로 작용했는지 분석하는 데에 무엇이 자극과 비자극인지 그리고 그 결정자의 목적과 이익의 우선순위에, 또 그 후에그 목적과 이익 평가에 무엇이 어떻게 영향을 미쳤는지 고려할 필요가 있다. 특히 여기서는 결정자의 위험 회피와 상처 회피가 국익, 개인 이익, 그리고 전문적 이익의 평가를 우선시하는 과정에 중요한 역할을 한다.

북한 정권속에서 경쟁하는 기관과 국, 부 등이 결정권을 위해 노력하고 있다고 할 수 있으나 [28] 김정일의 유일하고 강한 통치력 때문에 그 노력은 김정일한테 호의를 받기 위한 것뿐이어서 정권 교체나 야파 설립 운동이 없다. '지도하는 엘리트들이나 접근한 사람들이나 가입하기 바라는 사람들 중 사회적이거나 정치적인 갈등을 확대하고 싶어하는 사람이 한 명도 없어, 모두 실패할 경우의 추방과 억제 불가피를 이해한다…행정과 정당의 중-하층에 많은 일꾼들이 이에 동의한다.' [29]

탈냉전 초 북한의 대미 정책

냉전의 끝과 중간, 러시아의 서양적 이론의 경향을 바탕으로 북한은 국내 균형론 밖에 선택권이 없다고 할 수 있다. 또한 소련의 붕괴와 북한의 1948 년 9 월 9 일의 건국 전부터 의존한 사회권 실패로 인해, 북한이 남한과 한반도에서의 유일한 정당적 정부라는 인정을 받기 위한 경쟁을 위해 새로운 경제적, 정치적 생존전략의 청사진이 필요했다. 사회권의 붕괴와 국제 세력 균형의 변화에 따라 북한은 외국투자와 무역으로 경제정상을 증대시키고 더 강한 외교적

[25] Hyun, *North Korea's National Strategy and Power Elite*, p. 224.

[26] Chon Hyun-jun, "Laws and Human Rights Restrictions in North Korea," in Chong, *North Korea: The Land That Never Changes*, p. 226.

[27] Ibid., p. 226.

[28] Selig Harrison, *Endgame in Korea* (Princeton: Princeton University Press, 2002); Daniel A. Pinkston, "Domestic Politics and Stakeholders in the North Korean Missile Development Program," *Nonproliferation Review* (Vol. 10, Summer 2003).

[29] Roald V. Savel'yev, "Leadership Politics in North Korea and the Nuclear Program," in James Clay Moltz and Alexandre Y. Mansourov (eds.), *The North Korean Nuclear Program: Security, Strategy, and New Perspectives from Russia* (London: Routledge, 2000).

인정을 받고 외교관계의 균형을 확보하기 위해 미국과 관계를 설립하고 남북관계를 개선하려고 했다.

이전에 정권의 통치 수단이 고위층 부서와 정부 기관들이 유일하게 침체 되었고 주목할 만한 피드백, 협력과 동의가 없다고 보여 주었다. 게다가 사회권이 붕괴하기 시작했을 때 북한이 강조한 사상과 통치 수단을 더 확대하여 편집병과 의심을 가진 결정자들이 자신의 국내 정치적 위치에 더 높은 가치를 두고 새로운 상황들에 새롭게 접근하는 것을 더 깊은 위험성으로 평가하게 되었다. 정권 이익을 최소한의 필요 조건을 추구하고 개인 이익을 보호하는 것을 부주의하게 격려하게 되었다.

탈냉전시 북한 결정자들의 위기감과 의심감, 벼랑끝정책과 국내 균형정책, 1994 년까지 남북화해와 불가침 및 교류협력에 관한 기본합의서를 맺고 김대중-김일성 정상회담 계획에 대해 협의하였다. (김일성의 서거로써 정상회담은 이루어지지 않았다). 게다가 유엔에 가입함으로 국제사회가 북한 주권을 공식적으로 인정하였다. 1994 년 10 월 21 일 미국과 제네바합의를 맺고 워싱턴이 경제적, 정치적 관계의 정상화를 약속받고 경수로 2 대의 건설에 대한 협상의 성공적 결과를 얻게 되었다. 라진-선봉자유경제무역지역으로 외국 (대부분 중국과 러사아)투자를 끌어들이기 위해 활발하게 발전하기 시작했다.

1990 년대 중반의 심각한 기근과 부시 정부가 1997 년 대북정책을 전환하기전에 북한이 냉전 끝에 대부분의 더미외교 목적을 달성할 수 있도록 벼랑끝전술을 성공시켰다. 특히 1994 년 제네바 협의는 한반도 정세와 미국의 대북 냉전적 봉쇄정책의 변화를 의미하였다. [30]

결론

북한 외교정책 결정 과정 체제의 특성을 이해함으로 북한의 첫번째 탈냉전 대미 정책의 합리성을 볼 수 있다. 합리적으로 행동한 것뿐만 아니라 어느정도 성공했다고 인정해야하며 현재도 북한이 다르게 행동하는 것에 대해 비합리적이라고 할 수 없다.

우리는 북한과 협상하는 데에 있어서, 그들의 입장을 잘 알고 있어야 한다. 동의가 필요하지는 않지만 북한이 미국을 어떻게 보고 있는지를 이해해야 한다. 그리고 북한을 'black box'로 보는 것 보다는 북한 결정자의 개인적인 이익, 그리고 결정 과정의 한계를 파악해야한다. 그로써 알 수 있는 것은 다음과 같다:

[30] 이수훈, *새로 쓴 현대북한의 이해* (서울: 역사비평사, 2000), p. 356.

정보 접근의 통치, 대안을 제시하는 데 따르는 제한, 개인주의와 개인 이익 보호를 격려하는 환경과 김정일 정권의 안보와 안정을 우선시 하는 것을 인정한다면 북한 결정자들이 선택한 정책과 전략은 합리적이라고 할 수 있다. 길영환의 설명대로, 모든 정치는 지역적이어서 정치가의 정권 유지라는 희망이 외교정책 선택에 영향을 미칠 것이다. [31]

북한은 미국과 협상하는데 있어서 일관되게 벼랑끝전술에 의존해 왔다. 즉, 벼랑끝전술로 미국을 협상하도록 유도하였다. 이러한 전략이 일반적으로 작은, 약한 국가에서 나타나는데, 북한은 그 중 하나이다. 특히 탈냉전시에 북한 주변에 있는 미국동맹국가들의 영향 때문에 미국의 군사적 선택권을 제한함으로써 벼랑끝전술이 더욱 효율화 되었다.

미국 정부도 북한 정책의 합리성을 인정해 본 적이 있다. 한 보고서에 따르면, "평양이 강경정책으로 뒤돌아가는 것이 그의 세계에 대한 역사적 시각 때문이라는 가능성이 있다. 북한사람들이 자국을 간섭하려는 강대국들로 그들이 둘러싸여 있다고 생각한다. 그들이 국외를 의심하고 국제관계 과정을 자신이 나쁜 패를 받는 '합이 영이 되는 게임 (zero-sum game)'으로 해석한다. 이로 인해, 그 국가의 지도자들이 역사상의 압박을 호전적인 방어로 대응해 왔다."[32]

다시 말하면 역사, 약함, 그리고 국내 사회적 영향이 북한의 국내 균형법을 선택, 의심하고, 그것은 또한 벼랑끝전략을 설명하며 미-북 관계에 그들이 계속적으로 이용되었다. 비합리성에 관한 비판적 고발을 야기하는 것은 북한의 정권 안의 경쟁과 그 경쟁이 초래하는 갈등과 모순이다. 그러나 이는 평양의 비합리적인 정권을 암시하는 것이 아닌 대등하지 않는 정책결정 수단을 나타내는 것으로 볼 수 있다.

물론 위에 언급했던, 이 논문의 범위 밖에 있는, 다른 요인들은 부차적인 역할을 하며, 반복, 역사, 문화적, 사회적 노르마들, 그리고 그 경향 등은 위의 4 가지 차원에서 중복될 수 있다. 전체적으로, 북한의 대미 외교정책 결정과정을 제한한 합리적 선택론의 프리즘을 통해 평가하게 될 때 북한의 미국을 비롯한 국제사회에 접근하는

---

[31] Young Whan Kihl, "Bi-lateral Approaches to Defusing Nuclear Crisis: Beyond the Six-party Talks as Peace Strategy," in Young Whan Kihl and Hong Nak Kim (eds.), *North Korea: The Politics of Regime Survival* (Armonk, NY: M.E. Sharpe, Inc., 2006).

[32] "National Intelligence Daily,"Director of [U.S.] Central Intelligence, March 18, 1993, MORI DocID 1069504, p. 13.

방법은 합리적인 것으로 보인다. 우리는 북한을 성공적으로 포용할 수 있도록 이를 인정해야 한다.

참고 문헌

경남대학교 국동문제연구소, *북한현대사 I* (서울: 한울 아카데미. 2004).

김동수, *북한의 대국제기구 외교정책 변화 연구* (경남대학교북한대학원 석사논문, 2004).

김정일, "정치도덕적 자극과 물질적 자극에 대한 올바른 리해을 가지는 것에 대하여," *김정일 선집 1* (평향: 조선로동당출판사, 1992).

이수훈, *새로 쓴 현대북한의 이해* (서울: 역사비평사, 2000).

정구섭, "김정일 시대의 외교정책: 지속과 변화," *김정일 체제와 북한의 진로*, 북한연구학회 1999 년 하계학술회의 논문집 제 1 권, 1999 년 6 월 25 일.

안잔일 (편), *10 년 후의 북한,* (서울: 인간사랑, 2006).

현성일, *북한의 국제전략과 파워 엘리트* (서울: 선인출판사, 2007).

최성, *북한정치사: 김정일과 북한의 권력 엘리트* (서울: 풀빛출판사, 1997).

CHEONG, Seong-Chang, "Kim Jong Il's Military-First Politics and a Change in the Power Elite," PAIK, Haksoon (ed.), *North Korea in Distress: Confronting Domestic & External Challenges* (Seoul: Sejong Institute, 2008).

CHONG, Bong-uk, *North Korea, The Land That Never Changes: Before and After Kim Il Sung*, (Seoul: Naewoe Press, 1995).

HARRISON, Selig, *Endgame in Korea* (Princeton: Princeton Univ. Press, 2002).

HASSIG, Kongdan Oh (ed.), *North Korean Policy Elites* (Alexandria: Institute for Defense Analyses, 2004).

HASSIG, Ralph and OH, Kongdan, *North Korea Through the Looking Glass*, (Washington D.C.: The Brookings Institution).

KIM, Sung Chull, "Adaptive Process of the North Korean Political System in Times of Regime Crisis,"*Korean Journal of National Unification*, vol. 6, 1997.

KIM, Tae-Seo, "Changes in the North Korean Power Structure, and the Kim Jong-Il Regime on a New Track,*" East Asian Review*, vol. X, no. 4, 1998.

KOH, Byung Chul, "Trends in North Korean Foreign Policy,*" Journal of Northeast Asian Studies*, vol. XIII, no. 2, 1994.

KOH, Byung Chul (ed.). *North Korea and the World: Explaining Pyongyang's Foreign Policy* (Seoul: Kyungnam University Press. 2004).

KURATA, Hideya, "The International Context of North Korea's Proposal for a 'New Peace Arrangement': Issues after the U.S.-DPRK Nuclear Accord," *The Korean Journal of Defense Analysis*, vol. VII, no. 1, 1995.

McCLOSKY, Herbert, "Dimensions of Tolerance,"Russell S. Foundation, 1983.

PARK, Han S., "North Korean Perceptions of Self and Others," *Pacific Affairs* (Vol. 73, No. 4, Winter, 2000-2001).

PINKSTON, Daniel A., "Domestic Politics and Stakeholders in the North Korean Missile Development Program," *Nonproliferation Review* (Vol. 10, Summer 2003).

POST, Jerrold M. and GEORGE, Alexander, *Leaders and Their Followers in a Dangerous World,* (Cornell: Cornell University Press, 2004).

PUTNAM, Robert D., "Diplomacy and domestic politics: the logic of two-level games," *International Organization* (41, 3, Summer 1988).

SAVEL'YEV, Roald V., "Leadership Politics in North Korea and the Nuclear Program," in MOLTS, James Clay and MANSOUROV, Alexandre Y. (eds.), *The North Korean Nuclear Program: Security, Strategy, and New Perspectives from Russia* (London: Routledge, 2000).

SCOBELL, Andrew, *Kim Jong Il and North Korea: The Leader and the System* (Strategic Studies Institute monograph, March 2006).

SIMON, Herbert A., "Human Nature in Politics: The Dialogue of Psychology with Political Science," *The American Political Science Review,* Vol. 79, No. 2 (Jun. 1985).

STRAUSS, Robert S., "Foreword," in TWIGGS, Joan E., *The Tokyo Round of Multilateral Trade Negotiations: A Case Study in Building Domestic Support for Diplomacy* (Washington, D.C.: Georgetown University Institute for the Study of Diplomacy, 1987).

SUH, Dae-sook, "The Organization and Administration of North Korean Foreign Policy," in Robert A. Scalapino and Hongkoo Lee, eds. *North Korea in a Regional and Global Context.* (Berkeley: Institute of East Asian Studies, University of California, 1986).

YOUNG, Whan Kihl, "Bi-lateral Approaches to Defusing Nuclear Crisis: Beyond the Six-party Talks as Peace Strategy," in Young Whan Kihl and Hong Nak Kim (eds.), *North Korea: The Politics of Regime Survival* (Armonk, NY: M.E. Sharpe, Inc., 2006).

한국사회의 북한 인권 관련 NGO 의 활동과 평가: 2009 년 북한 유엔 국가별 정례인권검토에 대한 NGO 의 주요내용을 중심으로

서수연 (Soo Yon Suh)

MA, Korean for Professionals, University of Hawaii at Manoa, 2010
BA, Political Science, University of Illinois at Chicago, 2006

EVALUATION OF NORTH KOREAN HUMAN RIGHTS FOCUSED NGOS IN SOUTH KOREA: BASED ON THE NGO CONTENTS OF THE 2009 UNITED NATIONAL UNIVERSAL PERIODIC REVIEW

In 2009, a United Nations Human Rights monitoring mechanism, the Universal Periodic Review (UPR), was taken into effect for the Democratic People's Republic of Korea. Through the UPR we are able to review various reports submitted by North Korean Human Rights NGOs. The reports are valuable as the NGOs have access to information that IGOs or governmental agencies are not able to obtain regarding the North Korean Human Rights situation. The purpose of this paper is to take the reports submitted by South Korean NGOs and analyze their activities and perspective of human rights to determine if they are affective in the solving of the issue. I will first define the meaning of human rights and its various perspectives that follows it. Taking the above mentioned as a rubric I will then analyze the reports and see where the limitations and benefits of the Korean NGOs lay. South and North Korea may be two different countries; however it is fact that they were once one country that still to this day shares many cultural similarities. Due to this reason South Korea has potential to have a greater influence on North Korea to resolve their human rights crisis.

1. 서론

북한 인권문제는 국제적으로 많은 관심을 모으고 있는 이슈이다. 북한은 국내 NGO (Non-Governmental Organization: 비정부 기구, 이하 NGO)나 국제기구들이 인권 실태 검증을 할 수 없게 당국내의 출입을 거부하고 있으므로 정확한 상태를 파악을 할 수가 없다.

이러한 장벽으로 인해 북한의 실제 상황을 정확히 알 수는 없지만 비밀리에 진행된 NGO 들의 북한 접근과 탈북자들로부터 얻은 정보를 통해 북한이 얼마나 경제적으로 악화되고 주민들이 삶이 어려워졌는지를 어느 정도 알 수 있게 되었다.

여러 차례의 자연 재해로 인해 북한에서는 1990 년 중반 '고난의 행군'시기를 전후하여 경제 3 난(식량난, 에너지난, 외화난)에 처하였으며, 특히 식량 생산이 어려워졌고 이러한 생산양의 부족함 때문에 배급 사회인 북한의 식량 배급이 급격히 축소됐다. 결론적으로 북한 주민들은 생계를 유지를 하는 데 어려움을 겪고 있으며 많은 사람들이 굶어 죽어가고 있다고 보도되고 있다. 이는 보편적이고 기본적인 인권이 보장되지 않은 상황임을 알 수 있게 하는 자료이다. 이렇게 인간이 살아 가는 데 있어 기본적인 필수품들이 제한되자 타국으로 목숨을 걸고 탈북을 하는 사람들도 증가했다. 이는 북한 지배 세력의 통제력이 약화되어 가고 있다는 증거가 되고 있다.

이러한 인권 문제에 북한은 인권은 국권이라는 개념으로 인권문제제기는 체제에 대한 도전으로 인식하여 국제사회의 비판을 수용하지 않고 있다. 물론 식량난 문제로 힘들어하는 주민들은 있지만 북한이 나름대로 정립한 인권의 정의 안에서 자유로운 인권을 즐기고 있다고 한다. 오히려 국제사회의 북한 인권문제 제기는 북한의 이념과 주권에 도전하는 것이고 정당하지 않다고 비판하고 있다.

그러나 북한의 인권상황이 악화되었다고 판단한 국제사회에서는 활발한 움직임이 보이고 있다. 유엔 및 NGO 가 북한 인권문제의 창도자가 되어 원조 및 조사를 비공식적으로 하기 시작했다. NGO 들은 북한 인권문제 실태를 널리 알리며 북한 주민들의 보편적 인권 보장을 위하여 북한에 식량을 원조하고 있다. 식량원조가 정확하게 북한 국민들에게 전달되는지는 의문이지만, 어느 정도 도움이 되고 있다는 것은 확실하다. 국제사회 NGO 들이 활발하게 북한 인권문제에 대한 대안을 찾아 가고 있는 반면 한국사회 NGO 들이 펼치고 있는 대북 활동은 어떠한 영향을 주고 있는지 명확하지 않다. 북한의 인권문제를 해결할 만한 가장 영향력 있는 국가는 한국이라고 본다. 이에 한국내의 NGO 들이 북한 인권 문제에 대해 어떻게 접근하고 있으며 한국 NGO 들의 활동에 대한 평가는 한국내 북한인권 문제 인식의 지평을 이해하는데 중요한 척도가 된다고 본다.

최근 유엔 의사회에서 국제적으로 인권 상황을 검증을 할 수 있는 도구를 실행을 했다 그것은 국가별 정례인권검토 (Universal

Periodic Review)이다. 북한은 2009 년 12 월 5 일 제 6 차 UPR 실무그룹회의에서 북한의 인권상황에 대해 심의를 받았고, 2009 년 12 월 9 일에 제 12 차 UN 인권이사회에서 UPR 보고서가 채택되었다. 북한은 2009 년 12 월 9 일 유엔인권이사회가 심의하고 권고한 내용에 대해 2010 년 3 월 18 일에 자신들의 의견을 보고하였다.

본고는 한국의 북한인권 관련 NGO 들의 활동 분석을 2009 년 북한 국가인권보고서(UPR)에 대한 NGO 들이 표명한 주요내용을 분석하였다. 이 내용에 대한 이해는 한국의 NGO 들이 북한의 인권에 대해 어떠한 접근을 하고 있는지 알 수 있는 가장 중요한 척도가 되기 때문이다. 이 중에서 특히 세 개의 단체에 대한 분석에 집중했는데 북한인권시민연합, 천주교인권위원회, 국제엠네스티이다. 북한인권시민연합과 천주교인권위원회는 국내 보수와 진보를 각각 대표하는 단체이며 국제엠네스티는 INGO (International Non-Governmental Organization)의 성격을 갖고 있기에 이들의 북한인권 활동에 대한 평가는 국내외 NGO 활동을 이해하는데 중요한 기준점이 되기 때문이다.

이를 위해 본고에서는 우선 보편적 인권의 개념을 살펴본 뒤 북한은 인권을 어떻게 정의를 하는지를 알아보기로 하겠다. 다음으로 UPR 에 대해 소개하고 앞서 정의한 인권 개념을 바탕으로 NGO 들의 보고서를 분석하겠다. 마지막으로 UPR 을 통해서 본 NGO 들의 활동에 대한 평가를 통해 결론을 맺고 마무리하고자 한다.

2. 북한인권의 개념과 현황 및 한국 내 NGO 의 활동

2.1. 북한의 인권 개념과 북한 인권의 현황

1) 북한 인권의 개념

인권이란 개념은 국제적으로 보편적 정의를 갖고 있다. 국제적으로 인정되고 있는 보편적인 인권 개념은 1948 년 12 월 10 일 유엔 (United Nations) 총회에서 보관된 '세계인권 선언 (Universal Declaration of Human Rights)'에서부터 시작되었다. 즉 제 2 차 대전이 사회에 많은 충격을 주었던 것을 계기로 세계인권 선언이 탄생 했다. 독일의 나치들이 소수 민족을 추방하기 위해 대량 살상을 하면서 인간의 능력이 얼마나 위험하게 사용될 수 있는지를 보여 주었다. 나치의 포악한 행위를 통해 국제사회는 국제연합헌장 (United Nations Charter)이 인권에 대한 명백한 정의를 내린 적이 없다는 사실을 인식하게 되었다. 그리하여 국제기구인 유엔(United Nations, UN)은 세계 인권 선언(Universal Declaration of Human Rights)을 채택하기로 했다. 세계 2 차 대전 중에 동맹국들은 전쟁의 목표를 '네 가지의 자유'를 수호하는 것으로 정했다. 그것은 '발언의 자유 (Freedom of Speech)', '집회의 자유 (Freedom of Assembly)', '두려움으로부터의 자유 (Freedom from Fear)'와 '궁핍으로부터의 해방(Freedom from Destitution)'이다. 세계 인권 선언은 종교의 자유와 인간의 존엄성을 다시 확인했으며, 모든 국가들에게 인종, 성, 언어와 종교의 차별 없이 인권을 존중하며 지킬 것을 요구했다. 세계 인권 선언은 놀랍게도 3년에 불과한 시간 안에 완성되었다. 이는 국제 사회가 효율적으로 모여 인권 문제에 대응할 수 있다는 것을 여실이 보여 주었다. 유엔 인권 선언의 주요 내용을 자세히 살펴보면 다음과 같다:

인권은 인간의 타고난 존엄성에 기초한다. 이러한 존엄과 인간의 평등의 자유는 양도할 수 없으며 절대적인 것이다. 이것은 다른 어떠한 권리보다 우선하며, 정부마저도 인권을 규제할 수는 있으나 폐지는 할 수 없다. 인간의 존엄성은 존재하며 아무 차별 없이 인식되어야 한다. 인권은 보편적인 것이며 인간이 태어나면서 갖추고 있는 것이다. 인권은 세계적으로 국가 간 관계에서도 유지되는 것이다.

제3조는 인간의 기본적인 권리를 다루고 있다. 그것은 생존의 권리, 자유의 권리, 안전의 권리이다. 이것들은 공민권과 정치권의 바탕이 되었다. 이 조항은 인간이 노예 상태에 놓이거나 고문을 받는 것과 같은 비인간적인 대우를 받지 않으며 항상 법 앞에서 권리를 가진 존재로 인식됨을 말하고 있다.[1]

유엔의 인권 선언은 공식 조약은 아니지만, 유엔에 가입한 국가들에게 법적 구속력이 있는 유엔 헌장에 나오는 "기본적 자유"와 "인권"의 정의를 분명하게 해주었다는 점에서 중요한 선언이라고 볼 수 있다. 또한, 이 선언은 민권 및 정치적 권리에 관한 유엔 국제 규약 (International Covenant on Civil and Political Rights), 인종차별철폐국제조약 (International Convention on the Elimination of All Forms of Racial Discrimination), 여성에 대한 모든 형태의 차별철폐에 관한 협약 (International Convention on the Elimination of Discrimination Against Women), 아동의 권리에 관한 협약 (United Nations Convention on the rights of the Child)과 유엔 고문반대 협약 (United Nations Convention Against Torture)의 기반이 되었고, 이 선언은 정부, 학계, 헌법, 법정에서 많이 인용되고 있다.[2]

---

[1] Choi, Sung-Chul, "North Korea and Human Rights", *The Institute of Unification Policy*,Hanyang University.(1999), pp. 247-250

[2] United Nations Human Rights Council Website.'Universal Declaration of Human Rights'.http://www.un.org/en/documents/udhr/

이러한 보편적인 인권 인식이 있는 반면에 북한은 '우리식 인권'이라는 이름으로 인권에 대한 다른 정의를 내리고 있다. 북한은 '우리식 인권'이라는 개념을 내세우며 세계인권 선언에서 언급하고 있는 보편적인 인권 개념을 거부하고 있다. 물론 북한에서는 국제사회가 생각 하는 인권 침해는 없다고 말하고 있다. 오히려 북한은 인권 문제를 제기하는 서방세계가 '제국주의적 의도'를 바탕 하고 있다고 비난한다. 결국 북한은 국제사회가 북한의 인권문제에 대해 정치적인 성향을 갖고 문제를 삼고 있기 때문에 진정 인권의 문제가 아니라 자본주의국가 (혹은 제국주의국가)가 사회주의권 국가들에 대해 정치체제 비판 및 공격을 하는 것이라고 보고 있다. 북한은 인권이라는 개념을 '나라와 민족의 자주권'이라고 보고 있다. 공식문헌에서도 볼 수 있듯이 북한에서는 인권이란 '사람이 자주적인 사회적 존재로서 인간답게 살기 위한 권리'라고 정의를 하고 있다. 북한의 인권 개념은 오로지 사회주의 개념에 기반하고 있다는 것을 알 수 있다.

또한 북한은 '자주적 인권'을 내세우며 북한인권에 대한 간섭을 거부하고 있다. 1960 년대 소련의 붕괴로 인해, 북한에서는 주체사상이라는 나라의 자족성을 강화하는 체제가 진행되었다. 북한에서의 자주성이란 사회정치적 자주성, 경제적 자주성, 사상문화생활에서의 자주성을 말한다. 이러한 모든 면의 자주성을 강조를 하면서 사회주의 및 주체사상의 위대함을 통해 주도권의 지배력을 유지한다.

본격적으로 북한 '자주적 인권'의 특수성에 대해 살펴보면 다음과 같다. 북한에서의 '자주적 인권'이란 '사람의 삶의 권리' 소위 경제권이다. 북한은 개인의 자유, 평등권과 재산권을 기반으로 하는 서구세계의 인권 개념을 비판하고 있다. 사회주의를 중시하는 북한에서의 진정한 인권이란 "생활의 제일차적인 권리"이다. 북한이 경제적인 인권을 중시하는 이유는 프롤레타리아의 계급성 즉 인민이 생산수단의 주인이 되는 것을 보장하기 위한 것 때문이라고 한다. 이러한 경제적인 보장은 오직 사회주의에서밖에 해주지 않는다는 것을 믿기 때문이다.[3]

자주적 인권의 특징은 '자주권'이라는 개념이다. 북한에서는 개인의 인권을 거부하고 나라와 민족의 자주권을 우대하는 자주권 인권을 선호한다. 개인의 인권은 부르주아 개념과 동일하다고 보고 있고 자주권은 인민이 국가주권의 주인이 되는 것을 의미한다. 보편적인 개인의 인권과 북한의 자주권 인권을 비교를 해보면 많은

---

[3] 이원웅. "국제사회 인권압력에 대한 북한의 인식과 대응: 비판적 평가", [한국정치학회보] 제 47 집 (1)호. (2007), p.220

차이점들이 드러난다. 서구사회의 보편적 인권 개념은 민주주의적 이념에 바탕하고 있으며 북한인권의 자주적 인권은 사회주의 이념의 성격을 강하게 표방한다.

이원웅(2007)은 "국제사회 인권압력에 대한 북한의 인식과 대응"에서 이러한 북한의 자주적 인권 개념을 잘 정리해 준다. 이원웅(2007)은 "북한의 자주적 인권개념은 보편적인 인권개념과 상당한 거리가 있으며 오직 자국의 체제와 정치엘리트의 지배를 합리화하는 방향으로 모색되고 있다. 그들은 보편적인 인권개념이란 존재할 수 없으며 계급적 당파성을 가질 수밖에 없다고 주장한다. 따라서 북한에 있어서 세계적 차원에서 논의되는 인권문제란 오직 사회주의적 인권과 그러한 사회주의를 음해하고 전복시키려는 '제국주의적 인권소동' 혹은 부르주아적 인권의 대립일 따름이다. 북한에 있어서 국제사회가 제기하는 '인권탄압'의 문제는 바로 '극소수 반혁명분자', 혹은 '적대분자' 들에 대한 활동의 자유를 보장하라는 요구로 해석된다. 그러나 북한에 있어서 이러한 '정치적 자유'는 곧 사회주의체제의 집단주의 원칙과 상충하는 원리로 인식된다 [4]고 분석을 했다.

위에서 언급했듯이 북한의 인권개념은 국제적으로 인식되는 보편적인 인권과는 상당한 차이가 있다. 북한은 '우리식 인권'을 주장을 하면서 지금까지 국제사회의 우려의 목소리를 외면하고 북한에는 인권문제가 없다고 주장하고 있다. 제 3 장에서도 다루겠지만 북한은 최근에도 이러한 주장의 일환으로 2009-2010 년 유엔 국가별 정례인권검토(Universal Periodic Review)에서 인권문제가 없다고 선포를 한 바가 있다.

2) 북한 인권의 현황

북한의 인권문제가 최근 들어 대두된 문제는 아니다. 북한의 인권문제는 북한의 정권 수립 당시부터 제기되었기에, 이 문제는 체제와 깊은 연관성을 갖고 있다. 북한체제는 인민이 정치권력에 참여하는 길을 기본적으로 허용하지 않는 독재국가로, 오직 군사력과 국가이데올로기에 의해 지탱되고 있는 일종의 병영국가라고 할 수 있다. 독재정권이며 집단체제를 유지를 하고 있는 북한에서는 국제사회의 보편적인 인권개념을 채택하기 어려운 상황이다. 국제사회 보편적 인권개념은 자주적 특색이 있는 체제를 유지하고 있는 북한과는 많이 모순되는 개념이다.

---

[4] 이원웅 (2007), p. 221

북한 인권 현황은 최근 실태조사를 이뤄낸 국가인권위위회가 실시한 "2008 북한 주민 인권 실태 조사"가 잘 말해 준다. 이 보고서를 위해 연구진은 최근에 북을 탈북을 한 사람들 위주로 30 명을 심층 면접하고 하나원에서 교육을 받고 있는 93 명의 여성 탈북자를 상대로 설문조사를 한 연구 결과를 2009 년에 발표 한 바 있다. 연구에서 북한인권 범위를 시민 및 정치적 권리, 경제적 사회적 및 문화적 권리, 생존권, 수수자 인권으로 설정하여 분석하였다. 이를 토대로 본고에서는 북한 인권 현황이 어떠한지를 알아보기로 하겠다. 북한의 시민적 정치적 권리에 대한 현황에 분석의 기준은 시민적 정치적 권리에 관한 국제규약 (B 규약)[5]을 기준으로 하였다. 북한은 이러한 국제규약 (B 규약)에 가입된 국가 중 하나이다.[6]

생존권 (사형제도)

북한 인권 중 가장 관심을 모으고 있는 것은 사형제도라고 할 수 있다. 최근 북한이 화폐개혁의 실패에 대해 박남기 북한 노동당 계획재정부장에게 2010 년 3 월 12 일 평양에서 공개 총살했다고 보도 된 바가 있다. 박남기 부장을 '화폐개혁으로 인민생활을 도탄에 빠뜨린 희세의 역적'이라고 비난을 하며 평양 체육 촌 서산경기장에서 중앙당 및 경제분야 간부들이 지켜보는 앞에서 총살을 했다고 한다.[7] 물론 이러한 북한의 공개 총살은 정치적인 이유도 있었다. 화폐개혁을 실패했다는 것이 당에게 부정적인 영향을 줄 수 있기에 희생자로 박남기가 선택 되었을 확률이 매우 높다. 이것도 당국이 정권 집회를 유지를 하는 수단으로 볼 수 있다. 화폐개혁이 인민들의 생활을 더욱 어려운 상황에 빠뜨린 것은 맞지만 김부장을 사형할 정당성이 부족하다. 국가의 정책의 실패가 한 사람의 책임이 된다는 것은 타당하지 않다. 국제인권규약 (B 규약)에는 "모든 인간은 고유한 생명권을 가진다. 이 권리는 법률에 의해 보호된다. 어느 누구도 자의적으로 자신의 생명을 박탈당하지 않는다"(제 6 조 1 항)라고 규정하고 있고, "사형을 폐지하지 않은 국가에서의 사형은 범죄 당시의 현행법과 이 규약의 규정과 집단 살해 죄의 방지 및 처벌에 관한 협약에 저촉되지

---

[5] 국제인권규약 B(International Covenant on Economic, Social and Cultural Rights) – 국제인권규약을 1966 년 유엔총회에서 채택되어 1976 년 이래 시행되고 있는 대표적인 인권규약이다. B 규약은 시민적, 정치적인 권리부분을 다룬다.

[6] 이무철. "북한인권문제와동북아지역 협력", [학술진흥재단중점연구소지원사업 제 2 단계 1 차년도학술회의] (2009), p. 20

[7] 이영종. "북 화폐개혁 문책 박남기 공개 총살", [중앙일보] (2010.4) <http://article.joins.com/article/article.asp?Total_ID=4094856>

아니하는 법률에 의해 가장 중한 범죄에 대해서만 선고될 수 있다. 이 형벌은 권한 있는 법원이 내린 최종판결에 의해서만 집행"(제 6 조 2 항)될 수 있다고 하고 있다.

북한의 헌법을 살펴보면 사형을 부르는 다섯 가지의 범죄행위로 정의를 한다. 그것은 국가 전복은 모계, 테러죄, 조국반역죄, 민족반역죄 등 반국가범죄와 반민족범죄, 그리고 고의적 중살인죄이다. 더불어 북한은 1999 년도의 17 세 미만 18 세 미만으로 사형 연령을 제한하는 형법은 개정을 하기도 했다. 2004 년에는 개정된 형법에서는 사형에 대한 범죄구성요건을 보다 엄격히 하는 조치를 취하였다. 전반적으로 북한은 국제사회의 비판을 인정을 하고 있는 것 같다. 그러나 남한의 NGO 단체들의 조사를 의하면 북한은 사형을 법에 의해 진행하기보다는 포고문, 지시 문 등을 통해 실시하고 있다고 보고를 한다. 인권위 실태조사를 따르면 조사 상대 76%가 공개처형을 직접 본 적이 있다고 답을 했다. 공개 처형의 이유는 주로 반체제 행위, 외부정보 유통, 국가기물 절취 및 밀매 행위, 소나 염소 들의 절도 행위, 인신매매, 살인죄 등이 있다. 북한의 공개 처형은 형법 규정을 위반하고 있다고 볼 수 있다. '북한형법에 사형에 처할 수 있는 범죄행위가 규정되어 있음에도 불구하고 형법에 규정된 범죄행위뿐만 아니라 경제난에 의해 발생한 범죄에도 적용되고 있다는 것이다.' 북한 당국은 사형집행 절차에서 형사소송법과 판결판정집행법 규정을 제대로 지키지 않고 있다. 최근에 들어 인신매매를 차단하기 인신매매를 하는 자는 사형을 받는다고 공개한 바가 있다. 이 결과는 북한에서는 공개 처형이 지속적으로 이뤄지고 있다는 것을 말해 준다. 고난의 행군 시기인 2000 년도 보다는 북한의 공개 처형은 전반적으로 감소를 했지만 아직까지는 비공개 처형 형태로 사형이 계속되고 있다고 한다.

이러한 공개 처형은 생명권을 침해를 하는 대표적인 행위이다. 북한 당국이 공개 처형을 실행하는 이유의 정당성이 없다고 할 수 있다. 대부분의 국민들이 기소되는 범행들은 생존을 유지하기 위해서 발생한다. 생존을 유지를 하기 위해 행동한 주민들은 공개 처형한다는 것은 매우 불쾌한 일이다. 경제는 악화되고 당국에 대한 신뢰는 약화되는 가운데에 분한은 공개 처형을 통해 체제유지와 국민들의 충실을 강요하고 있다.[8]

---

[8] 국가인권위원회,[2008 북한 주민 인권 실태 조사],pp.54-57
이무철(2009), pp.20-21

신체의 자유와 안전에 대한 권리

요즘 사형 실행이 많이 감소를 했다고는 하지만 또 큰 문제가 되고 있는 것은 북한의 정치범 수용소이다. 정치범 수용소에 체포되는 이유가 불분명하며 국민들이 수용소에서 비인간적인 방식으로 고문을 당하고 있어 화제가 되고 있다. 북한은 수용소에서 일어나는 인권침해에 대해 인식을 하고 있고 법 개정을 통해 완화하려는 노력하고 있다고 하지만 탈북자들에 의하면 아직까지 진행이 되고 있다고 한다. 지난 2000 년에 조사 결과 비해 학대가 감소했고 정당한 법적 절차에 따라 범행을 처리를 하고 있다고 한다.

정치범 수용소에서 어떠한 방식으로 인권을 침해를 하는지 구체적으로 살펴보자. 북한의 인민보안성에서 확인된 바에 의하면 정치범 수용소의 죄수들은 심각한 학대와 고문을 당한다고 한다. 죄수들에게는 기본적인 식량권이 거부가 되고, 고문, 강요된 노동이 정당한 법적 절차에 따르지 않고 부여된다고 한다. 중국으로 탈북해 송환된 자들은 정치범 수용소에 가서 심각한 고문을 당한다그 한다. 현재 정치범 수용소의 현황을 알기는 힘들지만 이러한 인권 침해가 이루어지고 있다는 것은 분명하며 이는 시급히 해결해야 하는 문제이다.[9]

정당한 법적 절차권

대부분의 북한인민들은 법적 권리가 무엇인지 모른다는 조사결과가 나왔다. 형사법은 물론 기본적인 소송 절차에 대한 지식을 갖추지 않고 있다고 한다. 오로지 판결과 정책은 당국과 김정일 수령의 지시가 우선시 된다고 한다. 북한에서 처벌을 받은 다수의 사람들은 법적 절차를 거치지 않았으므로 처벌의 이유를 전혀 모른다고 한다. 북한당국은 현재 적극적으로 형사법과 법적 절차를 개선을 하려는 노력을 하고 있다고는 하지만 아직까지는 기본적인 문제는 전체주의 체제 구조가 유지가 되고 있기에 검거, 조사, 사범 절차에도 영향을 주고 있다. 특히 정치범 들은 아직까지 정당한 재판을 받지를 못하고 있고 법적 절차에 따를 보호도 못 받고 있다고 한다.[10]

이동의 자유

현재 한국과 제삼국으로 향하는 북한 탈북자들이 증가하는 것을 보면 북한의 생계를 유지하는 것이 힘들다는 것을 알 수 있다.

---

[9] 국가인권위원회,[2008 북한 주민 인권 실태 조사] (2008),pp.57-58

[10] 국가인권위원회 (2008),pp.70-74

그것뿐만 아니라 탈북자들이 목숨을 걸고 이동을 한다는 것은 북한에서는 국민들이 자유롭게 이동을 하는 것에 한계가 있다는 것을 알려준다. 북한에서는 인구의 이주와 체류는 절대적으로 정부의 허락이 필요하다고 한다. 허가가 필요한 이유는 정부가 식량 분배와 일 분배를 통제를 하고 있기 때문이라고 한다. 탈북을 시도를 하거나 탈북을 해서 송환을 될 경우 공개 처형이나 정치범 수용소에 간다고 한다. 1990 년대 초반에 시작된 북한의 경제적인 불행으로 인해 북한 정권이 인민들의 이주 통제를 하는 것이 힘들어졌다고 한다. 북한 당국은 탈북이 증가 하면서 이동의 통제가 불가능 하게 돼서 사형이나 정치범 수용소를 통해 통제를 하려 한다.[11]

종교의 자유

북한에서는 주체사상 이외의 이데올로기를 인정하지 않고 있다. 탈북자들에 의하면 신앙 생활을 한다는 것은 엄하게 제한되어있다고 한다. 헌법상 종교의 자유가 보장 되어있음에도 불구하고 신앙 생활이 통제되어 있다. 연구결과 북한 사람들은 종교에 대한 개념이 없다고 한다. 평양 외에는 절, 교회 나 성당 등은 존재 하지 않으며 북한인들은 이런 장소에 대해 제한된 구역이라는 인식을 하고 있다. 중국으로 탈북한 인민들은 북한으로 성경책을 가져왔다가 당국에 적발되면 처벌을 받곤 한다고 진술했다. 중국과의 국경 근처에 있는 지역 주민들은 기독교라는 종교의 존재를 알고 있다고 한다. 이제 북한에도 종교에 대한 정보가 유입되기 시작한 것이다.[12]

집회와 표현의 자유

사회는 언론을 통해서 국제적으로 어떠한 일들이 일어나는지를 알 수 있고 언론에서 제공된 정보는 그 사회의 인식에 영향을 주는 것이다. 언론을 통해서 이슈에 대한 다양한 시각을 알 수 있다. 그러나 북한은 언론을 엄격하게 통제하고 있다. 언론을 도구로 사용하여 단지 주체사상을 유지하고 홍보를 한다. 북한에서는 표현의 자유가 없어서 권한이 없는 집회는 제한이 되어 있다고 한다. 북한 정부는 국민들이 바깥세상의 대한 정보를 접하는 것을 막기 위해 엄격하게 모든 통신을 통제한다고 한다. 체제 유지를 하고 국민들을 지배하기 위해서는 당국이 이러한 언론의 제한을 둘 수밖에 없을 것이다. 하지만, 국경에 있는 지역들의 시민들은 비밀리에 한국 드라마, 영화, 라디오 방송을 접한다고 한다. 서서히 북한에서도 이러한 외부의 미디어 자료를 통해서 북한의 실질적인

---

[11] 국가인권위원회 (2008), pp.75-76

[12] 국가인권위원회 (2008), pp.80-81

상황을 파악하려는 움직임이 있다고 한다. 그러나 여전히 당국에 외부의 통신을 접한 것이 적발되거나 당국에 대한 불평을 하는 것이 알려지면 처벌을 받는다고 한다. 그러나 현지 많은 시민들이 가까운 친지와는 정권의 대한 불평을 한다고 한다. 심각해진 경제적 상황 때문에 정권 마저도 이러한 불평을 완벽하게 통제하지 못하게 된 것이다.[13]

생존권

북한인권 문제를 다룰 때 식량난이 제일 먼저 떠오를 것이다. 식량 부족으로 굶어가는 시민들을 생각하면 인간으로서 북한인권문제 대한 방안을 찾으려는 열정이 저절로 생기게 된다. 현실적으로 북한은 시민들의 생존이 위협할 정도로 식량이 부족하다. 90 년대 초반부터 시작이 된 자연 재해로 인해 북한은 지속적으로 농업 생산이 어려워졌다. 식량이 안정적으로 공급되지 못하는 것은 인간의 생존과 건강을 위협하는 것이다. 식량난은 많은 사회적인 문제의 원인이 되기도 한다. 식량의 부족으로 인해 범죄도 증가하고 있다. 생계를 유지 하기 위해서 식량을 찾으러 다니는 주민들의 움직임으로 소규모의 무역을 하는 시장이 생겼다. 하지단 북한 당국에서는 이러한 경제활동을 불법 행위로 규정하고 있다. 현실적으로 악화된 상황에서 그나마 대안을 찾은 북한의 시장 개선을 북한 당국은 체제유지를 이유로 제한하고 있고 끝까지 사회주의적 경제 구조를 유지하려고 한다. 현재 북한의 식량난은 전보다 많이 완화되었다고 한다. 그것이 북한이 생산력을 확대 했기 때문은 아니다. 오히려 국제적인 식량원조로 인해서이다. 그러나 국제사회의 식량원조는 과도하게 정치화 되어 있는 상황에서 북한의 식량문제가 계속 완화될 것이라는 확신은 없다. 또한 식량원조가 북한으로 들어간 후 그 분배가 투명하지 않기에 진정으로 북한 시민들에게 혜택이 돌아가는지는 아무도 모른다.[14]

2) 한국 NGO 의 역할

북한 인권문제를 다루는 기구로는 많은 정부, 국제 기구들과 NGO 등이 있다. 그 중에서도 역할이 부각되지 못한 것은 한국의 NGO 들이다. 한국 NGO 들은 북한 주민들과 한민족으로서 언어는 물론 북한 문화 및 질서가 남한과 동일 한다는 점에서 북한 인권문제를 다루기에 매우 유리하다. 그럼에도 불구하고 그 활동과 영향력에 대해서는 논의된 자료가 부족하다.

---

[13] 국가인권위원회 (2008), pp.82-83

[14] 국가인권위원회 (2008), pp.99-105

그렇다면 한국의 NGO 들의 역할은 무엇일까? 전문가들은 다음과 같이 정의를 내렸다. 한국 NGO 는 국제사회 북한인권개선 운동과의 협력, 남북교류, 협력을 통해 북한 스스로 인권을 개선할 수 있는 여건을 조성하는 데 기여하는 동시에 인권개선 과정을 감시하고 촉진하는 역할을 수행을 한다. 정부와의 역할 분담 아래 공개적으로 개선을 요구하는 동시에 민간 교류, 협력의 당사자로서 북한당국의 인식의 변화를 유도하고 국제사회의 일원으로 동참시킬 수 있는 여건을 조성해 나가는 역할을 수행한다.

 NGO 들은 각종 활동을 통해서 북한인권의 큰 역할을 하고 있고 영향을 지속적으로 주고 있다. NGO 주요 활동과 영향력, 그리고 향후 전망을 살펴보면 북한 인권문제에 해결 대한 방안을 찾는 데에 있어 가장 효과적인 것은 북한 인권 상황을 국제적 사회에게 널리 알리는 것이다. NGO 들의 중요한 역할은 실태 보고서 발간을 통해 주로 이루어진다. 실태 보고서를 통해서 북한인권에 대한 국내외적 관심을 확대를 하고 북한인권 개선운동을 활성화시키는 것이다. 북한 인권문제를 대변해서 상황을 알리는 일을 하는 NGO 들은 한편으로 북한인권 학술 행사 및 북한인권 교육의 역할도 시행한다. 문제 해결과 발전을 위해 대중들의 인식을 확대를 하고 각 분야의 전문가들을 모아 논의를 하고 해결책을 연구를 하는 역할을 하는 것이 NGO 라고 볼 수 있다. 이러한 역할의 일환으로 북한 인권 관련 학술 행사를 개최할 필요가 있다. 한국 내에서도 지속적으로 북한인권의 실상을 알리는 행사가 앞으로도 필요하다고 본다. 북한인권 학술행사는 이제 공론화를 넘어 우리 NGO 들도 북한인권을 실질적으로 개선할 수 있는 구체적인 방안들을 모색하는 데 역량을 집중해 나갈 필요가 있다. 또한, 한국 단체들은 국제 NGO 단체들과 결합을 해서 북한인권 무제에 접근해야 한다. 이러한 학술 모임, 전문가 포럼과 교육을 통해서 북한인권에 대한 한국내 NGO 들은 북한 주민의 권익 옹호를 위한 권익 주창 활동을 진전할 필요가 있다. 예를 들면 국제 엠네스티는 북한인권 개선을 위한 행동을 촉구하기 위해서 2000 년부터 북한인권에 대한 강력한 행동강령을 제시하고 있다. 특히 국내 NGO 들은 남한 정부의 북한인권정책 비판을 하고 비판을 하는 역할을 해야 한다. 남한 정부만 아니라 적극적으로 북한정권에 대한 비판과 감시를 해야 한다. 유엔 차원에서 북한인권 개선을 위한 각종 제도에 적극 참여하여 북한주민을 대신하여 적극적으로 대변하는 역할을 하는 것이 NGO 들의 하나 몫이라고 할 수 있다.

 북한 인권문제 대한 국내의 의식을 높이고 또한 국내 정책을 감시하고 비판을 하는 국내 NGO 들은 또한 인도적인 면에서 북한을 접근 하는 역할을 한다. 한국 정부나 다른 국가 정부들이 북한의 인도주의적 지원을 하는 것은 많은 정치적인 의사가 존재한다. 북한 식량 상태가 위급한데도 정치적인 전략과 맞지 않아 지원을 못하는 경우도 없지 않다. 이러한 정치적인 의사와 별개로 NGO들은 북한 시민들에게 인도적인 지원을 할 수 있는 자유가 있다. NGO들이 민간 단체인 만큼 국민들에게 기부를 모와 식량지원을 할 수 있는 유일한 기구이고 지속적으로 지원을 해야 한다고 본다 [15].

2.2 한국사회의 북한 인권문제 인식과 NGO

1) 한국 사회의 북한 인권에 대한 인식

한국사회에서는 북한 인권문제를 분석하고 해결책을 도색하는 시각 또는 인권문제에 영향을 미치는 요인이 크게 두 가지로 나뉘진다. 그럼 북한 인권문제에 대해 학계에서 논의 된 시각을 설명을 하기로 하겠다.

위에서 언급을 했듯이 북한인권 문제를 보는 시각은 크게 두 가지로 나눌 수 있다. 첫째, 인권을 인간의 존엄성을 존중하는 모든 기본권으로 보고, 이는 국가나 실정법에 의해 부여되는 것이 아니고 선천적으로 부여 받았다는 천부인권론, 즉, 인권의 국제적 규범으로서의 보편성에 있다는 입장이다. 다음으로는, 개별국가가 처한 정치 경제 사회 문화적 환경과 특수성의 측면에서 인권의 상대주의를 주장하는 입장이다. 이 같은 양자의 입장은 북한인권문제의 실체적 해법과 접근 방식에서도 그대로 적용, 이는 북한인권에 대한 시각은 국내외의 북한인식 문제와 연동한다.

이러한 북한 인권문제를 바라보는 시각에 따라 그 문제에 영향을 미치는 요소들이 무엇인지에 대해 의견 차가 있기 마련이다. 이도 북한의 인권상황의 변화요인을 대내적 요인과 대외적 요인으로 나눌 수 있다. 구체적으로 설명을 하자면 대내적 요인은 사회주의이념, 유일지배체제, 경제 상황, 체제의 효율성 그리고 주민들의 처치의식으로 정의가 된다. 반면, 대외적 요인으로는 남북관계, 북미관계, 북한 인권에 대한 국제적 압력과 인권관련 국제조약에 북한의 참여여부라고 할 수 있다. 주목 할 점은 이와 같이 다양한 요인들이 북한인권의 변화에 복합적으로 영향을 미치나 최근의 북한 인권 변화와 관련하여서는 인권의 종류에 따라 이러한 요인들이 서로 다르게 작용한다는 점이다.

i) 한국사회에서 북한인권에 대한 시각

---

[15] 김수암."북한인권 개선을 위한 NGO 역할".[북한인권 개선을 위한 한국사회의 역할].(국가인권위원회 2008). p. 29

한국사회에서는 북한 인권문제에 대해서 접근하고 다루는 방식이 다양하게 존재한다. 이무철(2009)의 "북한 인권문제와 동북아지역협력"에 의하면 한국사회에서 논의되는 입장을 크게 세가지로 분류를 하고 있다.

1. 북한 인권문제에 대해 원칙적이고 근본적인 비판의 관점을 제시하고 적극적인 대응을 주장하고 있다.

2. 북한 인권문제에 대한 논의를 남북관계라는 특수성을 감안하여 유보하는 경향을 보인다.

3. 북한 인권문제의 심각성을 강조하지만, 실천적 차원에서는 우선적으로 생존권 보장을 위한 인도주의적 지원을 강조하는 입장이다.[16]

이무철(2009)은 이러한 입장의 차이는 북한 인권문제와 관련된 논쟁은 열악한 북한 인권 상황의 근본 원인과 증거, 북한 인권문제의 본질, 북한인권문제의 해법, 김정일 정권을 어떻게 볼 것인가, 인권정책의 우선순위, 헬싱키 프로세스의 적용 여부 등에 따라 달라진다고 하였다.[17] 한국내에 존재하는 3 가지 시각에서 1 번은 보수 성향을 갖고 있다면 3 번은 진보 성향을 갖고 있다고 할 수 있다. 보수 진보 성향이 북한인권에 강하게 들어 나무로 보고에서는 1 번과 2 번의 시각을 구체적으로 볼 것이다. 그렇다면 이러한 입장 격차가 어디에서 발생을 하는지에 대해 살펴보겠다. 힌극내에서 북한 문제를 보는 시각은 진보와 보수 진영으로 크게 나눌 수 있다. 한국에서 활동을 활발하게 하고 있는 NGO 들은 주로 진보나 보수 성향을 갖고 있기 때문에 이두 가지의 시각을 살펴보겠다.

한국에서 북한 인권문제를 보는 보수진영의 시각은 다음과 같이 요약된다. 이러한 입장은 북한사회는 모든 측면에서 인권침해가 심각하고, 특히 시민정치적 권리가 최악이라고 판단을 하고 있고, 북한인권 문제의 원인은 북한정권의 비민주적 통치라고 생각한다. 주로 북한에 인권문제를 해결을 하기 위해서는 김정일 정권이 교체 돼야 하고 사회주의 체제에서 벗어나야 한다고 주장하고 있다. 대북인권정책에 있어 인권이 우선이어야 한다고 보고 타 정책과 인권문제는 연계가 되어야 한다고 생각한다. 보수진영은 국제사회가 북한인권 문제에 대해서 적극적인 개입을 해야 한다고 주장을 하고 있다. 또한, 인도적 지원에 대해서는 상호주의하에서 조건부 지원이

---

[16] 이무철(2009), pp. 24

[17] 이무철(2009), p. 27

필요하다고 생각하며 유엔의 북한인권 결의안에 찬성한다. 북한인권문제에 대해서는 제기수준 공세적 (정치적 이용)입장을 펼치고 있다.

진보 진영에서는 북한 인권문제에 대해서 열악하지만 북한체제의 특성, 분단상황 등을 고려해 평가해야 한다고 생각한다. 북한 인권문제는 경제위기 지속과 정치적 권리 부재라는 저개발의 3 세계 국가에서 발생되는 공통적인 현상으로 한국 사회가 지원과 관심을 통해 노력을 해야 하는 과정이라고 보고 있다. 또한 생존권에 우선적인 관심을 둬야 한다고 본다. 진보 성향을 살펴보면 북한문제의 원인은 미국의 경제제재 및 군사위협, 분단체제 (군비경쟁, 군사문화)라고 보고 있다. 기본적 생존권을 포함한 경제사회적 권리가 국가적 폭력을 포함한 정치적 권리와 함께 논의되어야 한다고 보고 있다. 북한 인권문제를 해결을 하기 위해서 인도주의 지원, 경제제재 해제, 군축이 필요하다고 생각한다. 또한 국제사회의 역할은 지원과 대화라고 주장을 한다. 반면 유엔 북한결의안을 반대하는데 이것은 북한에게 사회적인 압박을 주는 것에 동의하지 않기 때문이다. 또한 대북인권정책이 있어 평화정착, 교류협력, 조용한 외교를 선호를 하고 지지하는데 북한에게 인도적 지원을 하는 것은 생존권을 위한 것이기에 무조건적 지원을 해야 한다는 주장도 하고 있다. 한국사회는 통일과정을 염두에 두고 반드시 다루어야 할 인권이슈를 선정하여야 한다고 주장하고 있다.

다음 표는 북한인권 관련된 한국사회의 여론상과 보수-진보진영의 북한 관련 입장 비교를 보여준다.

<표 1> 북한인권 관련 한국사회의 여론상 [18]

구분	보수적 견해	중도적 견해	진보적 견해
입장	적극적 문제제기	문제제기	신중 혹은 유보
상황 인식	대단히 열악함	열악함	판단 유보
평가기준	보편성	보편성	상대성
주요 원인	북한 정책체제, 경제난	보수 진보 견해 종합	미국의 봉쇄, 경제난
주요관심사	자유권	보수 진보 견해 종합	생존권, 평화
북한인권법	지지	유보	반대
주요 개선방안	한국정부 포함 국제사회의 적극적 개입	비판과 지원 병행	국제사회 건설적 역할, 한국 간접적 접근
지향	북한정권 교체	인권개선	평화공존

<표 2> 한국의 보수-진보 진영의 북한 관련 입장 비교 [19]

구분	보수진영	진보진영
대북 인식	부정적	긍정적
북한체제 전망	비관적	신중 혹은 낙관적
정부 대북 정책	비관적	긍정적
북한인권정책	적극적	소극적

3. 2009 年 북한 유엔 국가별 정례인권검토 (Universal Periodic Review) 주요내용: 북한 국내외 NGO 를 중심으로

3.1 UPR 의 정의

Universal Periodic Review (UPR) 일명 보편적 정례 검토는 2007 년 UN 인권이사회가 출범하면서 새로이 설치된 유엔인권메커니즘으로 2008 년부터 작용되기 시작했다. UPR 는 4 년마다 모든 UN 회원국들의 인권상황 전반에 대해 심의하고 당사국의 인권개선을 위해 권고하는 것을 목적으로 한다. 인권이사회는 산하에 UPR 실무그룹(Working Group)을 설치하여

---

[18] 서보혁, "북한인권 관련 동향과 쟁점", [북한인권](2007.파주),p.184

[19] 서보혁(2007), p.186

UPR 심의를 담당하도록 하고, UPR 실무그룹에서 심의하고 그 결과를 정리한 보고서를 인권이사회에서 채택한다. 해당국은 그 보고서에 실린 권고안을 이행하는 책임을 지는 형태로 이뤄지고 있다.

이러한 UPR 의 NGO 들은 어떠한 역할을 할까? UPR 심의는 3 가지 보고서를 기초로 하여 이루어진다. 먼저 해당국 정부제출보고서, NGO, 국가인권기구, 기타 관련기관 제출보고서 요약본과 마지막으로 인권조약기구 등 UN 인권메커니즘의 권고사항을 종합한 보고서이다. UPR 심의는 각국 정부대표들이 맡고 있어서 인권전문가들이 심의를 맡고 있는 기존의 UN 인권메커니즘과 차이가 있다. 이러한(비전문가 정부대표가 심의) 이유로 UPR 결과에 대해 회의적인 견해도 크다. 이를 극복하기 위한 방법의 하나는 심의과정에 NGO, 국가인권기구 및 관련단체들의 참여를 적극적으로 권장하는 것이다. NGO 들은 자국 정부에 대한 UPR 뿐만 아니라 다른 나라 정부에 대한 UPR 에도 의견을 개진할 수 있다 (국가인권기구의 경우, 이에 대한 명시적 규정은 없으나 대체로 독립된 국가기구로서 자국에 한해 의견개진을 하는 것으로 인식하는 것이 보편적임). UPR 과정에 NGO 의 참여도는 다음과 같다. NGO 들은 심의 전 보고서 작성을 하고, UPR 심의모니터링과 UPR 보고서 채택시 의견 개진을 하고, UPR 권고이행점검 등에 개입하여 활약할 수 있다. 따라서 NGO 는 UPR 절차에 대해 잘 숙지, 적극적으로 참여하여 해당국의 인권보호 및 증진에 기여해야 하는 역할을 하고 있다.

북한은 지난 2009 년말 제 6 차 UPR 실무그룹회의에서 심의, 제 12 차 UN 인권이사회에서 UPR 보고서가 채택되었다.[20]

3.2 2009 년 조선미주주의인민공화국 국가 보고서

위에서 언급을 했듯이 UPR 에서는 3 가지의 보고서를 기초로 하여 이루어진다. 그 중 하나인 보고서는 해당국 정부가 제출한 본국의 인권 상황 보고서이다. 북한의 국가보고서는 2009 년 8 월 27 일에 공개되었다. 이 보고서에서는 북한이 자국의 인권 상황에 대해 구체적으로 설명 하고 있다. 북한이 제출한 국가보고서 안에 인권에 대한 기본적인 입장 알 수 있는데 구체적으로 북한의 입장을 살펴보면 다음과 같다. 북한은 "위대한 수령 김정일의 말과 같이" 인권이란 인간의 양도할 수 없고 침범 할 수 없는 인간의 권리라고 한다. 북한의 시민들 또한 나라와 사회의 주인으로서 이러한 귀한

---

[20] United Nations Human Rights. "Basic facts about the UPR". http://www.ohchr.org/EN/HRBodies/UPR/Pages/BasicFacts.aspx

권리를 갖추고 있다고 한다. 북한 정부는 보고서에서도 주체사상을 근본적인 기초로 하여 인권도 그 안에서 정의가 된다는 것을 볼 수 있었다. 인권이란 모든 인간이 평등하게 가지고 있는 권리이고 인간이 존중하고 품위 있게 살아가는 것이라고 인정을 한다고 한다.

전체적으로 북한은 자국은 인권에 대해 문제가 없다고 주장을 한다. 주민들은 보편적인 자유를 즐기고 있다고 한다. 시민적 정치적 권리, 경제적 사회적 문화적 권리와 특정한 집단의 권리의 분야에서는 국민들은 국제사회의 기준으로 인권이 보장이 되어 있고 즐기고 있다고 한다. 구체적으로 설명을 하자면, 생존권에 있어 헌법과 형법이 규정한 범위 외에 검거, 구금, 임의위로 허용치 않은 생존을 위협을 하지는 않는다고 한다. 사형제도에 관해서는 다섯 가지의 범주 안에 속해 있는 심각한 형벌의 경우에만 실행된다고 한다. 그리고, 임산부와 18 살 이하인 청년들은 사형제도에서 제외하였다. 정당한 법의 절차에 대해서는 모든 시민들은 공정한 재판의 권리를 가지고 있고 정당한 법의 절차를 걸쳐 해결이 된다고 한다. 북한 내에서는 종교의 자유가 존재 하므로 누구든 공개적으로 종교의 의식을 진행을 할 수 있다고 한다. 평양 내에는 불교, 천주교 및 기독교와 같이 다양한 종교 장소가 존재하고 시민들은 자유롭게 방문을 하여 자기의 종교의 숭배할 수 있다고 한다.

북한에서는 계속된 자연 재해로 인해 식량이 부족을 했고 시민들에 삶의 질에 영향을 주었다고 인정을 하나 인권 문제에 있어서는 문제가 없다고 한다. 식량 부족은 있었지만 현재 상황은 많이 완화되고 있는 상황이라고 했다. 국제사회의 인도적 자원으로 먼저 식량문제를 완화를 했으나 북한 정부에서 식량 문제에 적극적으로 해결책을 고려해 지금은 자발적으로 농업 생산을 확대했다고 한다. 식량 문제가 북한에게 잠깐의 장애가 되어 삶의 질에 영향을 줬지만, 오히려 북한은 시민들은 국가에서 주택을 무상으로 공급을 하므로 새로운 주택을 꾸준히 지어 왔기에 "불충분한 조건에서 살고 있는 몇몇 인민들은 있지만, 각급 인민위훤회들이 인민들의 생활을 집주인들처럼 책임감 있게 돌보기 때문에 주택이 없는 채로 남겨진 사람은 한 명도 없다"[21]고 하였다.

여성권에 대해서는 북한여성들은 남자와 평등하고 국내에서 정치, 사회, 문화생활을 평등하게 즐기고 있다고 하였다. 여성들의 건강보호에 관심을 갖고 98%의 임신 여성들이 도움을 받고 있다고 한다. 아동권에 대해서는 아이들은 교육법을 통해 아이들은

---

[21] 국가인권위원회. '인권이사회 결의 5/1 의 부속서 제 15(A)항에 의거, 제출된 국가보고서: 조선민주주의인민공화국'.[유엔 국가별 정례인권검토에 대한 북한의 국가인권보고서 및 우리정부, NGO, INGO 관련 자료].2010.p. 16

무상교육을 받고 있고 부모 없는 어린이들은 고아원에서 보살펴지고, 학교에 다닐 나이가 되면 고아원에 소학교와 중학교에서 장학금을 받으며 공부를 한다고 한다.

인권은 국가와 사회의 별개인 자유가 아니라 국가와 사회가 보장을 해주는 자유라고 북한은 인식하고 있다. 북한은 국제 인권 상황을 개선을 하려는 유엔 헌장을 존중하고 있다고 한다. 또한 국가의 주권과 평등을 존중하는 국제사회의 대화와 협력을 환영한다고 한다. 하지만, 인권은 국가의 주권과 직접 연관성이 있기에 북한의 인권 비판은 정당하지 못한 것이라고 하였고 인권에 있어 북한에게 이중 표준을 적용하는 것은 옳지 않다고 하였다. 북한의 보고에 의하면 북한 내에서는 북한의 '우리 식 인권'을 유지하였다 하고 있으며 특별한 문제는 없다고 한다. 북한은 인권 유지 노력에서 걸림돌이 되고 있는 것은 미국과 국제사회의 인권문제 강요라고 하고 있다. 미국은 공화국에 대한 적대적 정책을 끊임없이 추구하여 왔다고 비난 한다. 이 부분이 북한인들이 참된 인권을 향유하는 데 있어 가장 큰 도전 이라고 한다. 미국이 "인권보호"라는 이름 아래 북한의 내정에 간섭하고 공화국의 제도를 바꾸려고 하는 것이라고 본다. 이러한 행동은 북한의 주권을 위협을 하는 것이며, 타당성이 없다고 한다. 또한 유엔의 '인권결의' 채택을 포함한 반 공화국 책동에 대해서는 인권의 참된 보호와 증진이 아닌, 북한을 부정적으로 보이게 하는 것이라고 생각을 한다.[22]

3.3 유엔인권최고대표사무소 (OHCHR[23]) 보고 내용

지난 2009 년 9 월 18 일 UPR 절차의 따라 유엔인권최고대표사무소(OHCHR)에서 조선민주주의인민공화국 일면 북한의 인권 상황에 대한 취합보고서를 제출하였다. 보고서는 북한의 견해와 논평을 포함하여 조약기구들과 특별절차들로부터의 보고서들과 그 외의 관련된 유엔의 공식문서들에 실린 정보를 취합한 것이다. 이 보고서에서는 북한이 인권과 관련된 국제규약들에 가입된 상태에서 규약의 양식을 따랐는지에 대해 요약했다. 본 장에서 OHCHR 이 제출 한 보고서의 주요 내용을 설명하고자 한다.

보고서를 따르면 북한은 핵심적으로 4 개의 보편적 인권조약의 가입이 된 상태이다. 그것은 다음과 같다. 경제적 사회적 문화적

---

[22] 국가인권위원회(2010), pp. 3-28

[23] Office of the High Commissioner for Human Rights (국제연합인권고등판무관실)

권리에 관한 국제규약(ICESCR [24]), 시민적 정치적 권리에 관한 국제규약(ICCPR [25]), 여성에 대한 모든 형태의 차별 철폐에 관한 협약(CEDAW [26])과 아동의 권리에 관한협약(CRC [27])이다. 북한은 국제규약의 가입된 상태이지만 국제적 의무의 충실하지는 않고 있다. 헌법 및 입법사의 구조 측면에서는 북한이 국가적 안보기준을 국제적 기준에 맞추기 위해 일부 법률 개정을 이뤄냈고 또한 유엔아동기금(UNICEF)를 따르면 2003 년의 공공장소, 대중교통, 공공서비스에의 장애인의 동등한 접근을 보장하는 장애자보호법을 채택을 하여 인권 상황을 개선을 하기 위한 노력을 보였다고 한다. 허나, 북한은 아직까지는 인권의 증진과 보호를 위한 국제조정위원회(ICC [28])가 인정을 한 국가인권기구가 존재하지 않는다고 한다. 특별보고관은 정책적 대책 측면에서는 인권보호에 있어 국제적 기준들에 기반한 법률, 정책, 프로그램들이 요구가 되고 국제적 의무들을 준수를 해 군비 지출을 인간발전 부문으로 전환할 것을 권고하고 있다.

보고서에서 늘 핵심적으로 북한이 국제규약의 의무를 지키지 않은 부분들을 지적했다. 아래의 10 가지 의무이다 [29]:

1. 평등과 비차별
2. 생명권, 자유권, 인신의 안전권
3. 형사책임의 면제와 법치를 포함한 사법행정
4. 사생활 결혼 가정생활에 대한 권리
5. 이동의 자유
6. 종교 또는 신앙 표현 결사와 평화적 집회의 자유, 공적 정치적 생활에서의 팜여권
7. 노동권, 공정하고 우호적인 노동환경권
8. 사회보장권과 적정 생활수준에 대한 권리
9. 교육권, 공동체의 문화적 생활에의 참여권
10. 이주민, 난민, 비호신청자들

---

[24] International Covenant on Economic, Social and Cultural Rights (국제인권규약 B)

[25] International Covenant on Civil and Political Rights (국제인권규약 A)

[26] Convention on the Elimination of All Forms of Discrimination against Women (여성에 대한 모든 형태의 차별철폐에

[27] Convention against the Rights of Child (아동권리협약)

[28] International Code Council

[29] 국가인권위원회(2010), pp. 51-71

북한에서는 이러한 부분에서 인권을 보호 하는 규약의 으무들이 지켜지지 않으므로 4 개 조약들 하의 다양한 인권감시ㄱ구들이 북한을 방문할 수 있도록 초청할 것을 권고한 바가 있다. 뿐만 아니라 유엔사무총장은 북한 정부에 대하여 인권이사 회와의 협조하여 특별보고관과 그 밖의 다른 특별절차들로 하여금 인권상황을 직접 관찰할 수 있도록 접근을 허용할 것을 요구를 하였으나 현재까지 북한은 특별보고관의 방북을 허용을 하지 않는 상태이다.[30]

4. UPR 에 대한 NGO 들의 반응과 각 단체의 대북 목표

북한인권 실태를 알고 인권문제의 해결방안을 객관적으로 제시를 할 기구는 NGO 라고 본다. NGO 들은 직접 탈토자들과 접촉을 하고 인권침해가 이뤄지고 있는 현장에서 활동하고 있기에 더더욱 정확한 정보를 접할 수 있다. 또한 NGO 단체들은 민간 기구로써 유엔이나 국제기구와는 달리 더 자유롭게 행동을 할 수 있는 기회가 있다. 이러한 전제 아래 UPR 절차는 각종 NGO 들의 보고서를 요청했다. 보고서를 제출한 단체들 중에서 3 개의 단체들을 살펴보고자 한다. 이는 북한인권시민연합/대한변호사협회, 천주교인권위원회/평화네크워크/인권운동사랑방과 제엠네스티이다. 이 3 개의 단체들은 한국 내에서 활발하게 활동을 하고 있고 국제사회에서도 한국 북한인권 NGO 를 생각하면 위에서 언급한 3 개의 단체들을 먼저 떠올리게 되므로 설정을 했다. 국제 엠네스티는 국제 단체이지만 한국 내에 지부가 존재를 하며 인권 단체로 오랜 역사를 지녀왔으므로 포함했다. 본고에서는 북한 인권 초점을 맞춰 단체들의 보고서 내용을 통해 각 단체의 대북 목표가 무엇인지를 평가하고자 한다. 전 보고서들은 살펴보면 각 단체들의 북한 인권 상황에 대한 인식은 제 2 장에서 언급한 바와 같다.

1) 북한인권시민연합/대한변호사협회

북한인권시민연합/대한변호사협회를 1997 년 8 월 27 일 사단법인으로 임명 돼 북한인권 관련 단체 중에서 가장 활발한 활동을 선보이고 있다. 주로 국제캠페인의 참석을 하고 있고, 재외북한 난민 구호 활동, 새터민 청소년 및 대학생 사회적응 지원과 월간지 '북한인권' 및 계간지 '생명과 인권'을 간행을 하고 있다.북한인권시민연합은 1999 년 부터 매년 '북한인권 난민문제

---

[30] 국가인권위원회(2010), pp. 51-71

국제회의'를 국내에서 개최하며 북한 인권문제를 국제사회에서 부각시키는 활동을 한다고 한다. 유엔의 인권위원회에서의 북한 인권결의안 성정에 역할을 했다고 전문가들은 평가를 할 정도로 북한 인권문제를 국제적으로 다루고 있다. 북한인권시민연합은 북한 인권문제에 있어 자유권에 초점을 두고 있다. 또한 문제의 원인은 북한 정부에 존재하고 있다고 한다. 이러한 북한 인권문제 개선을 하기 위해서는 국제적 압력, 인권분야별 지역적 접근 등에대한 대안을 마련해야 한다고 주장을 한다.[31] 이러한 면들을 살펴보면 북한인권시민연합은 전형적인 보수단체라고 할 수 있다.

북한인권시민연합과 대한변호사협회에서 2006 년과 2008 년 2 차례에 걸쳐 100 명의 북한이탈주민과 인터뷰를 실행해서 그 결과를 기반으로 해 UPR 보고서를 제출했다. 보고서를 분석하면 이 단체는 북한에서 발생을 하고 있는 다양한 인권 침해 중에서 계급차별정책에 따라 발생되고 있는 식량권에 대한 조직적인 침해와 정치범수용소에 대해 초점을 두고 있다. OHCHR 보고서에서 정의를 한 10 가지의 북한 인권 침해 우려 사항에서 북한인권시민연합/ 대한변호사협회는 크게 평등과 비 차별, 생명권, 자유권, 인신의 안전권, 형사책임의 면제와 법치를 포함한 사법행정을 중요시 하고 있다고 분석할 수 있다. 이 단체는 인권 문제 개선 권고에서는 북한이 지금까지 인권 문제를 부인하고 있지만 신속하게 인권 침해를 인정하고 적극적으로 해결책을 찾아야 한다고 한다.[32]

2) 천주교인권위원회/평화네트워크/인권운동사랑방

천주교인권위원회/평화네트워크/인권운동사랑방의 보고서를 검토를 해보면 북한인권 상황과 문제 개선 권고를 할 뿐만 아니라 북한과 남한이 공존하고 있는 한반도의 역사적 상황, 역사적 상황에서 북한의 인권문제에 접근하기 위해 필요한 인권적인 원칙과 북한의 현실에 대한 남한의 진보적인 평화-인권단체들의 우려를 담고 있다. 요약을 하자면 다음과 같다:
a) 북한의 인권문제는 남한의 인권문제와 역사적, 정치적으로 매우 밀접하게 연관되어 있으므로, 한반도인권의 개념으로 접근할 필요성을 강조함.
b) 국제사회와 남한정부 및 남한의 북한인권단체들이 북한인권에 접근할 때, 북한인민이 스스로의 인권개선의 주체가 될 수 있도록

---

[31] 서보혁(2007), pp.193-194
[32] 국가인권위원회(2010), pp.75-86

연대의 자세를 분명하게 가져야하며, 반인권적인 과정을 통해 인권을 개선한다는 모순된 자세를 취해서는 안됨.
c) 집회의 자유 보장, 언론출판의 자유 보장, 사형제도의 폐지, 구금시설의 인권현실개선, 여성에 대한 전통적 억압 철폐, 독립적인 인권보장체제 구축 등 북한 인민의 인권을 개선하기 위해 북한 정부가 노력할 수 있는 우선적인 내용을 제안함. [33]

이를살펴보면천주교인권위원회/평화네트워크/인권운동사랑방은 북한 인권 실제 상황도 고려는 하지만 그것을 해결을 하는 데에있어 국제사회와 한국이 협력을 하여 북한인권 문제를 어떻게 동원하며 해결을 할 것인지를 고려해야 한다는 견해를 보고서에서 베시했다. 북한인권 문제는 남한과 별개가 아니라 한반도의 속해 있는 나라인 남한과 직접 연관성이 있다고 한다. 남한이 북한인권 문제를 어떻게 볼 것인지는 한반도의 평화에 영향을 주고 있으며 신중히 고려 해야 한다고 한다. 북한 인권 문제를 해결 하기 위해서는 인권적인 과정을 통해서만 개선을 할 수 있다고 권고를 하고 있다. 또한 인권상황을 어느 선진국이라도 개선될 여지를 가지고 있는 현실 속에서 북한이 <로동신문 [34]>에서 '거듭 명백히 천명한 바와 같이 인간의 존엄과 자주적 권리를 가장 귀중히 여기는 인민대중중심의 우리식 사회주의제도에서 인권문제는 애당초 제기조차 될 수 없다"는 북한 정부의 인식이 큰 우려라고 생각을 하며 자국의 인권문제를 솔직하게 성찰하기를 권고한다는 의견을 실었다.

천주교인권위원회/평화네트워크/인권운동사랑방의 보고서를 보면 북한 인권문제들 중에서 시급하며 개선이 필요한 주요 현실은 다음과 같다. 사상과 양심의 자유, 집회의 자유, 언론출판의 자유, 사형제도, 구금시설, 식량권, 여성인권보호와 인권보장체제이다. 천주교인권위원회/평화네트워크/인권운동사랑방의성향이 평화와 인권에 집중이 되어 있어서인지 보고서에서도 단체의 성향이 드러난다. 전반적으로 검토를 해 보면 이 단체는 한반도의 평화를 유지하기 위해서 북한 인권문제에 접근하는 데에 주요성을 두고 있고 북한인권시민연합/대한변호사협회가 식량권, 사형제 및 정치범 수용소에 집중을 하고 있다면 천주교인권위원회/ 평화네트워크/ 인권운동사랑방은 기본적으로 식량권과 정치범 수용소 문제는 물론 표현의 자유 언론의 자유도 포함시키고 있다.

---

[33] 국가인권위원회(2010), pp.87~88
[34] 국가인권위원회(2010), p. 92

3) 국제엠네스티

국제엠네스티 한국 지부는 1972 년 3 월 18 일 설립 되어 한국에서 다양한 인권 관련 피해방지와 교육 등 여러 활동을 해 왔다. 국제엠네스티의 주요 활동을 요약을 하자면 다음과 같다 먼저 한반도 내의 각종 법률을 국제인권협약에 부합되도록 노력을 하고 있다. 둘째, 난민의 강제추방방지 및 보호활동을 하고 있다. 다음으로 한반도의 사형제도폐지 운동을 적극적으로 하고 있다. 자국의 인권 상황을 정확하게 파악하기 위해서 국제엠네스티에서 인권실태 보고서를 배포하고 있으며 마지막으로, 적극적으로 인권교육을 실행하고 있다.

국제엠네스티는 보고서를 3 개 파트로 나누었다. 첫 부분에서는 북한의 규범적 제도적 틀 안에 속해 있는 인권 관련 입법, 국제기구에 대한 접근 제한, 고문과 기타 형태의 학대와 사형 등을 검토하고 있다. 두 번째 부분에서는 인권의 현실적 증진과 보호에 관련된 납치 및 강제실종, 표현의 자유, 이동의 자유, 식량권 등의 관하여 검토하고 있다. 마지막 부분에서는 이러한 북한 인권 우려 사항들 중에서 국제사면위원회의 권고사항들은 제시하고 있다. 국제엠네스티는 전반적으로 지금까지 다룬 단체들과는 달리 북한이 국제 인권 규약의 가입이 되어있음에도 불구하고 부분적으로 비판을 하면서 개선이 필요하다고 권고를 하고 있다. 나라들을 방문을 하면서 인권실태를 파악을 하는 단체로서 방북이 제한되어 있는 상황에서 국제엠네스티는 이것에 대한 문제점과 개선을 요청했다. 보고서를 살펴보면 국제엠네스티는 전반적으로 사형제 및 정치범수요 소와 고문 문제에 초점을 두고 있다고 볼 수 있다[35].

북한은 이러한 UPR 에서 발표된 북한인권 검토와 권고들을 받고 공식적 입장을 발표했다. 2010 년 3 월에 나온 입장은 다음과 같다: 북한은 UPR 이라는 인권감시 도구를 높게 평가를 하고 국제사회와 유엔에서 이러한 UPR 를 통해 북한의 인권에 관심을 준 것을 감사하게 여긴다고 했다. 그러나 북한은 50 개 국가의 북한 인권개선 권고에 대해서는 거부했다. 각 단체 및 국가들이 권고를 한 내용들에 대한 북한은 전반적으로 NGO 들의 보고서를 살펴보고 비교를 해보면 NGO 들의 차이점이 보인다. 이 3 개의 단체들은 공통적으로 인권을 개선하려는 중요 임무 아래 북한인권을 다루고 있다. 제 2 장에서 NGO 들의 활동을 정의를 한 바와 같이 UPR 보고서를 따르면 한국 NGO 들은 주어진 역할을 잘 시행해나가고 있다고 평가를 할 수 있다. 각 NGO 들이 북한인권 상황을 파악할 수 있게

---

[35] 국가인권위원회(2010), pp.99-108

규칙적으로 실태조사를 진행을 하고 있고 전문가 포럼 등 다양한 사업을 펼치고 있다. 그러나 이 단체들이 무엇을 더 중요시 하는지는 단체의 성향에 따라 다르다. 이미 여러 차례 언급한 것과 같이 최근 북한은 경제적으로 악화되어 있는 상황이고 식량 부족이 심각하다. 북한 주민들이 탈북을 선택을 하고 탈북율이 증가한 이유도 북한의 식량 부족으로 인해 북한 주민들이 더 이상 북한에서 생계를 유지를 하지 못해서이다. 인권 문제 중에서 가장 시급히 해결해야 할 것은 북한의 굶어가는 주민들을 먼저 구하는 것이다. 기본적으로 인간답게 살 수 있어야 하기 때문이다.

진보와 보수 단체들의 북한인권 개선에 대하여 사실은 동의하고 있으나 인권 문제의 해결 방법 시각에 있어 충돌이 있었다. 더불어 그 사실의 대한 서로 다른 입장의 설명도 있었다. 북한인권 문제를 해결하기 위해서는 최소한의 사실들에 대한 합의가 있어야 한다고 생각한다.

4. 결론

본 논문은 한국사회에서 북한인권문제에 대한 NGO 의 활동을 종합적으로 고찰하는 것을 출발점으로 하였다. 북한인권과 관련해 국내 주요 NGO(국제 엠네스티, 북한인권시민연합/대한변호사협회, 천주교인권위원회) 들이 2009 년 북한 국가인권보고서(UPR)에서 주요 내용 평가가 그 대상이었으며 보편적 인권의 개념을 적용해 이들의 활동 성향을 평가하였다.

이를 통해 알 수 있었던 사실은 현재 국내 NGO 들이 북한 인권 문제에 대해서 활발한 국내외 활동을 하고 있으나, 각 단체들의 성향과 각 단체들이 중요시하는 인권 개념에는 차이가 있다는 점이었다.

보편적 인권이란 위에서 언급을 했듯이 유엔 총회에서 보관된 '세계인권 선언(Universal Declaraction of Human Rights)'에서 정의를 한 인간의 타고난 존엄성에 기초를 한 것이다. 기본적으로 인간 생존권, 자유권 등을 말하는 것이다. 인간의 인권 중에서 생존권이 가장 우선시 되어야 한다. 이것을 바탕으로 국내 NGO 들의 보고서를 분석한 결과 기본적으로 생존권, 다시말해 식량권의 시급성을 언급은 하지만 집중적으로 다루지는 않고 있었다. 각 단체들이 보편적 인권 중에서 더 중요시 하는 것들이 각각 달랐다는 것이다.

즉, 북한인권시민연합/대한변호사협회의 경우 보수 진영의 단체로서 북한 인권문제를 개선하기 위해 적극적인 국제적 압력을 필요로 한다며 인권문제를 개선을 위한 초점을 주로 자유권에 둔다.

국제엠네스티의 경우 이 단체가 북한 인권문제 중에서도 북한내의 사형제도 및 정치범 수용소와 그 인에서의 고문에 대해 관심을 가지므로 주로 이에 대해서 평가하고 있다. 천주교인권위원회의 경우 사상과 양심의 자유, 집회의 자유, 언론출판의 자유, 사형제도, 구금시설, 식량권, 여성인권보호와 인권보장체제 등을 중심으로 인권문제를 다루고 있다.

인권에 대해 논할 때 개별국가의 특수성을 강조하는 특수성에 기초한 인권관 보다는 인권의 보편성에 입각한 인권관이 우선되어야 한다. 국제사회의 NGO 들은 인권을 즐길 인간이 없으면 인권도 존재 가지가 없다고 하였다. 북한인권의 경우 악화된 내부 경제 상황과 식량난으로 인해 많은 주민들이 죽어 가고 있는 상황으므로 굶주림을 해결하는 생존권의 존중이 가장 시급하다고 본다. 그러나 한국 내의 NGO 들은 북한인권 문제 관련하여 그 심각성에 대해 동의하는 한편, 보편적 인권과 개별국가의 상황내에서의 인권중 어떤 개념을 우선적용할지에 대해서는 의견을 달리했다. 이는 남북관계의 분단구조에서 보편적 인권의 개념이 일방적으로 적용될 수 없다는 의견과, 한국의 특수성과 관계없이 보편적 인권이 적용되어야 한다는 다른 측의 의견간에 차이가 있기 때문이었다.

즉 이 같은 의견의 차이가 NGO 들의 북한인권문제 해결을 위한 접근에 있어서 그 우선순위를 결정하고 있다고 볼 수 있다. 북한인권문제에 대한 접근과 인식의 차이로 이해 북한인권문제에 대한 접근이 달라질 뿐만 아니라 구체적이며 실질적인 해결책을 제시해야 하는 과제 또한 남게 되었다.

북한인권문제와 관련된 한국사회의 NGO 는 북한인권의 실질적 해결을 위해 서로의 차이를 인정하되 상호간 인식의 접점을 찾아야 하며 이는 보편적 인권에 기초한 것이어야 할 것이다.

참고문헌

김수암, "북한인권 개선을 위한 NGO 의 역할", [북한인권 개선을 위한 한국사회의 역할: 정부, 국가인권위원회, NGO 를 중심으로], 서울. 국가인권위원회, 2008

이무철. "북한 인권문제와 동북아지역 협력".[학술진흥재단 중점연구소 지원사업 제 2 단계 1 차년도 학술회의], 2008

이우영과 연구진 (서보혁, 김갑식, 이무철), [북한 주민 인권 실태 조사], 서울. 국가인권위원회, 2008

이원웅, "국제사회 인권압력에 대한 북한의 인식과 대응: 비판적 평가" [한국정치학회보] 제 47 집 1 호, 2007

이원웅. "북한 인권문제의 성격과 인권정책의
　　방향".[한국정치학회보] 제 32 집, 1998
이원웅. "국제인권레짐과 비정부기구(NGO)의
　　역할".[한국정치학회보] 제 38 집, 1998
유엔 국가별 정례인권검토(UPR)에 대한 북한의 국가인권보고서 및
　　우리정부, NGO, INGO 관련 자료집.국가인권위원회.서울,
　　2010.3
우정."제 4 장 북한인권의 현실성과 문제점".[북한인권문제의 실체적
　　해부].한국출판협동조합, 2006
서보혁.[북한인권] 파주. 한울아케데미 957, 2007
정경환. "제 1 장 북한 인권문제의 기본인식과 실체적 대응".
[한국통일전략학회], 2005
Choi, Sung-Chul, "North Korea and Human Rights", *The Institute of Unification Policy*,Hanyang University, 1999